Lebzeiten

Lebzeiten

Autobiografien der Pro Senectute-Aktion

Herausgegeben von Rudolf Schenda
unter Mitarbeit von Ruth Böckli

Unionsverlag

Auf Wunsch der Autoren erscheinen
einzelne Texte ohne Namensnennung oder
nur unter ihren Initialen. Die Fotos
stammen aus den Familienalben der
Verfasser. Die Umschlagfoto zeigt
Lebensstationen von Herrn Jakob Schmid,
seine Autobiografie *Säntis* findet sich auf
Seite 298.

Die Herausgabe dieses Bandes wurde
ermöglicht durch Beiträge der Vogel-Cassinelli-
Stiftung und der Adolf Streuli Stiftung.
Beiträge, die erst nach der Drucklegung
zugesprochen wurden, konnten an dieser Stelle
nicht verdankt werden.

© by Unionsverlag 1982
Zollikerstr. 138, CH-8008 Zürich
Umschlag: Alex Wick
Satz: Fotosatz Salinger, Zürich
Druck: Clausen & Bosse, Leck
ISBN 3 293 00038 X

Inhalt

Zum Geleit

In den Wintermonaten 1980/81 durften wir 210 Berichte entgegennehmen, die uns im Rahmen der Aktion «Lebensgeschichte und Geschichten aus dem Leben» von älteren Einwohnern des Bezirkes Winterthur anvertraut wurden.

Obwohl das vorliegende Buch nur einen Teil dieser gehaltvollen Geschichten umfassen kann, sei doch allen Autoren an dieser Stelle nochmals für ihre Bereitschaft, sich schriftlich mit ihrem Leben auseinanderzusetzen und die Aufzeichnungen aus der Hand zu geben, herzlich gedankt.

«In der Jugend lernt — im Alter versteht man». Diese Worte von Marie Ebner-von Eschenbach deuten darauf hin, daß das eigene Leben rückblickend ganz anders, tiefer und in größerem Zusammenhang verstanden werden kann. Unser Wunsch geht dahin, diese Rückbesinnung möge allen Autoren eine auch in Zukunft schöpferische Einsicht in den eigenen Wert, die eigene Kraft und die individuellen Möglichkeiten schenken.

Vielen Autoren war es ein Anliegen, ihren Rückblick als Lebensdokument, als eine Art persönliche Hinterlassenschaft zu leisten. Gleichzeitig haben sie als Kulturübermittler der Gesellschaft einen wichtigen Dienst erwiesen, und sie widerlegen die Vorstellung, alte Menschen seien inaktiv und hätten nichts Wesentliches mehr beizutragen.

Diese vom Volkskundlichen Seminar der Universität Zürich unter der Leitung von Herrn Prof. Dr. Rudolf Schenda zusammen mit Pro Senectute Kanton Zürich getragene Aktion fand ebenfalls bei Jüngeren viel Beachtung und Zustimmung. Mit Genugtuung konnten wir feststellen, daß damit ein weiterer Beitrag zum Verständnis zwischen den Generationen geleistet wurde. Mit dem Erscheinen des vorliegenden Buches verbinden wir die Hoffnung, es möge viele anregen, sich für das Leben ihrer alten Angehörigen und Bekannten zu interessieren und junge und alte Menschen zu neuen Begegnungen und Gesprächen führen.

Wir möchten uns auch wünschen, daß Teile dieser aussagekräftigen Lebensgeschichten den Weg in den Schulunterricht finden. Mit Bestimmtheit kommt ihnen ausserdem ein wichtiger Platz zu in der Schulung von Mitarbeitern in der Altersarbeit; jener Personen also, die als Sozialarbeiter, Mitarbeiter in Alters- und Pflegeheimen, freiwillige Helfer, Erwachsenenbildner usw. im Dienste der älteren Generation stehen.

Allen am Gelingen dieses Buches Beteiligten danken wir für die fruchtbare Zusammenarbeit, vorab Rudolf Schenda für seine Anregung zur Aktion und seine wissenschaftliche Arbeit unter Mitwirkung von Ruth Böckli. Ebenso danken wir allen Kreisen im Sozial-, Gesundheits- und Informationswesen, die unsere Aktion bekanntmachten. Den Autoren, die ihre Lebensgeschichte zur Veröffentlichung in diesem Buch freigaben, sind wir zu besonderem Dank verpflichtet.

Julie Winter
Pro Senectute Kanton Zürich

Alltagsgeschichte - das unerforschte Land

Ein achtzigjähriger Rentner aus Winterthur blickt in seinen Lebensspiegel: «Gestorben bin ich nicht», schreibt er, «sonst wäre ich nicht mehr am Leben». Das klingt zunächst so banal wie die bekannte Märchenformel «Und wenn sie nicht gestorben sind, dann leben sie noch heute». Aber der alte Mann meint Tieferes: Leicht und märchenhaft sei sein Leben nicht gewesen, oftmals habe es ihn an den scharfen Rand des Zu-Ende-Seins gebracht, aber da stehe er immer noch, drei Generationen alt, und dieses harte Leben habe ihn nicht untergekriegt.

Wie war denn eigentlich «dieses Leben» derjenigen, die heute «Greise» genannt werden und die angeblich nichts mehr zu sagen haben? Wenn wir ihre Aussagen nicht hätten, wäre es um unsere Kenntnisse vom Alltagsleben der ersten Hälfte unseres Jahrhunderts schlecht bestellt. Die Literatur über die neuere Geschichte Winterthurs macht da keine Ausnahme. Spärlich sind die Auskünfte, welche uns die offizielle Stadt-Historie über die Arbeitskämpfe zwischen 1900 und 1920 erteilt[1]. Geradezu kläglich ist das Material, das uns das große Heimatbuch von 1935 über den Werktag des «kleinen Mannes» (nicht zu reden von dessen Frau!) anzubieten hat[2]. So viel wie gar nichts wird Winterthurer Schülern über die Lebensbedingungen der heimischen Bevölkerung erzählt[3]. Die Firmengeschichten, welche die «Stadt der Arbeit» in ungewöhnlicher Fülle hervorgebracht hat, loben die Tatkraft der Fabrikherren, preisen die technischen Fortschritte, nennen wohl auch die oftmals vorbildlichen sozialen Einrichtungen, fragen aber nicht nach der Frau am Webstuhl, dem Kind in der Packerei, dem Mann an der Gußform. Doch wer gibt Bericht von den Träumen dieser Kinder, den Wünschen der Frauen, den Hoffnungen der Männer? Oder wenigstens von den Ver-

[1] Ganz, Werner: Geschichte der Stadt Winterthur vom Durchbruch der Helvetik 1798 bis zur Stadtvereinigung 1922. Winterthur 1979, S. 191 — 196.   [2] Winterthur. Ein Heimatbuch. Herausgegeben unter Mitwirkung des Stadtrates. Winterthur 1935.   [3] Unser Winterthur. Handbuch zur Heimatkunde, 1-2. Herausgeber: Schulamt der Stadt Winterthur 1972. Hilfreiche demographische und siedlungsgeschichtliche Daten finden sich hier im Sektor E.

richtungen im Haushalt, der Dicke des Geldbeutels, der Länge des Arbeitsweges, der Dauer des Schulunterrichts?

Die Heimatgeschichte zeigt sich so menschenarm wie die meisten alten Photographien von der Stadt[4]: Die Männer mit den «Objektiven» haben das Lebendige verscheucht, um die starren Denkmale freundlich-sauber auf die Platte zu bannen. Dem Heimatforscher bleiben jedoch die subjektiven Augen der Erinnerungen älterer Mitbürger. Dieses Buch ist ein Album mit tausend ins Gedächtnis zurückgerufenen Abbildern der Vergangenheit. Kann man damit Geschichte schreiben?

Autobiographische Methode und Oral-History-Forschung

In den letzten zehn Jahren haben Sozialhistoriker und Volkskundler in verstärktem Maße versucht, frische Quellen für eine andere Art von Geschichtsschreibung aufzuspüren. Der offiziellen «Herrschaftsgeschichte» war man seit langem überdrüssig («Sie gehören zu den Figuren, die unser Hirn bevölkern», sagt «Der Heutige» in Max Frischs 'Chinesischer Mauer' zu Napoleon); es galt, eine «Geschichte von unten», eine «Geschichte des Alltags», eine «Geschichte des Volkes» den älteren historischen Werken an die Seite zu stellen.[5] Eine wissenschaftliche Mode-Erscheinung? Gewiß auch ein wenig. Eher jedoch ein Anzeichen dafür, daß der Elfenbeinturm der Wissenschaft seine Pforten geöffnet und einige seiner Bewohner auf die Straße geschickt hat, auf den öffentlichen Platz — der Puls einer Stadt schlägt auf dem Markt, nicht im Rathaussaal. Die Historiker werteten dabei bisher unbeachtete Datenträger aus: Reiseschilderungen, Rechnungsbüchlein, Briefsammlungen, Lebensberichte — persönliche Dokumente also, nicht die Jahresbilanzen der Verwaltungsbüros. Und um der jüngeren Vergangenheit auf die Spur zu kommen, fragten sie die noch Lebenden hohen Alters nach deren Erinnerungsschätzen, ließen sich, möglichst ohne störendes Dazwischenfragen, deren Leben mündlich erzählen. Die Forschungstechniken der Oral History[6] — der Geschichte aus dem «Maul» des Volkes — haben bei aller Unterschiedlichkeit eines gemeinsam: Sie nehmen die Aussagen des Mannes (und der Frau!) auf der Straße ebenso ernst wie die Informationen der Buch-Geschichte, werten sie aber nicht als abso-

4 Winterthur. Sammlung historischer Photographien 1870 — 1925. Herausgegeben von der Heimatschutzgesellschaft. Winterthur 1980. ⁵ Zur Einführung in die Problematik der historischen Volksforschung vgl. Burke, Peter: Helden, Schurken und Narren. Europäische Volkskultur in der frühen Neuzeit. Herausgegeben und mit einem Vorwort von Rudolf Schenda. Stuttgart 1981. — Muchembled, Robert: Kultur des Volks — Kultur der Eliten. Stuttgart 1982. ⁶ Vgl. Niethammer, Lutz (Hg.): Lebenserfahrung und kollektives Gedächtnis. Frankfurt/M. 1980.

lute Wahrheit, sondern benützen sie entweder zur Ergänzung der offiziellen, intellektuellen Geschichtsschreibung oder aber, um an die herkömmlichen Quellenmaterialien neue Fragen zu stellen, die man bisher nicht für bedeutend gehalten hatte.

Die Aktion mit Pro Senectute im Raum Winterthur

Eine Verbindung zwischen der autobiographischen (also mit schriftlichen Quellen arbeitenden) und der Oral-History-Methode wurde bei der «Aktion Winterthur» herzustellen versucht[7]. Im Sommer 1980 fragte das Volkskundliche Seminar der Universität Zürich die Pro Senectute Kanton Zürich, ob sich ein gemeinsames Projekt, nämlich eine Sammlung von Lebensbeschreibungen älterer Mitbürger verwirklichen lasse. Ein erster Plan wurde kooperativ entworfen, Erfahrungen aus der Bundesrepublik Deutschland ließen es ratsam erscheinen, das Unternehmen auf einen geographisch und historisch überschaubaren Raum zu begrenzen: Der Bezirk Winterthur, einer von elf Bezirken des Kantons Zürich, schien ein geeignetes Arbeitsfeld zu sein. Beide Institutionen, zuerst Pro Senectute, dann die Stiftung für Wissenschaftliche Forschung der Universität stellten in dankenswerter Weise Organisations- und Forschungsmittel für das Unternehmen bereit. Ein Aufruf in Form eines farbigen Faltblattes ging an alle AHV-Rentner des Bezirks Winterthur (und viele Kreise des Gesundheits- und Sozialwesens sowie die Lokalpresse halfen bei seiner Verbreitung); er hatte kurz folgenden Inhalt: Alle Mitbürger im Rentenalter wurden ermuntert, ihre «Lebensgeschichte und Geschichten aus dem Leben» aufzuschreiben. Mögliche Motivationen zu solchem Mittun wurden genannt: Die Senioren hätten bedeutende Perioden dieses Jahrhunderts durchlebt; ihre Alltagserfahrungen sollten den jüngeren Generationen wichtige Kenntnisse vermitteln, Lebensbilanzierung sei ein Akt, der die Persönlichkeit des Einzelnen fördern könne. Die Autobiographie sollte zwischen fünf und 30 hand- oder maschinengeschriebene Seiten umfassen und möglichst folgende fünf Schwerpunkte berücksichtigen:

1. Früheste Erinnerungen (aus der Vorschulzeit) an Haus (Wohnung) und Familie: Eltern, Geschwister... — 2. Erinnerungen an die Schulzeit, das Lernen in der Schule, die Lehrer, Erfolge, Misserfolge...

---

[7] Eine detaillierte Darstellung der Aktion (für Fachwissenschaftler) findet sich bei Schenda, Rudolf: Schriftliche Autobiographien älterer Mitbürger. In: Brednich, Rolf-Wilhelm u. a.: Lebenslauf und Lebenszusammenhang. Vorträge der Arbeitstagung der Deutschen Gesellschaft für Volkskunde, 16.-18.3.1981. Freiburg/Br. 1982, S.107-115.

3. Erinnerungen an die Arbeitswelt: z.B. Ausbildung, Lehrzeit, Wanderjahre, Art der Tätigkeit, Berufswechsel... — 4. Erinnerungen an erste Liebschaften, an die Verlobung, die Hochzeit, den Ehepartner, die Kinder... — 5. Erinnerungen an wichtige politische Ereignisse, an die allgemeinen Lebensbedingungen, Schwierigkeiten und ihre Überwindung.

An Sozialdaten wurden erbeten: Name, Geburtsdatum und -ort, früherer Beruf und jetzige Adresse; die Manuskripte sollten allerdings nur ein Kennwort tragen. Die Namen sind bei der Pro Senectute sicher verwahrt worden; die Volkskundler haben stets nur mit den Kennworten zu tun gehabt. Als zusätzlicher Anreiz wurde allen Aktions-Teilnehmern ein gemeinsames Abschlußfest mit einer Preis-Verlosung in Aussicht gestellt.

Mancherlei war bei diesem Unternehmen zu bedenken gewesen: diese Form der Befragung überhaupt, ihre Nach- und Vorteile (Freiwilligkeit, Anonymität, geringer Verpflichtungs-Druck gegenüber dem Forscher, Achtung vor der Intimsphäre), das Problem der Schreib-Schwellenangst für Dialektsprecher, die Frage, ob auch nur e i n e Arbeiterfrau die Feder zur Hand nehmen würde? Doch das Ergebnis der Aktion fiel überraschend positiv aus: 210 Manuskripte mit einem Gesamtumfang von rund 3.200 Seiten liefen pünktlich zum Stichtag, dem 15. Januar 1981, ein und zwar von 110 Frauen (52% der Einsender) und 100 Männern (rund 48%). 50 Einsendungen stammten von 80 und mehr Jahre alten Autor(inn)en (rund 24%) — diese Texte sind in der vorliegenden Sammlung zum größten Teil abgedruckt. 94 Manuskripte (rund 45%) stammten von den zwischen 1901 und 1910 Geborenen, also den damals 70-80-jährigen, 65 Biographien wurden von Leuten eingeschickt, die damals jünger als 70 Jahre waren. Rechnet man mit einer Altenbevölkerung im Bezirk Winterthur von rund 17'000 Personen, so haben sich allerdings nicht mehr als etwa 1,3 Prozent von ihnen an diesem Unternehmen beteiligt.

Die Aufteilung nach Berufsgruppen ist sicherlich ein gewagtes Unternehmen, zumal sich unter den Einsendern zahlreiche soziale Aufsteiger befinden. Zusammenfassend läßt sich jedoch behaupten, daß eine große Mehrheit der Autoren der Bauern- und Arbeiterbevölkerung entstammen; 34 Einsenderinnen waren eindeutig der Gruppe «Hausfrau, Hausangestellte» zuzuordnen, 23 weitere hatten einen Beruf, oftmals den der Verkäuferin, erlernt; 29 Autoren gehörten zur Gruppe der Mechaniker, 20 weitere erlernten einen traditionellen Handwerkerberuf. Der Landwirtschaft waren 16 Einsender(innen) zuzuordnen, 15 andere waren Hilfsarbeiter(innen) oder ungelernte Fabrikarbeiter(innen).

20 Autobiographien ließen sich intellektuellen Berufen, zumeist dem Lehrerstand zuweisen, 45 Teilnehmer an der Aktion hatten im kaufmännischen und administrativen Bereich gewirkt; es blieb ein Rest von acht Personen ohne eindeutige Berufszuordnung.

Man hat den Angehörigen der Unterschicht gelegentlich Schreiblust und Schreibeifer absprechen wollen. Die Dokumente der Winterthurer Aktion zeugen indes von einem aktiven Schreibbedürfnis vieler alter Menschen in allen sozialen Schichten, zeigen aber auch, wie stark geistige Tätigkeit aktivierbar, animierbar ist. Die Geragogen können dieses gute Ergebnis bei ihrem Umgang mit Senioren sehr wohl verwerten.

Die vorgelegten Texte

Es war leider nicht möglich, die Lebensberichte der «Aktion Winterthur» in ihrer Gesamtheit zu veröffentlichen: Das hätte ein vierbändiges Werk mit rund 1600 Druckseiten ergeben, und die Herstellung eines druckfertigen Manuskripts hätte die Herausgeber auf Jahre beschäftigt. Vom wissenschaftlichen Standpunkt erschien es aber auch nicht ratsam, eine Auswahl der «schönsten», «spannendsten» oder auch der nur auf die Arbeiterschaft bezogenen Texte vorzulegen, und eine Zusammenstellung von besonders gelungen «Müsterli» schien dem Herausgeber nach der Lektüre entsprechender Anthologien völlig unannehmbar. Es geht bei einer solchen Dokumentation doch nicht um ästhetische Fragen, sondern um eine möglichst authentische Wiedergabe von Materialien, deren Zustandekommen zwar relativ zufällig ist (denn man muß sich ja die Frage stellen: warum haben gerade d i e s e zweihundert Betagten ihr Leben beschrieben und andere zweitausend nicht?), die aber bei all ihrer Zufälligkeit doch eine gewisse Repräsentativität in bezug auf soziale Herkunft der Schreibenden, verbreitete Meinungen und Einstellungen sowie geographische Streuung im und um den Bezirk Winterthur beanspruchen können. Eine Auswahl nach subjektiven Prinzipien und Wunschvorstellungen kam also nicht in Frage, wohl aber der geschlossene und ungekürzte Abdruck eines Teil-Corpus. Kriterium für die Auswahl dieser Menge konnte nur die AncLennität sein: Die ältesten Einsender sollten Vorrang haben, einer nach dem anderen vom Geburtsjahrgang 1893 an, bis das Buch den verantwortbaren Umfang erreicht hätte. Leider mußte in ganz wenigen Fällen von diesem objektiven, überprüfbaren Verfahren abgewichen werden: Eine der Biographien, an die hundert Seiten lang, hätte das Buch gesprengt. Eine andere bestand nur aus Reiseabenteuern und gab für die Geschichte des Bezirks Winterthur so wenig her wie vier andere, die keinerlei Bezug zu Winterthur hatten. Zwei weitere Texte lieferten kleine, liebenswerte Episoden (zum Teil in Versform), aber keine zusammenhängende Lebensgeschichte. Der Herausgeber bittet um Verständnis dafür, daß er jeweils einen Sprung zu dem nächstjüngeren Verfasser machen mußte.

Ein knappes Jahrzehnt hat in diesem Band Platz gefunden: 37 Autorinnen und Autoren der Jahrgänge 1893 bis 1901. Die 15 Damen und 22 Herren sind heute (1982) zwischen neunzig und achtzig Jahren alt, und das allein erheischt schon Respekt: Ein rüstiges hohes Alter ist ja nicht nur ein Geschenk der Natur, eine Gnadengabe Gottes, ein Glücksfall, sondern beinhaltet auch ein gerütteltes Maß von Selbstdisziplin, Stehvermögen, Lebensmut, Zukunftshoffnung (woran gute Mitmenschen nicht immer unbeteiligt sind). Den Hut ziehen müssen wir aber dann umso mehr, wenn diese alten Mitbürger (und hier ist «alt» keine Herabwürdigung, sondern eine ehrenvolle Auszeichnung) sich hinsetzen, um Tausenden von Jüngeren zu erzählen, was ihre Geschichte war, was aber auch u n s e r e Geschichte ist, die Geschichte des Jahrhunderts und des Landes, in welchem wir mit ihren Erbschaften leben.

Geschichte und Geschichten

Bei einer Lebensgeschichte stellt sich ihr Verfasser in den Mittelpunkt des Geschehens — er läßt sich für e i n m a l nicht von den Ereignissen bewegen, läßt sich weder herumbeuteln noch ausbeuten, sondern befiehlt den Puppen seines Lebensschauspiels, nach s e i n e n Ideen und Fähigkeiten aufzutreten und zu handeln: Der Autobiograph wird vom Objekt der Geschichte und Geschichtsschreibung zum eigenen Schreiber von (oftmals spektakulärer) Geschichte. Als solcher ist er kein Profi: Universitätsprofessoren können allemal behaupten, daß sie dieses Geschäft besser verstehen. Als solcher k a n n er aber auch nicht objektiv sein, weil ihm der große Blick über alle historischen Persönlichkeiten, Ereignisse und Hintergründe seiner gesamten Umwelt fehlt. Er greift die Geschichte da, wo er sie sinnlich zu fassen kriegt: in seiner eigenen kleinen Welt von Haus, Hof und Dorf, von Eltern, Lebenspartner und Kindern, von Schule, Werkstatt und Wirtshaus. Sein Weltbild mag so ein begrenztes und höchsteigenes sein, aber es hat den Vorteil der Faßlichkeit und Faßbarkeit: Er weiß, wovon er redet, sei es wenn er den Vater porträtiert, sei es bei der genauen Beschreibung eines Arbeitsvorgangs oder beim Erzählen eines merkwürdigen Erlebnisses. Der Autobiograph bezieht sich also auf die ihm bekannten Personen, auf ihm vertraute Handlungsverläufe und nur ihm zugestoßene Erlebnisse. Er schreibt Personen-, Ereignis- und Mentalitätsgeschichte aus dem Innenraum seiner privaten Lebzeiten. Zumindest für ihn, den Schreiber, hat diese Tätigkeit hohen Wert: Beim Nach-Sinnen, Rückerinnern, in der Zusammenschau wird er sich seiner Eigenheiten sowie der Stimmigkeiten und Unstimmigkeiten seines Lebens bewußt. Indem er zu dem von ihm geschaffenen Lebensporträt, zu dem von ihm gespielten Theaterstück steht, gewinnt er seine unverwechselbare Identität.

Doch sollte man solche individuellen Leistungen nicht in den privaten Kreis von Einzelnen abschieben und ihren Wert nur auf persönlicher Ebene anerkennen. Lebensberichte zeigen uns mehr als nur «Abenteuer des armen Mannes» (wie Ulrich Bräker, der Toggenburger sie nannte): Sie beleuchten auch, manchmal mit der Petroleumlampe, manchmal in grellem Blitzlicht, dann wieder wie bei einem Fackelzug, den Ablauf der «großen» Geschichte, jedenfalls Teile davon. Manche Autoren sprechen i n d i v i d u e l l e Wahrheiten aus, die viele von uns als a l l g e m e i n e annehmen werden, etwa wenn der Autor mit dem Kennwort *Fortschritt* sagt: «Der Vater war ein strenger, aber gerechter Mann und die Mutter die Güte selber» oder wenn *Faustus* feststellt: «Zivilcourage ist beim Arbeitgeber ein Greuel». Manche treffen mit ihren Beobachtungen aus ihrem Kleinraum einen wesentlichen Entwicklungszug unseres Jahrhunderts: «Wenn man zurückdenkt», schreibt *Libelle*, «so wurde unsere Generation mit Fortschritt und Technik völlig überrannt». Andere objektive Wahrheiten entstehen dadurch, daß sie subjektiv von einer M e h r h e i t der Autoren erfahren und formuliert wurden: die Sparsamkeit der Eltern, die Genügsamkeit der Lebensführung, die Wertschätzung, aber auch die lange Last der Arbeit («Ich war eigentlich nie untätig», heißt es bei *John Br.*), die Entbehrungen vor allem im Ersten Weltkrieg, die psychische Belastung durch Geldsorgen, die starke Mobilität (horizontal beim «Zügeln» und beim Berufswechsel; vertikal durch Erklimmen immer höherer Stufen der gesellschaftlichen Treppe), ein allgemeiner Ton von Friedensliebe und Zufriedenheit.

Sind all dies objektive historische Fakten, die sich aber kaum in unseren Geschichtsbüchern dargestellt finden, so gibt es anderseits an dem historischen Horizont der Autobiographen Strecken, die ausgeblendet bleiben, blinde Flecken, über die uns zum Teil unsere Geschichtsbücher aufklären müssen. Arbeits- und Arbeiterkämpfe bleiben mehrheitlich tabuiert, obwohl sie doch in der Jugend vieler Beteiligter einen hohen Bedeutungsgrad gehabt haben müssen[8]. Parteizuge-

---

[8] Schneider, Willi: Die Geschichte der Winterthurer Arbeiterbewegung. Winterthur 1960. — Vetterli, Rudolf: Arbeitsalltag, Konflikt und Arbeiterbewegung in einem Großunternehmen. In: Arbeitsalltag und Betriebsleben. Zur Geschichte industrieller Arbeits-und Lebensverhältnisse in der Schweiz. Diessenhofen 1981, S. 269-314.

hörigkeit und Parteiarbeit werden nur hie und da und dann mit einer Behutsamkeit erwähnt, als könne solche Tätigkeit als Makel auf der weißen Lebensweste erscheinen. Nur eine einzige Autorin (*S'Neujahrs-Chind*) äußert direkte Kritik am Nationalsozialismus in Deutschland, obwohl doch jeder indirekt dadurch be- und getroffen war. Kaum einer der Lebensberichte geht, nachdem der Konfirmationsbericht erstattet ist, auf den weiteren Umgang mit der Religion ein, und eine vergleichbare Schwelle scheint vor dem Familienbericht zu liegen: Nur in Ausnahmefällen wird von den Beziehungen zwischen den Partnern und dem Eltern/Kind-Verhältnis in der eigenen Ehe des Erzählers berichtet, ja oftmals beendet der Erzähler seine Rede nach dem Bericht von seiner Eheschließung.

Objektive historische Tatbestände erscheinen dagegen in den Autobiographien öfters in verschlüsselter, versteckter Form: Wir Leser müssen versuchen, bei so mancher höchst persönlichen Episode das dahinterliegende Allgemeine, das objektive historische Faktum zu entdecken[9]. Der Autor hilft uns dabei, indem er seine «Erzählung in der Erzählung» mit der knappen Einleitungsformel «eines Tages», «eines Abends» oder auch nur «einmal» beginnt. Dieses «einmal» ist aber nicht selten über das Individuelle hinaus von genereller Bedeutung: Der oftmals mit Schrecken erwartete Rohrstock des Lehrers steht zum Beispiel für eine weithin praktizierte rigorose Schuldisziplin, die ihre Angst-Striemen bleibend hinterlassen hat. Das mehrfach erwähnte Barfußlaufen deutet auf eine soziale Unterprivilegierung gegenüber den «feineren» und wohlhabenderen Stadtkindern. Eine Erzählung über einen Streit mit dem betrunkenen Vater verweist auf das allgemeine gesellschaftliche Problem des Alkoholismus und seine Bekämpfung. Autobiographien illustrieren auf ihre eigene Art die längeren Abläufe und kaum erkannten Zusammenhänge der Sozialgeschichte; sie liefern die farbige Wolle für den Webstuhl der Zeit.

Weiche Daten, harte Fakten

Und doch wird sich kein Historiker mit diesem bunten Material für einen Geschichtsteppich (um beim Bild zu bleiben) zufriedengeben: ihm ist die Grundstruktur der tragenden Kette manchmal wichtiger als das Muster des Fadens, und der Aufbau der ganzen Webmaschine ist ihm keineswegs gleichgültig. Die «harten» Quellendaten, wie er sie in Archi-

---

[9] Schenda, Rudolf: Autobiographen erzählen Geschichten. In: Zeitschrift für Volkskunde 77 (1981) S. 67-87.

ven und Bibliotheken findet: Statistiken, Verordnungen, Pläne und ihre Ausführungen, sind ihm das Grundgerüst der Geschichte; Materialien wie die unseren wären ihm nur schmückendes Beiwerk. Gewiß läßt sich darüber hadern, ob ein Faß ohne den Wein oder der Wein ohne das Faß die bessere Sache sei: Tatsache ist doch, daß beide zusammen nützlich sind, um das Getränk erreichbar und genießbar zu machen. So erscheint es auch hier sinnvoll, den Autobiographien aus Winterthur, die uns ein so anregendes Geschichtsbild vermitteln, einige hölzerne Stützen hinzuzufügen, ohne nun auch noch in die gefährliche Diskussion einzusteigen, ob denn diese «harten» Tatsachen wahrer und objektiver seien als die Aussagen der Lebensberichterstatter.

Die Stadt Winterthur nahm im Laufe des 18. Jahrhunderts trotz der Behinderungen durch das mächtige Zürich eine rasche wirtschaftliche Entwicklung. In der 1801 gegründeten «Kaufmännischen Gesellschaft» waren bereits 61 Handelsfirmen vereinigt. Die stinkende Eulach, derer sich mehrere unserer Autobiographen naserümpfend erinnern, mag damals noch ein reizvolles Gewässer gewesen sein: Sie blieb nicht lange im Grünen, wurde mehr und mehr bedrängt von Baumwoll-Industriefirmen: Spinnereien, Webereien, Färbereien, Stoffdruckereien. Wegen der Energien der aus dem Oberland rasch heranfließenden Gewässer wurden die Fabriken an den Läufen der Töss, Kempt, Thur und Murg angelegt; der Handel lief dagegen über die Eulachstadt; seit ihrer Gründung im Jahre 1851 erlangte die Handelsfirma Gebrüder Volkart Weltgeltung. Großspinnereien im Bezirk Winterthur konnten Hunderte, ja Tausende von Frauen und Kindern beschäftigen: Die Firma J.J. Rieter & Cie. taucht in unseren Autobiographien immer wieder auf. Die anwachsende Textilindustrie erforderte den Ausbau der Maschinenindustrie. Jacob Sulzer-Hirzel (1806-1883) und Salomon Sulzer-Sulzer (1809-1869) begründeten eine Firma, die nicht zuletzt durch ihre Dampfmaschinen stark expandierte; bei «Sulzer» waren 1930 rund 3'500 Maschinenbauarbeiter beschäftigt. 1871 wurde die Schweizerische Lokomotiv-und Maschinenfabrik gegründet (bei den Einheimischen heißt sie kurz die «Loki»); sie zählte 1914 rund 2'000 Arbeiter. Hunderte von Frauen und Männern fanden in der Brauerei Haldengut (seit 1843), in drei Schuhfabriken, im Druckereigewerbe, in den Konsumvereinen, bei den Versicherungsunternehmen, bei den Verkehrsbetrieben Arbeit und Lohn[10]. Angezogen von den Erwerbsmöglichkeiten in der Stadt gingen viele Arbeitssuchende

10 Weisz, Leo: Wirtschaftsgeschichte bis 1900. In: Winterthur. Ein Heimatbuch (wie Anm 2) S. 203-216.

aus dem Bezirk, dem Kanton, ja den angrenzenden Ländern in die Stadt am Eulachstrand. Die Bevölkerung von Groß-Winterthur wuchs seit 1920 rasch und stetig an:

1850	rund 14.000 Einwohner
1900	41.000
1920	50.000
1940	59.000
1950	67.000
1960	80.000
1970	rund 94.000 Einwohner[11]
1980	87.000

Mit Groß-Winterthur ist das Gemeinwesen bezeichnet, das ab 1922 durch die Eingemeindung der Vororte Oberwinterthur, Seen, Töss, Veltheim und Wülflingen in die Stadt Winterthur entstand[12]. 1970 waren 70% der Einwohner Protestanten, 29% Katholiken. Winterthur ist die sechstgrößte Stadt der Schweiz (nach Zürich, Basel, Genf, Bern und Lausanne).

Es wäre falsch, die Geschichte Winterthurs nur als eine Geschichte industrieller Entwicklung zu sehen. Der Bezirk war 1905 mit rund 3'000 Bauernbetrieben der landwirtschaftlich kräftigste unter den elf Bezirken des Kantons Zürich. Die Zahl der Betriebe sank bis 1975 auf rund 1200, das heißt um 60 Prozent. Rund 800 dieser Bauern betrieben ihren Hof hauptberuflich, und mit diesen Zahlen stand Winterthur auch noch im letzten Jahrzehnt an der Spitze des Kantons[13]. Es verwundert daher nicht, daß viele der hier vorgestellten Autoren primär eine landwirtschaftlich bestimmte Umwelt beschreiben, eine ökonomische Welt, die freilich keine starken Lohnanreize bot. Die Arbeitsverdienste betrugen um die Jahrhundertwende rund Fr. 1.20 pro Männertag (etwa 10 Rappen pro Stunde), im Jahre 1913 rund Fr. 2.00. In der Stadt dagegen verdienten die Handlanger 1900 gegen Fr. 3.50, die Maurer sogar Fr. 4.50 in zehn Stunden, der gelernte Arbeiter kam 1913 auf Fr. 5.20[14]. Die Gründe für die verbreitete Landflucht in der Jugendzeit unserer Autobiographen sind daher bei den Männern in den relativ niedrigen Verdiensten im landwirtschaftlichen Betrieb, bei

---

[11] Unser Winterthur (wie Anm. 3) Band 1, Blatt E6. [12] Ziegler, Alfred / Dejung, Emanuel: Geschichte der Stadt Winterthur in gedrängter Darstellung. Winterthur 1933, S. 27. [13] Landwirtschaft im Industriekanton. Die zürcherische Landwirtschaft. Stäfa 1976 [14] Ebenda, S. 25.

den Frauen zusätzlich in der erhofften besseren persönlichen Entwicklungsmöglichkeit in der Stadt zu suchen. Selbst als ungelernter Arbeiter konnte man dort auf einen Jahreslohn von Fr. 2'600.— kommen, während man als Melker, Karrer oder Knecht nur rund 1'800.— Franken erhielt[15]. Hinzu kam eine immer stärkere Arbeitsbelastung insbesondere in den unrentablen Kleinbetrieben (die deswegen auch kräftig zurückgingen)[16]: Die menschliche Arbeitskraft konnte auf dieser Ebene nicht mehr mit der Produktivität der Maschinenbetriebe in Stadt und Land konkurrieren, es sei denn der Kleinbauer — und vor allem die Bäuerin! — machte dieses Handicap durch doppelte Arbeitszeit wett. «Wie manche Bauernfrau hat seit Jahren keinen eigentlichen Feiertag gehabt», heißt es in einer Studie aus dem Jahre 1947[17]. Manch einer der hier vorgelegten Texte weiß ein bitteres Lied von der «harten» und «strengen», nie enden wollenden Arbeit auf dem Bauernhof zu singen. Soziale Aufstiegsmöglichkeiten waren hier, insbesondere für die Mädchen, die ja nur selten das Anwesen ihres Vaters erben konnten, kaum gegeben. Diejenigen, die auf die Landwirtschaftsschule gehen[18] oder gar das Welschlandjahr machen durften, hatten Glück[19].

Wenn die Landflucht keine stärkeren Auswirkungen zeitigte, so hatte das seinen doppelten Grund: Das bäuerliche Heimwesen war doch für viele eigener Besitz und bot bei aller Plackerei vor allem in Krisenzeiten ein Auskommen für die ganze Familie. Bei aller Genügsamkeit der Lebensführung, bei allem Verzicht auf Erholung und Vergnügen — Verhaltensweisen, die nicht n u r ökonomische, sondern auch religiös-moralische Gründe hatten — mußte auf dem Lande doch niemand am Hungertuche nagen, auch wenn Fleisch ein seltenes Nahrungsmittel war, auch wenn die damalige Ernährungsweise nicht unseren modernen Erkenntnissen entspricht. In Notzeiten, wie das im Zweiten Weltkrieg die von Ständerat Friedrich Traugott Wahlen propagierte «Anbauschlacht» bewies, ließen sich immer noch Ernährungsreserven aus den Ackerzipfeln ziehen. Im Gegensatz zu dieser zwar nicht üppigen, aber doch verhältnismäßig gesicherten Lebensweise der ländlichen Gebiete bot die Stadt den zugewanderten Arbeitnehmern nur ein sehr knappes bis dürftiges Auskommen.

[15] Guggisberg, Alfred: Die demographische Bedeutung der Landflucht. Bern 1951, S. 28. [16] Suter, Heinz: Der Kleinbetrieb in der schweizerischen Landwirtschaft. Turbenthal 1951. [17] Der Zürcher Bauer einst und jetzt. Zürich 1947, S. 48. [18] Zur späteren Ausbreitung der Landwirtschaftsschulen siehe ebenda, S. 52-53. [19] Zur Kräftigung der Welschlandjahr-Gängerei ab 1905 vgl. die jährlichen Berichte der landeskirchlichen Vermittlungsstelle der Bezirke Andelfingen, Pfäffikon und Winterthur. Winterthur ab 1908 ff.

Was konnte ein Bauernbursche, der vielleicht durch die gültige Erbschaftsregelung zu keinem Land- und Viehbesitz gekommen war und der in die Großstadt gehen mußte, dort verdienen? Fand er bei einem Handwerker eine Lehrstelle, so hatte sein Vater zunächst dem Meister «Lehrgeld» zu zahlen. Bei freier «Kost und Logis» arbeitete er dann drei oder vier Jahre lang für ein minimales Taschengeld. Für die Arbeitsstundenzahl gab es dabei zu Beginn des Jahrhunderts keine einheitliche Begrenzung; von Urlaub war bis in die späten Zwanziger Jahre keine Rede. Der Bedarf an Lehrlingen war übrigens nicht allzu groß: 1925 zählte man in Groß-Winterthur rund 450 von ihnen[20].

Raschere Verdienstmöglichkeiten boten in der Tat die großen Fabriken. Als Handlanger konnte man schon 1894 in der Maschinenindustrie auf einen Spitzen-Tageslohn von Fr. 3.00 bis 3.50 kommen; die Schlosser und Dreher verdienten etwa zwischen Fr. 3.50 und 4.50 (höherer Lohn bei Akkordarbeit!). Bei 277 Arbeitstagen ergab sich für die Hilfsarbeiter ein Jahreslohn von Fr. 1'019.—, für die Schlosser und Dreher von rund Fr. 1'100.—. Der Durchschnitts-Jahreslohn aller Winterthurer Arbeiter und Angestellten betrug damals für die Männer Fr. 1'047.—, für die Frauen Fr. 461.—[21]. Diese Zahlen ergeben ein ungefähres Bild vom Einkommen der Eltern einiger unserer Autobiographen. «Der Vater, Sticker», so erzählt uns *Es war einmal* (er konnte hier leider nicht zum Abdruck kommen), «die Mutter, Fädlerin, verdienten in 12 - 14 Stunden im Tag Fr. 8.— bis Fr. 9.— miteinander; nach heutigen Begriffen unfaßbar.»

Greifbar sind uns aus dem Jahre 1907 zahlreiche weitere sozialstatistische Daten (die ältesten unserer Autoren kamen damals in die Lehre). Die Löhne waren gestiegen: Ein Facharbeiter brachte es auf Fr. 1'500.— bis 2'100.— im Jahr; wenn die Frau mithalf, und das war meistens so, konnte die Familie auf 2'000.— bis 2'100.— im Jahr kommen. Nehmen wir den Fall des Gießers X aus der wissenschaftlichen Literatur: Er war 42 Jahre alt, hatte Frau und vier Kinder im Alter von 45, 17, 13, 12 und drei Jahren. Die Frau arbeitete als Nähe-

---

[20]   Häberle, Alfred: 100 Jahre Gewerbeverband Winterthur und Umgebung, 1874-1974. Winterthur 1974 (= 304. Neujahrsblatt der Stadtbibliothek Winterthur), S. 252.
[21]   Versuch einer Lohnstatistik in Winterthur und Umgebung. Ergebnisse der Arbeiterzählkarten. Als Manuskript mitgeteilt vom Schweizerischen Arbeitersekretariat. Zürich 1894, S. 20, 27. — Hintergründe und Zusammenhänge dieser Einzeldaten für das 19. Jahrhundert bei Gruner, Erich: Die Arbeiter in der Schweiz im 19. Jahrhundert. Soziale Lage, Organisation, Verhältnisse zu Arbeitgeber und Staat. Bern 1968 (= Helvetia Politica, A, 3).

rin, der älteste Sohn war kaufmännischer Lehrling (also kein Kostgänger mehr), das 13-jährige Kind verdiente sich ein Taschengeld
durch Botengänge. Die Wohnung in Winterthur hatte vier Zimmer.
Die Einkünfte betrugen: vom Vater 1'500.— Franken im Jahr, von
der Mutter 250.—, vom Sohn 320.— Franken Lohn, dazu kamen Fr.
95.— aus anderen Quellen.

Dem Gesamtjahreseinkommen von somit Fr. 2'165.— standen an
Ausgaben gegenüber:

Wohnung	Fr. 300.—
Nahrung	1070.—
Kleidung	375.—
Heizung/Licht	70.—
Haushaltgegenstände	20.—
Steuern, Versicherungen	80.—
Medizin, Tabak, Alkohol, Verein etc.	320.—
Summe	Fr. 2235.—

Der Jahresabschluß ergab also ein Defizit von 70.— Franken, die
vielleicht im Jahre 1908 einzusparen waren (durch einen geringeren
Alkoholkonsum des Gießers?)[22].

Von der Atmosphäre oder der Intensität des familiären Zusam-
menlebens erzählt eine solche Quelle freilich nichts: Gerade hier liefern uns aber die Lebensberichte lebendige und nützliche Zusatz-
informationen. So manches Mal scheint indes für die hier geschilder-
ten Verhältnisse im Elternhaus der Satz zu gelten, den Rudolf Braun
für die Frühzeit der Industrialisierung formulierte: «Von einem Familienleben außerhalb des Betriebes kann keine Rede sein.»[23]

Nehmen wir einen anderen Fall aus der aufschlußreichen
Winterthur-Studie des Berner Statistikers Heinrich Lotmar: seine
«Familie 9». Lotmar faßt zusammen: «Der 41 Jahre alte Mann hat

[22] Lotmar, Heinrich: Die Lohn- und Arbeitsverhältnisse in der Maschinenindustrie
zu Winterthur. Bern 1907, Tabelle 117. — Für Haushaltrechnungs-Modelle von Arbei-
terfamilien 1920 und 1958 im Vergleich siehe Hauser, Albert: Schweizerische Wirt-
schafts- und Sozialgeschichte. Erlenbach/Zürich 1961, S. 326. [23] Braun, Rudolf:
Sozialer und kultureller Wandel in einem ländlichen Industriegebiet (Zürcher Oberland) unter Einwirkung des Maschinen- und Fabrikwesens im 19. und 20. Jahrhundert. Erlenbach/Zürich 1965, S. 28.

seit 4 Jahren den Beruf des Fräsers, nachdem er früher die verschiedensten Berufe ausgeübt hat. So war er Tagesarbeiter in einer Brauerei in Winterthur mit einem Taglohn von Fr. 3.80, Arbeiter im Eilgut-Bahnhof mit einem Taglohn von Fr. 3.50, Gärtnergehülfe mit 35 Cts., Pflasterarbeiter mit 32 Cts. Stundenlohn. Die beiden Kinder sind 12 und 10 Jahre alt. Die 35 Jahre alte Frau beschäftigt sich neben der Haushaltung noch als Wäscherin und mit Putzen und Aufwarten. Die Wohnung (in Winterthur) besteht aus 3 Zimmern und Küche. Der Arbeitsverdienst des Mannes — er hatte im Beginn des Jahres einen Stundenlohnsatz von 42 Cts., arbeitet aber im Akkord — war im Jahre Fr. 1465, wie sich sehr genau aus den aufbewahrten Zahltagszetteln zusammenrechnen ließ. Die Frau verdiente durch ihre Arbeit Fr. 150. Mit Fr. 30 Gratifikation und Fr. 20 Rückvergütung vom Konsumverein beträgt die Summe der Einnahmen Fr. 1665. Die Wohnungsmiete belief sich auf Fr. 320, die Nahrungsmittelausgaben (Fr. 895) wurden gemacht für Milch (Fr. 215), Brot (Fr. 180), Spezereien (Fr. 350), Fleisch (Fr. 150). Die Ausgaben für Kleidung waren Fr. 110, für Heizung und Beleuchtung Fr. 100 (Kohlen, Gas für den Kochherd und Petroleum), für Haushaltungsgegenstände Fr. 50 (darin Bettaufrüsten Fr. 35), für Steuern und Krankenversicherung Fr. 80 (Geschäftskrankenkasse und eine zweite Krankenkasse). Unter den 'anderen Ausgaben' (Fr. 180) sind zu erwähnen Bier für den Mann an den Werktagen des Jahres: Fr. 120, Sonntagsbier Fr. 25, dagegen nichts für Wein; für Sonntagsvergnügen nur Fr. 10; für Zeitungen Fr. 16. Die Summe der Einnahmen beträgt Fr. 1665, die Summe der Ausgaben Fr. 1725, was einen Fehlbetrag von Fr. 60 ergibt. In der Tat sollen etwa Fr. 60 an Ausständen vorhanden sein.»[24]

Auch in diesem Fall müssen wir vieles auf der Ebene des Alltagslebens sich Ereignende zwischen diesen trockenen Zeilen lesen. Fragen dazu liefern uns einerseits die Lebensberichte, andererseits die historischen Studien: Wer waren denn die Arbeitgeber der Spettfrau, wie gering war ihr Stundenlohn (unsere *Anamone* bekam 16 Rappen pro Arbeitsstunde!), wie gestaltete sich ihr Tagesverlauf? Was geschah, wenn sie krank wurde? In welcher Art von Wohnung lebten diese Leute?[25] Wo gingen die Kinder in die Schule und unter welchen Be-

[24] Lotmar, H. (wie Anm. 22) S. 59-60. [25] Zu den Arbeitersiedlungen in Winterthur, die von den großen Firmen bereitgestellt wurden, vgl. Unser Winterthur (wie Anm. 3) Band 1, Blatt E12.

dingungen?[26] Hatten sie Zeit zum Spielen («Dieser Kies war unser Spielzeug für ganze Nachmittage», schreibt *Webstuhl*; «Die Spielgeräte bot uns die Natur», heißt es bei *Heicheli*), hatten sie Freunde/Freundinnen? Wie oft war der Vater im Wirtshaus? Welche waren die moralischen und politischen Ansichten der Eltern? Konnte die Mutter manchmal abends einen (Gesangs-)Verein oder einen Fortbildungskurs besuchen[27] (die Kleider für die Kinder nähte sie, wie die *Rote Buche*, doch sicher selbst)? In der Tat: ohne die Lebensberichte wüßten wir kaum eine Antwort auf viele solcher Fragen.

Lotmars Fallbeschreibungen, von denen hier keineswegs solche zitiert wurden, die als Belege für Armut und heruntergewirtschaftete Familien gelten können, verraten auch wenig von den Arbeitsbedingungen in der Fabrik: Die Arbeitszeit betrug 60 Stunden in der Woche, die Dampfpfeife blies morgens um 20 Minuten nach sechs Uhr und abends um ein Viertel nach sechs, samstags um ein Viertel vor fünf. Überzeiten bis zu drei Viertelstunden (zum Reinigen der Maschinen oder Hallen) blieben unbezahlt. Rauchen und Biertrinken während der Arbeit war selbstverständlich untersagt. Nichteinhaltung der Fabrikordnung wurde streng mit Geldbußen geahndet. Zwei Tage «Blauen machen» hatten die fristlose Kündigung zur Folge[28]. Die Urlaubstage pro Jahr entsprachen 1908, erstmals nach drei Dienstjahren gewährt, der Anzahl der Dienstjahre: vier Tage «Ferien» nach vier Jahren Arbeit bei der Firma und so fort. 1921 trat insofern eine Verbesserung ein, als drei Urlaubstage auch im ersten und zweiten Jahr gestattet wurden, sonst aber blieb die Regelung gleich; mehr als 12 Tage Ferien bekamen auch die ältesten Firmenmitglieder nicht[29]. Nein, bemerkenswerte politische Rechte hatte der Arbeiter nicht, außer: er durfte streng arbeiten und mußte zufrieden sein.

Hier ist nicht Platz, die Entwicklung der Lohn- und Haushaltungsverhältnisse im einzelnen weiterzuverfolgen — die Interessierten seien auf die Arbeiten von Albert Reinhart von 1922[30] und von Oskar

[26] Zum Schulwesen vgl. Winkler, Hermann: Schulgeschichte der Stadt Winterthur bis zum Jahre 1922. Winterthur 1947 (= 280. Neujahrsblatt der Stadtbibliothek Winterthur). — Gassmann, Emil: Das Volksschulwesen. In: Winterthur. Ein Heimatbuch (wie Anm. 2) S. 95-101.   [27] Zum ausgeprägten Vereinswesen und zur Volksbildung im Zürcher Oberland vgl. Braun, R. (wie Anm. 23) S. 297-362.   [28] Lotmar, H. (wie Anm. 22) S. 66-67: «Fabrikordnung II». — Die Fabrikordnungen der Seifenfabrik Sträuli & Cie finden sich in der Gedenkschrift Zum Hundertjährigen Bestehen, Erinnerungen an den Gründer Johannes Sträuli. Winterthur o. J., S. 80 (von 1907) und 120 (von 1920).   [29] Gedenkschrift Sträuli, ebenda S. 83 und 121.   [30] Reinhart, Albert: Die Lohn- und Arbeitsverhältnisse in der Winterthurer Metall-Großindustrie während des Krieges 1914-1918. Winterthur 1922.

Wartenweiler von 1945[31] (sie betreffen insbesondere die Kriegszeiten) hingewiesen. Diese bezeugen zwar — bei zunehmender Teuerung! — eine Verdoppelung der Einkommen während des Ersten Weltkrieges (für die Arbeiter auf rund 4'200.—, für die Angestellten auf rund 6'400.— Franken), aber auch einen Rückgang der Löhne in den Zwanziger und Dreißiger Jahren, der erst im Zweiten Weltkrieg wieder ausgeglichen, ja wettgemacht wurde[32]. Nicht unerwähnt bleibe auch die Tatsache, daß die Gehälter der höheren städtischen Beamtenfamilien (mit denen wir indes in den Autobiographien kaum zu tun haben) drei- oder viermal höher lagen als die der Winterthurer «Normalfamilien»[33]. Vor allem wichtig erscheint mir aber doch, in bezug auf unsere Texte, den Unterschied zu betonen, der zwischen der Bewertung der Männer- und der der Frauenleistungen lag.

Daß die Frauen — auch bei gleicher Arbeitsbelastung, etwa an der Spinnmaschine — einen Lohn erhielten, der oftmals weniger als die Hälfte der durchschnittlichen Männerlöhne betrug, wurde schon gezeigt. Daß sie ihre gesamten bäuerlichen und hausfraulichen Arbeiten ohne Entlöhnung verrichteten, braucht nicht besonders betont zu werden — diese Praxis wird ja noch heute kaum zaghaft in Frage gestellt. Arbeitsrechte besaß die Frau in nur geringem Maße: Noch 1909 scheiterte in Winterthur eine Gesetzesvorlage über den «Schutz der Arbeiterinnen und des weiblichen Ladenpersonals und den Ladenschluß» durch die Opposition des Gewerbevereins[34]. Ein «Normalarbeitsvertrag für Dienstmädchen» legte 1922 deren «Arbeitsbereitschaft» fest — es ging um 14 Stunden Präsenz pro Tag (auch sonntags!) bei sechs freien Nachmittagen im Monat: Die Dienstmädchen waren 98 Stunden pro Woche an ihre Herrschaft (oder deren Haus) gebunden und erhielten dafür einen Monatslohn von 25.— (für ungelernte) beziehungsweise 40.— Franken (für gelernte Kräfte). Beim Besuch von Kursen und Vorträgen konnte die Zeit der Abwesenheit auf

---

[31] Wartenweiler, Oskar: Haushaltungsrechnungen aus Zürcher Landsgemeinden und der Stadt Winterthur 1943 (= Statistische Mitteilungen des Kantons Zürich, III, 1). Zürich 1945. [32] Ebenda, S. 7. [33] Reinhart, A. (wie Anm. 30) gibt für 1914 für den ungelernten Arbeiter einen Jahresdurchschnittslohn von rund Fr. 1'500.— an; für die Normalfamilie einen Jahresdurchschnittsverbrauch von Fr. 1'653.—. Die Geistlichen der evangelisch-reformierten Kirchengemeinde kamen 1918 auf ein Grundjahresgehalt (ohne Zulagen) von Fr. 7'600.—. Sigrist und Abwart erhielten 1919 eine Barbesoldung von Fr. 5'500. 1920 erhielt ein Organist zwischen 2'200.— und 4'000.— Franken jährlich (im Nebenerwerb). Vgl. Stückelberger, Hans Martin: Geschichte der evangelisch-reformierten Kirchgemeinde Winterthur von 1798 bis 1950. Winterthur 1977, S. 150-151. [34] Häberle, A. (wie Anm. 20) S. 212.

die Freizeit angerechnet werden[35]. Von Emanzipation durfte keine Rede sein. «Die Arbeiterin», das katholisch und antisozialistisch orientierte Wochenbeiblatt zur «Hochwacht» und «Winterthurer Volkszeitung», lieferte zu diesem Thema eine entsprechende Schiller-Parodie:

Die Frau muß hinweg
Von Kochtopf und Nadeln,
Muß rauchen und radeln,
Muß fechten, studieren
Und politisieren,
Muß mitreden immer
Zu Hause bleiben nimmer,
Doch drinnen waltet
Der züchtige Hausherr,
Der Vater der Kinder,
Und schaffet leise
Im häuslichen Kreise,
Und ehret die Mädchen
Und prügelt die Knaben,
Steht unterm Pantoffel
Und schält die Kartoffeln
Mit stillem Behagen
Und hat nichts zu sagen![36]

Durch das Vorführen dieser «Verkehrten Welt» sollte wieder einmal gezeigt werden, wie unabänderlich das Schicksal der Frauen sei.

Und trotz dieser miserablen Arbeitsbedingungen, die begleitet waren von starken Stillhalte-Belehrungen fast aller Institutionen, zog es die jungen Frauen mehr und mehr vom heimischen Webstuhl in die Fabriken an der Töss[37]. Offenbar erhofften sie, dort mehr Freiheit zu haben als ihnen die bäuerlichen Heimwesen zu bieten vermochten, die Freiheit auch, einen Mann für das Leben zu finden und mit ihm eine Familie zu gründen.

Zu einem solchen Lebensweg gehörte freilich nicht nur ein kleines

[35] Die Arbeiterin. Wochenbeiblatt zur Hochwacht und Winterthurer Volkszeitung, 13. Dezember 1922, S. 1. [36] Die Arbeitgeberin, 22. Februar 1922, S. 4.
[37] Zum starken Rückgang der Heim- und Handweberei vgl. Bühler, Carl: Zum 75jährigen Jubiläum der Mechanischen Seidenstoffweberei in Winterthur, o.O. 1947, S. 8-9.

bißchen Liebe, sondern viel Lebensoptimismus (wie er in den meisten weiblichen Biographien in erstaunlich hohem Maße zu finden ist) und Opferbereitschaft.

Lebzeiten — Krisenzeiten

Daß unsere Autoren keineswegs in einer Welt voll Glück und Freude aufwuchsen, zeigt auch die Geschichte der sozialen Bewegungen in Stadt und Bezirk Winterthur. 1871 war an der Eulach die Arbeiterunion als Dachorganisation der Berufsverbände gegründet worden[38]. 1901 gehörten ihr 30 Gewerkschaften (Maurer, Schreiner, Schneider, Schuhmacher, Metallarbeiter, Holzarbeiter, Gewerkschaft Lokomotive), Fachvereine (so etwa der Gießer, Spengler, Glaser) und Vereine (die Grütlivereine, internationale Sozialistenvereine, der Arbeiterinnenverein, der Kernmacherverein und so fort) an[39]. Zwischen den einzelnen Arbeitnehmervereinen und den Arbeitgebern — es sei den Handwerksmeistern oder den Fabrikherren — kam es insbesondere vor dem Ersten Weltkrieg immer wieder zu erbitterten, oft durch Streiks unterstützten Kämpfen um Löhne, Arbeitszeiten und Arbeitsbedingungen[40]. Erwähnenswert ist der Bauarbeiterstreik im Herbst und Winter 1909/1910[41]: die Maurer forderten den Neunstundentag und erreichten ihn nicht, errangen dagegen einen ansteigenden Stundenlohn bis zu 64 Rappen im Jahre 1912.

Im Sommer 1910 erklärten die Gebrüder Sulzer anläßlich des Metallarbeiter-Streiks bei J.J. Rieter in Töss und in der eigenen Firma allen Anhängern der Arbeiterkommission den Kampf: «Wir haben es nachgerade satt», hieß es in einem Aufruf *An unsere Arbeiterschaft*, «mit Männern zusammenzuarbeiten, deren hauptsächliches Ziel die Störung des guten Einvernehmens zwischen Arbeitgeber und Arbeiter zu deren beidseitigem Schaden ist.»[42] Etwa 200 organisierte Arbeiter wurden entlassen[43]. Im Frühjahr 1911 erreichten die Schreiner mit ihren Forderungen eine Lohnerhöhung und den Neunstundentag ab 1912[44].

Die stärksten Erschütterungen im Leben der hier vorgestellten Winterthurer brachte ohne Zweifel der Erste Weltkrieg[45] mit sich; fast alle

[38] Zindel, Heinrich: 100 Jahre Arbeiterunion des Bezirks Winterthur. In: Winterthurer Jahrbuch 1972. [39] Ganz, W. (wie Anm. 1) S. 191-196. [40] Schneider, W. (wie Anm. 8). [41] Schneider, W. (wie Anm. 8) S. 103-109. Vgl. dagegen Häberle, A. (wie Anm. 20) S. 203-205. [42] Sulzer-Ziegler, Ed.: An unsere Arbeiterschaft. Winterthur 1910, S. 13. [43] Schneider, W. (wie Anm. 8) S. 110. [44] Häberle, A. (wie Anm. 20) S. 206. [45] Der Weltkrieg aus Winterthurer Presse-Sicht findet sich in Guggenbühl, G.: Der Landbote 1836-1936. Hundert Jahre Politik im Spiegel der Presse, Winterthur 1936, S. 395-417.

der Autobiographen erinnern sich an diese Zeit voller Entbehrungen, die vor allem den Frauen doppelte Belastungen brachten, weil die Männer zum Schutz der Landesgrenzen einrücken mußten — ohne daß den Familien für diesen Ausfall an Arbeitskraft eine Entschädigung gewährt worden wäre.

Durchgehend wurden die Auswirkungen dieses Krieges in der Schweiz als härter empfunden als die Zeiten des Zweiten Krieges. Der Lebensmittelkonsum wurde 1914/18 drastisch eingeschränkt; die Normalfamilie verbrauchte um ein Drittel weniger Fleisch (64 kg statt 95 kg pro Jahr), um zwei Drittel weniger Eier (130 statt 400 Stück). Fleisch kam eben nur sonntags auf den Tisch — und der Familienvorstand erhielt selbstverständlich das größte Stück. Die Notlage förderte aber auch die Bebauung der Pünten, in denen sich nicht nur Gemüse, sondern auch ein Kaninchen aufziehen ließ — dieses Erinnerungs-Idyll der Kinder hatte seine bitteren Hintergründe [46].

Daß die Industriellen aus den Ereignissen Nutzen zu ziehen verstanden, unterliegt keinem Zweifel: 1916 beschäftigte die Winterthurer Metallgroßindustrie rund 50% Jugendliche ab 14 bis 18 Jahren zu Minimallöhnen, um den Arbeitsausfall durch die Militärdienstverpflichteten auszugleichen (*Walter* schildert in unserer Sammlung seine Arbeit als Büroaufbub bei der Loki); weitere 15% der fehlenden Arbeitskräfte konnten durch billige Handlanger ersetzt werden. Arbeit gab es, dank der Aufträge der kriegstechnischen Abteilung des schweizerischen Militärdepartements, in genügender Menge [47]. Während indes nicht wenige Großbetriebe auch durch stärkeren Außenhandel positive Bilanzen erwirtschaften konnten [48], schuf der Krieg den Handwerkern und Kleinhändlern größte Schwierigkeiten [49]. Das Jahr 1918 brachte dann nicht nur (im November) den Generalstreik mit seinen Wirren [50], sondern auch eine verheerende Grippewelle — sie wird in unseren Texten immer wieder mit Schrecken geschildert. «Nie zuvor hat die Sorge, Entbehrung und Krankheit so nachhaltig an die Türe des Proletariers gepocht, wie in verflossenen Jahren», heißt es im Jahresbericht pro 1918 des Winterthurer Metallarbeiterverbandes [51].

Daß dann die «Goldenen Zwanziger» für Bauern und Arbeiter nichts Glanzvolles hatten, ist allgemein bekannt, und auch die Dreißigerjahre sind im Bezirk Winterthur Krisenjahre gewesen. Insbesondere sind die großen wirtschaftlichen Schwierigkeiten der Jahre 1929 bis

[46] Reinhart, A. (wie Anm. 30) S. 66-68   [47] Ebenda S. 18-19.   [48] Bühler, C. (wie Anm. 37) S. 37-39.   [49] Häberle, A. (wie Anm. 20) S. 213-219.   [50] Ebenda S. 207-209. Schneider, W. (wie Anm. 8) S. 147-155.   [51] Reinhart, A. (wie Anm. 30) S. 84.

1931, Folgen des großen Börsenkrachs von New York, zu nennen: Das Jahr 1931 erbrachte rund 700 Arbeitslose in der Winterthurer Industrie[52]. Ende 1932 zählte man in der Stadt 1421 Ganz- und 2331 Teilarbeitslose[53]. Die Wohlfahrtseinrichtungen der Stadt konnten ihre Hilfsdienste voll einsetzen[54], und die Notlage brachte zumindest den Erfolg, daß die Arbeitslosenversicherung im Juli 1932 in Winterthur zum Obligatorium wurde[55]. Verbessert wurden in den Dreißiger Jahren auch die Arbeitsbedingungen für die Lehrlinge. Arbeitslosigkeit und Streikbewegungen hielten bis 1935 an[56]. Ein wirtschaftlicher Aufschwung wurde erst nach der Abwertung des Schweizer Frankens um 30% am 26. September 1936 möglich. Und die Tatsache, daß sich die Schweiz durch ihre Neutralitätspolitik fernhalten konnte von den Vernichtungskatastrophen des Zweiten Weltkrieges, die Tatsache auch, daß sich das Schweizervolk seit den Vierziger Jahren nicht zuletzt im Arbeitsbereich ungewöhnlich diszipliniert verhielt[57], hat dann zu einer ständigen positiven Entwicklung des allgemeinen Wohlstands geführt, zu einer Lebensphase, die von den meisten Autobiographen als die glücklichste erfahren wird. Nicht zuletzt empfinden sie die soziale Absicherung durch die Alters-, Hinterlassenen- und Invaliden-Versicherung (AHV-IV seit 1948 und 1959) als späte Belohnung für lebenslange Mühen.

Danksagungen

Ein gerüttelt Maß an Bemühungen und Anstrengungen steckt nicht nur hinter diesem Buch, sondern auch hinter denjenigen Lebensberichten, die hier leider nicht veröffentlicht werden konnten. So möchte ich zunächst einmal all denjenigen älteren Mitbürgern danken, die bei der «Aktion Winterthur» nach besten Kräften mitgewirkt haben. Die Veranstalter haben ihnen zwar schon auf dem Abschlußfest in Winterthur am 18. Juni 1981[58] ein herzliches Dankeschön gesagt, aber ich möchte das hier noch einmal vor einem größeren Publikum tun: Die

[52] Häberle, A. (wie Anm. 20) S. 242.   [53] Bachofner, Albert: Die Arbeitslosigkeit im Jahre 1932 in der Stadt Winterthur und ihre Bekämpfung. Zürich 1933, S. 5.
[54] Hauser, Emil: Die Wohlfahrtseinrichtungen im Bezirk Winterthur. Winterthur 1938 (= 75. Neujahrsblatt der Hülfsgesellschaft Winterthur) S. 22-23. Bär-Brockmann, E.: 100 Jahre Gemeinnützige Gesellschaft des Bezirks Winterthur. o.O, o.J.
[55] Häberle, A. (wie Anm. 20) S. 248.   [56] Ebenda, S. 201-204.   [57] Vgl. Hauser, A. (wie Anm. 54) S. 362.   [58] Berichte über dieses Fest erschienen im Landboten am 20.6.81 und am 26.6.81 im «Seniorama» des Stadtanzeigers.

Begeisterung der 210 Teilnehmer, ihr Fleiß, ihr Mut, ihre Aufrichtigkeit haben dieses Buch möglich gemacht.

Die ganze Aktion wäre aber nicht zustande gekommen ohne die finanziellen Aufwendungen und die persönliche Kooperation der Pro Senectute Kanton Zürich; sie wäre nicht so glücklich verlaufen ohne das vielfältige Mitwirken, die Organisationsfreude, die Bereitschaft zu vielen kleinen Arbeitsschritten (von denen der Leser hier nichts mehr spürt) und zu offenen Diskussionen von Seiten der Damen Gret Bürgi, Margrit Fels und Julie Winter. In diesem Rahmen möchte ich auch Herrn René Sommerhalder, dem Beauftragten der Pro Senectute für alle Organisationsfragen, ebenso herzlich für sein freundschaftliches Engagement danken.

Die Stiftung für Wissenschaftliche Forschung an der Universität Zürich hat dem Herausgeber in dankenswerter Weise zweimal Geldmittel für eine wissenschaftliche Hilfskraft gewährt; nur so konnten die handgeschriebenen Lebensberichte transkribiert und die umfangreichen autobiographischen Materialien geordnet, gesichtet und nach volkskundlichen Fragestellungen ausgewertet werden.

Zu danken habe ich aber nicht nur der wissenschaftlichen Mitarbeiterin Frau lic. phil. Ruth Böckli, sondern auch der Sekretärin an meinem Lehrstuhl für Europäische Volksliteratur, Frau Erika Keller — sie hat so mancherlei zusätzliche Aufgaben (und ich meine nicht nur die Schreibarbeiten) mit der gewohnten freundlichen Ruhe durchgeführt. Und schließlich denke ich mit Dankbarkeit an die Teilnehmer meiner Kolloquien zum Thema «Lebensberichte und Alltagserfahrung» im Wintersemester 1980/81 und im Sommersemester 1981. Auch die Mitarbeit der Studierenden hat mich ermutigt, dieses Buch zu wagen.

Ob es eine «Fortsetzung» der *Lebzeiten* geben wird? Das hängt von der Aufnahme dieses Buches beim großen und, wie ich hoffe, zumeist jugendlichen Lesepublikum ab.

Zürich, im Juni 1982   Rudolf Schenda

Irchel
männlich, *1893, Kleinlandwirt, Jäger

Mein Geburtstag fand am 24. Oktober 1893 statt. Ich war das dritte Kind meiner Eltern. Meine Geschwister waren 13 und 14 Jahre älter, ich war also ein richtiger Nachzügler. Der Vater war 1843, die Mutter 1853 geboren: der Vater ein kräftiger Mann, der die schwere Arbeit liebte (Tösskorrektion bei Winterszeit); die Mutter eine tiefreligiöse Frau. Ein kleines Heimwesen war ihr Eigen. Die Hauptarbeit war der Rebbau, mit schwerer Handarbeit verbunden. Natürlich mußte ich wacker mithelfen.

Meine Schulzeit verbrachte ich in Dättlikon und Pfungen (Sekundarschule). Die Unterhaltung mit meinen Schulkameraden ist mir in guter Erinnerung geblieben, auch als ich mit meinen Eltern im Dreier- oder Vierer-Takt mit dem Pferd die Weizengarben in der Scheune drosch. Gerade denk ich noch der Zeit, wo ich zur Nachtzeit in der nahen Tuch- und Deckenfabrik für 18 Rappen Stundenlohn arbeitete.

Auch gedenk ich noch der Zeit, wo die Gemeinde die Erstellung der Wasserversorgung beschloß (1898). Der damalige Pfarrer spendete einen Beitrag von Fr. 10.000, was die arme Gemeinde mit großem Dank entgegennahm. Ebenfalls ist mir in Erinnerung, daß die Gemeinde die Erstellung des Lehrer-Wohnhauses beschloß, wo Pfarrer G. in anerkennenswerter Weise mit dem schönen Beitrag von Fr. 10.000 sich anschloß.

Die kommenden Tage sind mit Leid überschattet. An Pfingsten, dem 19. Mai 1918, verstarb mein Vater. Nun galt es für mich, eine Ehegefährtin zu suchen. Meine Wahl fiel auf meine Jugend-Gefährtin, in der ich eine frohmütige, gesunde und arbeitssame Frau fand. Unsere Eheschließung fand am 6. Juli 1918 (Pfarrer F., Pfungen) statt. Unserer Ehe entsproßen drei Kinder, wovon wir das älteste mit 11 Jahren wieder hergeben mußten. «Was Gott tut, ist wohlgetan».

Nun muß ich aufs Jahr 1914 zurückschauen. Unser damaliger Männerchor machte eine Reise nach Bern zum Besuch der Landesausstellung. Auf der Heimfahrt mit dem Zug vernahmen wir von der Ermordung des oesterreichischen Thronfolgerpaares in Sarajewo/Serbien. Das war der Zündfunke im Pulverfaß, zum Ausbruch des Weltkrieges 1914/18. Natürlich kam der Ruf unter die Fahne auch an uns. An unserem Einführungstag hielt mein Vater auf dem Dorfplatz eine patriotische Rede und ermahnte uns junge Soldaten zu treuer Pflichterfüllung. Die nächste Zeit verbrachten wir mit Gefechtsausbildung und mit Nachtmärschen. Nach 7½ Monaten Dienst ging unser Ablösungsdienst ohne einen einzigen Urlaubstag zu Ende. Natürlich ging unsere Urlaubszeit wieder zu End, und wir mußten uns bald bereit machen zum Einrücken. Nach einiger Zeit wurden wir verladen, und schon ging die Fahrt in den schönen Kanton Tessin, damals noch Original. Unsere Kantonemente waren Capolago und Sementina, die zwei Dörfer sind durch einen wilden Bergbach getrennt. Bald wurde ich als Koch auf Robasacco bestimmt, acht Mann, ein kleines Dorf, aber liebe Menschen. Nach Aufhebung unseres Postens kamen wir zur Kompanie in Rivera-Bironico. Bald nahte unsere Entlassung, wo wir zu Hause sehnlichst erwartet wurden. Der nächste Dienst brachte uns wieder in den geliebten Teßin; nach unserer Ankunft wurde ich zu den Mineuren bestimmt, Schützengräben erstellen oben am Ceneri, alles im Fels. Gegen Ende des Dienstes kamen wir an den schönen Ort Riva-San Vitale. Zu Fuß ging's heimwärts. Von Zug marschierten wir bis nach Dübendorf, dann nach Winterthur, wo wir entlassen wurden.

Für den 1917-Dienst war ich dispensiert wegen Holzfällerei. Der 1918-Dienst rief uns im August wieder zur Fahne. Mit der SBB kamen wir nach Puntrut. Die Grenzposten wurden im Zuge ausgewählt und in verschiedenen Camions auf die Posten gefahren. Ich wurde wieder als Koch bestimmt zu 12 Mann auf Posten Sur-Cherral, zu Fahy gehörend. Auf diesem Posten hatte es ein deutschsprechendes Mädchen. Unsere Freizeit widmeten wir dem Spiel, bei der ich eine Verletzung machte. Auf Befehl des Wachtmeisters sollte ich ins Krankenzimmer, was ich strikte ablehnte. Bei der Zwistigkeit hörten die Mutter und das Mädchen auch mit. Nach Meinung der Mutter sollte ich zur Hebamme nach Grandfontaine zur Behandlung, womit ich einverstanden war.

Die böse Grippe hielt auch Einkehr bei uns. Unser guter Hauptmann wurde nach halbjähriger Ehe von der Grippe hinweggerafft. Da der Mannschaftsbestand durch die Grippe reduziert war, mußte ich auf mehrstündige Patrouille. Nach kurzer Zeit vernahmen wir Fluglärm, wir machten uns an die Hecke in Deckung. Ich erkannte das Abzeichen als blau-rot-weiß, als französisches Flugzeug. Die Insassen waren zwei flotte amerikanische Offiziere. Einer der Schüsse drang dem Beobachter zwischen den Beinen hinauf. Nicht vergessen habe ich die Erzählungen meines Vaters, der 1870 an die Grenze in den Jura mußte, wo er den Einmarsch der Bourbaki-Armee erlebte.

So, nun ging's dem Kriegsende entgegen. Schon lange mottete der Drang in mir, am hehren Waidwerk mitzumachen. Mein Schwager und ich kamen in die Lehre zu einem alten Unterländer Jäger (Wilderer), der uns das Waidwerk gründlich erklärte (Hege und Pflege nicht außer Acht lassend). Der Irchel war zu damaliger Zeit ein Wildparadies. Die damalige Jagdzeit 1920-1928 war eine schöne Zeit.

*«Irchel» (ganz links) mit Eltern
und Geschwistern, um 1910*

*«Irchel» als Jäger mit Chasseur
und Seppli, 1947*

Nun gedenke ich mit großem Lob meiner lieben Mutter, die die vielen Feldarbeiten ohne Murren alleine machte. Sie hat mir die hehre Freude am Waidwerk gegönnt. 1929 wurde das Reviersystem angenommen. Die Gemeinden verpachteten ihre Reviere. Das schöne Revier Embrach Ost/Blauen und Hard-Revier ersteigerte W. Ganz, Embrach, Kachelofenfabrik. Vorgenannter suchte auch einen Jagdaufseher; nach reiflicher Überlegung meldete ich mich. Nach verschiedenen Anmeldungen wurde ich als Jagdaufseher auserkoren. Bei meinen Kontrollgängen stellte ich fest, daß das Revier ein schönes und wildreiches Revier ist und daß ein gesunder Wildbestand da war, der durch weitere Hege und Pflege zu erhalten war. Bald nahte die Jagdzeit, an der ich wacker mitmachte. Auch erhielt ich die Bewilligung zum Abschuß der nötigen Tiere, was ich dankbar annahm.

Nun muß ich einige Jahrzehnte überbrücken. Ende der 1950er Jahre beschloß die Gemeindeversammlung die Güterzusammenlegung und Melioration. Zuerst wurde die Dorfstraße (Durchgangsstraße) verbreitert. Da ich Anstößer war, verlor ich Bodenfläche, und die Landwirtschaft wurde unmöglich.

Nach geraumer Zeit suchte die SBB einen Mann auf den Posten zwischen Pfungen und Embrach, als Barrierewärter. Ich meldete mich und wurde eingestellt. Jetzt kam die andere Seite. Der Weg dorthin war ein recht beschwerlicher. Zuerst mußte man hinunter an die Töss, dann über den Blindensteg, dann wieder mühsam den Weg hinauf zum Bahnwärterhaus. Und dann zur Winterzeit mit viel Schnee. So gingen die Jahre auch vorüber. Nach einiger Zeit machten sich gesundheitliche Störungen bemerkbar, so entschloß ich mich, diesen Posten nach sechsjähriger Dienstzeit aufzugeben.

Am 12. Dezember 1974 wurden wir zum Alters-Nachmittag ins Schulhaus eingeladen. Nach einigen gemütlichen Stunden des Beisammenseins wurde meine Frau vom Tode ereilt. Ein schwerer Schlag für mich.

Nach einigen Jahren mit einer Haushilfe drängten meine Kinder für die Anmeldung ins Altersheim Seuzach. Das ist ein schwerer Entschluß für mich, das Heim nach 70 Jahren zu verlassen. Mit des Schicksals Mächten ist kein ewger Bund zu flechten.

So, nun bin ich am Ende meiner Erinnerungen. Nun muß ich mich mit dem Gedanken fürs Altersheim befassen, es ist schwer für mich. Nun, mit frischem Mut muß ich mich ins Unabänderliche fügen. Am 3. März 1980 nahm ich Wohnsitz im Altersheim.

Wegen Schwierigkeiten in der rechten Hand habe ich Mühe beim Schreiben, bitte um Entschuldigung.

Fortschritt
männlich, *1893, Landwirt

Das Licht der Welt erblickte ich am 19. Dezember 1893 in der kleinen Reiath-Gemeinde Hofen, Kanton Schaffhausen, hart an der deutschen Grenze gelegen, und verbrachte dort meine Jugendjahre mit zwei Brüdern zusammen auf dem kleinen elterlichen landwirtschaftlichen Heimwesen. Die Primarschule, als eine der kleinsten des Kantons Schaffhausen, besuchte ich acht Jahre, wobei in dieser Zeit mindestens vier Lehrer ihrer Aufgabe walteten, was für uns Schüler nicht gerade von Vorteil war. Die Kirchgemeinde war Opfertshofen, welcher nebst Hofen noch Altdorf und Bibern angehörten. Die Jugendjahre sowohl als auch die späteren Lebensjahre waren ausgefüllt mit harter Arbeit, war doch die Bewältigung der landwirtschaftlichen Arbeiten auf dem überaus hügeligen Land keine Kleinigkeit, mußte zur damaligen Zeit doch alles von Hand ausgeführt werden. Der Vater war ein strenger, aber gerechter Mann und die Mutter die Güte selber. So gingen die Jugendjahre verhältnismäßig rasch vorbei, und ich wurde am Palmsonntag 1910 in Opfertshofen konfirmiert, um bereits am Osterdienstag Hofen für immer zu verlassen. Meinem Vater war in der Zwischenzeit die Bauernarbeit auf dem hügeligen Lande, wo keine größeren Möglichkeiten vorhanden waren, verleidet, wozu der Umstand noch beigetragen hat, daß das Ökonomiegebäude weit vom Wohnhaus entfernt, das Wohnhaus, das sogenannte Hollenderhaus von drei verschiedenen Parteien bewohnt war, was wohl mit zum Entschluß des Vaters beigetragen hat, sich eine andere Heimat zu suchen.

Nach vielem Suchen fand der Vater dann in Ellikon an der Thur ein passendes Heimwesen, welches für seine bescheidenen Mittel den Erwartungen entsprach. Es war ein Betrieblein von circa 7 ha mit alten Gebäulichkeiten. Wie bereits erwähnt, erfolgte der Auszug am Osterdienstag Morgen, wobei Vater und ich mit der Viehhabe den weiten Weg über Thaingen, Dörflingen, Diesenhofen, Stammheim, Oberneunforn, Ueßlingen, Ellikon an der Thur zu Fuß zurücklegten: im Ganzen circa 25 km, was heute, der vielen Autos wegen, nicht mehr möglich wäre. Nachdem wir in unserer neuen Heimat etwas eingelebt waren und der Heuet in Angriff genommen wurde, wurden wir am 10. Juni von einer Überschwemmung überrascht, brach doch in Folge Hochwassers der Thurdamm und das circa 3 km breite Thurtal wurde zu einem kleinen Binnenmeer, wobei das bereits geschnittene Heugras fortgeschwemmt, das stehende verschmutzt und zu Futterzwecken unbrauchbar wurde.

Eine nicht gerade verlockende Anfangssituation! Gegenüber dem nassen 1910 war das Jahr 1911 das pure Gegenteil, regnete es doch in den Sommermonaten sozusagen fast nie und fiel der Emdertrag fast vollständig aus. Trotz dieser wetterbedingten Vorkommnisse konnten wir uns aber behaupten, beziehungsweise durchbringen, und wir erlebten in der Folge eine Reihe guter Jahre.

Am meisten zu schaffen gab die Lösung der Zugkraft bei den landwirtschaftlichen Arbeiten, namentlich das Pflügen der Felder, und mein Vater entschloß sich im Jahre 1924 zum Ankauf eines Traktors Marke «Fordson», welchen ihm mein Bruder Fritz, der die Automechaniker-Lehre absolvierte, vermitteln konnte. Dieser Traktor war aber gegenüber den heutigen gerade vorsintflutlich, hatte er doch als Antrieb Schaufelräder, und er konnte nur langsam gefahren werden. Trotzdem kam ich mit diesem Vehikel weit herum, mußte doch in weitem Umkreis namentlich Streueland umgebrochen werden, und da es sozusagen der einzige Traktor in der näheren Umgebung war, mangelte es an Arbeitsaufträgen keineswegs. Daß der Traktor im Laufe der Zeit modernisiert worden ist und letzten Endes mit neuzeitlichen Pneurädern ausgerüstet wurde, gehört zum notwendigen Fortschrittsdenken. So gingen die Jahre bei reger Tätigkeit rasch vorbei, und ich beschäftigte mich immer mehr mit dem Gedanken der Verheiratung und fand denn auch ein liebes, arbeitsames Mädchen, welches für eine Bäuerin wie geschaffen war. Im Jahre 1930 hielten wir Hochzeit, nachdem mir mein Vater die Liegenschaft käuflich abgetreten hatte. Mit großem Optimismus begannen wir mit der Bewirtschaftung des kleinen Betriebes auf eigene Rechnung, waren doch die Produktenpreise anfangs der 30er Jahre zufriedenstellend. Diese Situation verschlechterte sich aber sehr rasch, war doch der Preiszerfall mit der eingeschlagenen Deflationspolitik der Nationalbank und des Bundesrates unvermeidlich und führte bis zum Jahre 1936 soweit, daß ich im Frühjahr für einen schlachtreifen Muni noch Fr. 0.75 per Kilogramm Lebendgewicht erhielt, für ein schlachtreifes Rind Fr. 1.10 per Kilogramm Lebendgewicht, also Preise, die die Gestehungskosten niemals zu decken vermochten. Derart in die Enge getrieben, versuchte ich als Ausweichmöglichkeit die Ausweitung des offenen Ackerlandes, dessen Produktenpreise gegenüber den Schlachtviehpreisen etwas mehr eintrugen, aber auch mit mehr Arbeitsleistung verbunden waren. Diese Umstellung betrachte ich als die Rettung vor dem finanziellen Zusammenbruch, sonst wäre es mir wahrscheinlich ergangen wie vielen Tausenden von Bauern und anderen Betriebszweigen, welche in Konkurs gerieten.

Das Jahr 1936 brachte aber im Herbst die Wende, als der Franken um

«Fortschritt» mit seiner Familie, 1980

30 Prozent abgewertet wurde, was bedeutete, daß die Exportindustrie um 30 Prozent billiger wurde, die Importe aber um 30 Prozent verteuert wurden. Nach dieser Wechselkursanpassung kam die fast erlahmte Volkswirtschaft so nach und nach wieder in Schwung, die Inlandpreise zogen leicht an, der Export belebte sich wieder, und das Arbeitslosenheer wurde immer kleiner. Damit war auch für uns Bauern wieder ein zukunftsfroherer Ausblick eingetreten, und das Arbeiten machte wieder mehr Freude.

Die Familie war in der Zwischenzeit auf vier Personen angewachsen, durch Geburt eines Sohnes und einer Tochter. Mit der eingetretenen Verbesserung der Zukunftsaussichten konnte ich auch das 10 Jahre lang geführte Gemeindesteueramt liquidieren. Es brachte mir trotz viel Arbeit pro Jahr lediglich Fr. 450.— ein, gemessen an den heutigen Besoldungsansätzen ein wahres Trinkgeld. So gingen die Jahre rasch vorbei, und nur zu bald war das Jahr 1939 erreicht, wo der unselige Zweite Weltkrieg vom Zaune gerissen wurde. Wie schon 1914-18 hatte ich wiederum in den Militärdienst einzurücken, was für meine Frau mit den zwei Kindern ein gerütteltes Maß an Mehrarbeit bedeutete. Es gelang mir aber, hie und da Urlaub zu bekommen, so daß ich der Bedrängten beistehen konnte.

Zu jener Zeit wurde der Anbauplan «Wahlen» durchgeführt, was so viel bedeutete wie Vermehrung des offenen Ackerfeldes, was mir in der Folge ein eidgenössisches Diplom eintrug, hatte ich es doch auf 70 Prozent Ackerland gebracht. Um die Viehhaltung nicht einschränken zu müssen, wurden Silos gebaut für Maissilage. Da die Bundessubvention zur Förderung der Güterzusammenlegungen zu jener Zeit 50 Prozent betrugen, besuchte mich Grundbuch-Geometer Karrer, um mit mir als Mitglied des Gemeinderates das In-die-Wege-Leiten einer Zusammenlegung zu besprechen, und bald darauf wurde vom Gemeinderat beschlossen, beim Kantonalen Meliorationsamt das Gesuch um Vorprojektierung einzuleiten. Das Kantonale Meliorationsamt schaltete rasch, und in kurzer Zeit konnte eine Grundeigentümerversammlung darüber beschließen, ob sie das Vorprojekt mit begleitender Kostenauflage annehmen wolle oder nicht. Mit schwachem Mehr wurde der Vorlage zugestimmt, und die Güterzusammenlegung war beschlossene Sache.

Mittlerweile war als Folge des Krieges die Treibstoffzuteilung für Autos und Traktoren rationiert worden, und die Zuteilungsquote war so gering, daß ich mit meinem alten Fordson nicht mehr mithalten konnte, es vorerst mit Viehzucht versuchte, aber bald einsehen mußte, daß dies bei dem vielen Ackerland unmöglich sei. So entschloß ich mich für den Ankauf eines Traktors mit Holzvergaser, welcher damals von meinem

Bruder Fritz, welcher sich in der Zwischenzeit zum Traktorenfabrikant in Hinwil entwickelt hatte, hergestellt wurde. Es war für mich eine wahre Wohltat, daß dieser Traktor mit Batterie und Anlasser ausgerüstet war, im Gegensatz zum alten Fordson, welchen ich 16 Jahre lang von Hand ankurbeln mußte. Nun hieß es den Winter hindurch fleißig Gasholz aufbereiten, um das Jahr hindurch gerüstet zu sein. Mit der Güterzusammenlegung habe ich auch wieder ein neues Amt gekriegt: als Aktuar der Ausführungskommission, welchem ich 13 Jahre lang gedient habe und so viel zu schreiben bekam, daß ich mir zur besseren Bewältigung eine Schreibmaschine kaufen mußte, welche bis zum heutigen Tag immer noch in Aktion ist und mich wohl überleben wird.

So sind diese Kriegsjahre zu Jahren strenger Arbeit geworden, aber auch zu interessanten Jahren, welche für die spätere Weiterentwicklung ausschlaggebend wurden, konnte mit der Neuzuteilung des Landes doch in großen Parzellen viel produktiver gewirtschaftet werden als bisher im zerstückelten Land. Diesem Umstand ist es auch zuzuschreiben, daß die Freude am landwirtschaftlichen Beruf gehoben werden konnte.

Die Vorfreude an der bevorstehenden Neuzuteilung wurde aber auf eine harte Probe gestellt, mußten doch zur Begradigung der Waldränder und zur Arrondierung des Kulturlandes viele kleinere und größere Waldparzellen gerodet werden, welche Arbeit zwei Winter hindurch in Anspruch nahm. Im gleichen Zeitraum wurden auch die neuen Flurstraßen angelegt und die Einzelparzellen ausgemessen, der Pointierungswert jeder einzelnen Parzelle festgestellt, beziehungsweise ausgerechnet, was als Grundlage diente für die kommende Neuzuteilung. Bei den Waldrodungsarbeiten war ich mit dem neuen Traktor, mit Seilwinde ausgerüstet, maßgeblich beteiligt, teils in Gruppenarbeit, teils im Einzelakkord, und es waren nicht nur arbeitsreiche, sondern auch recht interessante Wintertage. Nachdem nun alles für die Neuzuteilung vorbereitet war, lag es an den Grundeigentümern, ihre Zuteilungswünsche bekanntzugeben, was innerhalb einer bestimmten Frist zu geschehen hatte. Beim Überprüfen dieser Zuteilungswünsche stellte sich heraus, daß für einzelne Parzellen drei und mehr Grundeigentümer interessiert waren, und es brauchte bei den einsetzenden Zuteilungsverhandlungen manchmal viel Geduld, bis der gordische Knoten gelöst und der rechtmäßige zukünftige Eigentümer festgelegt war.

Was mich persönlich betraf, erklärte mir der Geometer, daß mir für die letzten Endes in Frage kommenden zwei Parzellen, um sie ganz beanspruchen zu können, der notwendige Anspruch fehle und ich daher versuchen müße, irgendwo Land zu kaufen. Nach längeren Sondierungen fand ich bei einem alten Mann, was ich suchte, war ihm doch die Bewirtschaftung des kleinen Heimwesens zu viel geworden. Nachdem wir uns soweit geeinigt hatten, mußte nach den damaligen Vorschriften die Verkaufsbewilligung für dieses kleine Heimwesen beim Kantonalen Landwirtschaftsamt eingeholt werden, worauf ein Schätzer erschien, welcher das Betrieblein zum Ertragswert einschätzte und dabei auf eine Verkaufssumme von Fr. 20'000.— kam. Zu diesem Preise hatte auf dem Notariat die Fertigung zu erfolgen, doch erhielt der alte Mann von mir sozusagen als Trostpreis eine kleine Zugabe, was er sehr schätzte. Damit war auch meine Zuteilung perfekt geworden, und die Gesamtzuteilung fand im Laufe des Jahres 1943 statt. Daß ich das erworbene Wohnhaus mit 14 Aren Umgelände zur damaligen Zeit für Fr. 60.— per Monat vermieten konnte, zeigt mit aller Deutlichkeit, wie sehr sich die Verhältnisse in der Zwischenzeit geändert hatten. Für mich war die Sachlage aber gegeben, wohnen wir doch nunmehr 22 Jahre in diesem Häuschen und sind froh, unabhängig und selbständig darin unsere alten Tage zu verbringen.

Daß nach der Neuzuteilung die großen zusammenhängenden Parzellen viel Arbeit verursachten, bis sie für die Bewirtschaftung geeignet erschienen, ist selbstverständlich, und diese Arbeiten wurden von den meisten Grundeigentümern mit Elan in Angriff genommen. So gingen die folgenden Jahre ohne erwähnenswerte Ereignisse bis zum Jahre 1948 bei reger Betriebsamkeit vorbei. In diesem Jahre war die Feier des 150-jährigen Freiheitsbaumes, einer riesigen Platane, fällig, welches mit allem Drum und Dran gefeiert wurde und mich zur Abfassung nachstehenden Gedichtes veranlaßte.

Der Freiheitsbaum:

Freiheitsbaum du stolzer Riese,
einhundertfünfzig Jahre alt,
hast schon getrotzt gar mancher Bise
und andrer Stürme Allgewalt.

Symbol für Freiheit, Kraft und Willen,
einst eingepflanzt von Menschenhand,
trägst du dein Haupt, in stillem Sinnen,
blickst du ins freie Schweizerland.
Es wundert dich, ob all die Alten,
die einst so tapfer sich benommen,
zum Ehrentage sind gekommen,

damit der Bund, wo einst geschlossen,
aufs neu' gefestigt sei und bleibe
in starken Banden neu gegossen,
für alle Zeiten Blüten treibe,
zu neuem Leben sich bekenne
und all das Morsche und das Weiche
im Vaterland beim Namen nenne,
damit die Knechtschaft ewig Leiche
dies bleiben mög' für alle Zeiten
und Freiheit nur, erstrebenswert,
sich Einkehr schaff in allen Weiten —
dies sei's, was uns die Zukunft lehrt.

Oh, laßt uns niemals müde werden
und stets zu neuem Kampf bereit
und nicht wie willenlose Herden
uns fürchten vor dem eklen Streit.

Denn nur durch immer neues Wirken
die Freiheit uns erhalten bleibt
und nicht durch dauerndes nur Flicken,
denn dies uns in den Abgrund treibt.

Was ewig soll bestehen bleiben,
stets neu errungen muß es sein,
drum laßt uns nur vom Leben treiben
und von der «Wahrheit», gut und rein.

Betreffs der Kriegsjahre wäre noch nachzuholen, daß infolge des Mehranbaues besonders der Kartoffeln eine arbeitssparende Maschine zum Setzen der Kartoffeln erwünscht war, und eine solche fand sich in Zürich bei der Firma Cormick, wo ich im Frühjahr 1940 eine einreihige Kartoffelsetzmaschine kaufen konnte. Mit dieser Maschine war es möglich, mehr als eine Hektar Tagesleistung zu vollbringen, wozu es lediglich zwei Mann brauchte, den Pferdeführer und den Maschinenbediener. Daß diese Maschine im Frühjahr zu einem gefragten Objekt wurde und weit herum zum Einsatz kam, muß gar nicht besonders betont werden.
Das Graben der Kartoffeln war aber immer noch zeitraubend und mühsam, hatte die Maschinenindustrie doch erst einen einfachen Schleudergraber entwickelt, mit welchem die Kartoffeln aus dem Boden

geschleudert, aber immer noch von Hand aufgenommen werden mußten. Wie sich die Entwicklung der Landwirtschaft in den Nachkriegsjahren weiter vollzog, habe ich in früheren Jahren einmal in einem Artikel festgelegt.

Im Jahre 1958 erreichte ich das 65. Altersjahr, und im Frühjahr 1959 habe ich die Liegenschaft käuflich an den Sohn abgetreten, der erklärte, in Zukunft viehlose Landwirtschaft betreiben zu wollen. Daraufhin verkaufte ich die gesamte Viehhabe, bezahlte mit einem Teil des Erlöses die Hypothekarschulden auf meiner im Jahre 1943 gekauften Liegenschaft, um so in ein schuldenfreies Häuschen einziehen zu können, in welchem meine Frau und ich seit nunmehr 22 Jahren zufrieden wohnen. Vom Leben gelehrt, die «Selbsthilfe» möglichst weitgehend spielen zu lassen, hat sich auch mein Sohn dieser Auffassung angeschlossen, was mit nachfolgenden Ausführungen belegt wird.

Im Frühjahr 1959 habe ich meinen landwirtschaftlichen Betrieb meinem Sohne zur Weiterbearbeitung abgetreten. Schon damals war der Sohn fest entschlossen, seine Landwirtschaft viehlos zu betreiben und vorerst nur während der Wintermonate Vieh zu halten. Hand in Hand damit wurde systematisch die offene Ackerfläche vermehrt, um so die Voraussetzungen für eine rein viehlose Betriebsweise zu schaffen. Dieses Treiben habe ich mit größtem Interesse verfolgt, hatte ich mich doch in früheren Jahren mit dem gleichen Problem beschäftigt. Die Ausweitung des offenen Ackerlandes, welches sich mit zusätzlichem Pachtland immer mehr ausdehnte, erforderte zur rationellen Betriebsführung in der Folge auch leistungsfähigere Maschinen, um so, namentlich im Herbst, größerem Arbeitsanfall gewachsen zu sein.

So um das Jahr 1964 herum wurde die am Haus vorbeiführende Frauenfelderstraße neu projektiert. In Anbetracht des ständig zunehmenden Verkehrs auf dieser Straße und mit Rücksicht darauf, daß durch die Verkleinerung des Hofplatzes die Bewegungsfreiheit immer mehr eingeschränkt wurde, entschloß sich mein Sohn, beim Kantonalen Meliorationsamt wie auch beim Kantonalen Landwirtschaftsamt das Gesuch um Aussiedlung auf eine in der Nähe des Dorfes gelegene, größere Parzelle zu stellen.

Mit Rücksicht auf die seitens des Staates geplante Einengung der alten Gebäulichkeiten, wurde dieses Gesuch wohlwollend aufgenommen mit dem Auftrag, innert nützlicher Frist ein Projekt für neue Siedlungs einzureichen. Entgegen der bisherigen Einstellung zur viehlosen Landwirtschaft wurden in der Folge mehrere für heutige Begriffe hochmoderne Mastviehbetriebe besichtigt und dem Architekturbüro für Innenkolonisation der Auftrag erteilt, ein diesbezügliches Projekt mit detaillierter Kostenberechnung aufzustellen. Diesem Auftrag wurde alle Aufmerksamkeit geschenkt, und nach verhältnismäßig kurzer Zeit lagen die Pläne mit Kostenberechnungen auf dem Tisch des Auftraggebers. Angesichts des abnorm hohen Kostenbetrages für die Neuanlage meldeten sich beim Sohne, mehr aber noch bei mir, berechtigte Zweifel, ob auf lange Sicht gesehen eine solche Belastung tragbar sei. Nach reiflicher Überlegung kamen wir zum Schluß, die ganze Angelegenheit abzublasen und nach einer tragbareren Lösung zu suchen.

So wurde denn, entgegen der damaligen Auffassung, der ketzerische Entschluß gefaßt, es trotz allem mit einer rein viehlosen Bauweise zu versuchen. Diese Absicht wurde in einer entsprechenden Eingabe an die zuständigen Amtsstellen weitergeleitet, stieß aber vorerst auf Ablehnung. Immerhin wurden rund 30 Landwirtschafts-Lehrer aus der ganzen Ostschweiz aufgeboten mit dem Auftrag, bei gemeinsamem Rundgang nicht nur die Altgebäulichkeiten mit der neu eingetretenen Situation, sondern auch den Stand der Kulturen in den Wirtschafts-Parzellen einer eingehenden Besichtigung und Beurteilung zu unterziehen.

Der Schlußbericht über diese Expedition muß offenbar gar nicht so ungünstig ausgefallen sein; in der Folge wurde die Einsichtnahme in die landwirtschaftliche Buchhaltung verlangt und nach vielem Hin und Her dem Gesuchsteller der Auftrag erteilt, ein neues, auf viehlose Landwirtschaft konzipiertes Projekt einzureichen. Hiermit wurde das gleiche Architekturbüro wie das erste Mal beauftragt, und siehe da, auf Grund der vorliegenden Pläne und der dazugehörenden Kostenberechnung stellte sich heraus, daß die Gesamtkosten der Anlage gegenüber dem Mastviehbetriebsprojekt um runde Fr. 150'000.— niedriger zu stehen kamen. Dies ist damit zu erklären, daß lediglich eine zweckmäßig eingerichtete Halle anstelle bauverteuernder Viehstallungen mit allem Zubehör erforderlich wurde.

Dieses Projekt fand denn auch die Zustimmung der maßgebenden Behörden, und im Frühjahr 1969 konnte endlich mit den Neubauten begonnen werden.

Diese kurze Darstellung der Zusammenhänge mag zeigen, daß die Wahl zwischen Viehwirtschaft oder reiner viehloser Wirtschaftsform gar nicht so schwer fiel und in erster Linie aus rein finanzieller Erwägung getroffen wurde. Daß es sich nach Bezug der neuen, rationell eingerichteten Ökonomiegebäude zeigte, daß auch der Arbeitsanfall trotz erweiterter Betriebsgröße auf 18 ha (wovon 17 ha Ackerland) gegenüber früher bedeutend kleiner wurde und auf circa acht Monate im Jahr zusammenschrumpfte, übertraf alle unsere Erwartungen. Daß es bei guter Konjunktur während der sogenannten toten Zeit an Arbeits- und Verdienstmöglichkeiten nicht fehlt, sei nur der Vollständigkeit wegen angedeutet.

Meiner Überzeugung nach wird die Landwirtschaft der Zukunft so wie heute steten Wandlungen unterworfen sein und damit immer größere planerische Anforderungen stellen. Hoffen wir, daß die Einsicht zuständigen Ortes mit den stets größer werdenden Problemen wächst und sich auch in Zukunft eine auf familienbetrieblicher Basis aufgebaute Landwirtschaft entwickeln möge.

Johann Bührer

Pieterlon
männlich, *1893, Uhrmacher

Erinnerungen aus meiner Jugendzeit.

Im Frühjahr 1899 mußte ich mit sechs Jahren in die Schule. Mit Griffel und Schiefertafel begann der Kampf um das ABC. Wir waren zirka 45 Schulkinder in der Klasse. Hauptfächer waren Lesen aus einer Fibel, Rechnen und Singen. An den Examen gab es den Examenbatzen von 20 Rappen bis 50 Rappen im neunten Schuljahr. Vor dem Schulhaus war ein Krämerstand mit Süßigkeiten, wo die Batzen teilweise verjubelt wurden.

Im gleichen Jahr bekam das Dorf eine Wasserversorgung; ich sehe heute noch das große Loch (Reservoir genannt), wo das Wasser gefaßt und gespeichert und in Rohren an die Haushalte verteilt wurde. Wir hatten einen laufenden Brunnen vor dem Hause und holten das köstliche Naß an demselben, wo wir uns Sommer und Winter am Morgen Hände und Gesicht waschen mußten. Im Winter ging es schneller, wenn es Eis und Schnee hatte, als im Sommer.

Am Sylvester 1899 wurde mein fünfter Bruder geboren. Es gab sehr viel große Familien von vier bis acht Kindern und nicht wenige mit über zehn Kindern. Schon früh, im Alter von 10 Jahren, war ich bei einem Bauern als Kleinknecht; so war ich für das Essen wenigstens versorgt. Im Stall mußte ich misten, Kühe und Pferde putzen; im Winter bei Petrollampen Aufgaben machen, bis ich dabei eingeschlafen bin.

Im Jahr 1904 kam dann das elektrische Licht in das Dorf; die Straßenbeleuchtung, die bis anhin mit einigen spärlich an Straßenkreuzungen beleuchteten Petrollampen auf hohen Eisenstangen versehen war, wurde mit helleren Lampen und zahlreicher versehen. Der Dorfweibel war aber nicht arbeitslos geworden, nein, er mußte je nach Jahreszeit das Licht einschalten, an jeder Leuchte war ein Kästchen, darin er einen Schalter ein- und ausschalten mußte.

Eine Erinnerung bleibt mir noch in sehr gutem Gedächtnis: Der Bauer, bei dem ich war, versprach mir, wenn ich bei ihm bliebe bis zum Schulaustritt 1908, werde er mir das Konfirmationskleid kaufen. So hielt ich es aus trotz harter Arbeit in Stall und Scheune. Einen Monat vor der Schulentlassung jagte er mich fort mit der Begründung, er könne mich nicht mehr gebrauchen. So drückte er sich vor seinem Versprechen, was mich, nach vier Jahren Arbeit im Stall und auf dem Felde, sehr erbitterte. Meine Eltern mußten nun wohl oder übel die Fränkli für das Konfirmandenkleid, das damals 35 Franken kostete, zusammensuchen, denn wir waren sehr arm, denn mein Vater hatte als Fabrikarbeiter einen kleinen Lohn, die Familie war auf sechs Kinder angewachsen.

Eine fast selten auftretende Naturerscheinung bleibt mir noch gegenwärtig: Ich war zirka einen Monat in der Lehre als Uhrenmacher, es war am Samstag auf den Sonntag, 23.-24. Mai 1908, da schneite es in der ganzen Schweiz, die Obstbäume waren verblüht und in voller Pracht. Es gab aber keinen Frost, am Mittag des 24. Mai war der Schnee von der Sonne geschmolzen, es gab ein gutes Obst- und Erntejahr.

Und meine Lehrzeit begann auch gut.

Katharina
männlich, *1896, Möbel-Schreinermeister

Geboren wurde ich am 24. Juli 1896 in Bernzflingen, einer kleinen Gemeinde mit etwa 800 Einwohnern. An diesem Ort gab es sechs Familien, alle waren Schweizerbürger, zwei S., zwei T. und zwei P. Alle waren im Dorf in einer Spinnerei und Weberei in leitender Stellung beschäftigt. Die Besitzer der Fabrik waren auch Schweizer und hießen E. und Z.

In einer kleinen Fabrikwohnung wuchs ich auf, ich war der drittälteste von acht Geschwistern, von fünf Brüdern und drei Schwestern. Weil die Wohnung zu klein und meine Mutter kränklich wurde, hat mein Vater sich entschlossen, in der Nähe ein Haus zu bauen. Im Jahr 1906 wurde es erstellt, und im Frühjahr 1907 haben wir es bezogen. Bis zu dieser Zeit mußten wir das Wasser etwa fünf Minuten entfernt am Dorfbrunnen holen, und im Haus hatten wir Petrol- und Kerzenbeleuchtung.

In diesem Jahr wurde in der Gemeinde das elektrische Licht eingeführt. Mein Vater war einer von den ersten, die es im Hause einrichteten.

1908 wurde hier auch die Wasserleitung eingerichtet. Im Herbst dieses Jahres hat sich der Zustand der Krankheit meiner Mutter verschlechtert, und sie ist zu unserem großen Leid am 6. September 1908 gestorben. In dieser Zeit waren wir acht Kinder, das jüngste war vier Jahre alt, meine älteste Schwester mit 16 Jahren mußte den Haushalt besorgen. Es war für uns eine schwere Zeit, ich war 12-jährig.

Wie es in einem Dorf so üblich war, ließ mein Vater am Haus eine kleine Scheune und Stall anbauen, und er kaufte noch etwas Land dazu, so daß wir Buben eine Beschäftigung hatten, denn wir konnten so Hühner, Enten, Gänse und Geißen halten.

Im Jahr 1903 mußte ich in die Schule, wir waren 13 Mädchen und 12 Knaben. Die drei ersten Klassen unterrichtete ein Unterlehrer, und die vier oberen Klassen ein Oberlehrer, beide waren sehr streng. Bei Nicht-Aufpassen wurden wir noch gezüchtigt. Die oberen zwei Klassen mußten immer vier Knaben für den Sigristen stellen, zum Läuten der Kirchenglocken. Zwei Schüler mußten im Winter das Holz zum Heizen besorgen. Zwei Knaben mußten den Abort und Pissoir in Ordnung halten. In der Schule gab es zu meiner Zeit keine Noten. In der Klasse saß man nach der Leistung, die Gescheiteren saßen hinten und die Schwachen vorne. Der Schulbetrieb dauerte vom 7. bis 14. Jahr. Mit 14 Jahren wurden wir konfirmiert. In den ersten sechs Jahren mußten wir mit Schiefertafel und Griffel schreiben, erst im 6. und 7. Schuljahr mit Tinte und Federhalter.

In all diesen Jahren hatten wir sehr strenge und kalte Winter. Durch unser Dorf floß die Ems, ein kleiner Fluß, auf demselben hatten wir Gelegenheit, im Sommer zu baden und im Winter Schlittschuh zu laufen. Im Herbst 1909 heiratete mein Vater wieder, und so kam unsere Familie wieder einigermaßen in normale Verhältnisse, aber unsere rechte Mutter fehlte uns halt doch.

Am 10. April wurde ich konfirmiert, 12 Knaben und 13 Mädchen, und von all diesen bin ich heute noch der letzte, der noch am Leben ist.

Habe mich entschlossen, den Beruf eines Schreiners zu lernen. Eine Lehrstelle fand mein Vater für mich im nah gelegenen Städtchen Metzingen, von unserem Dorf etwa eine Stunde zum Laufen. Es war für mich eine ganz neue Welt. All meine Habe wurde in einen Rucksack verstaut, und am 20. April ging es in Begleitung meines Vaters zu meinem Lehrmeister, bei welchem ich mein neues Zuhause hatte. Mein Zimmer mußte ich mit einem andern Lehrling teilen, wir kamen sehr gut aus miteinander. Mein Lehrmeister war sehr fromm, streng und gerecht, was auf mich immer einen großen Eindruck machte. Unsere Werkstätte war zu dieser Zeit auch maschinell gut eingerichtet. Wir waren der Meister, zwei Arbeiter und zwei Lehrlinge im Geschäft. Der Werkstatt war ein kleiner Raum angeschlossen, wo wir unsere nötigen Sachen hatten und uns waschen mußten. Alles ging nach Zeit und Plan: 6 Uhr Tagwache, 6.30 Frühstück, 7 Uhr Arbeitsbeginn, 9 ½ Znünipause — ein Glas Most und ein Stück Brot —, 12 Uhr Mittag, 1.30 Arbeitsbeginn und um 18.00 Feierabend, und dann noch die Werkstatt aufräumen. Jeden Mittwochabend hatten wir von 19.00 bis 21.00 Uhr Gewerbeschule, ebenso jeden Sonntagmorgen von ½ 8 bis 9.00 Uhr. Um ½ 10 Uhr mußten wir in die Kirche zum Gottesdienst, nachher waren wir für den übrigen Sonntag frei. Es wurde uns untersagt, einem Verein beizutreten. So gingen die drei Jahre dahin, und ich habe in dieser Zeit viel gelernt, wofür ich meinem Meister trotz seiner Strenge heute noch danke. Natürlich hat man sich auf seine Lehrabschlußprüfung gefreut, weil wir in dieser Zeit keinen Lohn hatten. Um zu Geld zu kommen, hatten wir vom Meister die Erlaubnis, für die Hausfrauen Hobelspäne zu verkaufen, den Sack zu 20 Pfennigen, welche sie zum Anfeuern brauchten.

Meine Abschlußprüfung fiel zu meiner Zufriedenheit aus. Mit dem Zeugnis im Sack ging es nun in die Fremde. Meine erste Stelle war eine große Enttäuschung für mich, ich bekam in Eßlingen Arbeit in einem kleinen Betrieb, wo ich nur Flickarbeiten und Särge machen mußte. Nach drei Wochen ging ich weg. In Heilbronn am Neckar fand ich wieder eine Stelle, welche mir zusagte. Hier im Betrieb lernte ich einen Kollegen namens R. kennen, er war zwei Jahre älter als ich, wir kamen sehr gut aus miteinander, und ich war froh, denn erst jetzt mußte ich noch viel lernen. Nach neun Monaten gingen wir nach Heidelberg, wo wir beide aber keine Arbeit fanden. In Mannheim ist es nicht schön, es hat mir nicht gefallen. Nach 4 ½ Monaten hier in Mannheim brach im August der Weltkrieg aus, und wir hatten wieder keine Arbeit. Mein Kollege R. mußte sich sofort zum Militär in Stuttgart stellen. Ich entschloß mich, mit ihm nach Stuttgart zu fahren, in der Hoffnung, dort Arbeit zu finden. Hier fand ich auch keine Stelle, alles ging darunter und darüber. Ich besuchte meine Eltern, und mein Vater teilte mir mit, ich könne bei ihm in der Fabrik arbeiten. Allerdings mußte ich in der Schlosserei im Maschinenraum und im Kesselhaus arbeiten. Im Frühjahr 1915 mußte im Filialgeschäft der Firma der Heizer und Maschinist auch in den Krieg, und ich mußte als Ersatz seine Stelle übernehmen. Es war für mich eine verantwortungsvolle Stelle, und ich schnte mich wieder nach meinem Beruf. Im Januar 1916 habe ich gekündigt, und ich mußte zwei Monate ausharren, bis sie einen Ersatz für mich hatten. Ein Kollege in Stuttgart hat mir zu einer Stelle verholfen. Ich war froh, von hier wegzukommen, denn die Leute hier konnten es nicht begreifen, daß wir Schweizer waren und nicht ins Militär mußten, denn mein Jahrgang war schon gefallen. In Stuttgart hatten die Geschäfte wieder Arbeit, aber größtenteils Militäraufträge, was mir auch nicht zusagte. Hier habe ich in drei Geschäften gearbeitet. An meiner letzten Stelle habe ich bis Ende 1918, und zwar nur auf gute Möbel, gearbeitet. An dieser letzten Stelle habe ich im Jahr 1917 meinen alten Freund R. getroffen, aber als Invaliden. Er hatte im Krieg ein Auge verloren und konnte in unserem Geschäft arbeiten. In diesem Betrieb habe ich bis Ende Dezember gearbeitet. Der Krieg war jetzt zu Ende, und wir Schweizer mußten den Deutschen, welche vom Militär entlassen wurden, Platz machen. So war ich wieder arbeitslos, mein Meister, Herr B., hat mich ungern entlassen, aber das hatten die Soldatenräte befohlen. In dieser Zeit lag in Deutschland alles am Boden.

Hier in Stuttgart besorgte ich mir die Schriften, denn ich hatte mich entschlossen, in die Schweiz zu gehen. Im Februar 1919 reiste ich hier in Stuttgart ab, meine Reise war sehr kompliziert, mußte über Ulm nach Friedrichshafen bis Winterthur fahren. Geld durfte keines mitgenommen werden. Mein Vater hatte einen Freund in Winterthur, bei welchem ich für einige Tage Unterkunft hatte. Ich fand hier bald Arbeit und ein Zimmer. Hier befand ich mich wie im Paradies, gegenüber den Verhältnissen in Deutschland. Habe mich hier bald eingearbeitet. Im März mußte ich mich in Zürich zur sanitarischen Untersuchung stellen, weil ich meinen Militärdienst nicht gemacht hatte. Im Juni mußte ich in die

Rekrutenschule. Im Oktober 1923 verheiratete ich mich; wir hatten es in den ersten Jahren schwer, mußten wir doch unsere Aussteuer abzahlen. Mit der Zeit wurden uns zwei Söhne geschenkt. Arbeit hatte ich immer sehr viel, denn meine Schwiegereltern hatten einen kleinen Landwirtschaftsbetrieb, wo wir viel helfen mußten. Als Abwechslung zum Beruf baute ich mir ein Bienenhaus, ich schaffte mir einige Bienenvölker an, denn ich hatte große Freude an Bienen, welche ich 52 Jahre hatte. Verbunden mit einem Besuch auf den Säntis, wo ich mit dem Säntiswart Herrn H. befreundet war, machte ich mit ihm aus, alle Jahre den Bienenhonig zu liefern. Damals mußte ich noch zu Fuß hinauf, über Urnäsch, Schwägalp, Thierwies. 1930 bekam ich an der Berufsschule Winterthur eine Anstellung als Hilfslehrer für Berufskunde und praktischen Unterricht für Schreinerlehrlinge. Es war für mich eine schöne und abwechslungsvolle Zeit.

Die 30-er Jahre waren schwer, es gab sehr viele Arbeitslose. Meine Sehnsucht, selber ein Geschäft anzufangen, schwand immer mehr, denn es fehlte an allem (schlechte Zeit, Geld und eine Frau zum Durchhalten). Hatte zwei Söhne, aber keiner interessierte sich für meinen Beruf.

So kam die Zeit des Zweiten Weltkrieges, wo ich viel Militärdienst leisten mußte. Verdiente in diesen Jahren viel weniger, und so mußte auch der Haushalt entsprechend eingeschränkt werden. Meine Frau fing an, Schulden zu machen und ging ihre eigenen Wege. Mit dem gegenseitigen Einverständnis ließen wir uns scheiden Ende 1942. Es war für mich eine schwere Zeit, und zum guten Glück waren meine Söhne erwachsen. Den Kopf durfte ich nicht hängen lassen, und so mußte ich mit 47 Jahren mit Schulden, ohne Geld neu anfangen. Jede Stunde nützte ich aus nebst dem Geschäft, um Geld zu verdienen. Alleine hielt ich es nicht lange aus, ich mußte wieder eine Frau und ein Zuhause haben. Im April 1944 heiratete ich wieder. Ich hatte mich wieder einigermaßen erholt, meine Frau brachte 5000 Franken in die Ehe, und ich hatte wieder 3500 erspart. So konnten wir ein Einfamilienhaus kaufen, und wir hatten eine schöne Zeit. Der Krieg ging bald zu Ende, und so entschlossen wir uns, ein eigenes Geschäft anzufangen, was mein lang ersehnter Wunsch war. Zwei sehr gute Bekannte fragten wir um Rat, und sie haben uns sofort zugesagt und beigestanden, wofür ich ihnen heute noch dankbar bin. 1945 verkaufte ich mein Haus mit einem schönen Gewinn und kaufte dafür an der Obergasse in Winterthur ein Geschäftshaus mit Werkstätte. Von Anfang an hatten wir immer sehr viel Arbeit, und in sehr kurzer Zeit ging es uns finanziell gut. 1957 ließen wir uns ein Einfamilienhaus bauen. 1961 verkaufte ich mein Geschäft, und wir zogen in unser Haus in Seuzach, wo wir einen schönen Garten hatten.

Meiner Bienenzucht konnte ich mich nun ganz widmen, und wir konnten miteinander längst ersehnte Reisen machen.

Am 17. Januar 1977 ist meine liebe Frau nach kurzer Krankheit gestorben, es war für mich eine schwere Zeit. Meine Enkelin stand mir in der Zeit, da ich allein war, liebevoll zur Seite. Auch mir wurden das Haus und der Garten zuviel. Ich entschloß mich, in das neuerstellte Altersheim, welches hier erbaut wurde, zu gehen.

Ich bin jetzt 84 ½ Jahre alt und bin mit meinem Leben, solches mir viel Not, aber auch immer wieder Glück brachte, zufrieden. Hier im Altersheim können wir unter Gleichgesinnten unsere Lebenserinnerungen austauschen.

Alpenglühn
männlich, *1896, Landwirt

Geboren bin ich im letzten Jahrhundert, am 4. August 1896, im Eichholz zu Leimiswyl, wo meine Eltern einen Landwirtschaftsbetrieb umtrieben. Als jüngstes Kind, neben vier Buben und zwei Mädchen, verlebte ich eine unvergeßlich schöne Jugendzeit, und die Erinnerung daran lebt noch heute in mir.

Die Primarschule besuchte ich in meiner Heimatgemeinde. Das Schulhaus war eingeteilt in zwei Klassenzimmer, Unter- und Oberschule. Die Unterschule in den ersten vier Jahren im Parterre, die Oberschule im ersten Stock, den man auf einer steilen und engen Treppe erreichen konnte. Damit die Stufen geschont wurden, waren die Tritte vorne mit Eisenbändern beschlagen und verursachten einen Höllenlärm, wenn die Schüler mit derben Schuhen die steilen Stufen herunterrannten. Es ist verwunderlich, daß es keine großen Unfälle gab, wenn bei Schulschluß circa 40 Schüler miteinander dem Ausgang zustrebten.

Elektrisches Licht hatten wir noch nicht, und um zu heizen, stand in der hintersten Ecke ein großer Zylinderofen. Auch einen Schulhausabwart kannte man noch nicht, und der Ofen wurde jeden Morgen von den zuerst eintreffenden Schülern angefeuert. Je nach Witterungsverhältnissen (Föhn) hatte der Ofen schlechten Abzug, und das Schulzimmer war dann mit stinkigem Rauch geschwängert. Trotzdem wurde Unterricht gehalten und höchstens in der Pause etwas gelüftet. Die Klassenzimmer hatten keine Beleuchtung. Für etwelche Gemeindeversammlungen wurden zwei große Petrolhängelampen aufgehängt, aber für den Schulbetrieb nicht verwendet. In den düsteren Frühwintertagen wurde der Stundenplan nach dem Wetter eingeteilt. Bis es heller wurde, hatten wir einstweilen Religion, Singen oder mündliches Rechnen. Ebenso wurde eifrig für die bevorstehende Weihnachtsfeier geübt, was für die weit verstreute Schulgemeinde ein wichtiger Anlaß war. Unvergeßlich ist mir noch heute die stille Andacht fast aller Bürger während der Weihnachtsansprache des Pfarrers, der oft bei Wind und schlechtem Wetter per Fuhrwerk aus Rorbach hergeholt werden mußte. Große Darbietungen waren damals noch nicht Mode. Nebst Gemeindegesang rezitierten die Schüler kleinere oder größere Gedichte. Als Geschenk erhielt jeder Schüler einen kleinen Zopf.

Ich denke noch heute daran, mit welchem Eifer sich die Lehrerin und der Lehrer dem Unterricht gewidmet haben und strenge Disziplin hielten. Als Lehrmittel wurde nur das Lesebuch aus öffentlicher Hand geliehen. Schiefertafel (50 Rappen), Griffel, Bleistift (5 Rappen für fünf Stück), Gummi (5 Rappen), Tinte und Feder mußten selbst bezahlt werden.

Die tüchtigen Lehrkräfte waren finanziell nicht auf Rosen gebettet und waren nicht abgeneigt, wenn sie von den Eltern der Schüler mit Naturalien beschenkt wurden. Was ich meinem Lehrer einzig nachtragen kann, ist, daß die Schüler, die am meisten Geschenke brachten, immer etwas im Vorteil waren, sei es im Unterricht oder in der Notengebung. Im Sommer wurden die Lehrer mit den ersten Kirschen beschenkt, später mit Zwetschgen und Frühäpfeln. Von Ende November bis Februar wurde fast jeden Morgen ein Körbchen mit «Z'metz» auf das Pult gestellt. Ich hatte mich schon früh gegen diese Gewohnheiten gewehrt und wollte, entgegen dem Willen meiner Eltern, selten etwas bringen. Einmal mußte ich doch in den sauren Apfel beißen. Mutter bereitete für den Lehrer in einem Körbchen den Z'metz, eine Blut- und eine Leberwurst sowie einen Ring Bratwürste. Auf dem langen Schulweg stieß ich zu meinen Schulkameraden, vier Geschwister R., deren Eltern einen kleinen Landwirtschaftsbetrieb hatten und der Vater nebenbei Störenschreiner war. Schmalhans war bei den neun Kindern oft Küchenmeister. Die Kameraden erklärten mir, daß sie diesen Winter noch nie Würste bekommen hätten. Mein Mitleid wuchs, und so hängten wir das Körbchen an einen frei hängenden Ast, damit kein Tier sich daran gütlich tun könnte. Auf dem Heimweg übergab ich den Inhalt des Körbchens meinen dankbaren Mitschülern. Für mich war es eine größere Genugtuung, die armen Kameraden zu beschenken, als dem Lehrer zu einem zusätzlichen Mahl zu verhelfen. Zu Hause gab ich aber keinen Bescheid. Mit der Zeit vernahmen die Eltern meine «Untat» doch, und ich wurde zur Rechenschaft gezogen. Eine Strafe blieb aus, aber ich vergesse die Mahnungen und den nachdenklichen Blick meines Vaters nie, als ich die Stube verlassen durfte.

Unser Vater wurde von öffentlichen Ämtern stark beansprucht und war deshalb oft abwesend, nicht zuletzt, weil damals die Verkehrsverhältnisse sehr schlecht waren. Man denke daran, daß zum Beispiel Autos und Telephon noch fehlten. So wurde ich schon in frühen Jugendjahren für die landwirtschaftlichen Arbeiten zugezogen, wofür ich großes Interesse hatte und mit immer größerer Freude mithalf. Auf dem langen und einsamen Schulweg nach Leimiswyl lernte ich die Natur kennen, Pflanzen und Tiere, so daß ich schon in der Jugend stark mit der Natur verbunden war.

Nach Abschluss der Sekundarschule in Kleindietwil und der Konfirmation (1912) in der Kirche zu Rorbach, blieb ich vorerst zu Hause, weil ich auf dem väterlichen Betrieb dringend benötigt wurde. Frühzeitig überliess mir Vater die Bewirtschaftung des Heimwesens, so daß meine Freude und Genugtuung wuchs und ich mich entschloß, der Landwirtschaft treu zu bleiben. Ich war mir aber bewußt, daß ich mich, um vorwärts zu kommen, weiter ausbilden müsse.

Ein schwarzer Tag meines jungen Lebens war, als eines Morgens Vater in den Stall kam und mir die schmerzliche Mitteilung machte, daß er am Vortag den mir lieb gewordenen Eichholzhof wegen einem Bürgschaftsverlust verkaufen mußte. Meinen lieben und geachteten Eltern kann ich nichts nachtragen, haben sie uns alle doch zu rechten Menschen erzogen und litten später sehr daran, daß sie durch die damaligen Umstände den von ihren Eltern ererbten Hof nicht halten konnten. Noch heute, nach mehr als 60 Jahren, vergesse ich den Tag nicht, wo am Steigerungsmorgen die Interessenten erschienen und unser ans Herz gewachsenes Inventar zu billigen Preisen erganteten. Ich selbst habe die Tiere, die ich mit viel Liebe aufgezogen habe, den Kauflustigen vorgeführt. Ich verspüre noch heute meinen Zustand von damals, ich glaubte, der Boden unter den Füßen schwanke, wenn ich wieder ein Tier dem neuen Besitzer übergeben mußte. Es war eine grosse Nervenprobe für mich, als der grosse Hof leerstand, kein Tier mehr darin! In den folgenden Tagen konnte ich weder essen noch schlafen. Ich mußte mich jedoch mit dem auferlegten Schicksal abfinden. Ich hätte mich geschämt, meine Eltern zu beleidigen, und ich glaube noch heute, daß der Segen meiner Eltern mich auf meinem weiteren Lebensweg geleitet hat.

Ich erhielt eine Stelle in Essertines-sur-Yverdon (1913), um mich in der französischen Sprache auszubilden, und dieser Platz war für mein weiteres Leben wegleitend: größere Landwirtschaft, Ackerbau, Viehhandel, Alpwirtschaft und Gastwirtschaft. Viehtransportwagen kannte man noch nicht, zu Fuß trieb man die Tiere im großen Umkreis von Yverdon. Ich bekam so Gelegenheit, Gegend und Landbevölkerung näher kennenzulernen und mit ihnen beruflich zu unterhandeln. Schöne Erinnerungen sind mir geblieben, wenn sich mein Meister als Dolmetscher ins Berner Oberland begeben mußte und ich ihn begleiten durfte. Ein Erlebnis war's, wenn ich auf der Alp im Jura (Ste. Croix), wo wir 60 Kühe sömmerten, aushelfen konnte.

Im Herbst entschloß ich mich, die landwirtschaftliche Schule Rütti zu besuchen. (Damals konnte ich mir nicht träumen lassen, daß die Rütti einst meine zweite Heimat werden sollte.) Zwischen den Winterschulen mußte ich die Rekrutenschule bei der Artillerie in Bière absolvieren, bei einem Sold von 50 Rappen, abzüglich 15 Rappen, also alle zehn Tage 3.50 Franken, ohne jeglichen Zustupf und Lohnausgleich. Ich danke noch heute der damaligen Zeit, wo man das Sparen und das Sich-nach-der-Decke-Strecken lernte. Nebst der Rekrutenschule im Sommer 1916 war ich landwirtschaftlicher Angestellter bei Familie W. in Hessigkofen. Hier, in diesen familiären Verhältnissen, war ich sehr gut aufgehoben, und Sohn H. stand später meinem Sohn H. zu Gevatter.

Den Krisenwinter 1916/17 verbrachte ich das zweite Semester auf der Rütti. Brot und Milch waren rationiert, so daß wir statt mit Brot mit gesottenen Kartoffeln verpflegt wurden. Einigen Herrensöhnchen war dies nicht genehm, und sie verschenkten ihre Portion für 10 - 20 Rappen ihrem Zimmernachbarn: Fritz Wahlen, unserem Ernährungsminister im Zweiten Weltkrieg und späteren Bundesrat. Am 17. März 1917 schloß ich auf der Rütti die Schule mit sehr gutem Erfolg ab. Das einzige Fach, in dem ich versagte, war Fischzucht. Infolge Nahrungsmangel, insbesondere beim Fleisch, kam man plötzlich auf die Idee, mit Fischen die Ernährungslage zu verbessern und der Landwirtschaft einen Nebenerwerb zuzuhalten. Für diese Idee konnte ich mich nicht begeistern und habe deshalb auch damit mein Notenblatt nicht aufgewertet. Dafür wurde mein Vortrag, vor der ganzen Schülerschaft, über das Thema «Die Bedeutung der Landwirtschaft während der Kriegszeit» von Lehrer J. als vorzüglich bewertet. Den Stoff hatte ich im Herbst, beim tagelangen Pflügen oder Eggen, einstudiert. Als landwirtschaftlicher Schüler hatte ich während zwei Wintern die Sympathie von Direktor F. gewonnen; er empfahl mir eine Stelle beim Aufsichtsrat der Rütti, Gottfried Gnägi in Schwadenau. G. Gnägi, als junger Politiker, war öfter abwesend, und nach seinen Anordnungen konnte ich das Gut bewirtschaften. Ich trat die Stelle im Mai 1917 an, und ich fand sofort Befriedigung an der Arbeitsweise. In diese Zeit fiel die Vorbereitung zur Gründung der BGB-Partei, deren Initiant, neben dem späteren Bundesrat Rudolf Minger, mein Meister G. Gnägi war. Am Feierabend studierte G. Gnägi den Vortrag, den er anläßlich der Versammlung halten sollte. Während den Arbeiten, bei denen er immer dabei war, sofern er zu Hause war, hat er den Vortrag eingeübt, und ich hatte die Ehre, ihn eventuell zu korrigieren. Ein weiteres Erlebnis, das mir unvergesslich bleibt, ist der 3. August 1917. Ich war mit zwei Pferden beschäftigt, den frisch abgeernteten Roggenacker für eine neue Saat vorzubereiten, als ein Nachbarskind mir einen Zettel aufs Feld brachte, mit dem Bescheid, daß ich die Pferde vom Pflug spannen und unverzüglich nach Hause kommen sollte. Hier bat mich Frau Gnägi, daß ich in Brügg sofort die Hebamme hole. Als Vater Gnägi spät am Abend von einer Sitzung heimkam, konnte er seinen neugeborenen Sohn Rudolf begrüßen, den späteren und noch heutigen Bundesrat.

Ein weiteres Erlebnis ist der Ausbruch des Generalstreiks im November 1918. Die Milch des Viehbestandes Gnägi, neben anderen Betrieben, mußte vertraglich an das Kantonsspital Biel abgeliefert werden. Ich sehe es noch vor mir: im dichten Novembernebel der Fuhrmann aus Biel, begleitet von einer Krankenschwester und zwei bewaffneten Polizisten, die die Milch abholten, um die Versorgung der Kranken im Spital sicherzustellen. Nebenbei: Der Generalstreik 1918 scheiterte nicht etwa am Verhandlungstisch, sondern an der Lebensmittelversorgung. Es fehlte an genügend Milch, Brot und Fleisch. Die Lebensmittelpreise schnellten 1917/18 in die Höhe. Frühkartoffeln wurden zu 55 bis 58 Franken gehandelt, Rütti-Roggen zu 80 per 100 Kilogramm. Es war deshalb nicht verwunderlich, dass Lehrers-, Bahn- und auch Polizistenfrauen aus Biel aufs Land hinaus kamen, um sich direkt mit Lebensmitteln einzudecken. Im Frühsommer 1918 kamen Frauen aus der Stadt, um gratis Zuckerrüben zu ziehen, damit sie am Abend ein Wägeli voll Rübenlaub nach Hause nehmen konnten, um davon Spinat zuzubereiten.

Auf Frühjahr 1919 wurde auf der landwirtschaftlichen Schule Rütti die Stelle eines Werkführers ausgeschrieben. Nachdem ich schon das dritte Jahr in Schwadenau war, wagte ich es, mich für diese Stelle zu bewerben, umsomehr, als G. Gnägi in der Aufnahmekommission war. Von 87 Bewerbern erhielt ich die begehrte Stelle. Mit großem Eifer trat ich am 5. Mai 1919 in die Rütti ein. Ich hatte sofort guten Kontakt mit Direktor F., Lehrer und Oberwerkführer R. von S., einem Bruder vom damaligen Regierungsrat R. S. war vorher Gutsverwalter in Ungarn und wurde stellenloser Rückwanderer. Er war schon über 60 Jahre alt und konnte sich mit den schweizerischen Verhältnissen nicht mehr gut abfinden und hatte keinen Kontakt mit Angestellten und Schülern. Leider hatte er oft mit Direktor F., seinem ehemaligen Rütti-Schulkameraden, Meinungsverschiedenheiten. Auf den 1. Oktober schied er aus dem Staatsdienst. Mir wurde nun diese Stelle übertragen, mit dem zugleich neu geschaffenen Unterricht für Maschinenkunde.

[Im folgenden beschreibt «Alpenglühn» seine Arbeit als Werkführer auf der Rütti zwischen 1919 und 1936. R.S./R.B.]

Erinnerungen mit meiner lieben Frau

Meine Frau lernte ich kennen, als sie ins Haus von G. Gnägi gerufen wurde, um den Haushalt zu besorgen, nach der Geburt von Rudolf, dem späteren Bundesrat und Bundespräsidenten. R. lebte in Schwadernau gesellschaftlich zurückgezogen, doch hatte sie das Bedürfnis, im Winter das Stadttheater Biel zu besuchen. Sie erzählte mir dann von den Aufführungen und konnte mich auch für einen Besuch dieser Kulturstätte animieren. Dazu war ein einstündiger Fußmarsch nach Biel das Vorspiel. Die Operette «Im weißen Rössel am Wolfgangsee» war für mich ein Erlebnis, weil ich zum erstenmal einer solchen Veranstaltung beiwohnen konnte, und unvergeßlich ist mir dies noch nach 60 Jahren. Den örtlichen Veranstaltungen blieben wir fern, um so mehr war es uns für unsere freundschaftlichen Beziehungen ein Vergnügen, wenn wir an Sonntagnachmittagen größere oder kleinere Spaziergänge in der Umgebung machen konnten, um uns an den Kulturen zu begeistern. R. war eine kundige Botanikerin, und es war ein Erlebnis, wenn sie ein vierblättriges Kleeblatt finden konnte. Auf unseren Spaziergängen haben wir nie in einem Restaurant eingekehrt oder sonstwo etwas konsumiert. Unsere strenge Freundschaft dauerte vier Jahre, bis wir am 29. April 1922 heirateten. Auf mein Gesuch hin wurde uns auf der Rütti eine einfache Zwei-Zimmerwohnung eingerichtet. R. konnte in Orpund eine einfache, aber heimelige Aussteuer kaufen. Die Lingerie hat sie alles selbst genäht und ist zum Teil noch heute intakt.

Der April 1922 war sehr naß und kalt. Am 27. und 28. April schneite es, und wir hatten Bedenken, ob wir mit den zwei offenen Breaks zur Kirche fahren konnten. Doch am Hochzeitsmorgen schien seit langem wieder die Sonne, und per Pferdegespanne, geführt von meinen Schwägern F. und A., ging's zur Trauung. Die Hochzeitsgesellschaft bestand aus R.s Eltern sowie Brüdern und Schwestern, von meinen Angehörigen die betagten Eltern sowie mein Bruder H. und Schwester A. Nach der kirchlichen Trauung, das Wetter wurde wärmer, machten wir eine kleine Rundfahrt in der Umgebung, und das Festessen wurde im Hause meiner Schwiegereltern eingenommen. Ohne großen Trubel verlief der Nachmittag. Meine Angehörigen verabschiedeten sich von uns mit den besten Segenswünschen. Es war damals noch nicht Brauch, daß das Brautpaar eine Wunschliste zirkulieren ließ. Sämtliches Inventar für unseren kleinen Haushalt haben wir selbst angeschafft und hatten zu Anfang keine Schulden. Das Festessen wurde von meinen Schwiegereltern spendiert. Für die heutige Zeit unverständlich ist es, mit wie wenig Geld man damals auskommen mußte. Auf der Rütti hatte ich von meinem Zahltag 200 Franken für den laufenden Monat deponiert, und im Portemonnaie trug ich 70 Franken auf mir. Für die Hochzeitsreise, wie es heute üblich ist, hatten wir weder Geld noch Zeit, denn auf der Rütti drängte der Frühjahrsanbau, und ich konnte mich nicht frei machen.

Am Samstagnachmittag wurden wir auf der Rütti empfangen und von der Direktion zum Nachtessen eingeladen. Ein Klassenchef beglückwünschte uns im Namen der Schüler und überreichte uns eine schöne Zimmertanne, die unsere Stube dekorierte und gut gedieh, leider aber den großen Brand nicht überlebte. Meine Frau führte sich rasch auf dem Betrieb ein, gewann das Vertrauen der Direktion, der Lehrer und hauptsächlich der Schüler, die oft in schwierigen Angelegenheiten bei Frau L. Rat holten. Als Werkführer bezog ich keine Ferien, wie es heute üblich ist, sondern, wenn wir es mit der Zeit einrichten konnten, machten wir Reisen.

[Hier folgen einige kurze Reise-Erinnerungen. R.S./R.B.]

Das Schloßgut in Elgg

Inzwischen verhandelte ich mit der Schloßverwaltung Elgg, und am 21. Juni 1936 wurde der erste Pachtvertrag mit der Familie W. von Elgg in Zürich abgeschlossen, mit Antritt per 1. April 1937. Den Sommer 1936 benützte ich, um mich für die Übernahme vorzubereiten, denn ich war doch in dieser Beziehung Anfänger und mußte alles, was man für so einen Betrieb braucht, neu anschaffen. Unvergeßlich ist mir der 10. Oktober 1936, wo im Radio bekanntgegeben wurde, daß der Schweizerfranken 30 Prozent abgewertet wurde. Ich wußte nicht, wie sich dies auf meine Verhältnisse auswirken würde. Ich war gerade zufällig für einige Tage in Elgg. Am nächsten Morgen fuhr ich nach Winterthur und habe das ganze tote Inventar aufgekauft. Unglaublich für die heutigen Verhältnisse, dass mir dieses inklusive Haushalt (1000), Pferdegeschirre,

Wagen und Maschinen auf ganze 7000 Franken zu stehen kam. Dazu 25 Kühe, ein Zuchtstier, drei Rinder, drei Pferde und zwei Zuchtschweine auf 30'000 Franken.

Der Umzug von Habstetten nach Elgg vollzog sich folgendermaßen: In Melchnau hatte ich einen neuen, eisenbereiften Wagen für 360 Franken erworben, die drei neuen Pferdegeschirre komplett für je 150 Franken das Stück. Die drei tragenden Stuten versammelte ich ebenfalls in Melchnau, wo ihnen die neuen Geschirre angepaßt wurden. Am 16. März 1937, morgens sechs Uhr, verließ die «Züglete» Melchnau bei größtem Schneegestöber und Wind. Ich begleitete den Fuhrmann, E.H., den Wagen mit den drei schönen Freibergern bespannt, bis auf die Höhe von St.Urban-Glashütte. Ein Bauer in St.Urban, wo wir bei Tagesanbruch noch eine Kontrolle der Ladung vornahmen, riet mir, bei diesem Sauwetter nicht weiterzufahren. Doch ich war Optimist und weiter ging's. Auf der Höhe, im Wald oben, nahm ich Abschied und wünschte eine gute Reise. Ich sah dem Gefährt noch lange nach, bis es an einem Rank meinen Blicken entschwand. Erst da kam ich recht zur Besinnung, was ich mir und meiner Familie aufgeladen hatte. Ich vergesse diesen Augenblick nie, und wenn mich eine Autofahrt zufällig an diesem Platz vorbeiführt, denke ich jedesmal dankbar, daß es das Schicksal von dort an gut mit uns gemeint hat. Fast im Traumzustand kehrte ich nach Melchnau zurück, nahm Abschied von meinen lieben Angehörigen, die mir auf meinen künftigen, noch ungewissen Lebensweg alles Gute wünschten.

Ich fuhr nach Bern, wo mich um 14.00 Uhr der Camion von Matzinger, Räterschen, erwartete, um die Möbel aufzuladen, die ich zusätzlich für das Personal gekauft hatte. Anderntags Start um sieben Uhr nach Habstetten, um das restliche Mobiliar, bei miesem Regenwetter, aufzuladen. Nachdem der eingesunkene Camion mit Pferden wieder flott gemacht wurde, vollzog sich die Weiterfahrt in strömendem Regen. Mutter und Sohn C. hatten Platz neben dem Chauffeur, Sohn H. und ich schaukelten auf einem Kanapee im Laderaum. Daß ich mir auf der langen Fahrt wiederum schwere Gedanken machte, brauche ich wohl nicht extra hervorzuheben.

Nachmittags 14.00 Uhr erreichten wir Elgg, wo wir im «Hirschen» bei G.W. ein währschaftes Mittagessen einnahmen, für sage und schreibe 1.30 Franken pro Person. Der «Hirschen» fiel später einem Brand zum Opfer, und an dessen Stelle ist heute die Sennereigenossenschaft mit Ladenlokal. Am gleichen Tag war eine Beerdigung in Elgg, und die Leidtragenden kehrten ebenfalls im «Hirschen» ein. Ich sehe noch heute die neugierigen und kritischen Blicke, die den Neuankömmlingen zugeworfen wurden. Nach dem Essen, zwei Angestellte waren schon am Tage zuvor angekommen, fuhren wir hinauf zum Schloßgut. Beim Entladen des Camions konnten wir feststellen, daß kein Möbelstück irgendwelchen Schaden erlitten hatte. Mein neuer Nachbar, Fr. Z., hat uneigennützig mitgeholfen, und um 18.00 Uhr konnte ich den Chauffeur entlassen. Die Rechnung von Matzinger betrug ganze 160 Franken. Von den großen Strapazen der vergangenen Tage ausgeruht, begann ich den neuen Tag mit großem Mut. 12 Kühe hatte ich von meinem Vorgänger angekauft; bei E.O. in Elgg kaufte ich in den folgenden Tagen nochmals 12 Tiere. Der Durchschnittspreis von allen diesen Tieren belief sich auf 1005 Franken. Dazu kam noch ein guter Zuchtstier für 1200 Franken, sowie drei zweijährige Rinder und zwei Zuchtsauen. Somit waren meine Finanzen erschöpft.

Das ganze Inventar erreichte folgenden Stand:

Rindviehbestand	30'000.—
Haushalt, Betten, Wäsche	1'000.—
Totes Inventar	6'000.—
Pferdegeschirr mit 6 Decken	500.—
4 Wagen neu und 2 Occasionen	2'600.—
Mähmaschine und Heuwender	850.—
1 Schwaderrechen, Occasion	80.—
Diverse Werkzeuge, rund	1'000.—

Wie froh war ich, als mir der erste Milchzahltag von 1450 Franken überwiesen wurde. Der Milchpreis war damals 22 Rappen per Liter. Als Lohn mußte ich am 1. Mai auslegen: dem 40-jährigen, strammen Melker S.S. aus Eggiwil 100 Franken pro Monat, dem Karrer E.H. 80 Franken und an zwei Praktikanten je 30 Franken. Die ersten Einnahmen, neben dem Milchverkauf, waren der Verkauf von 15 Ferkeln, die von den zwei Zuchtsauen sehr gut geraten waren; das Stück damals für 45 Franken, was im Verhältnis zum Milchpreis gut war. Die anfallenden Saugkälber konnte ich an die Kälbermäster W. oder B. zu 38 bis 50 Franken verkaufen. Ein Glück war auch, daß das Obst gut geriet. Ich konnte in Elgg viel Tafelkirschen zum Preis von 50 bis 70 Rappen per Kilogramm absetzen. Nach Gachnang konnte ich circa 25 Tonnen Äpfel und Birnen abliefern. Preise: Birnen Franken 3.50 bis 4.—, Äpfel Franken 7.—, später 9.—. Für diese Einnahmen, für die ich vorher keine Investitionen hatte, war ich sehr froh. Sämtliche 17 Fuhren selbstverständlich mit Pferdegespann, meistens abends nach 16.00 Uhr.

Ein fröhliches Ereignis war, als die Stute Flora am Pfingstabend auf der Weide ein schönes und munteres Stuten-Fohlen warf, an dem wir den ganzen Sommer viel Freude hatten. Im Herbst wurde es zum guten Preis von 1000 Franken an Leisi Wagenburg verkauft.

Das Jahr 1938 verlief normal. Die Milchleistungen der gekauften Kühe waren gut, und alle wurden wieder trächtig. Mit unseren Angestellten hatten wir ein gutes Verhältnis, und die Arbeiten konnten immer zur rechten Zeit ausgeführt werden. Der Viehbestand war nicht übersetzt, und so mußten wir die Hanglagen Sennentobel, Schloßhang und Vorbrugg heuen. Die Maschinen konnten nur zum Teil eingesetzt werden, und Handarbeit war Trumpf. Hauptsächlich das Laden und Heimführen der Wagen war oft mit Schwierigkeiten verbunden. Das Hinaufführen beanspruchte vier Zugtiere, und zwei gute Arbeiter mußten mit Gabeln die Fuder stützen. Das Heu kam auf diese Weise ohne Zwischenfälle unter Dach.

Düstere politische Wolken zeichneten sich im Vorsommer 1939 ab. Doch niemand glaubte an einen plötzlichen Kriegsausbruch. Am 29. August 1939 wurde der Grenzschutz mobilisiert, und am 2. September folgte die Gesamtmobilmachung der Armee. Am 31. August 1939 überfiel Hitler im Morgengrauen Polen. Der Zweite Weltkrieg entbrannte. Donnerstag, 29. August war ich mit dem Vorstand der Viehzuchtgenossenschaft Elgg in Bern zum Kauf von zwei Zuchtstieren. Nachmittags 15 Uhr wurde bekannt, daß mobilisiert werde. Unter der Bevölkerung gab es eine große Unruhe, und wir fuhren mit dem Auto nach Elgg zurück. Tags darauf, wir waren am Mittagstisch, wurde am Radio die Wahl von Henri Guisan zum General bekanntgegeben und die Generalmobilmachung verfügt. Ich suchte sofort meine Militäreffekten zusammen, und schon mit dem 13 Uhr-Zug fuhr ich gegen den Sammelplatz Burgdorf. Meiner Frau gab ich noch Ratschläge, wie sie sich verhalten soll, sofern ich längere Zeit oder überhaupt nicht mehr heimkehren sollte. Die Fahrt nach Zürich war normal, unvergessen bleibt mir aber der Zustand am Zürcher Bahnhof. Die Landesausstellung hätte noch bis Ende Oktober dauern sollen. Mit der Generalmobilmachung wurde die Ausstellung geschlossen und geräumt. Der Sturm auf die Züge war entsetzlich. Zum einrückenden Militär gesellten sich die vielen Besucher aus allen Landesteilen, viele Schulklassen, die im Wirrwarr zum Teil auseinandergerissen wurden und nach Lehrern und Eltern riefen. Endlich konnte ich einen Wagen Olten-Bern erklimmen. Die Züge waren derart besetzt, daß sogar die Trittbretter benutzt wurden. Neben einem jungen Tierarztleutnant eingepreßt, kamen wir auf der langen Fahrt ins Gespräch, und ich teilte ihm mit, daß unser Tierarzt in Elgg letzte Woche gestorben sei, so daß die Praxis leider verwaist sei. Der junge Veterinär zeigte Interesse, und es war kein anderer als unser spätere bewährte Tierarzt Dr. M.W.

Wie ging's wohl daheim? Ein Melkerpraktikant, W.F., der dienstfrei war, dazu die junge Lehrtochter B.M. aus Möhriswil und natürlich Mutter und Sohn H., damals 14-jährig, war die Heimmannschaft. Nach ein paar Tagen wurde der Melker zum Hilfsdienst eingezogen. Meine Nachbarn F. und W.Z. betreuten die 25 Kühe (circa 300 Liter Tagesmittel). Auf Empfehlung der Gemeinde Elgg wurde ich nun bis auf weiteres vom Dienst befreit. Auch die drei Zuchtstuten waren dienstfrei, und so konnten die Erntearbeiten gut bewältigt werden. Für die Landwirte, die keine Zugkraft hatten, stellte ich die Pferde ebenfalls zur Verfügung. So ging Das erste Kriegsjahr ohne größere Schwierigkeiten zu Ende. Der Obstertrag war wiederum sehr groß, und ich führte circa 30 Tonnen mit den Pferden nach Gachnang. Preise: Birnen Franken 4.— bis 5.—, Äpfel je nach Sorte Franken 6.— bis 8.—, Tafeläpfel Franken 10.— bis 12.— per hundert Kilo. Trotz den bescheidenen Preisen war ich froh über diese Einnahmen.

Der Winter 1939/40 verlief ohne große Aufregungen, war normal, und wir konnten viele Holzarbeiten übernehmen. Infolge Nahrungsmittelknappheit wurde der Mehranbau verfügt. Weil das Schloßgut allein nicht geeignet war, um mehr Ackerbau zu betreiben, konnte ich mich mit andern Bauern von Elgg, die ihre Pflichtfläche infolge Fehlens der Zugkräfte und Maschinen (Pflüge, Eggen, Walzen) nicht erfüllen konnten, vereinbaren, ihr Kontingent pachtweise zu übernehmen. Es betrifft die Flächen, die zum Teil heute noch vom Schloßgut bewirtschaftet werden, zum Beispiel Oele (Familie H.), Riet (E.B.), Vorbrugg (Fr.H.) und mehrere Parzellen im Blankenmoos für die Selbstversorger. Mit diesen Übernahmen wurde der Grundstein zur Vergrößerung des Betriebes gelegt. Nach Aufhebung der Anbaupflicht konnte ich diese Parzellen bis zum heutigen Zeitpunkt pachten. Die Anbaupflichtfläche wurde 1942 noch größer, und das Schloßgut war an der obersten Grenze der Belastbarkeit angelangt.

Der Haldenhof

Durch Zufall konnte ich den Haldenhof kaufen, um die Ackerfläche über das Pflichtmaß auszudehnen. Es war mir an diesem 26. Februar 1942 noch nicht bekannt, daß der Haldenhof zum Verkauf frei werde, als ich mit dem Velo gegen Winterthur fuhr, um den Zahnarzt aufzusuchen. Beim Haldenhof sah ich den damaligen Besitzer, E.W., der einigen Personen den Betrieb zeigte. Plötzlich kam mir der Gedanke, daß ich mit diesem Hof die Anbaufläche erfüllen könnte und ich diesen später einem meiner Söhne übergeben könnte. Beim Zahnarzt war ich derart in Gedanken versunken, daß ich keine Schmerzen zu spüren imstande war. Auf dem Bahnhof Winterthur traf ich — wie ein Wunder — den Bruder von E.W., den ich gut kannte. Er orientierte mich über die Absichten seines Bruders, der nach Verkauf des Hofes sofort eine ihm passende Liegenschaft in Seuzach kaufen könne. Er war bereit, mit mir zum Verhandeln nach Elgg zu kommen. Im Haldenhof waren noch drei Interessenpartien anwesend, doch es gelang uns, mit dem Verkäufer, ohne Wissen der anderen, separat zu verhandeln. Auf der Bahnüberführung erklärte er mir die Grenzen des Hofes, und wenn er bis heute 18.00 Uhr Franken 10'000 als Anzahlung in Händen habe, die er anderntags als Anzahlung in Seuzach benötige, überlasse er mir die Heimstätte für Franken 62'000. Durch Handschlag wurde der Kauf besiegelt. Telefonisch bestellte ich sofort den Notar, und von der Sparkasse verlangte ich Franken 10'000. Weil ich die Liegenschaft nach damaligem Landwirtschaftsgesetz nicht für mich als Pächter kaufen durfte, setzte ich meine Söhne als Besitzer ein. Weil diese jedoch noch minderjährig waren, mußte ich auch noch telefonisch meine Frau zum Notar aufbieten, um die Vollmacht zu unterschreiben. Der ganze Handel war abends 19 Uhr perfekt, und auf den 1. März 1942 ging der Hof auf unsere Familie über. Erst in der Nacht, im Bett, kam mir so recht zum Bewußtsein, was ich mir in so kurzer Zeit aufgebürdet hatte. Aber ich hatte großes Vertrauen und wurde von meiner Frau unterstützt. Ich mußte meinen Entschluß nie bereuen.

Ein Jahr später wurde der Kauf von der Landwirtschaftsdirektion angefochten, der Betrieb sei für zwei Brüder zu klein, so daß nur einer der Söhne als Eigentümer eingetragen werden könne. Ohne lange zu überlegen, bestimmte ich den älteren Sohn C. als alleinigen Besitzer. Erwähnenswert ist, daß ich durch den Kauf sieben Hypotheken ablösen mußte. Als Angestellten und Bewirtschafter stellte ich den früheren Karrer E.H. ein, der inzwischen S.R. von Langnau geheiratet hatte und den Betrieb Girsgrat von seinen Schwiegereltern bewirtschaftete. So gut er sich früher als Karrer bewährt hatte, versagte er mit seiner Frau vollkommen und ich mußte ihn nach zwei Jahren entlassen, weil er finanziell untragbar wurde. Ein ehemaliger Jugendkamerad aus Rohrbach, wir wurden zusammen konfirmiert, wurde als Landwirt im Oberhof Elgg finanziell ruiniert und bezog die Wohnung im Haldenhof. Während der Anbaupflicht wurde der Hof zum größten Teil beackert und hatte nur im Winter etwas Rinder und eine Milchkuh im Stall. Die Bewirtschaftung erfolgte mit Pferden vom Schloßgut aus. Ich hatte mit guten Karrern Glück: Ch.G. vier Jahre, P.T. drei Jahre, beides ehemalige Schüler aus der Rütti, die sich auch im späteren Leben gut bewährt haben. Jeweils morgens sieben Uhr waren die Pferde, zwei oder vier, fahrbereit. Während der Getreide- oder Kartoffelernte transportierte ich das Personal mit einem Bockwagen hinunter. Das Mittagessen wurde im Schloß zubereitet und vom Melker mit einem Veloanhänger gebracht. Auf einem Brückenwagen, unter der Linde, wurde getafelt, und die Stimmung war meistens sehr fröhlich. Die Arbeit ging nachher wieder flott voran. Angepflanzt wurde hauptsächlich Weizen und Hafer, die im Haldenhof eingelagert wurden, zum Teil auch ausserhalb des Gebäudes. Die zwei Hektaren Kartoffeln wurden mit unserem Graber geerntet und zum Teil auch dort verlesen und eingelagert. Die Runkeln wurden meist ab Feld verkauft, ins Toggenburg oder Appenzell, zum Preis von acht bis zehn Franken. (Milchpreis damals 42 bis 43 Rappen). Zur Kartoffel- und Runkelernte bekam ich genügend Taglöhnerinnen, zum Stundenlohn von Fr. —.80 bis 1.—, nebst einem Bon für einen Liter Milch, die während der Rationierung sehr geschätzt war. Wegen der Gratisabgabe der Milchcoupons wurde ich vom Ernährungsamt wegen Vergehens gegen die Lebensmittelverordnung eingeklagt. Mein Rekurs hatte aber Erfolg, weil ich berechtigt war, die Milch zusätzlich auf dem Felde auszuschenken.

Nach Verheiratung von Sohn C. und R.M. wurde der Haldenhof für meinen Sohn zur Selbstbewirtschaftung ausgeschieden. Für mich war eine kleine Enttäuschung dabei, weil das ganze Inventar für beide Höfe bestimmt war und zudem die Bewirtschaftung verteuert hatte. Doch fügte ich mich, in der Hoffnung, dem jungen Ehepaar eine auskommende Existenz bieten zu können.

Der Hof in der Heurüti

Ende November 1952 erfuhr ich, daß H.Z. in der Heurüti eventuell seinen Hof verkaufen werde. Es beschäftigte mich sofort intensiv, denn dieses geeignete Objekt wäre ein Ersatz für den Haldenhof gewesen. Nach telefonischer Anfrage erhielt ich den Bescheid, daß dieses «Gerücht» stimme. Ich bat um eine Zusammenkunft, und am gleichen Abend sprachen H. und Frau Z. bei mir vor. Sie erklärten, daß ihnen die Möglichkeit geboten sei, sich auf den 1. Dezember in Zürich an einem Transportgeschäft zu beteiligen. Ich machte Z. noch auf eventuelle Folgen aufmerksam, wenn man so übereilt und ohne gründliche Abklärungen in ein Geschäft einsteigt. Doch alles schien in Ordnung zu sein. Die Frage nach dem Preis der Liegenschaft wurde ähnlich wie beim Kauf des Haldenhofes beantwortet: Wenn ich bis morgens zehn Uhr Franken 20'000 Anzahlung leisten könne, damit er wiederum seinerseits in Zürich dieselbe Anzahlung leisten könne, verlange er für die ganze Liegenschaft, mit totem Inventar, Franken 80'000. Ich kannte den Zustand des Hauses nicht und mußte mich auch über die 2,5 Hektaren Wald und die 10,3 Hektaren Kulturland, an einem Stück, orientieren lassen. Dazu kamen ein Autotraktor und etliche landwirtschaftliche Maschinen, die sich später als unbrauchbar erwiesen, zudem ein nicht fahrtüchtiger Traktor. Die acht Kühe gehörten L.B., Ettenhausen, und Z. hatte, mit diesem einen Vertrag, die vorhandenen Futtervorräte während des Winters aufzufüttern. Ich entschloß mich zum Kauf und bot Franken 78'000.—. Durch Handschlag wurde der Handel perfekt. Morgens um 7.30 Uhr war ich auf der Sparkasse und hob Franken 20'000 ab und verpfändete kurzfristig das Inventar vom Schloß. Sohn H. und ich fuhren mit dem Velo in die Heurüti, besichtigten Haus und Scheune, zeigten dem Verkäufer die Anzahlung und bestellten den Notar auf zehn Uhr. 11.30 Uhr war der Hof auf den Namen von H. verschrieben, weil ich analog dem Haldenhofkauf als Pächter die Liegenschaft nicht auf meinen Namen kaufen konnte. Die notarielle Verschreibung fand am 28. November statt, und auf den 1. Dezember 1952 gingen Nutzen und Schaden auf mich über. Familie Z. hatte das Wohnrecht bis 1. April vorbehalten.

Bis Ende Jahr war der Stall von L.B. besetzt, und nachher begann ich mit dem restlichen Umbau. Der neue Stall war nur zum Teil fertig oder dann nur provisorisch. Das ganze Dach über dem Anbau war von Z. selbst nur aus Rundholz erstellt worden und war viel zu schwach und wurde vom Zimmermann J.M. ersetzt. Der alte Doppelstall war baufällig. Im Winter, als Füllarbeit, habe ich ihn mit eigenen Leuten abgetragen und im Frühling, unter Mithilfe von H.S., Hofstetten, einen neuen Gußboden in der ganzen Scheune eingelegt. Neu ersetzt wurden der alte Fuderaufzug (W.S., Räterschen) sowie sämtliche elektrischen Leitungen. Außer Haus wurde eine Jauchegrube angelegt und der Gemüsegarten sowie der Mistplatz verlegt. Mutter und ich hatten große Freude an der Umgestaltung der Heurüti und waren da fast mehr anwesend als auf dem Schloß. Mutter hatte eine tüchtige Haushalthilfe, I.G., und sie reinigten das Wohnhaus von oben bis in den Keller, wo Verschiedenes zum Vorschein kam. Auf den 1. April 1953 konnte man die Wohnung beziehen. Auf ein Inserat im «Schweizer Bauer», wo ich einen verheirateten Melker und Bewirtschafter für einen Außenhof suchte, meldeten sich über 40 Bewerber. Die Wahl fiel auf O.B. aus Eriswil, der sich früh verheiratet hatte und eine geeignete Stelle suchte. Nebst freier Selbstverpflegung und Wohnung einigten wir uns auf einen Barlohn von Fr. 250.— monatlich.

Mit Vegetationsbeginn stellte ich einige Kühe in den Stall, und die Milch wurde vorläufig an Aufzuchtkälber getränkt. Vorstandsmitglieder der Sennereigenossenschaft Sennhof versuchten nun, mir deshalb Schwierigkeiten zu machen, mit der Begründung, daß mit einer Milchablieferung ein Beitrag an die Baukosten des Milchhüsli zu bezahlen sei, und machten mir eine Auflage von Franken 650.— jährlich. Beim Milchverband Winterthur rekurrierte ich und bekam recht, zum Mißvergnügen meiner Gegner. Im Laufe des Herbstes konnte ich den Stall mit 12 zugekauften Kühen belegen und konnte nun auch Milch an die Sammelstelle liefern. Erwähnenswert ist, daß ich für die 12 Kühe, zum Teil ältere, den gleichen Preis zahlen mußte, wie vor 16 Jahren für 24 Stück, im Durchschnitt Fr. 2200.—.

1953 war ein Engerlingjahr und eher ein schlechtes Futterjahr. Auf dem ganzen Alphüttler führten wir nur zehn Fuder Heu heim. Der zweite Schnitt mußte zur Grünfütterung dienen, und nachher wuchs überhaupt nichts mehr, ein richtiges Fehljahr. Die Wiese oberhalb Hofstetten war braun, von Engerlingen kahl gefressen. Im Herbst pflügten wir und streuten Kalkstickstoff über die Furchen. Raben und auch andere Vögel, die normalen Feinde der Engerlinge, erschienen keine mehr, sie waren alle vollgefressen. Um den Viehbestand durch den Winter mit Rauhfutter zu versorgen, machte ich mit Basler Brauereien ein Abkommen zur Lieferung von Naßmalz, das in die leeren Silos eingefüllt wurde. Kosten Fr. 2000.—, doch konnte ich den voll besetzten Viehbestand sehr gut durchwintern. Durch den größeren Viehbestand fiel auch der Stalldünger vermehrt an, und durch gezielte Düngung verbesserte sich die Grasnarbe, so daß sich der Futteranfall in den nächsten drei bis vier Jahren verdoppelte. Es war mir immer eine große Genugtuung, am Sonntagvormittag in den Alphüttler hinauf zu spazieren und mich am zunehmenden Erfolg der Heurüti zu freuen.

Übergabe des Schloßgutes

Nach langen und reiflichen Überlegungen kam ich zum Entschluß, als Pächter des Schloßgutes zurückzutreten, mit der festen Hoffnung, daß das Pachtverhältnis auf meinen Sohn H. übertragen würde. H. stand im Alter von 32 Jahren, und ich vertrat schon immer die Meinung, den jungen Landwirten die volle Verantwortung über die Betriebsführung möglichst frühzeitig zu überlassen. Ich stellte diesbezüglich an die Familie W. das Gesuch, dem entsprochen wurde. H. wurde auf den 1. April 1960 eingesetzt. Um mich nur langsam von dem mir lieb gewordenen Betrieb zu trennen, behielt ich einstweilen die Schloßverwaltung und die Forstverwaltung. Es befriedigte mich voll, am Sonntagmorgen die Waldungen zu durchstreifen.

Mutter und ich hatten den innersten Wunsch, beide Söhne rechtlich gleich zu behandeln. Zur Teilung des landwirtschaftlichen Inventars zogen wir zwei Vertrauensmänner bei: H. F., Sennhof, für Sohn C. und H.T., Steckborn (früher Landihof Elgg), für Sohn H. Als Obmann war mein Bruder H., Melchnau, anwesend, der in der Region Oberaargau bei Teilungen landwirtschaftlicher Betriebe mitzuwirken hatte. Wie üblich wurde der Viehbestand zum Schätzungswert der Viehversicherung eingesetzt, das tote Inventar nach meinen buchhalterischen Aufstellungen.

Wo Licht ist, muß wohl auch Schatten sein

Nachdem unsere Schwiegertochter I. gesundheitlich wiederhergestellt war, zogen Mutter und ich in den Burghof. Der Umzug fiel uns nicht leicht, verbrachten wir doch sehr glückliche und erfolgreiche Stunden und Jahre im Schloßgut. In den Ruhestunden im Sommer nach Feierabend und die Sonntagnachmittage auf dem Bänkli vor dem Hause, ließ sich plaudern und sich freuen am Erfolg, den wir aus schwierigen Verhältnissen heraus aufgebaut hatten. Deshalb fiel es mir so schwer, mich von allem zu trennen. Ich freute mich, als ich weiterhin im Stall die mir lieb gewordenen Tiere besorgen konnte. Jedoch mit der Zeit zogen über meine weitere Mithilfe Schatten herauf. Ich mußte es erleben, daß mir ein Angestellter frech kam und mir zu verstehen gab, daß ich hier kein Recht mehr habe. Mit der Zeit gewöhnte ich mich aber daran, ich gab mir Mühe, alles zu vergessen, um nur noch für Mutter und mich zu leben. Wir sind uns bewußt, daß wir für unsere Nachkommen nur das Beste geleistet haben. Wir haben nur einen Wunsch, daß sie ebenso glücklich ein langes Leben verbringen können, mit Gesundheit beschenkt, wie Mutter und ich es haben erleben dürfen.

Paul Leuenberger

Lido
weiblich, *1896, im eigenen Hotel tätig

Meine Wenigkeit wurde im Stadtcasino Winterthur am 8. Oktober 1896 geboren. Mein Vater, ein ausgebildeter Hotelier, Studium 1889/90 in Genf, Florenz, Neapel, London und zuletzt als Kassier et cetera im Hotel Baur au Lac in Zürich. Zuerst studierte mein Vater ein Jahr Chemie am Technikum Winterthur. Aus Liebe und Verehrung zu seinen Eltern wechselte er ins Hotelfach. In einem Brief an seine damalige Braut aus der Konditorei Jaiser, Marktgasse 3 (heute Frawa), erwähnte mein Vater das interessante Leben im Grand Hotel Napoli in Neapel, von Schweizern geführt. Kaiser und Könige gingen dort ein und aus nebst anderen prominenten Gästen. 1892: Vermählung und Übernahme des Stadtcasinos Winterthur. 1893 erschien meine Schwester F., 1894 Bruder E., 1896 L.. Das dreiblättrige Kleeblatt war vollendet.

1872: Am 13. Juli kaufte Großvater die «Schlangenmühle» (auch obere Spital-Mühle) genannt. Da schon 1861 das Tavernenrecht «Zum Ochsen» erworben wurde, hatte Großvater freie Hand, dem bestehenden Restaurant einen Hotelbetrieb anzugliedern. Er entfernte die ausgedienten Mühlräder und Mahlwerke und machte die Räume Nützlicherem dienstbar. Nach jahrelanger Arbeit zogen sich die Großeltern zurück.

1900 übernahmen Vater und Mutter den Betrieb Hotel Ochsen, genannt Schlangenmühle. (Vater wäre die Führung eines Großbetriebes lieber gewesen.) Hier am Bahnhofplatz erlebte ich eine bewegte Jugendzeit. Der große Garten mit den alten, hohen Bäumen war mein «Eldorado». Hier konnte ich mein Temperament austoben. Die untere Technikumsstraße war einseitig eine Allee. Die Eulach plätscherte bei der Adlerapotheke und dem Eulacherhof über Stufen. Am Ende war ein «Rechen», den der Eulach-Kanal unter der Straße, der Schlangenmühle und unserem Garten durchfloß. Dieser Rechen mußte oft von Unrat gesäubert werden. Mit unserem Portier beteiligte ich mich öfters dabei, in spielerischer Weise und mit großer Freude. Wir brauchten das Wasser zum Betrieb des Elektromotors für unsere Lichtanlage — hatte der Kanal zu wenig Wasser, war auch das Licht spärlich. Im hohen, alten Raum, wo das Gewässer floß, war eine Falle, die zum Stauen hinuntergelassen werden konnte. Einige Stufen führten zu einem oberen Boden. Was dort alles, als Versteck dienend, zu finden war! Als «schmutziges Entlein» erschien ich wieder durch eine Tür, die ins große Waschhaus führte. Hier wurde ich gleich einer Reinigungskur unterzogen.

Vater schloß sich dem Städtischen Elektrizitätsbetrieb an. Der Eulachkanal führte seinen gewohnten Lauf weiter.

Von unserer Zinne, die sich dem Dach der gedeckten Brückenhalle anschloß (Verbindung vom Vorder- und hinteren Garten), ließ sich's so herrlich auf den Ziegeln hinunterrutschen und am Dachkennel entlang den Garten erreichen. Anschließend an den Garten war die Fußgängerunterführung. In der ruhigen Zeit, circa 12-13 Uhr, benützte ich oft die Gelegenheit, mit dem Leiterwagen hinunter- und noch teilweise hinaufzusausen. Die geteilten Wege waren nicht breit. Einmal versagte die Deichsel, und ich landete an der Mauer. Resultat: ein verletzter Mund mit blutender Zunge und andere Unannehmlichkeiten. Die Konsequenzen mußte ich selber tragen, war ich doch auf verbotenem Weg verunfallt.

Unter all den vielen Sträuchern und Bäumen war mein Lieblingsplatz im Gipfel einer alten Buche. Zu einer bestimmten Zeit stopfte ich meine Ärmelschürzen-Taschen voll mit gesammelten Nüssli und sonstigen kleinen, trockenen Dingern. (Diese Schürze wurde mir eisern, nach Rückkehr aus der Schule, angezogen.) Kam die große Masse, die zur Arbeit in die Sulzer- und Rieterfabriken marschierte, spickte ich die kleinen Dinger auf die Hüte oder Köpfe der Fußgänger. Was kommt denn da von oben? Nur ein kleines Vergnügen, nicht bösartig, aber ich genoß meine jugendliche Freude daran.

1908: Ein Trauerjahr. Vaters Gesundheit war angegriffen. Durch seine Intelligenz und sein großes Organisationstalent wurde er frühzeitig in kantonale und schweizerische Behörden berufen. Er bemühte sich, die Weiterbildung des Nachwuchses fürs Gast- und Hotelgewerbe zu fördern. Längst plante Vater für die Kinder einen Fastnachts-Umzug. Er wollte ihn noch verwirklichen, schrieb eigenhändig die Zugseinteilung und empfing die Anmeldungen. 23 Wagen zogen beim Conter-Marsch auf dem Bahnhofplatz vorbei. Als Rotkäppchen, mit Partner, als Holländer-Pärchen und mein Bruder als Koch mit der hohen, weißen Mütze. Am zweiten Faschingstag figurierte ich als Clown im «Luftschiff Graf Zeppelin». (Den Plan der Zugseinteilung, mit schöner Handschrift, bewahre ich wie ein Heiligtum.) Am 6. April 1908 wurde uns der liebe Vater für immer entrissen. Die große Lücke mußte bewältigt werden.

Mit Tapferkeit übernahm mein liebes Muetti die riesige Aufgabe. Langjährige Angestellte standen ihr bei. Auch wir Kinder wurden nach Möglichkeit beigezogen.

1902 bauten meine Großeltern ein Haus in Stein am Rhein. Die Straßenseite lag vis-à-vis dem alten Zollhaus. Die Rheinseite mit Blick direkt zur Insel Werd. Obst-, Gemüse- und Ziergarten umgaben das Haus. Die Schulferien verbrachten wir in Stein am Rhein. Unser liebes R., der langjährige, gütige Hausgeist, hatte alle Hände voll Arbeit. Meinen heißgeliebten Großvater durfte ich beim Fischen begleiten. Er besorgte mir eine Angelrute, und ich suchte ihm die Würmer. Der Rhein lockte auch zum Baden, aber Vorsicht — der Fluß konnte heimtückisch sein. Schwester F., eine Nachbarstochter und ich liefen am Ufer ein großes Stück aufwärts, um uns dann ins große Naß zu stürzen. Eine Sandbank war die erste Station, dann flußabwärts zur Insel Werd. Auf dem großen «Werdli-Stein» winkten wir unserem Großmüetti, das Hände verrührend auf der Terrasse stand. Ob wohl aus Angst um ihre Schützlinge? Nun hieß es, alle Kräfte zusammenreißen, um den Rhein zu durchschwimmen. Wir mußten tüchtig gegen den Strom kämpfen, um Großvaters Gartenmauer zu erreichen. Vorsicht in Ufernähe vor den Schlingpflanzen! Sie mußten in flacher Bauch- oder Rückenlage besiegt werden. Bei warmer Witterung unternahmen wir noch oft diese nasse Tour, ein Vergnügen für uns Junge. Für Großvater blieb ich «der kleine Hansdampf». Er hatte viel Verständnis für die Enkel. Einmal hörte ich, als er zum Großmüetti sagte: «Lass die L., sie ist ein fröhliches, gutes Kind, sie braucht Bewegung, wenn sie nicht singt, so pfeift sie.»

1912: Besuch Kaiser Wilhelms in der Schweiz mit Gefolge. Der Zug hielt auch in Winterthur. Wir konnten das freundliche Winken der hohen Persönlichkeiten von unserem Garten aus nächster Nähe erwidern. Gastspiele des Zirkus Knie in Winterthur. Das hohe Seil wurde über die Eulachstraße gespannt (heute Technikumstraße). Mit einem Teller bat man auch die Zaungänste um eine Gabe. Eine Zeitungs-Annonce vom 12. August 1871 erwähnt die Besteigung des hohen Seils bei der «Schlangenmühle» um halb sechs, ausgeführt von den Gebrüdern Knie. Heute, mehr als 100 Jahre, Zirkus-Familie Knie. Bevor die Knies einen eigenen Tierarzt beschäftigten, durfte ich beim Zirkus-Aufenthalt in Winterthur meinen Gatten zu Behandlungen von Tieren begleiten. Interessante Erlebnisse!

Schulzeit: 1.-3. Klasse (Primar) im Altstadt-Schulhaus, Lehrer O.B.; 4.-6. Klasse im Altstadt-Schulhaus, Lehrer G.B.; 1. und 2. Sekundarschule im Schulhaus St. Georgen, Lehrer J.G. und 3. Sekundarschule im Schulhaus Kirchplatz, Lehrer K.S. Nicht vergessen darf ich unser «Schwümbi» an der Badgasse. Erstes Hallenbad in der Schweiz. Der obligatorische Schwimmunterricht war für mich ein «Plausch». Der Tropfsteinfelsen im Hintergrund lockte für Sprünge ins Wasser. Höhere Töchterschule auf dem Kirchplatz. Den Unterricht erteilten die Lehrer vom Gymnasium: Deutsch, Dr.H.; Mathematik, Dr.E.; Französisch,

«Lidos» Heimat: Das Hotel Ochsen neben dem Bahnhof Winterthur (vor dem Abbruch, um 1929)

Im Primarschulhaus Altstadt ging auch «Lido» zur Schule

unsere Miss, ein Original; Italienisch, Namen vergessen, ebenso für Gesang und Naturkunde; Anatomie (mein Lieblingsfach), Dr. Rektor K.; weibliche Arbeiten.

1913/14: Ein Jahr französische Schweiz, in Sonvilier, auf dem Lande. Im großen Pfarrhaus beherbergten Monsieur und Madame H. drei Pensionärinnen. Monsieur, ein fröhlicher Pfarrer, Madame, eine diplomierte Lehrerin. Sie wollte noch in kleinem Maße ihren Beruf ausüben. Vormittags Unterricht in Grammatik, Literatur, Kunstgeschichte et cetera, und wöchentlich einmal Klavierstunde in La Chaux-de-Fonds. In Sonvilier noch eine Privatstunde in Italienisch-Französisch. Im Sommer kamen zwei Töchter aus Bern in die Ferien. Wanderungen, fröhliche Spiele brachten Abwechslung. Heimkehr Sommer 1914 über Bern, Landesausstellung. Leider versperrte uns Jungen der Erste Weltkrieg 1914/18 einen England-Aufenthalt.

1914: Ausbruch des Weltkrieges. Allgemeine Mobilmachung. Am 3. August militärische Vereidigung beim Stadthaus. Viel Arbeit im Hotel. Es war nur meine Pflicht, meinem lieben Muetti beizustehen. Unsere vorsichtige Regierung führte die Rationierung ein. Nicht nur Lebensmittel, auch Textilien, Schuhe, Brennstoffzuteilungen, Mahlzeitkarten. Ein Kommen und Gehen von Militär belebte unser Haus. Später passierten Flüchtlingszüge, schwer verwundete deutsche und französische Kriegsgefangene, den Bahnhof Winterthur. Beim kurzen Aufenthalt brachten wir den armen Unschuldigen Schokolade, Biscuits et cetera an die Züge. Mit leuchtenden Augen ertönte ein Danke, ein Merci. Einen Uniform-Knopf, einen gebastelten Aluminiumring drückten mir die Soldaten einmal in die Hand. Ich durfte es nicht zurückweisen, es wäre höchste Beleidigung gewesen. Zurück blieb mir stets ein trauriges Herz. Nie im Leben verlor ich diese trostlosen Bilder aus meinem Sinn. Sind die Schweizer dankbar genug für den Frieden, trotzdem vielen Familien auch ein hartes Los auferlegt wurde? Durchwachte Nächte, Verzicht auf Sonntage, Feiertage und Ferien waren leicht zu ertragen gegen dieses Elend. Früh lernte ich die Weichen stellen und die Schalter drehen, wovon ich im Leben profitierte.

Während des Krieges 1914-1918 mußten wir im Hotel Ochsen manchmal unser Wohnzimmer als Regimentsbüro opfern. Ein Wachsoldat klagte mir über seine Müdigkeit. Armer Kerl, und sollte noch Wache halten. Ich hatte keine Ruhe und betrat später leise No. 12, unser Wohnzimmer-Regimentsbüro. Schlafend lag die «Wache» auf dem Sofa. Schnell, aber sachte aufwecken, und ein starker Kaffee sollte ihm auf die Beine helfen. Zum Glück verlief alles unbeachtet, und der Soldat entging einem Arrest. Das Haus war voll besetzt. Zwei uns bekannte

Gäste fragten nach Logis. Ausverkauft! Wir bleiben einfach hier! Die Uhr rückte gegen Mitternacht. Ich hatte den Spätdienst übernommen. Ein «Blitzzünder» ermahnte mich, die Matratzen aus meinem Schlafzimmer auf die beiden langen Tische in der Lingerie zu legen. Die Benützer mußten mir behilflich sein. Decken sollten die beiden vor «Frösteln» schützen. Ein paar Stunden auf dem Boden zu schlafen, verursachte mir kein Problem. Noch öfters lachten wir über die improvisierte Notunterkunft.

Mai 1918: *Endlich Frieden.* Eine Einladung zu einer Hochzeit führte mich ins Elsass. Schrecklich, diese abrasierten Bäume und ausradierten Dörfer! Herbst 1918: *Generalstreik.* Wie ein Bienenschwarm, Kopf an Kopf, stand die Menschenmenge vor unserem Hotel bis zum Restaurant Walhalla und Gotthard. Keine Eisenbahn. Ein Autobus wollte Personen für dringende Angelegenheiten nach Zürich bringen. Die Menge verhinderte es. Fachingenieure versuchten, einen Zug nach Zürich in Gang zu bringen. Von der Helvetia her stürmten Männer durch unseren Garten. Über unseren Hag sprang ein Mann direkt auf die Lokomotive zu. Sie blieb stehen. Ein «Oberkommunist» kam mit einer kleinen Gruppe von der Helvetia auf unser Haus zu. St., mit einem großberandeten Hut, betrat er unser Restaurant. Es war gut besetzt. Kantonspolizei in Zivil, Stammgäste. Ein Direktor von Gebrüder Sulzer, der zur Fabrik ging, wurde vor den Toren der Sulzer-Werke mißhandelt und suchte bei uns Zuflucht. Mit lauter Stimme befahl St.: «Schließung des Restaurants!» Muetti trat dem protzigen Mann entgegen, ich hinter ihr her. Muettis Antwort: «Kommt nicht in Frage, wir sind für die Gäste da. Wenn Sie sich anständig verhalten, können auch Sie Platz nehmen.» — Unheimliche Stille, aber Wachsamkeit im ganzen Lokal. Das Trüppchen mit Führer zog ab. Es gab noch viele unangenehme Situationen für Behörden und Volk, aber mit Verhandlungen wurde die Lage langsam ausgebügelt.

1921: Infolge Verheiratung verließ ich im Oktober 1921 mein Elternhaus. Zum Glück fanden wir in der Nähe eine Sieben-Zimmer-Wohnung. Alt, aber geräumig, geheizt wurde noch mit Ofen. Mein Gatte, X.D., war Tierarzt. Da wir mit der Praxis noch die eigene Veterinär-Apotheke führten, kam uns die große Wohnung gelegen. Hin und wieder konnte ich meinem lieben Muetti noch behilflich sein. X.D., geboren am 19. November 1887. Aufgewachsen in der «Bettnau» bei Siebnen, Kanton Schwyz. Ein ehrwürdiges Bauernhaus inmitten grüner Wiesen. Die Familie zählte fünf Söhne und fünf Töchter. Gastfreundlichkeit, Gemütlichkeit und Musik wurden im Hause D. großgeschrieben. X.s Wunsch war ein Musikstudium. Früher galt dieser Beruf als zu unsicher. Nach Überlegungen wählte er Veterinär und kam in die Stiftsschule Einsiedeln. Hier hatte er Gelegenheit, neben dem Studium Musik und Gesang zu pflegen. Im Orchester war er eifrig dabei, jedoch mit der großen Orgel hatte er Freundschaft geschlossen. Weitere Studien in Schwyz, Universität Fribourg und Tierspital Zürich. Kurz vor Ausbruch des Ersten Weltkrieges 1914 absolvierte er das Staatsexamen. Es blieb keine Zeit für eine Dissertation. Sofort wurde X.D. in den Militärdienst einbezogen, wo er lange Zeit an der Juragrenze als Pferdearzt amtete. 1916, bei längerem Urlaub, arbeitete er als Assistenztierarzt bei Oberst B. in Winterthur. Die selbständige Arbeit freute ihn. Die Praxis wurde noch per Velo und mit dem Pferd betreut, auch im Winter. Tierarzt B. war hauptsächlich im Verwaltungsrat mit der Führung des Milchverbandes Winterthur beschäftigt und auch in der «Schlangenmühle» ein oft gesehener Gast.

Kantonstierarzt Dr. H.B., Sohn von Oberst B., bat mich, meinen Gatten doch zu einer Dissertation zu bewegen. Er möchte ihn zum Bezirkstierarzt wählen. Es brachte eine turbulente Zeit. Material mußte gesammelt werden, Statistiken geführt et cetera. Mein lieber Gatte führte mich in die Untersuche der Materialien ein. Mit viel Geduld wartete ich oft am Abend nach seiner Rückkehr, um ihn zu bitten, meine bescheidene Mitarbeit zu kontrollieren. «Diss» und Praxis zusammen sind einfach zuviel. Gegen den Abschluß entschloß er sich, noch einige Wochen im Tierspital Zürich zu arbeiten. Hin- und Herfahrt brachte für ihn eher Entspannung. Ein junger, tüchtiger Assistent, mir gut bekannt, besorgte die Praxis. Der Betreffende erreichte später die Sprossen hinauf bis zum Oberpferdearzt in Bern. Für uns fand endlich ein Kapitel sein glückliches Ende.

1924 wurde uns eine Tochter geschenkt. 1927 erschien Sohn R.

Im April 1929 fand das 50-jährige Jubiläum des Schweizerischen Alpenclubs in Winterthur statt. «Älplerchilbi»! Alles in Schweizer-Trachten. Der bekannte Kunstmaler Köbi Herzog, in großem Strohhut, mit einer riesigen Botanisierbüchse umgehängt und einem Sommervogelnetz. Das «Original» brachte Stimmung. Die Gesellschaft bot ein farbenfrohes Bild. 2. November 1929: Ein großes Ereignis. 15.00 Uhr erste Landung des Luftschiffes «Graf Zeppelin» in Dübendorf. Vater fuhr mit uns zum Flugplatz. Bei der Landung gab das Luftschiff Flüssigkeit ab. Unser Kleiner, zwei Jahre acht Monate alt, rief voller Begeisterung: «Det gaht eine uf's Abe!»

1930: Die strengen Jahre zehrten an lieb' Müettis Kräften. Ein innerer Umbau des Hotels war reif, zuviel für eine alleinstehende Frau. Wir mußten uns mit dem Verkauf der Liegenschaft befassen. Großmüetti H.

feiere noch im Kreise ihrer Kinder und Enkel den 60. Geburtstag. Wie einst versprochen, meldeten wir unseren Entschluß zuerst der Brauerei Haldengut. Die Zeiten waren nicht rosig. Trotz bescheidener Summe konnte sich Direktor S. mit seinen noch jüngeren Besitzern nicht zum Kauf entschließen. Das Gerücht verbreitete sich rasch. Eine Winterthurer Architekten-Firma interessierte sich, und der Verkauf wurde abgeschlossen. Sie handelte für eine dritte Person. Als der zukünftige Besitzer, die «Epa», bekannt wurde, gab es Mitbürger, die uns, zu Unrecht, mit Bemerkungen bescherten. Der Zwischenhandel war uns unbekannt. Der Hauptgewinn lag bestimmt nicht in unseren Händen. Muetti konnte sich nicht zu Tode opfern. Der Abschied schmerzte uns sehr. Wer fühlte sich nicht heimisch bei unserer gütigen Mutter H.! Im tiefen Keller lag noch unser Wappenstein, heute im Lindengut-Museum. Auch der große Mörser, die alte Mühlebank und die große kupferne Fischpfanne schenkten wir der Stadt (heute in der Mörsburg). Nun, lebwohl du altes Haus, / Darin so viele Jahre wir gingen ein und aus. / Verschwinden wird die Stätte / Bis auf den letzten Stein, / ein Stück aus unserer Seele wird mitbegraben sein. / Dir, liebe «Schlangenmühle», / Ein letztes Lebewohl, / Was du uns gabst an Schönem, / Erinnerung bleiben soll. (Dein großer Hausschlüssel hängt heute noch über meinem Bett.)

Lieb' Müetti zügelte in den Wiesengrund, wo sie auch alte Gäste traf. Fast täglich reichte ihr Spaziergang bis zur Bankstrasse, unserer Wohnung. Ich freute mich stets auf ihr Kommen. Müetti brauchte Zeit, viel Zeit, sich an die «Enge» zu gewöhnen. Nach jahrelangem Suchen fanden wir endlich ein eigenes Heim an der St. Georgenstrasse 21.

Einzug im April 1931. Ob wohl lieb' Müetti mit uns wohnen möchte? Durch eine liebe, alte Tante, die infolge eines schweren Schicksals vorübergehend in der Schlangenmühle Aufnahme fand, konnte die Angelegenheit auf diplomatischem Weg gelöst werden. Ich wollte, daß Müetti sich ganz frei entscheiden könne. An unserem «Zügeltag» packte auch sie ihr «Bündeli» und wechselte den Wohnort an die St. Georgenstrasse. Hier gab es wieder Betrieb! Wollte sie Ruhe, konnte sich unser Großmüetti in ihre Klause zurückziehen. Unser Dackel hatte die Situation rasch erfasst. Am Morgen schlich er sich vor die Türe und machte sich leise bemerkbar. Das war sein zweites Plätzchen. An Abwechslung fehlte es Grosi im neuen Zuhause nicht. Enkel, Freunde und Bekannte gingen ein und aus. Unser Grosi blühte wieder auf. 12 Jahre waren ihr noch geschenkt im Kreise ihrer Familie.

5. Juli 1931: Flugtag mit Walter Mittelholzer in Dübendorf. Das wollten die Kinder miterleben. Wir erlaubten ihnen einen Rundflug.

1933: Mein lieber Gatte bat mich, nach Zürich in den Tierspital zu fahren, um für die Praxis etwas zu erledigen. Nach einem telefonischen Gespräch mit ihm besuchte ich noch Freunde. Im Geplauder mit Frau Dr. W. erfuhr ich ihre geplante Mittelmeer-Reise. «Kommt doch mit, eine Ausspannung wäre für Euch beide nötig!» Das Reisebüro Kuoni gab mir per Zufall eine frei gewordene Kabine bekannt. «Bitte reservieren. Sie, ich gebe am nächsten Tag Antwort!» Mein Gatte war erstaunt über meine Neuigkeit! «In drei Wochen reisen wir.» Und prompt kam die Antwort: «Du bist....!! Nein .... ganz gesund!» X. wusste ja, wie dringend er eine Ausspannung brauchte. Zum Kranksein muß man auch Zeit opfern. Die Reise wurde gebucht und alles für Haushalt und Praxis organisiert. Lieb' Müetti war ja noch als «Oberaufsicht» im Haus! Einschiffung in Genua. Korsika, Balearen, Barcelona, durch die Meerenge von Gibraltar und Casablanca. Bei Landungen stets schöne Ausflüge. Endstation Bremerhaven. Per Bahn nach Mainz, Köln, Wiesbaden mit Zwischenhalt für Sehenswürdigkeiten und zurück in die Schweiz. Noch nie erholte sich mein lieber Gatte so gut und genoß das Leben an Bord. Einen Mediziner hatten wir ja bei uns. Das vierblätterige Kleeblatt erlebte fröhlich Ferien und konnte neu gestärkt an die Arbeit.

1934: In der Praxis wurden wir öfters gefragt wegen Trimmen und Scheren von Hunden, besonders für Ausstellungen. In Winterthur sei keine Adresse bekannt. Nach reiflicher Überlegung und Besprechung mit meinem Gatten entschloß ich mich zu einer Ausbildung, um den Kunden zu dienen. Eine uns bekannte Engländerin gab mir eine Adresse in England. Um mich einzuüben, verbrachte ich kurze Zeit bei einem Fachmann in Basel. Die vielen Hunderassen müssen ja verschieden behandelt werden. In einer Schule in Ashford, wo Aufzucht und Pflege von Airedale gelehrt wurde und in einer privaten Scotch-Terrier Zucht, konnte ich mir die nötigen Kenntnisse erwerben. Die strenge Arbeit, nebst der anderen Tätigkeit, hat mir nach einigen Jahren einen Rückenschaden verursacht. Der Arzt verordnete Fangobehandlungen in Abano oder Ischia, Italien.

In den Frühlingsferien 1937 reiste ich nach Abano. Unser Kind S. durfte mich begleiten. Zweite Kur im Herbst. Da erlebte ich ein kleines Erdbeben. (Ich sollte drei Kuren absolvieren.) Unser liebes Müetti spendete meiner Schwester und mir eine Kur auf der Insel Ischia. Im Mai 1938 war es soweit. Erster Aufenthalt in Rom. Im großen Bahnhof wurden wir durch eine enge Passage geschleust mit Untersuch auf Waffen und Messer. Was ist hier los? Mussolini und Hitler in Rom. Von unserem Hotel aus konnten wir die Fahrt dieser «Prominenz» stehend im Auto, aus nächster Nähe beobachten. Sie kamen vom Collosseum her unter strenger militärischer Bewachung. Photographieren war verboten. Zweite Station Florenz. Dritte Station Neapel. Wieder hatten wir das Glück, eine Parade zu sehen. Voran Mussolini zu Pferd, König Emanuel mit Hitler im Auto, beidseitig von Polizei auf schweren Motorrädern bewacht. Das Gefolge in circa 20 eleganten Alfa Romeo Wagen. Anschließend Kavallerie, Infanterie, Matrosen und Bersaglieri. Die Kriegsflotte startete aus dem Golf von Neapel, begleitet von Torpedos. In der Luft große Flieger-Formationen. Ich versuchte, mit dem Teleobjektiv an der Leica Aufnahmen zu knipsen. Nachts eine märchenhafte Beleuchtung von Stadt und der Flotte auf dem Meer. Nächster Tag eine private Fahrt mit einem Führer auf den Vesuv. Diverse öffentliche Angelegenheiten waren noch gesperrt. Besuch von Pompei. Endlich Aufbruch nach Casamicciola zum Kuraufenthalt. Unser Hotel lag auf einer Anhöhe mit herrlicher Aussicht. Nur einige Meter vom Strand sprudelte eine heisse Quelle aus dem Meer. Auf der Rückreise brachte uns der große Luxusdampfer «Rex» bis Genua. Dieses Schiff wurde im Krieg 1939/45 versenkt.

6. Mai 1939: Eröffnung der Schweizerischen Landesausstellung in Zürich durch den Gesamtbundesrat, Bundespräsident Etter, Bundesräte Pilet-Golaz, Motta, Obrecht, Minger, Wetter und Baumann. Meine Farben-Dias bringen die schöne Ausstellung wieder in Erinnerung.

Ausbruch des Zweiten Weltkrieges. 30. August 1939 wählte die Bundesversammlung Oberstkorpskommandant Henri Guisan zum General. 1. September 1939: Generalmobilmachung der Schweizer Armee. Mein Gatte wollte sich wegen Familie und Praxis im Militär nicht mehr befördern lassen. Oberpferdearzt Dr. C. kam zu einer Unterredung nach Winterthur. Er kannte meinen Gatten von einer Assistenten-Zeit, die er in Dr. C.s Praxis verbrachte. «Herr Kollege, wir brauchen Sie wieder im Auszug als Pferdearzt. Ich befördere Sie zum Major. Es herrsch Kriegszustand, es ist Befehl.» Viele Wochen war Vater im Militär. Wie geht es weiter? Pferde und Landwirte wurden auch einbezogen. Die Bauernfrauen waren überfordert. In der Kleintier-Praxis war mir nach 18 Jahren Mithilfe eher möglich, selber Hand anzulegen. Das Tierspital Zürich half uns nach Möglichkeit aus. Fahrprüfungen waren seltener geworden, wegen Benzin-Sparsamkeit. Wir kauften einen «Topolino», so chauffierte ich, wenn nötig, die tierärztlichen Hilfen auf die Tour. Die Behörden organisierten Diverses für Notfälle. Ich wurde zur Mithilfe einer nötigen Evakuierung alter Leute bestimmt, daher stand der größere Wagen noch in der Garage. Unser verehrter General Guisan hatte mehr Verständnis für das Hinterland als 1914/18 General Wille (fast preußisch angehaucht). Der von Bundesrat Wahlen aufgestellte Anbauplan mußte verwirklicht werden. Die Ernährung für die umzingelte Schweiz war wichtig.

Am 8. März 1940 hielt sich General Guisan in Winterthur auf. Sein Sohn, Oberstleutnant Guisan, meldete seinem Vater das 1. Regiment 1. Auf Strassen und Bäumen lag leichter Schnee. Mit meiner Leica ausgerüstet, suchte ich mir, mit Hilfe eines Polizisten, einen Platz. Die vielen berittenen Pferde entfernten sich Richtung Bahnhof. Der General auf seinem eleganten Pferd trabte Richtung Graben. Per Zufall schaute er mir lächelnd in die Kamera, und die Aufnahme klappte. Dieses natürliche, schöne Bild, nebst anderen Schnappschüssen, bewahre ich als liebe Erinnerung.

1940: Polen, Dunkelhäutige mit Pferden kamen an der Juragrenze zur Internierung. Sie wurden verteilt, auch in unsere Gegend. Eines Tages erhielt mein Gatte einen Telephonanruf in gebrochenem Deutsch: Kann ich Herrn Dr. D. sprechen? Während der Sprechstunde erschien ein großer polnischer Offizier. Die Behörden von Militärs gaben ja den Internierten Gelegenheit zur Weiterbildung. Der polnische Tierarzt hatte ein Logis in unserer Nähe. Mein Gatte erlaubte ihm, ihn auf seinen Touren über Land zu begleiten. Um nicht aufzufallen, stellte er für seinen Kollegen ein Gesuch, Zivilkleidung zu tragen. Zugleich ermunterte er ihn, die Zeit zu nutzen und in der Schweiz noch sein Doktorat zu machen. Die Urkunde präsentiert sich heute noch in seinem Arbeitszimmer in Sopot. Während der Militärdienstzeit meines Gatten arbeitete ich öfters mit Dr. P. zusammen. Die Schweizer Assistenten blieben rar, und der polnische Tierarzt stellte seine Hilfe zur Verfügung. Er hatte eine grosse berufliche Begabung. Ich bemühte mich, mit seiner mir unbekannten Gattin in brieflichen Kontakt zu kommen, sollten seine Nachrichten Polen nicht erreichen.

1. August 1941: 650. Jahrfeier der Eidgenossenschaft in Schwyz. Vater war wieder im Militärdienst. Zu dieser Feier durfte ich mit den Kindern hinfahren. Ankunft des Bundesrates und hohen Militärs auf dem Festplatz (Photos). Später kam ein Nauen vom Rütli über den See nach Brunnen gefahren. Auf dem Schiff waren bärtige Männer, gekleidet wie zu Zeiten Tells. Vor der Kapelle wurde ein Dokument verlesen. Wahrscheinlich der Bundesbrief. Wir konnten vor lauter Volk nichts hören.

1. April 1944: Amerikanische Bomber über Stein am Rhein und Schaffhausen. Tote und Verletzte. Im ehemaligen Großelternhaus wurden Obdachlose untergebracht. Das Haus war noch im Besitz eines Familienangehörigen.

Im Mai 1945: endlich Frieden! Neue Probleme tauchen auf. Hungernde Kinder aus Kriegsgebieten sollen in der Schweiz vorübergehend gepflegt werden. Ein siebenjähriges, zartes Mädchen wurde uns zugeteilt. Sein Vater war gefallen, die Mutter mußte jetzt Brot verdienen. Für Kinder der französischen Sprache wurde auch ein Schulunterricht geboten. Geistig war D. ein aufgewecktes Kind. Bald brachte es seine Schulfreunde zum Spielen nach Hause, was mir Spaß machte. Schwierigkeiten gab es anfänglich mit dem Zu-Bett-Gehen. Trotzdem ich der Kleinen den Drücker zum Läuten über das Bett hängte, mußte die Türe offen bleiben. Sie rannte öfters wieder die Treppe hinunter ins Wohnzimmer. Hörte sie Vater heimkommen, wollte sie D. noch auf seinen Knien sitzen: «Papa, Papa!» Sie vermißte ihren Vater, und die Kriegsangst steckte noch in diesen Kindern. Die Trennung schmerzte, wenn sie wieder in ihre Heimat zurückkehrten.

1946 meldeten sich Wienerknaben. Eines Abends brachte man uns einen 11-jährigen Buben, für sein Alter groß, aber sehr mager. H. litt an einer Halsentzündung, er war einziges Kind seiner Eltern. Ein Brief seines Vaters gab uns Aufschluß. Nach Aussage des Wienerarztes könne nur ein Aufenthalt in der Schweiz das Kind noch retten. Sofort gab ich ihn in ärztliche Behandlung. Dr. H. betreute den Jungen gründlich und liebevoll. Bei diesen unterernährten Geschöpfen durfte die Nahrung nur langsam gesteigert werden, sparsam auf einmal, aber öfters. Wir hatten Glück! H. durfte einige Monate bleiben und erholte sich gut. Er mußte aber die Schule besuchen. Auch für ihn rückte die Heimkehr nach Wien heran. H. war unser Kind geworden. Auf Wiedersehen nächstes Jahr.... und bis zum heutigen Tag ist eine enge Freundschaft geblieben.

1952: Hochzeit unserer Tochter. 1954: unser erstes Enkelkind B. 1956 erschien P., 1962 J. 1958 übergab mein lieber Gatte seinem Sohn R. die Praxis. Unser Sohn hatte sich verheiratet. Der Entschluß, unser Heim zu verlassen, war nicht leicht, aber vernünftiger. Im Nachbarhaus bot sich Gelegenheit, die Parterre-Wohnung zu beziehen. Vater konnte lieben R. über Land begleiten und ihm noch manchen guten Ratschlag erteilen. Die Kunden freuten sich, beide zusammen zu sehen.

Im Juni 1959 mußte sich mein Gatte einer Operation unterziehen. Täglich radelte ich zum Spital und durfte mich zusehends auf seine Genesung freuen. Am 6. Juli, nach einem Gewitter, machte ich mich nochmals auf den Weg zum Spital, circa 17.30 erklärte mir X. freudig, die Wunden seien gut verheilt, und er gedenke bald heimzukehren. Gegen 23.00 Uhr kam R. zu mir, da er noch Licht in der Wohnung sah. «Müetti, ich muß Dir etwas mitteilen. Vater ist für immer eingeschlafen.» Diese Botschaft konnte ich im Moment gar nicht erfassen. *Unmöglich...* wir haben ja heute abend noch zusammen geplaudert. Eine Lungenembolie führte zum raschen Tod. Am Abend vor der Bestattung stand unser Wienerhans traurig in unserer Wohnung. «Müetti — ich nehme Dich hernach gleich mit nach Wien.» «Danke, lieber Hans, ich verspreche Dir, Deine lieben Eltern und Dich später zu besuchen.» — Vieles kam auf mich zu, aber die Zeit läuft weiter um die Uhr. [...] 1962/63 war der Zürichsee zugefroren. Diese Seltenheit durfte ich mit S. und den Enkeln genießen. 1964 erschien A.D., mein viertes Enkelkind und 2 ¾ Jahre später St.D. [...] 1967: Vermählung einer Nichte mit einem Sizilianer. Wohnort Ragusa. Nach einigen Monaten bat mich R., mit ihrer Mutter zusammen die Ferien bei ihr zu verbringen. Zwei Tage vor unserem gebuchten Flug wurde noch gestreikt. In Rom mußten wir vom Internationalen zum Nationalen Flughafen wechseln. Dort blieben wir sechs Stunden in einem Gedränge hängen. Der Start sollte am frühen Mittag stattfinden, und wir wurden in Catania erwartet. 19.30 endlich Abflug. Dafür wurden wir belohnt mit einem traumhaft schönen Sonnenuntergang über dem Meer und einer Umkreisung des feuerspeienden Ätna. Landung in Catania mit einer herzlichen Begrüssung unserer Lieben. Nach circa zwei bis drei Stunden Autofahrt auf kurvenreicher Straße bis Ragusa. Diese Nachtruhe war wohlverdient! Nach einigen Tagen besuchten wir die Schwiegereltern in Avola, und weiter ging's nach Taormina, das auf einer steilen Bergstraße hinauf erreicht wird. Hier im Süden feierte ich noch Geburtstag. [...]

Im Herbst 1968: Wohnungswechsel an die Sulzbergstraße.

2. Dezember 1969: Sohn R. arbeitete am späteren Nachmittag noch in Hettlingen. Beim Weggang sagte er beiläufig: Heute sei er froh, wenn er bald heimfahren könne, er fühle sich nicht gut. Krank sein wollte R. nie. In der Nacht wurde er seiner Familie auf immer entrissen. — Meine Schwiegertochter führte vorläufig die Praxis mit einem Assistenten weiter. Zur Einführung begleitete ich den Tierarzt über Land und in der Stadt. Alte Erinnerungen erwachten. Es war hart, dieses Schicksal zu verkraften. [...]

Lilly Dobler

[An den angedeuteten Stellen und im Anschluss an den letzten Satz findet sich eine ganze Reihe von Reisebeschreibungen (1960 nach Wien, 1966 nach Berlin, 1968 Jugoslawien, 1972 San Francisco und so fort), die wir aus Platzgründen weglassen mußten. R.S/R.B.]

Mein Lebenslauf
männlich, *1896, Werkmeister

Hoch über dem Rheinknie, dort, wo der Rhein längst von Norden den Weg nach dem Westen einschlug, dort liegt mitten in einem schönen Wiesen-, Acker- und Rebengelände mein schönes Heimatdorf — Buchberg. Dort schenkte mir am 11. Oktober 1896 eine allzeit gütige, fleißige, aber eher stillfromme Mutter mein Leben. Dies beweist somit, daß ich mit meinen über 84 Jahren noch wage, allfälligen Lesern mein Leben, so gut es noch geht, zu schildern.

Von fünf Knaben und fünf Mädchen war ich das sechste Kind. Unser Elternhaus war ein alter Riegelbau, geeignet für einen Kleinbetrieb, aber mit einer großen, heimeligen Stube, in der noch die Heilsarmee sonntags Versammlungen abhielt und Weihnachten feierte.

In seiner Werkstatt über dem Keller übte mein Vater seine, von den Leuten als exakt bekannte Arbeit, als Wagner aus. Die ganze Familie hatte mit über 20 Stück Land Arbeit genug. Aber wir machten alle Arbeit gerne und waren zufrieden, trotzdem die Arbeit sehr zeitraubend war, weil die Landstücke im Umkreis fast eine Stunde auseinander lagen. Zu säen und zu ernten an frischer Luft ist doch etwas Schönes, besonders auf eigenem Boden.

Die Eltern waren so gut zu mir. Ich mag mich nicht erinnern, daß ich jemals Schläge von ihnen erhalten habe. Vielleicht habe ich wohl keine verdient? Soweit bin ich eigentlich mit meiner Jugendzeit zufrieden, bis auf folgendes Zwischenerlebnis: Es war Ende Februar 1908. Beim Futterschneiden schlug ich das rechte Knie an die Kante der Maschine. Nach einigen Tagen schwoll dasselbe unter Schmerzen so heftig an, daß wir den Arzt aus dem nächsten Ort konsultieren mußten. Ohne Narkose machte er einen etwa 5 Zentimeter langen Schnitt über die Kniescheibe. Dickes Blut und Eiter spritzten nur so daraus. Grausam hatte er die Infektion, also das offene Knie, behandelt, immer mit dem Messer machte er die Wunde noch größer. Nach drei Monaten, die Wunde war zugewachsen, sagte der Arzt, das Bein werde soweit wieder gut, aber das Gelenk bleibe steif. Das Knie war grün und blau und viel größer als das andere. Nach einigen Wochen platzte die Narbe wieder auf. Am andern Morgen kam der Arzt. Was der Grausiges aus der Wunde herausdrückte, ich kann's nicht beschreiben. Nie im Leben konnte ich vergessen, wie der Arzt am Bette stand und zu meinen Eltern sagte, man müsse vielleicht das Bein amputieren, sonst komme der Bub nicht davon, es sei Knochentuberkulose. Am 28. Juni 1908 wurde ich im Spital in Schaffhausen operiert. Es muß schlimm gewesen sein, denn die Ärzte sagten oft, es sei ihnen ein Wunder geglückt. Nach zehn Wochen konnte ich wieder heim. Durch Arbeit, Spiel und Sport wurde das Bein etwa 80 Prozent gelenkfähig, aber das Knie blieb bis heute deformiert.

Aber nun zurück zum Familienleben. — Doch ich muß noch folgendes Erlebnis nachholen: Während meiner Leidenszeit, als ich im Bette lag, flog immer ein Schwalbenpaar ins Zimmer. An einem Balken der Decke über dem Bett bauten sie (kaum zu glauben) ein Nest. Das ganze Treiben linderte mir oft mein Elend. Nach drei bis vier Wochen streckten drei junge Schwälblein ihre Köpfchen aus dem Neste. Es war so schön, wenn sie immer zwitschernd von ihren Eltern gefüttert wurden. Natürlich mußte das Fenster immer offen bleiben. Wegen dem kleinen Abfall von ihnen legten wir einfach ein großes Papier auf das Bett. Das waren liebe Gäste, selbst meine Eltern freuten sich daran.

Und nun zur Familie zurück. Zu dieser Zeit waren die ältern Geschwister bereits in der Fremde, verdienten dort ihr Brot, und vom damals geringen Lohn blieb noch etwas für die Familie übrig, wir hatten immer ein rechtes Familienleben.

Trotz meinem Unfall konnte ich die Realschule drei Jahre besuchen und wurde trotzdem noch Infanterist und Oberturner. Als 30-Jähriger begann ich noch mit dem Kunstturnen und konnte mehrmals loorbeergeschmückt nach Hause ziehen. Aber ein Studierter konnte ich nicht werden. Für eine große Familie kam für die Kinder zuerst das Geldverdienen in Frage.

Drei Ereignisse möchte ich noch dokumentieren, die beweisen, wie Glück und Unglück doch nahe beisammen sein können. Einmal fiel ich rücklings vom — zum Glück — leeren Wagen, wurde vom Hinterrad überfahren, aber unverletzt sprang ich wieder auf den Wagen.

Ein weiterer Glücksfall: Im abgeholzten Walde waren mein Bruder und ich beim Wellenhauen. Eine grosse, lange Föhre stand etwa zehn Meter hinter uns. Wir hörten nur den Sturm. Plötzlich sauste die Föhre, vom Sturm entwurzelt, zwischen uns beiden zu Boden, wir waren kaum einen Meter voneinander entfernt.

Fall drei: Es war ein schulfreier Tag. Damals schon machten wir mit Haselruten Pfeil und Bogen. Vorn in den Pfeil kam ein Nagel, Spitze nach außen. Wir machten Indianerlis. Ins Blindblaue schoß ich einen Pfeil Richtung Bäckerseppli. Der Sturm in meinem Rücken trieb den Pfeil immer höher. Ich verfolgte den Flug mit meinen Augen: Unglaublich, wie weit der Sturm ihn trug! Plötzlich schrie der Seppli auf. Der Pfeil steckte schrägherabhängend etwa fünf Milimeter tief in der Nasenwurzel, also genau zwischen den Augen. Sofort zog ich ihm den Pfeil heraus. Der arme Seppli weinte und blutete ein wenig. Am andern Tag kam er wieder zur Schule, auf der Nase nur eine Rife. Da hatte ich wirklich unglaublich Glück, aber auch er.

Ich komme noch einmal zurück zur Schulzeit. Viel hätte ich ja noch zu schreiben, käme nie zu Ende. Aber eine gewisse Ermahnung möchte ich doch noch an unsere Schulmeister richten, wie diese früher mit Zeugnisnoten über armer Leute Kinder urteilen konnten. Oft konnte eine Lebensexistenz von schlechten Noten abhängig sein. Ein Beispiel: Bei uns war die Bestnote die Eins, die schlechteste eine Fünf. Wie konnte mir der Lehrer in der 1. und 2. Klasse in vier Fächern die Note Eins schreiben, die beiden Lehrer der 3. und 6. Klasse in denselben Fächern Note Drei? Der Reallehrer belohnte mich in denselben Fächern wiederum mit einer Eins. Da mußte etwas nicht stimmen!

Im Jahr 1912 war meine Schulzeit dann zu Ende. 1912-1917 arbeitete ich, Lehrzeit inbegriffen, in der Fischer AG, Schaffhausen. Es war zeitweise eine harte Arbeit. Zuerst als Kernmacherlehrling mit 21 Rappen Stundenlohn. Das Tagespensum war so: Im Winter durch Schnee anfänglich um circa 4.15 Uhr aus dem Bett, circa 4.50 Uhr fort vom Haus, vier Kilometer Lauf zum Bahnhof. Dann etwa eine halbe Stunde Bahnfahrt und fast eine halbe Stunde zu Fuß an die Arbeit. Die Arbeitszeit war so: Beginn 6.30 Uhr, dann bis 12.00 und von 13.30 Uhr bis um 6 Uhr abends. Dann wieder der gleiche anstrengende Heimweg. Somit dauert die Arbeitszeit pro Woche 57 Stunden. Ja, ja, so war es damals, und heute? Und die Ferien? — k e i n e ! Vielleicht gibt's in 100 Jahren 50 Wochen Ferien und 2 Wochen Arbeit! So arbeitete ich also fünf Jahre bei dieser Firma Fischer AG.

Ab September 1917 arbeitete ich teilweise in der Werkstatt meines Vaters, teils auf Feld und Wald oder im Rebberg. Hie und da holten mich Bauern zur Aushilfe. Der Taglohn war damals 8-10 Franken, das Essen inbegriffen. Dies würde heute einem Taglohn von etwa 50-60 Franken entsprechen, samt Kost. Wenn man die Fehljahre einberechnet, besonders diejenigen der Weinernten, so konnte es möglich sein, daß ich mehr verdiente als der Landwirt selbst.

Im heißen Sommer 1916 machte ich die Rekrutenschule in Bellinzona als Infanterist. Eine strenge Schule, meistens um 4.30 Uhr Tagwache, dann viel Drill, verbunden mit viel Gebrüll von den Vorgesetzten. Auch drei Aktivdienste folgten, die Vorgesetzten wurden aber viel humaner. Über alle Dienstzeit, samt der des zweiten Weltkrieges, könnte ich ein extra interessantes Buch schreiben.

Im Vereinsleben war ich im Dorfe überall ein Hansdampf. Das Spielen mit meinem Schwyzerhandörgeli war dazu mein Hobby. Dazwischen kam aber auch eine zwei Jahre dauernde tiefe Liebschaft. Nach Treueschwüren wurde das schöne Verhältnis, kaum zu glauben, ihrerseits abgebrochen. Die Reue ihrerseits kam dann aber zu spät. In mir blieb eine Zeitlang das folgende Sprichwort haften: «Eine unerfüllte Liebe ist bitterer denn der Tod.»

Dann folgte eine Freundschaft mit meiner jetzigen lieben Frau, genannt liebe L., mit der ich schon zur Schule ging.

Im Juli 1920 begann ich mit meiner Arbeit in meinem Beruf bei Escher-Wyss in Zürich.

In dreijähriger Freundschaft mit meiner jetzigen Frau schlug es halt dann einmal ein. Es entstand eine Mußehe, die wir aber glücklich und mutig begannen und führten bis zum heutigen Tag. Gott schenkte uns fünf nette, brave und liebe Mädchen, aber auch fünf liebe Schwiegersöhne, von denen einer leider allzufrüh für seine Familie und uns alle, infolge eines Herzschlages erlegen war. — Hab Dank lieber P., für alle Güte, die Du an uns allen getan hast.

Im Jahre 1938 begann eigentlich der dritte Abschnitt meines Lebens. 18 Jahre arbeitete ich bei Escher-Wyss. Erst später habe ich erfahren, daß meine Arbeit sehr gut gewesen sei. Ich wurde nie getadelt. Mußte aber auch deshalb während den Kriegsjahren nicht soviel aussetzen wie andere Mitarbeiter. Meine liebe Frau trug viel dazu bei, daß die lieben Kinder nie Hunger haben mußten. Die schönsten Kinderkleider machte sie selber. Durch Spetten und Waschen auswärts half sie nebenbei, Armut zu verhüten. Nebst meiner Arbeit hatte ich eigentlich fast 50 Jahre lang ein Hobby. Fast immer hatte ich zwei bis drei Pünten (Schrebergärten). Das war mir lieber als das Rauchen oder Trinken. Zeitweise war mein Tagespensum folgendes: Akkordarbeit in nicht gerade gesunder Giessereiluft. Nachher aber bei besserer Luft schöne Gartenarbeit. Säen und ernten an guter Luft ist sicher etwas Schönes. Zwei- bis dreimal täglich sauste ich per Velo vom Wohnort, Nähe Waidberg, in die Stadt hinunter, zur Arbeit, in die Pünten und auch in die Turnstunden. Das ergab dann einen vollen Tag. Alle Müdigkeit verflog aber jeweils in der Turnhalle.

Nun aber zum dritten Lebensabschnitt: Ein Inserat stand in der Zeitung. Von wem, war mir unbekannt. Mit dem Gedanken, hoffentlich aber nicht nach Winterthur, schrieb ich eine Anmeldung. Zwei Tage später mußte ich aber trotzdem nach Winterthur, mich in der Loki vorstellen. Der Chef der Loki verlangte aber den Antritt der Stelle schon nach drei Tagen. Ich wußte ja, der Chef bei Escher-Wyss hätte mich nach zwei Jahren auch dort befördert. Er sagte mir aber, er wolle mir nicht «vor der Sonne» stehen. Ob ich wohl den rechten Weg ging? Es war dann am Samstagmorgen, als mein damaliger Chef mit dem Herrn von der Loki verhandelte, über die offenstehende Meisterstelle. Man rief mich zweimal ans Telefon zu meinem Chef, und zögernd nahm ich die Stelle an. Nun wußte ich also an jenem Samstag um zehn Uhr, daß ich am folgenden Montag diese Meisterstelle in Winterthur antreten mußte. Für mich also eine rasche Wendung, ebenso eine mutige und riskante. Es fiel mir schon schwer, den Platz, den ich 18 Jahre versah, plötzlich zu verlassen. Nicht gerne verließ meine ganze Familie unsere zweite Heimat Zürich. Wir wohnten am schönen Waidberg, 100 Meter vom Wald weg, mit schöner Aussicht über die ganze Stadt, den See und die Berge von unserer Wohnung aus. Der Wechsel wurde für alle schwer. Ich finde es auch heute noch für besser, als guter Arbeiter zu gelten, als ein Meister sein, der manchmal unverschuldet zwischen Feuern stehen muß.

Auf 1. April 1962 trat ich in den Ruhestand. Noch über zehn Jahre arbeitete ich zufrieden in meinen zwei, teilweise drei schönen Pünten, die immer als mustergültig taxiert wurden. Ja, das waren noch Zeiten!

Unsere Eltern sind längst gestorben. Der Vater lebte viel allein und verlassen in seinem alten Haus. Im Februar 1939 wurde dasselbe, sowie das angebaute Haus, durch ein Feuer zerstört. Zum Glück erlebte unser Vater dies aber nicht mehr. 1932 war er nach einer schweren Lungenentzündung gestorben, im Alter von 66 Jahren. Die Mutter durfte die letzten Jahre noch bei meinem Bruder im Heimatdorf verbringen, sie war in dessen Familie gut aufgehoben. Es war Ende November 1943, am Samstag wurde ich aus dreimonatigem Militärdienst entlassen. Am Sonntag besuchten meine Frau und ich mit unseren Kindern die Mutter, denn vielleicht lebe sie ja nicht mehr so lange. Am selben Abend, kurz bevor wir heimreisten, sang sie noch so schön ihre Gesangbuchlieder. Beim Abschied sagte sie, das wäre nun wohl das letzte Mal. In derselben Nacht wurde sie nach vielen Leiden im 77. Altersjahr durch den Tod erlöst. Sie hat es verdient, daß ich sie noch mit folgendem Nachrufe würdige: Wo findet ihr eine Mutter, die jeden Morgen ihre Ziegen und Schweine füttert, das Morgenessen besorgt und schaut, daß die Kinder zur Schule kommen. Schon um acht Uhr stößt sie den Kinderwagen zum steilen Rebberg hinan, an ihre Arbeit. Um elf Uhr muß sie schnell nach Hause, das Mittagessen kochen. Am Nachmittag erwartet sie dann dasselbe Pensum. Erst um neun Uhr nachts kommt sie dann jeweils zur Ruhe.

Nebst mir leben zwei Brüder und eine Schwester, aber alle sind mit Alterskrankheiten belastet.

Noch kurz zu unserem Leben: Am 2. April 1921 feierten wir einen einfachen, aber glücklichen Hochzeitstag. Somit können wir in diesem Jahr, wenn alles gut geht, am 2. April Diamantene Hochzeit feiern.

Zum Schluss danke ich allen herzlich für alle Güte, die sie mir in meinem Leben schenkten.

Albert Gehring

Anamone
weiblich, *1896, Hausfrau

Ich bin im Jahre 1896 geboren als zweites Kind meiner Eltern. Ein zweiter Bruder kam erst 13 Jahre später zur Welt. Unser Vater stammte aus Bayern und die Mutter von Pfungen. In der Villa von Oberst E. in Pfungen arbeitete die Mutter als Köchin und Vater als Kutscher. Als sie heirateten, wohnten sie in einer Dienstwohnung über dem Pferdestall. Damals mußte der Vater den Herrn Oberst per Kutsche nach Winterthur oder sonst wohin fahren. Neben der Pflege der Tiere besorgte er Garten und Park. Als ich noch klein war, siedelten meine Eltern nach Dättlikon um, und Vater arbeitete als Gärtner und Hausbursche bei der Firma Ziegler von der Rotfarb Neftenbach. Auch die Mutter war dort bei Frühlings- und Herbstputzete sowie bei der Wäscherei oft beschäftigt. Im Sommer arbeitete die Mutter bei Bauern und im damals großen Wurmetshalder Rebberg; im Winter nähte sie Hemden für ihren Bruder, welcher ein kleines Tuchgeschäft besaß. Die Schule besuchte ich bis zur fünften Klasse in Dättlikon, ich hatte keine Mühe mit Lernen. Als ich etwa acht Jahre alt war, erkrankte unser Vater. Er mußte längere Zeit im Kantonsspital Winterthur verbringen, wo er an einem Bein dreimal operiert wurde. Daraufhin konnte er nicht mehr zur Arbeit gehen. Jeden Sonntag besuchten wir unsern Vater im Spital, natürlich zu Fuß, weil Mutter sehr knapp bei Kasse war.

Wieder zu Hause, bekam Vater schlecht bezahlte Heimarbeit von der Decken- und Tuchfabrik, genannt «Wulli». Eines Tages wurde das

Haus, in dem wir wohnten, verkauft, und wir mußten wegen baulicher Veränderungen ausziehen und kamen nach Neu-Pfungen in eine Fabrikwohnung. Im Jahre 1910 starb unser Vater; der kleine Bruder, an dem ich übrigens große Freude hatte, war damals gut ein Jahr alt. Auch nach der Geburt des kleinen Bruders war Mutter gezwungen, so oft als möglich auswärts zu arbeiten. Um den Kleinen hüten zu können, mußte ich auf die Sekundarschule verzichten und die siebte und achte Klasse besuchen, wo man zu jener Zeit nur an vier halben Tagen Schule hatte. Witwenrente gab es damals noch nicht, aber mein um zwei Jahre älterer Bruder konnte in der Fabrik arbeiten und unserer tapferen Mutter den Lebensunterhalt verdienen helfen. Nach dem Tod des Vaters bewarb sich die Mutter um ihr früheres Bürgerrecht von Pfungen für sich und uns Kinder, was ihr auch gewährt wurde.

Nach Schulaustritt konnte auch ich in die Fabrik. Wir hatten den 11-Stundentag: 6-12 und 13½-18½ Uhr bei einem Anfangslohn von 16 Rappen pro Stunde. Später verdiente ich als Weberin, je nach dem zu verwebenden Material, 35-50 Franken in 14 Tagen. Selbstverständlich arbeitete man auch samstags bis 17 Uhr.

Dann kam der Krieg 1914/18. Mein großer Bruder, kaum recht zurück von der Rekrutenschule, mußte einrücken und zwar für ein halbes Jahr. Als er einmal in den Urlaub kam, schmetterte er den Tornister in eine Ecke. Als ich ihn deswegen tadelte, sagte er zu mir: «Du kannst ja einmal gehen und dich schikanieren lassen als wärst du ein Idiot. Selbständig denken darf man überhaupt nicht im Dienst.» Die Stimmung war mies, der Sold klein und ein Zustupf von zu Hause auch nicht möglich. Wehrmannsunterstützung bekamen nur gewisse Leute. Als sich unsere Mutter dafür verwendete, verwies man sie zur Arbeit in der «Wulli», welche auf Hochtouren lief (Militärstoff) und dauernd Arbeiter suchte. So gingen Mutter und ich in die Fabrik, während der Kleine tagsüber bei Nachbarn untergebracht werden mußte. An manchen Lebensmitteln herrschte Mangel, wenn man nicht schwarzhandeln, das heißt übersetzte Preise bezahlen konnte. Hauptsächlich Brot war sehr knapp. Als Zwischenverpflegung hatte ich oft nur ein Stengeli Blockschokolade.

Doch wir Jungen nahmen das Ganze nicht so tragisch. Wenn wir abends zwischen 8 und ½ 10 noch Näh- oder andere Kurse besuchten, sangen wir meistens noch auf dem Heimweg. Mit 17 Jahren schloß ich mich dem Blauen Kreuz an. Wir waren dort viele junge Leute und hatten manche fröhliche Stunde zusammen. Da ich das Trinkerelend in der Familie meines Paten mit ansah, schwor ich mir, nie Alkohol zu trinken und habe dies auch bis heute so gehalten.

Nach acht Jahren Fabrikarbeit, und nachdem meine Mutter sich wieder verheiratet hatte, trat ich eine Haushaltstelle an. Mein älterer Bruder heiratete und zog nach Winterthur. Mit 33 Jahren starb er an der Schlafkrankheit.

In diesen Jahren wurde in der «Wulli» eine Arbeiterpartei gegründet. Ich muß ehrlich sagen, daß ich für deren Anliegen zu wenig Verständnis hatte; ich glaubte einfach, die Arbeiter müßten zufrieden sein. Nun, was damals nötig war, geht heute vielleicht zu weit mit den Ansprüchen. Immerhin gab es einen freien Samstagnachmittag und mit der Zeit einige Tage Ferien.

Im Dezember 1920 heiratete ich. Mein Mann war Kleinbauer und Gemeindeschreiber in Dättlikon. Als ehemalige Fabrikarbeiterin hatte ich schon etwas Mühe, in Feld und Reben zu arbeiten; umso mehr, als man alles von Hand machen mußte: Reben hacken, Mist verzetteln, Heu auf- und abladen. Wir besaßen eine Kuh, welche uns mit Milch versorgte und den Heuwagen heimzog, hie und da ein Kälblein und eine Sau. In den ersten Jahren konnte ich von der 75jährigen Schwiegermutter allerlei lernen, zum Beispiel auch Brot backen. Sie war eine gute Frau. Nachdem sie während fünf Jahren bettlägerig gewesen war, starb sie mit 83 Jahren.

Unsere Hochzeit fand am 16. Dezember statt. Einige Zeit vorher hatte man das Schwein geschlachtet; da gab es feinen Braten, Kartoffelstock, gedörrte Bohnen und zum Dessert Apfelmus mit Schlagrahm. Alles hatte man selber, einzig etwas Rindfleisch für eine gute Suppe mußte man kaufen. Tage zuvor hatten Mutter und ich Fastnachtsküchlein gebacken, welche es dann zum Kaffee gab. Damit die Köchin wieder aufräumen und alles für das Nachtessen, zu welchem noch einige weitere Gäste eingeladen waren, vorbereiten konnte, marschierten wir zehn Personen nach Pfungen in den Schloßhof zu einem kleinen Imbiß. Von einer Hochzeitsreise oder gar von einem Fotografen wußte man nichts, aber man vermißte es auch nicht.

In den Zwanzigerjahren herrschte hier die Maul- und Klauenseuche. Mein Mann mußte laufend Protokolle und Verfügungen der Viehbesitzerversammlungen schreiben. Wenn man in eine Nachbargemeinde ging, mußte man an der Gemeindegrenze die Schuhe in eine desinfizierende Lösung tauchen gegen Verschleppung der Seuche. Doch auch diese Zeit ging vorüber.

Eine Pflegetochter und zwei eigene Kinder, ein Sohn und eine Tochter, machten uns viel Freude, aber auch allerlei Krankheiten blieben uns nicht erspart. Zuerst mußten die beiden jüngeren und kurz darauf die älteste Tochter wegen Scharlach ins Spital. Sie waren neun beziehungsweise sechs Wochen im Absonderungshaus, und man durfte nur durch eine Glastüre mit ihnen sprechen. Heute wird diese Krankheit ja meistens durch Impfung gebannt. Ich selbst hatte innert neun Jahren zweimal Sehnerventzündung, war drei Wochen in der Augenklinik in Zürich, und man befürchtete dauernde Blindheit, was aber Gott sei Dank nicht eintraf. Ich kann sogar jetzt noch, nach mehr als 50 Jahren, ganz gut sehen, natürlich mit Brille.

Wenn ich so daran denke, wie vieles sich in den letzten Jahrzehnten geändert hat, kommt mir in den Sinn, wie wir Kleinbauern den Weizen mit der Sense mähten, von den Mahden aufnahmen, breitlegten, nach Stunden zu Garben zusammentrugen, welche mit Weidenruten oder Garbenbändern gebunden wurden. Zu Hause wurden sie auf die «Brügi» gestochen und Wochen später auf die Dreschmaschine, welche mit Wasser angetrieben wurde, gegeben. Auch das war strenge Arbeit, und man mußte viel Staub schlucken. Aber wenn dann der Dreschermeister und alle Helfer beim Zabig saßen, ging es oft recht lustig zu. Ich finde immer, die heutigen Landwirte kennen solche gemütliche Stunden kaum noch. Weniger lustig war es, später in der kalten Scheune die Frucht zu reinigen. Die Windmühle wurde natürlich von Hand gedreht. Doch wenn dann das herrliche selbstgebackene Brot auf den Tisch kam, dachte man nicht mehr an die Mühe.

Während dem Krieg 1939/45 mischte man Kartoffeln unter das Mehl. Ja, ja, der Krieg. Wenn wir Schweizer auch vor dem Schlimmsten bewahrt blieben, lag doch ein gewisser Druck auf uns, man konnte nie recht froh werden. Wenn ich auf dem Felde arbeitete und die Bomber über mir dahinbrausten, dachte ich immer: Jetzt gehen sie wieder alles kaputtmachen. Wer ist eigentlich schuld daran? Was haben die Menschen einander zuleid getan? Es steht doch nur der Machthunger einiger Großer dahinter.

Oft gingen auch Gerüchte herum von Fahnenflucht durch Offiziere oder von unserer Evakuierung. Ich kannte Leute, welche sich in den Kleidern schlafen legten, um sofort bereit zu sein. Ich fand dies übertrieben, ich dachte, mein Mann müßte sowieso von Amtes wegen hier bleiben, der Sohn war für die Ortswehr eingeschrieben, deshalb würde ich auch mit den beiden Töchtern hier bleiben.

Probleme aller Art gab es natürlich auch. Die vielen kriegswirtschaftlichen Verordnungen, zum Beispiel Anbauschlacht, man mußte mehr Ackerfrucht pflanzen, die Bauern mußten zeitweise ihre Pferde stellen, et cetera. Einmal mußte ich auch einen solchen Stellungsbefehl überbringen. Während ich auf die bezügliche Unterschrift wartete, mußte der Bauer erst mit seinen diversen Kraftausdrücken aufwarten. Nun, einerseits war es begreiflich. Da im Zweiten Weltkrieg die Rationierung sehr gut ausgebaut war, mußte niemand Mangel leiden. Mein Mann und ich hatten nun auch dieses Amt zu versehen. Sehr viele Zeit nahm besonders das Studieren der immer neuen Verordnungen in Anspruch. Die Lebensmittelkarten wurden monatlich bei uns zu Hause abgegeben, nachdem sie, man könnte sagen, «präpariert» waren. Man mußte zum Beispiel den Bauern als Selbstversorgern von den Lebensmittelkarten Brot-, Fleisch-, Fett- und Milchmarken abtrennen. Anderseits gab es Zusatzkarten von Brot für Schwerarbeiter, Milchzusatz für werdende und stillende Mütter und Kleinkinder, Textilzusatz für Bräute und so weiter. Auch konnte man Lebensmittelkarten ganz oder teilweise in Mahlzeitencoupons umtauschen zwecks auswärtiger Verpflegung. Für Läden und Gaststätten wurden Großbezügercoupons verabreicht. Über alles mußte monatlich abgerechnet werden. Heute wundere ich mich, wie wir alles geschafft haben, aber die Arbeit begann meist morgens um fünf Uhr mit Futterholen für das Vieh, und Feierabend war selten vor 21 Uhr.

Endlich war auch der unselige Krieg zu Ende, und es gab wieder normalere Zeiten, Frieden kann man ja leider nicht sagen.

Mein Mann, welcher 12 Jahre älter war als ich, hatte nach beinahe 50 Jahren Dienst an der Gemeinde sein Amt 1956 niedergelegt und starb im Frühjahr 1963, kurz vor seinem 79. Lebensjahr. Dazu muß ich noch sagen, daß zwei Tage vor meinem Mann sein zweitältester Bruder im 85. und drei Tage nach ihm sein ältester im 87., sowie sechs Wochen später der dritte, im 83. Lebensjahr stehende Bruder gestorben ist. Es war eine traurige Zeit, alle vier Brüder innerhalb so kurzer Zeit.

Zum Glück wohnte meine Tochter seit ihrer Verheiratung im Jahr 1951 im Hause mit uns zusammen. Wir konnten uns noch recht an den Enkeln freuen. Mit dem zweitjüngsten hat der Großvater noch oft «Eile mit Weile» gespielt. Der jüngste Enkel wurde erst später geboren. Daß es in der großen Familie meiner Tochter auch für mich immer Arbeit gab, half mir viel über den Trennungsschmerz hinweg. Da ich nicht in der Lage gewesen wäre, das Heimet zu halten und mein Sohn seine Arbeit und Wohnsitz in Effretikon hat, einigten wir uns darauf, daß Tochter und Schwiegersohn das Heimwesen übernahmen. Um so mehr war es für mich eine Freude, hier im Hause bleiben zu können. Nachdem ich eigentlich meiner Lebtag mit sehr bescheidenen finanziellen Mitteln auskommen mußte (das jährliche Einkommen aus Kanzlei und Steueramt betrug in den letzten Jahren 3-4000 Franken), schätze ich es sehr, dank dem Hausrecht bei meinen Lieben und dank der monatlichen A.H.V. von Franken 682.— solcher Sorgen enthoben zu sein.

Nachholen möchte ich noch, daß sich der ganze amtliche Betrieb bei uns in Stube und Nebenstube abwickelte; die Gemeinde hatte keine Räume zur Verfügung. Offizielle Bürostunden wären auch nicht so gut durchführbar gewesen, da wir ja noch bauern mußten, um unsere Familie bescheiden durchbringen zu können. Gesundheitlich geht es mit dem Alter entsprechend gut; ich bin glücklich und zufrieden. Wenn nur alle alten Leute es so gut hätten!

Emilie Schneider-Rappel

Jakobsbrunnen
weiblich, *1896, Haustochter, Wirtin, Bäuerin

Meine Eltern hatten einen großen Bauernhof, dazu eine Bauernwirtschaft, die einzige in einem kleinen Bauerndorf. Ich hatte einen sechsjährigen Bruder, und nach mir kamen noch ein Bruder und eine Schwester. Überaus liebe Eltern und Großeltern; samt meinen lieben Geschwistern waren wir eine fröhliche, glückliche Familie, dazu gehörten auch unsere Hausangestellte S. und der Knecht U.. Wir waren fast wie eine Dorffamilie, meine Eltern waren vielen im Dorf oft Berater und Helfer, mein Vater war auch viele Jahre Gemeindepräsident. Trinkgelage gab es in unserm Wirtshaus nicht. Als ich älter wurde, mußte ich hauptsächlich der Küche und Wirtschaft vorstehen (nach einem Hotelkochkurs). Mein älterer Bruder war bei der Kavallerie, 1914-18 war er samt Pferd viel im Militärdienst. Auch in unserm Dorf hatten wir viel Militär, die Offiziere wollten meistens bei uns essen, was immer viel zu tun gab.

Als wieder einmal frische Einquartierung kam, sagte ein Oberst zu mir in befehlendem Ton: «Die Offiziere essen dann aus Ihrer Küche.» Da die vorherigen sehr anspruchsvoll waren, wagte ich, ein resolutes «Nein» zu sagen (im Einverständnis mit Eltern). «Dann werde ich dafür sorgen, daß kein einziger Soldat am Abend in Ihrem Restaurant ist», sagte der Herr Oberst. Meine Antwort: «Ist mir ganz egal». Nun entspann sich ein Gespräch mit gemäßigter Tonart, und der Herr Oberst würdigte meine Ausführungen. Nachher blieb es doch wie zuvor, nur waren diese Offiziere ganz angenehm zu bedienen, wie auch viele vorherige.

Ein kleines Erlebnis: An einem schönen Sommertag hielt unsere Nachbarstochter Hochzeit. Ihr Bräutigam war Mitglied der Blechmusik, diese spielten vor dem Haus der Braut ein flottes Musikstück, dann setzte sich der Hochzeitszug zu Fuß unter den Klängen rassiger Marschmusik in Bewegung, um den halbstündigen Weg zur Kirche zu machen. Damals waren Autos selten, nur Dr.med. und Tierarzt hatten eines. Zu gleicher Zeit waren unsere beiden Pferde auf der Weide; unser Kavalleriepferd Adler konnte sich vor Freude über die schöne Marschmusik nicht mehr beherrschen, setzte mit frohem Wiehern über die Einzäunung hinweg und trabte den davorschreitenden, lachenden Hochzeitsleuten und Musikanten nach. Mein Bruder mußte per Velo den Ausreißer zurückholen.

In der Nähe unseres Dorfes war ein sehr großes Stück Riet und Sumpfland, für uns im Winter ein schönes Eisfeld, das uns viel Freude machte. Nach Plan Wahlen mußte alles melioriert werden. Mehr als zwei Jahre dauerte diese unangenehme Zeit. Emigranten und entlassene Sträflinge wurden beschäftigt, es hat einem Menschen verschiedener Prägung gezeigt, viele taten einem unsagbar leid. Unser Dorfpolizist riet uns, einen guten Hund anzuschaffen. Es war oft notwendig, wenn meine Familie auf dem Felde war. Wie waren wir froh, als jene Zeit vorbei war.

Nun durfte ich meinem Wunsch folgen, und für ein Jahr ins Welschland; bei lieben Pfarrersleuten mit einem kleinen Töchterchen fand ich ein liebes Daheim. Wir hatten noch sieben Pensionäre, Engländer, die nach Neuchâtel zur Schule gingen, aber auch noch ein sehr nettes Zimmermädchen. Es war eine schöne Zeit.

Dank meiner jüngeren Geschwister konnte ich im Winter einige Male in Wintersaison gehen als Saaltochter. Im Palace Hotel in Mürren, Gäste nur Engländer. Einige Gedanken jener Zeit habe ich in einem Gedicht festgehalten, das ich Ihnen beilege.[*1] Ich war aber gern in jenem Betrieb und unsere lieben Eiger, Mönch und Jungfrau und so weiter sind mir heute noch trotz meiner 84 Jahre in guter Erinnerung.

Bei meiner Tätigkeit zu Hause las ich unter anderem in der «Zürcher Bäuerin» eine Jammerei über unsere Bauerntöchter, die keine Bauernsöhne mehr heiraten wollen und so weiter; die Bauern seien gezwungen, Deutsche oder Oesterreicherinnen zu suchen. Die Redaktion nahm meine Antwort ohne weiteres in Druck: Als Bäuerin und Wirtstochter könne ich viele Gründe nennen, wie sich unsere Bauern, wenn sie einmal geheiratet seien, dann oft anders verhalten, als es sein sollte. Wenn einmal Kinder da seien, müsse die Frau oft sonntags auch noch in den Stall, wenn der Mann im Wirtshaus noch nicht fertig sei mit dem Jass und anderes mehr; es sei, als ob sie zum Inventar gehöre. Ihr Bauernsöhne, seid nur ein wenig aufmerksamer um eure Ehefrau und die Kinder, dann wird es bestimmt besser werden in dieser Beziehung. Die harte Arbeit ist weit weniger schuld als des Bauern Verhalten, und so weiter. Via Redaktion kamen dann einige Briefe an mich, man wollte wissen, wo denn diese Wirtschaft sei, um dieses Problem mündlich zu besprechen. Ein solches Echo hatte ich allerdings nicht erwartet. Dennoch habe ich durch diese Diskussionen meinen Lebenspartner kennengelernt.

Vorerst reiste ich aber noch für einige Male nach Nersi bei Genua zu guten Bekannten als Aushilfe in ihrem Hotel. Doch dann durfte ich fast 50 Jahre lang glückliche Bäuerin sein mit meinem lieben Ehepartner. Das heißt, als mein Liebster 70 Jahre zählte, bauten wir ein wenig ab und verpachteten circa drei Hektaren, hatten aber immer noch genug Arbeit, drei Hühnerhäuser mit circa 500 Hühnern und viel Obst. Leider gab es bei uns keinen bäuerlichen Nachwuchs. Mein Mann war auch noch circa 30 Jahre Fleischbeschauer, und 25 Jahre war er Kassier der Viehversicherung. Zehn Jahre war ich Mitbegründerin und Leiterin der Trachtengruppe und 12 Jahre Leiterin der Zyschtig-Stubete-Zusammenkunft von circa 20-30 hauptsächlich Bäuerinnen, jeden ersten Dienstag im Monat.

Durch die Güterzusammenlegung wurde uns viel schönes ebenes Land entzogen, und wir erhielten unebenes, mühsam bebaubares Land dafür. Da wir sowieso abbauen mußten, wurde jenes Land als Bauland verkauft, innert einigen Jahren. Als dann 1939 der Krieg ausbrach, mußte auch mein lieber Mann zur Grenzbesetzung einrücken. Ein beigeschlossenes Gedicht orientiert Sie über meine damalige Situation. Nach etwa einem Jahr konnten Verwandte von uns mir ihr Dienstmädchen abtreten, zum Glück amtete dieses lieber im Stall und Feld als im Haushalt, was mir eine große Freude und Hilfe war. Da wir nur eine Tochter hatten, nahm ich, voll Dankbarkeit, daß wir vom Krieg verschont wurden, viele Ferienkinder immer für mehrere Wochen zu uns, welche auch unserm Kind liebe Gespielinnen wurden. Unsere Tochter ging nach der dritten Sekundarschule ins Welschland, nachher auch noch ein Jahr nach England, um die Sprachen zu lernen. Eine ehemalige Landdiensthilfe schrieb uns aus Sydney, Australien, ob unsere Tochter nicht für zwei Jahre zu ihr nach Sydney kommen könnte zur Hilfe im Haus und Geschäft. Das war natürlich verlockend und wurde auch ausgeführt. Zurückgekehrt, verheiratete sie sich und ist Gott sei Dank sehr glücklich. Nun ist mein Bericht zu Ende, leider ist mein Liebster kurz vor seinem 85. Lebensjahr an Herzversagen plötzlich gestorben, und mir bleibt nur die Erinnerung an ein gemeinsames glückliches Leben.

Weihnachtsgedanken einer Hotelangestellten

In prunkvollem Saale, voll Lichterglanz,
Wo Sektpfropfen knallten, Musik erklang,
Toiletten, gleißend, als wär's nur ein Traum,
Stand ein großer, prächtiger Weihnachtsbaum.
Da dachte ich mir: Hier wohnt das Glück.
Fast wollte ich hadern mit meinem Geschick.
Als dienstbarer Geist nur stand ich daneben,
Bemüht, jedem Wunsche gerecht zu werden.
Da plötzlich – mitten im Festgelage,
Raunt der Baum mir zu so traurige Klage:
«O, wär ich doch draußen in sternklarer Nacht;
Was nütz ich in dieser üppigen Pracht?»
— Weihnachtsstimmung? Wer fühlte sie, wer?
Wenn Tanzweisen locken vom Ballsaale her?
— Auf einmal bin ich dem allem entrückt
Und habe zu Hause ins Stübchen geblickt.
Im Kreise seh ich die Lieben mein
Weihnachten feiern beim Kerzenschein;
«O du fröhliche», tönt es aus Herz und Mund,
nur ich allein fehl' in der Rund'. —
Da fragen mich Mütterchens Augen leis:
«Fühlst du dich wohl in jenem Kreis?»
Fast wäre ein lautes Nein mir entschlüpft,
Als ein fremdklingend Wort mich rief zurück —
In die Gegenwart. Ich tat meine Pflicht;
Doch fortan beneide die Reichen ich nicht.
Im trauten Stübchen, im lieben Daheim
Nie — nirgends könntest du glücklicher sein.

Verfaßt, als ich noch jung und ledig war. Meine Tätigkeit damals: im Palace Hotel in Mürren.

Anny Hasler-Stüssi

[Gedicht der Verfasserin ist im Volkskundlichen Seminar archiviert. R.S./R.B.]

John Br.

*männlich, * 1897, Speditionsbeamter*

Mein Vater war ein ehemaliger Bauernsohn und arbeitete im Landwirtschaftsgut Rietmühle hinter der Mörsburg, Gemeinde Dinhard, und dort bin ich auf die Welt gekommen (im Knechthaus) am 2. Juni 1897 unter dem Taufnamen J. Mit der Mutter, die aus dem Jura-Gebiet stammte und unter dem Geschlechtsnamen S. auch auf dem Gut Rietmühle arbeitete, waren wir sechs Geschwister aus der ersten Ehe, nämlich zwei Buben und zwei Mädchen mit dem Namen S./N., Thurgau, sowie von der zweiten Ehe (Ehegang) zwei Buben mit dem Namen F. und J.B. Später im Wohngebiet Oberwinterthur sind noch zwei Buben (R. und K.) und eine Schwester Th. mit dem Geschlechtsnamen B. hinzugekommen. Total waren wir neun Kinder zusammen.

Da die Eltern meiner Mutter kinderreich waren, mußten alle Kinder wegen etwelchen Gründen im Aufleben zurückhalten, und berufliche Pläne sind dazumal auch weniger im Vordergrund gestanden. Wohl ums Jahr 1900 bin ich in der Kirchgemeinde Oberwinterthur (in der Unteren Mühle) aufgewachsen und auch zur Schule gegangen. Im Talackerschulhaus habe ich die erste bis vierte Klasse durchlaufen, in der 1. Klasse bei Fräulein Lehrerin G.. Ich mag mich noch erinnern, daß man vor dem Schulbeginn am Morgen das Gebet «Unser Vater im Himmel» aufsagen mußte. Schwierigkeiten hat mir das Lesen gemacht, so die Leseübung im Buch: «Der Besen, ein Besen, was macht man damit? Man kehrt damit die Stube». Wohl mit der Zeit sind mir die kleinen wie die großen Buchstaben nicht mehr so schwer gefallen. Die weitere Schulzeit habe ich im Dorf Oberwinterthur unter der Lehrerschaft H.F., K.Sch. und A.R. durchlaufen. Episode: Große Schulreisen hat es nie gegeben; aus Mangel an Geld konnte man nicht alles mitmachen, denn für eine große Familie hat jeder «Batzen» etwas gegolten. Dann war ich dabei für die Reise auf den Bachtel, um das Wunderwerk am Bachtel-Aussichts-Turm zu sehen. Die Tösstalbahn: «Hebet i am Bänkli, jetzt macht sie wieder es Ränkli». Das war für uns Kinder vom Land etwas Sonderbares gewesen. Hungrig und durstig sind wir fröhlich auf dem Bachtel zu Tische geladen worden. Teller mit zwei Weisswürsten und Brotstück (pro Schulkind) waren zum Essen vorgelegen. Auf einmal kam ein Schrecken über uns hergefallen mit der Mahnung, es dürfe noch nicht gegessen werden. Warum das alles: Die Anmeldung zur Schulreise-Verpflegung war ungenau gelaufen, das heißt eine Wurst als

Ganze war für ein Pärchen aufgefaßt worden, darum lagen zwei statt einer Weisswurst in jedem Teller. Herr Pfarrer M. als Begleiter der Schulreise hatte diese Geschichte wegen ungenauer Verpflegung (eine ganze Wurst für ein Pärchen) zu Gunsten der Kinder erledigt. Es kam Befehl zum Essen, sofort füllten wir den knurrenden Magen damit. Dafür bekamen wir nicht (wie vorgesehen war) unseren Tee (warmes Getränk), sondern nur gewöhnliches Wasser aus einem Behälter im Boden. Also kaltes Wasser hatte die Unkosten decken müssen. Diese unfreundliche Verpflegung brachte dazumal viele Eltern zur Unruhe. An der Wurst-Essete haben wir Kinder große Freude gehabt, denn Fleisch kannten wir kaum an Sonntagen, geschweige unter den Wochentagen. Diese Mahlzeit-Geschichte haben wir auch bei Klassen-Kameraden-Treffen besprochen als Humoreinlage.

Da es für unseren Vater schwer war, alle Kinder über Wasser zu halten, haben wir früh genug begriffen, daß wir zum Mithelfen da sind. In der Freizeit durften wir bei Bauersleuten (ich im Schloß Hegi) mithelfen. Man hatte noch keine elektrische Säge für die Holzzerkleinerung. Zum Holzsägen und Spalten hat man die kräftigen Burschen voll beschäftigt. In der Geldnotlage bei Familien mit Kindern war man um jeden Batzen Verdienst froh. Die Einkünfte an Gratis-Kartoffeln, Gemüse und Obst waren vollen Dank wert und wurden für geleistete Arbeit angenommen. Der Wunsch nach Weiterausbildung ist erst später in aller Bescheidenheit eingetroffen.

In den Jahren 1913 - 1915 war ich in der Firma der Gelatinenfabrik Grüze tätig gewesen. Meine zugewiesene Arbeit war teilweise als Hausbursche in der Villa des Herrn Direktor W. gestanden und als Ausläufer im Bürodienst; auch zum Mithelferstab im Speditionswesen hat man mich beigezogen, da ich gute Zahlen gestrichelt habe. Im Kommissions-Buch habe ich Ein- und Ausgänge der Ware (Gelatine) notieren müssen. Fast wie einem Mädchen für alles war mir die Rolle zugeteilt worden. In Erinnerung bleibt mir, daß ich mit der Tochter F.W. auch geholfen habe, Wäsche zum Trocknen aufhängen, den Kühen Futter streuen und in der Villa Böden blochen und reinigen und das alles im Stundenlohn von anfangs 14 Rappen und später für bessere Leistung 14½ Rappen (per Stunde). «Es tönen hell die Glocken. / Sie tönen nah und fern, / Und wollen alle locken / Zur Arbeit für den Herrn.» Ja, am Morgen 6 Uhr 15 ging man zur Arbeit bis 12 Uhr und ab 1 Uhr 15 bis abends 6 Uhr 15, am Samstag mittag bis 17 Uhr. Das Zahltagssäckli hat man verschlossen der Mutter übergeben, und als Dank hat man einen Franken als Sackgeld behalten dürfen, so ganz feierlich und stille als etwas Sonderbares hat man sich am Geschenk vom Zahltag gefreut. Unter diesen Umständen hatte sich jedes unter den Geschwistern selbst nach der Tat zeigen müssen, um etwas «Gutes» im Leben zu werden.

Da der Vater inzwischen in der Firma Sulzer in Winterthur gearbeitet hatte, bin ich durch seine gelobte Bemühung auch in der Sulzer-Firma gelandet. Am 17. Juli 1916 bin ich in die Firma Sulzer, Abteilung Zentralheizung, für das Speditionsfach «Export» zur Weiterausbildung eingestellt worden. In der Aufgabe Dienen und Lernen habe ich die Zufriedenheit gehabt. Ich habe noch lange gute Schulstunden gemeinsam mit anderen Schülern genießen dürfen. Jegliche Zeit habe ich mit Lernen nachgenommen. In freieren Zeiten durfte ich im Turnen mitmachen. Im Jahre 1919 beim Turnfest Rheinau bekam ich zum ersten Mal (für gute Leistung) den Lorbeer-Kranz.

Aus der Lebenszeit 1917 — 1925

Ab 1. August 1914 tobte der Weltkrieg bis hinein ins Jahr 1918. Daraufhin mußte ich ab 4. Juli die Rekrutenschule in Bellinzona absolvieren. Dieser Gang war für mich schwer, da meine Mutter schwer krank im Bett lag. Wie ein Mädchen habe ich zu Hause der kranken Mutter die Arbeit abgenommen und beim Kochen mitgeholfen.

Zur Rekrutenschule Bellinzona: Diese Schule war vom 4. Juli bis zum 10. September 1917. Es war eine strenge Schule, die Ausbildung im Schießen nebst Grüßen und Achtungsstellung-Üben war teilweise bis in die Nacht hinein durchgeführt worden. Tagwache war meistens vier Uhr morgens, um sechs Uhr war Morgenessen. Die Tagesration (eben wegen Krieg) ist sehr mager ausgefallen. Sehr müde sind wir zum Mittagessen zu Tisch gesessen. Suppen mit Fliegen hat es immer gegeben, denn wir hatten heißes Wetter gehabt, und in der Soldaten-Kasernen-Küche hat es gewimmelt von Fliegen aller Art. Von 13 Uhr bis 15 Uhr Mittag war Ruhepause (eben wegen der Hitze). Weiterer Befehl war ab 15 Uhr 30: Ausrücken für die Ausbildung im Gebirgsmarsch. Je nach Lage der Zeit und entsprechend der Sommerhitze haben wir die Märsche durchgelaufen bis in die Nachtzeit hinein. Einmal sind wir in das Kasernen-Areal einmarschiert, dann ist es mir übel geworden; am Morgen um 3 Uhr bin ich wach geworden, und von der Sanität bin ich mit gekochten «Rübli» gepflegt worden.

Das alles und noch viel mehr dazu haben wir mit 50 Rappen Sold getan. Also in 10 Tagen jeweils gut fünf Franken Lohn; so haben wir die Schule durchlaufen. Von meiner Mutter konnte ich keinen Zuschuß verlangen, und der sogenannte Lohnausgleich figurierte noch lange nicht. Ja, das waren doch schöne, gemütliche Abmagerungszeiten gewesen.

Wir sind junge, hübsche Soldaten gewesen, und dann noch mit der extra Schützen-6-Uniform. Mit einem etwelchen Stolz sind wir als junge Soldaten-Bürger im Dienste gestanden (es waren Kriegszeiten). Nach der Rekrutenschule mußte ich ab 24. September '17 zur Einheit einrücken. Sammelplatz war das Heiligberg-Schulhaus Winterthur. Mit dem Winterdienst 1917/18 mußten wir uns abfinden. Das war wiederum eine Überraschung gewesen, denn wir waren die Jungen unter den Alten Soldaten. Die ältesten Soldaten, die seit 1914 schon im Dienste standen, hatten keine große Freude für das junge Gemüse gezeigt. Bei Winterkälte von 20-29 Grad unter Null haben wir Wachdienst und Ausbildung genossen. Tagessold sind 90 Rappen gewesen. Das Essen je nach Umständen ist ordentlich gut gewesen, es gab meistens Suppe mit Spatz und Mais mit Apfel-Stückli. Taktschritt-Klopfen, Gewehr-Griff-Üben und auch das Grüßen mußte nach dem Geist der Schützen 6 geübt werden. Hauptsächlich ja die Jungen (die Grünschnäbel) mußten in dieser «Drill-Zangi» standhalten. In der Freizeit habe ich gerne auf meiner Handorgel etwas Musik gemacht. Auch in Grenzach sind wir zur Wache gekommen. Ich habe inzwischen in einem Bauernhaus gute Wärme wegen dem Spielen gefunden. Bei einer Metzgete mußte ich zum Tanz aufspielen, ja, das ist unglücklich ausgefallen, ich hatte mich ein wenig vergessen wegen Speck und Brot. Ich meldete mich etwas verspätet zurück an. Dafür durfte ich ab nachts 12 Uhr bis morgens sechs Uhr in aller Kälte Wache halten. Auch diesen Seich habe ich ausgeführt, denn die Pflicht als Soldat muß man in Treue ausführen. Ich bin nicht gestorben, sonst wäre ich nicht mehr da. Eine Schmuggler-Begebenheit habe ich dienstlich erledigen müssen und zwar im Walde gegen die «Chrischona» hin. Militärische Kontrolldienste in dieser Waldgegend waren für uns Soldaten (besonders) im Winter etwas erschwert, eben wegen der Gefahr von «Schmuggler»-Banden.

Erinnerung an politische Ereignisse in der Dienstzeit (Herbst) 1918. Kaum einige Monate zu Hause, mußte man wieder einrücken. Bataillon Schützen 6 kamen nach Olten. Aufgabe war Hauenstein-Wache. Wegen der verlängerten Dienstzeit sind zur Ausbildung Freiwillige für Küchendienste angefordert worden. Ich war auch dabei, da mir das Kochen Freude machte. Von zu Hause habe ich ja manches von der Mutter gelernt, und damit war mir wohl ein Dienst auf Off-Posten oder Wof-Posten gut gelegen. Zu Lostorf kam ich nach der Kochlernzeit in den Dienstzweig. Für den Wachtzug der 4. Kompanie 6 habe ich im Schulhaus den Küchendienst inne gehabt.

Erinnerung: Dann kam ganz plötzlich die Grippe-Welle an die Soldaten heran. Ganze Bestände wurden krank, und viele Soldaten starben

94

dabei. Wieder war der Tisch zum Essen gedeckt, und die Kameraden kamen nur mühsam auf die Bänke zum Essen. Von den circa 24 Mann nahmen nur wenige Löffel und Gabeln zur Hand. Alle haben nur gefroren, und nur wenige haben etwas gegessen. Sonst haben sie immer mein Essen (Kochen) gelobt. Die ganz Kranken kamen sofort in den Spital Olten zur Pflege. Politische Ereignisse: Anfangs November 1918 mußten wir zum Ordnungsdienst nach Zürich fahren. Der General-Streik war ausgebrochen. Im ungeheizten kalten Wagen machten wir per Bahn den Weg nach Zürich. Die fieberkranken Soldaten lagen im Spital Olten. In Zürich gab es verlängerten und verschärften Wach-Dienst. Im Schanzengraben-Schulhaus waren wir einquartiert worden. Bei der Hinfahrt ist mir aufgefallen, daß auch die Eisenbähnler Gewehre trugen. Das erregte unsere Neugier. Wilde Gerüchtemachereien waren im Gange. Es war eine unheilvolle Zeiterscheinung. Die Erwartung und Spannung standen auf Siedehitze.

Für Kontroll-Gänge stolperten wir Soldaten durch die Zürcher Gassen, wir tappten auf dem Leeren. In Freizeit ruhten wir aus im Schulhaus-Areal. Meistens bei Dunkelheit waren wir in Bewegung. Befehle auf Befehle folgten bei diesen Ordnungsdiensten. Mit der Zeit hat man vieles gelassen aufgenommen. Radio und Fernsehen gab es noch keine, und Zeitungen waren weniger zu erhalten. Das sogenannte Oltener Komitee hatte die ganze Sache ins Rollen gebracht betreffend Generalstreik. Die Hallen des Zürcher Hauptbahnhofes waren meistens leer. Das schlafende Gesindel in der Nacht auf den Bänken des Wartesaales hat man hinausgewiesen an die frische Luft. Bei Halt! Wer da! hat es immer unfreundliche Blicke gegeben. Ansammlungen hat man immer zerstreuen müssen. Viele Patrouillen mußten streng durchgeführt werden. Für die Bewachung von gewissen Geländen standen die braven Soldaten herum. Anvertrautes Gut mußte beschützt werden. Als Hüter von Ruhe und Ordnung sind wir Soldaten von den meisten Leuten der Stadt geschätzt worden.

Im Dienst bei der Erfüllung unserer Aufgaben drückte die Grippe auf unsere Gemüter. Die Bestände wurden kleiner. Notspitäler sind eingeführt worden. Über 80 Todesfälle waren schon in kurzer Zeit zu notieren. Wegen militärischer Bestattung mußten wir Schützen 6 auch in Buchs (St. Gallen) antreten.

Wir halten Ablösungsdienst, da die Leichte-Truppe der Welschen Soldaten heim zur Entlassung gehen durften. Wegen verlängerter Dienstzeit über 17 Wochen hinaus haben wir vermehrten Sold bekommen (ich glaube 7 Franken pro Tag). Die braven Soldaten, die Grippe-Toten, ruhen im kühlen Grabe. Ich habe keine Grippe im Dienst gehabt, wohl viel später schon, aber zu Hause. Wieder war eine Dienst-Episode vorbeigegangen.

Kein Mensch kann nur sich selber leben. Die ganze Weltordnung seit undenklicher Zeit spricht dagegen. Und kein Mensch hat je sein Glück gefunden, wenn er darnach strebte. Wie er das wahre Glück findet, sagt ihm ein altes Dichterwort: «Willst du glücklich sein im Leben, / Trage bei zu anderer Glück. / Denn die Freude, die wir geben, / Kehrt ins eigene Herz zurück.»

Erinnerungen an die Verlobungszeit

«Nun ist das Wort gesprochen, das Wort 'Ich liebe dich'. Der Kuß, der war das Siegel, das war des Bundes Tat.» L.K., geboren am 17. Februar 1898, Tochter des H.K. und der A. geborenc T., Oberwinterthur, war meine Jugendschönheit gewesen. Teilweise haben wir zwei im gleichen Schulhaus und in der gleichen Klasseneinteilung unseren Zeitvertreib (Lernen) gehabt. Im Jugendmut haben wir zwei auch einander gern gesehen, sei es beim Turnen oder beim Singen gewesen. Nebst Turnverein Oberwinterthur war ich auch 46 Jahre lang im Männerchor Oberwinterthur tätig gestanden. L. war eine gute Turnerin in der Damenriege und ebenso eine gute Sängerin. Je länger wir einander kennen, um so mehr sind wir zwei befreundet. L. und J., wir zwei bauten Luftgestalten, denn die Zukunft glänzte nicht so sehr, nach dem Krieg und in den 20er Jahren. Nachwehen von der Zeit 1914 - 1919, Teuerungen und Arbeitskonflikte waren da. L. als gute Knabenschneiderin war zwar verdienstlich nicht schlecht gestellt, und sie hatte auch immer genug Arbeit in der Firma Howald, Stuber & Co., Marktgasse, Winterthur. Die Lehrzeit für ihre gehabte Tätigkeit erwarb sie in Engelberg in der Herrenschneiderei von Jüngling, Sportgeschäft, Engelberg.

Nicht nur Ereignisse wie Teuerung et cetera, sondern auch Klauenseuche waren als große Gefahren aller Art im Vordergrund gestanden, dies alles belastete unsere schönen Jahreszeiten. Doch wir zwei wollten einander das Leben halten, wenn's auch wegen der Zeiterscheinung nicht so gut ging, wie wir es gerne haben mochten. Der Traum der Liebe war uns zweien so licht und hold, daß wir an Pfingsten 1921 die Verlobung feiern konnten. Wir haben uns gelobt, einander treu zu sein. Im Herzen waren wir doch verlobt. Wir haben einander in Liebe beglücket. Am Turnen wie im Singen haben wir zwei große Freude gehabt. Im Oberwinterthurer-Dorf (als Kinder des Dorfes) haben wir zwei viel Gutes erleben dürfen. Auch Dörfli-Geist war ein wenig dabeigestanden.

Geheiratet habe ich mit meiner Schulkameradin L.K. im Spätherbst am 27. Oktober 1923 in der Kirche Oberwinterthur. Die Liebe höret nimmer auf, sie war im Mut und in der Kraft gelegen. Unter Herrn Pfarrer W. sind wir liebevoll zusammengetan worden. Die Trauung war sehr herzlich im Zeichen des Glücks gestanden. Wir zwei waren am 5. April 1915 in der Kirche Oberwinterthur (unter Pfarrer W.) konfirmiert worden. Beide Konfirmanden-Sprüche waren gleichlautend gewesen: «Fürchte dich nicht, du kleine Herde! Denn es hat meinem Vater gefallen, Euch das Reich zu geben. Lukas 12, 32.» Meine persönliche Stärke war im Sinne des Psalms 23 verbunden.

Die Freude am Arbeiten hat mir in vielen Dingen über alles hinweggeholfen. Ich betätigte mich viel an den Ordnungen des Gartenbau-Vereins (wo ich viele Jahre Mitglied war). In Arbeiten an Reben, Sträuchern und Bäumchen inklusive Schneiden und Pflegen war mein Stolz der Tätigkeit. Auch die Rebschule (Kurse) in der Landwirtschaftlichen Schule Wülflingen habe ich mit Erfolg absolviert. Im Maro am Zinziker Straßenhang stand das Rebstück mit vielen Reben und Pflanzland inklusive Bäumen. Dieses Pflanzstück hatte den Schwiegereltern gehört, als Stolz alter Zeiten. Viele Jahre habe ich den Gang zu den Reben getan, jahrelang Mist und Gülle in die Reben eingeführt. Im Ansäen und Ernten haben wir mit großer Freude einander geholfen und das Können unter Beweis gestellt.

Für meine Büroarbeiten in der Firma Sulzer, Abteilung Spedition, habe ich im Stillen mit Lernen mich weiter eingesetzt. Im Arbeitsgang sind viele Tage in meinem Leben nie langweilig gewesen. Nebst Vereinsleben habe ich meine Dienste im Haushalt nebst Pflanzland gerne gemacht. Ich war eigentlich nie untätig. Im Bürodienst war ich nie arbeitslos, denn im Speditionsfach gab es gar viel zu tun mit Zollwesen et cetera. Von 1916 - 1961 widmete ich mich sehr der Arbeit im Speditionsfach. Speziell in der Mitarbeit der fremdsprachlichen Belange wegen dem Sulzer-Betrieb im Ausland mußte ich (laufend) immer wieder Neues hinzulernen, denn in Zollsachen sind immer Änderungen unter Vorbehalt gestanden. Die Mitarbeit in Familie, Geschäft, Militär-Dienst sind die Werte für die menschliche Wanderschaft. Ich darf nicht sagen, die Jahre aller Zeiten seien spurlos vorübergegangen. Durch gewisse Jahre der Zeiten ist auch manches überschattet worden.

Mobilmachung des 2. Weltkrieges: Ich war dabei, als im Frühherbst 1939, also ziemlich genau vor 41 Jahren, Grenzschutzeinheiten mobil gemacht wurden. Eine krächzende Lautsprecherstimme riß die Leute am 23. August 1939 aus dem Schlaf und uns mittags von der täglichen Arbeit zum Dienst hin. Immer wieder wurden die gleichen Befehle erteilt: «Jeder Wehrpflichtige mit einem roten Mobilmachungszettel im Dienstbüchlein hat sich sofort beim Kompaniesammelplatz einzufinden». Gegen Mittag um 13 Uhr 15 fand ich mich beim Sammelplatz Kantonsschulhaus, Rychenbergstraße ein (hier in Winterthur).

Überall sah man aufgeregte, nervöse Menschen. Auf den Sammelstellen standen Soldaten in voller Ausrüstung (Uniform), die sich hastig von ihren Frauen und Bräuten verabschiedeten. Einige Kameraden trafen völlig außer Atem ein. Tornister und Uniform tragen ist vielen (nach so langer Zeit) unpassend gefallen. Gewissen Jahrgängen, die in den Jahren 1921 - 25, 1929 - 30 noch im Dienstwesen mitgemacht haben (wie ich), ist das Tragen von Militärsachen erträglicher gewesen. Politische Diskussionen des gefährlichen Wesens von Hitler et cetera führte man in den ersten Zeiten im Dienstleben nicht. Besprochen wurden nur unsere Chancen gegen einen möglichen Angreifer vom Norden. Zum Glück ist es nicht dazu gekommen. Ich war dem Territorial-Bataillon II/160, Kommandozug unterstellt. Mit Musik, Pauken und Trommelschlag sind wir durch Seen/Winterthur nach Zell/Tösstal marschiert. Von Seen auf der Höhe ins Tösstal ist der erste Stundenhalt gewesen. Der Aff am Rücken ist einem nicht mehr so günstig gelegen. Gegen Abend hin sind wir in Zell angelangt. In der Gegend von Zell hatten wir unsere Ausbildung genossen. Das Wetter im Monat September war echt sommerlich warm. Sogar ganz abnormal heiße Tage haben wir in dieser Zeit gehabt.

Erinnerung: Am 3. oder 5. Oktober sind wir vom Schnee überfallen worden. Plötzlich war alles weiß, und die Soldaten mußten Schneeräumungsarbeiten verrichten. Zitronen-Äpfel, Kartoffeln und Trauben lagen in den betreffenden Gegenden im Schnee zugedeckt. Ich war meistens bei Turbenthal beim Bataillons-Stab, wegen der Ausbildung dem Oberleutnant K. zugeteilt. Ab September bis Neujahr bin ich als Soldat da gestanden und ab 1940 als Korporal, hierfür mußte ich nochmals einen weiteren Kasernendienst durchlaufen. Unsere Übungsfelder respektive Dienststellen waren Rapperswil, Buttikon, Dietlikon, Wollishofen (respektive Eulisberg-Gebiet) im Kommando-Posten Erdunterstand, Interlaken, Brienzwiler. Vielmals ist in den gehabten Dienstzeiten das Lied: «Soldaten marschieren in den Winter hinein, ohne Ruh immerzu» gesungen worden. Der General nannte sie: «Die singenden Soldaten». Die feldgrauen Sänger rekrutierten sich bekanntlich aus dem Territorial-Bataillon 160 und haben sich an der Landi Zürich beliebt gemacht. Auch in der Kirche Zell und an einem Hochzeitsanlaß in der Turbenthaler Kirche sind wir wegen unserem Können (im Singen) gelobt worden.

Während der Dienstzeit in Interlaken August 1942 haben wir die Gelegenheit gehabt, die Größe der Bergwelt zu erkennen. Viele konnten die Fahrt auf die Höhe der Jungfrau mitmachen. Ja, diesen einen Monat lang haben wir mit gutem Wetter viele Schönheiten unserer Natur kennengelernt. Die ganze Dienstzeit ist gut verlaufen, und das ist der Sinn für unser Erleben mit Liebe zur Freiheit gewesen, das hat uns alle Feldgrauen in Interlaken begleitet.

Im Monat März 1944 war ich als Wacht-Kommandant mit circa 45 Mann für die Gotthard-Linie-Bewachung im Dienst gestanden. Wir hatten viel Schnee in dieser Zeit gehabt. Dieser Dienst war streng, aber nicht besonders schön, denn in der Freizeit (nach der Wache) mußten die Soldaten mehrheitlich Schnee- und Eisaufräumungsarbeiten verrichten, statt eben Ausruhen und Schlafen. Die Eisenleitern auf die betreffenden Bahnanlagen waren meistens mit Eis und Schnee bedeckt.

Als Erinnerung (die Worte am Gotthard):

Ich schreite, das Gewehr im Arm,
der Sturmwind pfeift, mein Herz schlägt warm.
So stehe ich in dunkler Nacht,
Schneeflocken küssen mein Gesicht,
die Nässe, Kälte acht ich nicht.
Ich sinne an mein Heim, mein Haus
und spähe in die Nacht hinaus.
Getreu erfüllt ich meine Pflicht
Allein bin ich — doch einsam nicht.
Gleich mir stehn Tausende auf Wach!
Wir sind der Heimat Schirm und Dach.
Wir schützen sie in Sturm und Not,
mit Leib und Blut, wenn sie bedroht.

(Von G.L., bei mir auf der Wache am Gotthard gestanden).
Erinnerung an die Bombardierung Schaffhausen am 1. April 1944: Es sind 36 Jahre her; nach dem Gurtnellen-Dienst mußte ich zur Einheit zu-

rück. Im Hirzel (Albis-Kette) warteten wir auf die Heimfahrt zur Entlassung nach Winterthur. Ein wolkenloser Frühlingsmorgen mit etwas Neuschnee am Boden erfreute uns (es war Samstag). Plötzlich war der Teufel los. Die Meldung kam, Schaffhausen sei von Spreng- und Brandbomben heimgesucht worden. Viele Bomben sind auf das Schaffhauser Gebiet gefallen. Am schwersten getroffen sei der Bahnhof. Einige Stadtquartiere seien schwer beschädigt. Auch die Steigkirche auf der Breite sei beschädigt worden. Also, wir mußten nach Wädenswil zum Bahnhof, und die ganze Einheit des Bataillon 160 ist nachts in Neuhausen ausgeladen worden. Das war auch für uns alle Feldgrauen eine unangenehme Angelegenheit. Aus der Ruhestellung vom Hirzel standen wir plötzlich wieder in Aktion im Schaffhauser Gebiet. Der Appetit bei der Verpflegung war uns ein wenig vergangen. Im Schulhaus Neuhausen waren wir auf Sonntag, den 2. April, einquartiert. Schlafen konnten wir nicht gut, denn man war aufgeregt, und neue Kommandos an uns Unteroffiziere und Soldaten folgten. Man empfindet große und tiefe Trauer über das Geschehene. In dieser kurzen Zeit erlagen mehr als 40 Menschen einem jähen Tod, und vieles war schwer beschädigt, und vieles lag noch in Brandgefahr. Ein Teil am Rhein von der Schaffhauser-Stadt war schrecklich zum Ansehen. Ich hatte den Befehl, unter Wachtmeister A.W. mit der Gruppe die Ehren-Wache für die Gefallenen zu halten. In der Kapelle lagen 29 Särge aufbewahrt. Persönlich hatte ich die Arbeit, mit den Familien der Verstorbenen Kontakte aufzunehmen. Die Särge mußte man vielmals aufdecken, damit die Angehörigen über alles Bescheid hatten. Diesbezügliche Gegenstände waren den Leidtragenden zu übergeben. Denn viele waren bei dem Gang auf der Straße tödlich getroffen worden. Am Sonntag kamen viele Familienangehörige angelaufen, um alle Einzelheiten über ihre Toten in den Särgen zu erfahren. Voll Sorgen waren alle über ihre verlorenen Menschen. Reger Verkehr zu uns hatte stattgefunden, viele Tränen mußten wieder getrocknet werden. Hoffnungen mußten ausgesprochen werden. Am 2. April, einem Sonntag, es war um Mittagszeit, war unser General Guisan mit seinem Stab eingetroffen. Die Totenwache hatte gut funktioniert. Bis gegen Abend hatte der Zustrom von Leuten aus der Stadt sich gelockert, auch wir waren müde geworden. Für die betroffenen Toten kamen Kränze und Blumen, und ab Montag hatte man die Hände voll zu tun, um alles Verlangen, daß diese Sachen zur rechten Stelle gelangten, zu ordnen.

Mein Herz ist schwer, denn die ganze Angelegenheit bis zum Ablauf der Beerdigung mit allem Drum und Dran war nicht so einfach gelegen. Das Unangenehme der Sache war, daß es immer so heiß war im Anfang April. Die Beerdigung war deswegen einen Tag früher angesagt worden, also am Dienstag statt Mittwoch. Die Beisetzung war im Waldfriedhof; in einem Familienmassengrab für die Heimgegangenen sind sie begraben: «Alle die Gefallenen ruhen dort in Frieden».

Bete nur, / betrübtes Herz! / Gott wird deine Wunden heilen, / Gottes Herz ist nicht aus Erz, / Treulich meint's mit seinen Kindern. / Er, der Vater, immerdar / Hilfe schickt er in Gefahr. Amen.

Am 16.1.1945 habe ich von meinem Herrn Hauptmann Paul Billeter Memo erhalten, daß ich vom Dienst II/160 entlassen sei, dies bezog sich auf einen gehabten Soldaten-Unfall im Dienst 1944 in Steinen/Schwyz. Viele Wochen war ich im Spital Winterthur als Patient gelegen. Die Worte vom Herrn Hauptmann waren folgende: «Für die pflichtgetreue Dienstleistung (hat er mir gedankt) mit dem Wunsche, ich sollte dennoch weiter als Kamerad bei der Einheit bleiben.»

Einmal bricht dann doch die Sehnsucht auf, und man denkt: Wäre das Leben doch anders! Dabei können die Dinge, die der einzelne in seinem Leben gerne anders hätte, sehr verschieden sein. Man ist immer auf der Suche nach Freude. Viele Leute sind einsam und traurig. Trotz der unvergesslichen Erlebnisse kommt man nicht zur Ruhe, denn am ärmsten ist der Mensch, dem die Gemeinschaft fehlt. Denn unsere Sehnsucht ist keine Einbildung.

Lebensbedingungen, Schwierigkeiten

Ab 16. Januar 1945 hat meine Laufbahn als Soldat den Abschluß gefunden. Den Wachtmeister-Grad habe ich noch erlangt, aber zum Mitmachen hat es nicht mehr gelangt. Meine Zeit im Wehrmannsgewand ab 4. Juni 1917 bis 1945 ist in die Vergangenheit übergegangen.

Und wenn wir auch die Bitterkeit des Lebens kosten müssen, so dürfen wir nicht mißmutig noch verzagt sein, sondern man muß mit Geduld im Kampf bleiben, der uns verordnet ist in unserem Glauben, bis der letzte Tag sich zu Ende neigt und der Morgenstern der Ewigkeit aufgeht über unsere Herzen:

> *Jeder Schritt der Zeit*
> *Wallt zur Ewigkeit;*
> *Tage kaum erst angebrochen,*
> *Werden, eh' man's denkt, zu Wochen,*
> *Wohl dem, der mit Fleiß*
> *Sie zu nützen weiß!*

Am 23. November 1968 ist mein ehemaliger Schulschatz (L.K.) gestorben. Mit ihrer Schwester Anna und mit mir verbrachte sie eine frohe Zeit des Lebens. Auch sie wurde früh von ihren Eltern zur Arbeit angehalten. Diese Tätigkeit kam unserer Familie zugut. Der Bund der Ehe mit mir war familiär gut ausgefallen, mit ihrer ganzen Liebe war sie im Hausdienst und Erziehung Meister. Daß sie eine besondere Liebe zum Garten hatte, erscheint einem fast selbstverständlich. Bis ins gute Alter besorgte sie auch unsere Reben. Seit 1968 hatten ihre Kräfte nachgelassen, aber mit Sonnenschein im Herzen hoffte man wieder auf Besserung. Aber der Schein trügte, und sie ist still und friedlich eingeschlafen: Meine Zeit ist nun vollendet, / der Tod das Leben endet, / Sterben ist mein Gewinn. / Kein Bleiben ist auf Erden, / das Ewige muß mir werden, / mit Fried und Freud fahr ich dahin.

Ja, er hat die liebe Heimgegangene aus diesem Dienst zu sich genommen. «Befiehl dem Herrn deine Wege».

Ende der Jahreszeit 1929 (im September) haben wir unseren Sohn M. zur Taufe in die Kirche Oberwinterthur getan. Jetzt ist er im Alter von 51 Jahren. Er arbeitet beim Kanton, Hauptbeschäftigung: Strafvollzugsanstalt Regensdorf.

Nach der Pensionierung bei Sulzer, Winterthur am Ende Juni 1961 arbeitete ich halbtags 8½ Jahre in einer Druckerei. Nachher, nach dem Todesfall meiner Frau, 2½ Jahre fast den ganzen Tag in der Firma Lichtpausanstalt AG Zürich, Filiale Winterthur. Später noch drei Jahre lang (am Morgen der Erste, abends der Letzte) bei der Feuerversicherung St. Gallen, Agentur St. Gallerstrasse, Winterthur. Mein Arbeitspensum war speziell das Postwesen, als ehemaliger Speditionsbeamter der Firma Sulzer.

Das war ein Schritt, um mich von der Einsamkeit zu befreien. Indessen habe ich auch viel Licht in mein eigenes Leben erhalten.

Für die Führung des Haushaltes am Apfelweg 9, Stadtrain Oberwinterthur habe ich eine Kameradin benötigt. Wir haben gut zusammen gestanden. Jetzt ist diese Freundschaft unterbunden worden, denn die Frau Witwe F.B. ist ebenfalls im Anfang November 1979 gestorben.

So habe ich meine Lebensform eingehalten. Die Neuauffassung liegt in meinem eigenen Sinne, daß ich wegen Alter und im Krankwerden besser im städtischen Altersheim, Brunnengasse 30, Zimmer 13 aufgehoben bin, da ist man gut versorgt. Alles kostet mehr Geld (das Geld wird rarer), je länger es geht, und die eigentliche Lebenszeit wird noch teurer.

Dieses Knäuel: Alter und Teuerung aufzulösen, ist nicht leicht.

Fanatismus
*männlich, *1897, Mechaniker, Werkmeister, Fabrikant*

Ich wurde am 29. August 1897 als zweitjüngstes von fünf Kindern in Schaffhausen geboren. Mein Vater war damals Gießermeister im Stahlwerk Georg Fischer AG. Die ersten drei Jahre meiner Schulzeit erlebte ich im großen Schulhaus auf dem Emmensberg.

In seiner Freizeit konstruierte mein Vater einen neuartigen Glühofen für die Tempergießerei und rüstete dann in der Folge im kleinen Ort Malnate bei Varese (Oberitalien) eine Tempergießerei mit seinem Ofen aus. Er selber arbeitete in jener Gießerei als Gießermeister für die Dauer eines Jahres. So kam es, daß unsere Familie während dieser Zeit im nahen Courone wohnte. Wir Kinder mußten die dortige Dorfschule besuchen, wo nur italienisch gesprochen wurde. Meine älteste Schwester mußte wöchentlich einmal nach Milano zum Konfirmandenunterricht, wo sie dann auch konfirmiert wurde.

Im Jahre 1907 kehrten wir wieder in die Schweiz zurück, nach Winterthur-Töss. Mein Vater arbeitete wieder als Gießermeister in der Lokomotivfabrik Winterthur. In Töss besuchte ich die 4. bis 6. Klasse der Primarschule und die erste Klasse der Sekundarschule. Dann übersiedelten wir nach Rüti/ZH, wo ich noch die zweite Klasse der Sekundarschule besuchen durfte. Dann mußte ich Geld verdienen und fand schließlich eine Lehrstelle als Mechaniker bei der Firma Hunziker in Rüti. Dieser Beruf entsprach zwar nicht ganz meinem Wunschtraum, ich hätte lieber entweder Lehrer oder Koch-Konditor werden wollen. Ich mußte mich damit abfinden und fand schließlich doch noch meine Befriedigung.

In Rüti besuchte ich neben der Gewerbeschule auch den Konfirmandenunterricht und wurde 1914 von Herrn Pfarrer Dr.Sch. konfirmiert. Wir waren seine ersten Konfirmanden, und ich habe mir meinen Konfirmandenspruch: «Sei getreu bis in den Tod, so will ich Dir die Krone des Lebens geben» zu meinem Leitmotiv genommen.

Leider konnte mein Vater infolge seiner politischen Einstellung nirgends lange bleiben. Die Familie übersiedelte nach Chur, und ich mußte für längere Zeit selber für meinen Unterhalt sorgen. Bei einem Bauern verdiente ich durch Mithilfe im Stall, am Morgen früh und am Abend und zwar neben einer damals 62-stündigen Arbeitszeit, genügend, um mich durchzuschlagen. 1916 übersiedelte ich dann ebenfalls nach Chur und arbeitete als Mechaniker in einer Maschinenfabrik. Ab Februar 1917 absolvierte ich die damals nur sieben Wochen dauernde Rekrutenschule in Chur, um anschließend als Gebirgsinfanterist an der Grenze meiner Heimat zu dienen. Wenn ich nicht gerade im Militärdienst war, arbeitete ich auf meinem Beruf in einer Zahnradfabrik in Netstal (Glarus). In Netstal habe ich meine zukünftige Ehegefährtin kennengelernt. Wir waren aber noch beide zu jung, und die Zeiten waren zu unsicher, als daß wir es hätten wagen können, einen eigenen Hausstand zu gründen.

Ende August 1918, drei Tage vor meinem 21. Geburtstag, wurde ich Vorarbeiter in einem Betrieb mit circa 150 Arbeitskräften in Lachen (Schwyz). Im Oktober des gleichen Jahres dislozierte die Firma nach Rorschach. Ich hatte die Überführung sämtlicher Maschinen und Einrichtungen, sowie deren Neuinstallation in der neuen Fabrik zu überwachen und wurde zum Meister befördert. Mit Freude und unermüdlichem Einsatz habe ich meine neue Aufgabe angefaßt und dabei nicht nur neue Kenntnisse in meinem Beruf, sondern auch Erfahrungen in der Führung von Mitarbeitern erworben. Einschlägige Literatur und private Kurse halfen mir, meine Bildungslücken zu überbrücken. Leider hat die Inflationswelle 1921/22 unsern auf Export eingestellten Betrieb zur vorübergehenden Schließung gezwungen, und weil ich noch zu jung war, um auf Wiedereröffnung zu warten, versuchte ich mein Glück durch Übernahme einer eigenen Mechanischen Werkstätte im thurgauischen Weinfelden.

Ich kam soweit ganz gut voran, trotzdem ich mich in ein für mich ganz neues Gebiet einarbeiten mußte, Kunstschlosserei und Bauschlosserei sowie Verkauf von Landmaschinen. Ich hätte mich bestimmt in einigen Jahren hochgearbeitet und eine gute Existenzgrundlage geschaffen, wenn ich nicht dem Drängen eines Freundes nachgegeben hätte, mit ihm zusammen in Winterthur eine Autogarage zu eröffnen, ein Gebiet, wo ich nicht die geringste Erfahrung hatte. Im Juni 1923, noch vor der Übersiedelung nach Winterthur, heiratete ich meine Jugendliebste aus Netstal, Fräulein L.St. Auch sie hatte sich inzwischen in Glarus und Brugg die notwendigen Kenntnisse als Hausfrau gesammelt und so hofften wir, für eine glückliche Ehe alle Voraussetzungen zu haben.

Die Arbeit in der Autobranche entsprach nicht meinen Erwartungen und eine Zusammenarbeit, auch zwischen Freunden, ist nur dann möglich, wenn die gegenseitigen Charaktereigenschaften zusammenpassen. Rechtzeitig habe ich den Hebel umgestellt und mich um eine Stelle umgesehen, die meinem Können entsprach.

Im Jahre 1924 wurde uns ein Sohn geboren, und im gleichen Jahr übersiedelten wir nach Oberburg (Kanton Bern), wo ich eine Stelle als Werkmeister in meinem Berufe fand.

Zehn volle Jahre arbeitete ich in der gleichen Firma. Mit den Jahren wurde mir die technische Leitung der mechanischen Abteilung anvertraut. In Oberburg fand ich auch teilweise Erfüllung meines Jugendwunsches, Lehrer zu werden. Acht Jahre durfte ich im Nebenamt als Lehrer der Gewerbeschule amtieren, und ich darf sagen, daß mich diese Aufgabe vollauf befriedigte. Bei dieser Gelegenheit mußte ich als Autodidakt nicht nur Kenntnisse an die Schüler vermitteln, sondern auch zuerst zusätzlich Kenntnisse erwerben durch Studium einschlägiger Literatur. Intensive Arbeit an sich selber ist Voraussetzung, um bestehen zu können. Als Mitglied der Elektrizitätskommission diente ich der Öffentlichkeit, und als Präsident des Werkmeisterverbandes Sektion Burgdorf-Oberaargau hatte ich den notwendigen Kontakt mit meinen Standes- und Berufskollegen.

Trotz der interessanten, vielseitigen und lebensfüllenden Tätigkeiten war mein Endziel, einmal einen eigenen größeren Betrieb zu besitzen. Im Jahre 1934 war es dann endlich soweit, daß ich mich entschloß, bei einer neu zu gründenden Aktiengesellschaft in Kempten mitzumachen. Schon nach kurzer Zeit zeigte sich, daß eine fruchtbare Zusammenarbeit mit dem einen der beiden Mitaktionäre nicht möglich war, und so kaufte ich sämtliche Aktien der beiden auf. Seit 1935 ist die jetzige Firma K., die damals noch «Metallwaren & Apparatefabrik» hieß, im Besitze meiner Familie. Die Firma beschäftigt 130-150 Arbeitskräfte. Mein Wunschtraum ist in Erfüllung gegangen. Ich muß aber ehrlich gestehen, daß ich dabei nicht glücklicher geworden bin. Abgesehen von den manchmal kaum zu bewältigenden Schwierigkeiten, sind die Sorgen aber auch bedeutend größer geworden. Risiko und Einsatz sind Nervensägen, die der Angestellte weder ahnen noch erfassen kann. Trotz alledem müssen immer wieder Pioniere sein, die dafür sorgen, daß für die große Masse Arbeitsplätze, und damit Brot und Sicherheit, gewährleistet sind.

Mein Sohn hat im Jahre 1947 geheiratet und ist ein Jahr vorher in den Betrieb eingetreten, um mich zu entlasten. Ihm wurden drei Töchter und ein Sohn geschenkt, und ich hoffe, daß der Sohn oder die Töchter beziehungsweise ihre Ehepartner einmal Stützen meines Sohnes werden, damit der Familienbetrieb Bestand hat. (Leider nicht eingetroffen). Nach meiner Erkrankung und Gallenblasenoperation im Jahre 1961 habe ich die Direktion des Unternehmens meinem Sohne anvertraut. Ich wünsche ihm und seinen Nachfolgern auch weiterhin guten Erfolg, gute Gesundheit und Gottvertrauen.

In Wetzikon habe ich der Öffentlichkeit nicht in dem Maße dienen können, wie ich es gerne getan hätte. Mein Wunsch wäre gewesen, Mitglied der Werkkommission zu werden. Warum ich trotz mehrmaliger Intervention nicht angekommen bin, weiß ich nicht. Hingegen durfte ich einige Jahre bei der Ausarbeitung der Bauordnung in diesem Gremium mitarbeiten. Circa 12 Jahre war ich Mitglied der Gewerbeschulkommission und ebensolange Prüfungsexperte beim K.V. Dem Männerturnverein Wetzikon und dem Männerchor Kempten gehöre ich seit 1934 an und in beiden Vereinen wurde ich zum Ehrenmitglied ernannt.

Als meine schönste Nebenaufgabe betrachte ich die lange Tätigkeit, zuerst fünf Jahre als Vizepräsident und seit 1952 als Präsident (23 Jahre) der J G E B A Baugenossenschaft Wetzikon. Die segensreiche Aufgabe, gesunde und preisgünstige Wohnungen zu errichten, hat mich viele Stunden Arbeit gekostet, sie hat mir aber auch in jeder Beziehung Freude am guten Gelingen gebracht.

Mein Leben war immer arbeitsreich. Ich habe die Arbeit gesucht und geliebt und darin Erfüllung und Befriedigung gefunden. Daß ich in meinem Leben vorwärts gekommen bin, verdanke ich aber nicht nur meinem persönlichen Einsatz und Arbeitswillen, sondern auch meiner lieben Ehefrau, die mir durch einfache, sparsame und gesunde Lebensweise half, das mir anvertraute Pfund richtig zu verwalten und zu vermehren.

Natürlich hat es auch bei uns immer wieder Sorgen und Sörgeli gegeben. Es ist auch nicht immer alles glatt und reibungslos verlaufen in unserm langen Leben. Aber bei gutem Willen und mit dem notwendigen Gottvertrauen hat auch die scheinbar größte Kluft immer wieder überbrückt werden können.

Mit gutem Gewissen kann ich sagen, daß ich meinen Konfirmandenspruch: «Sei getreu bis in den Tod, so will ich Dir die Krone des Lebens geben», nach bestem Wissen und Gewissen befolgt habe. Ich darf mit Überzeugung sagen: «Es hat sich gelohnt.»

Fanatismus

Wir wohnten damals in einem kleinen Dorfe in Oberitalien, wo ich auch zur Schule ging. Zwei meiner Schulkameraden waren die Söhne eines Gastwirtes, sie wurden viel in Hof und Küche beschäftigt. Ihre Spezialarbeit war das Schälen der Kartoffeln für die Gasthausküche. Diese Arbeit wurde bei schönem Wetter im Hinterhof des Hauses im Freien ausgeführt. Damit wir rascher zum Spielen kamen, half ich gerne bei der Arbeit. So saßen wir auch wieder einmal um den großen Kessel, schälten die Kartoffeln und sangen dazu: Mangiate patate, mangiate patate / della nostra patria / Italia è nostra, Italia è nostra. Selbstverständlich sang ich auch mit, ich war mir nicht bewußt, daß ich das als Schweizerknabe nicht hätte tun sollen. Auf die Hofseite des Hauses hatte ein Schuhmacher seine Butik. Er hörte uns singen, stürzte wütend auf mich zu und wollte mich erwürgen. Glücklicherweise kam der Gasthofbesitzer gerade noch im rechten Moment dazu und konnte mich befreien, sonst hätte mich der Schuhmacher in seinem fanatischen Wahn bestimmt erwürgt.

Wie es so geht bei Kindern und vor allem bei Knaben im Alter von zehn Jahren, wir erholten uns rasch vom Schrecken, schälten weiter unsere Kartoffeln und sangen nochmals unser harmloses Liedchen. Das war aber für den Schuhmacher zu viel: Ein Tedesco, der singt: «Italien ist uns», das geht entschieden zu weit!

Ich sehe den Mann heute noch vor mir, wie er, gelb vor Wut, unter der Werkstattür stand und seine Pistole auf mich abdrückte. Glücklicherweise traf mich die Kugel nur in den linken Arm, durchschlug denselben zwischen den beiden Knochen und hinterließ auf beiden Seiten des Armes nur je ein kleines blutendes Loch, glücklicherweise, ohne die Brust zu treffen. Durch den Knall waren rasch einige Männer herbeigeeilt, überwältigten den Fanatiker, und es ging auch gar nicht lange, da wurde er von der Polizei abgeführt und für ein Jahr eingesperrt.

Inzwischen sind wir wieder in unsere Heimat, die Schweiz, zurückgekehrt und die Angelegenheit war bald vergessen. Von dem Durchschuss sind heute noch zwei kleine Narben sichtbar.

Als ich 1923 auf der Hochzeitsreise mit meiner jungen Frau nach Italien fuhr, besuchten wir auch jenes Dorf, in welchem ich seinerzeit zur Schule ging. Wir stiegen schon im benachbarten Ort aus dem Zug und wanderten zu Fuß auf einem Umweg ins Dorf. Die Dorfstraße hatte noch Kugelstein-Pflästerung, und meine Frau hatte das Pech, daß sie mit dem Schuhabsatz zwischen zwei Steinen einklemmte und den Absatz abbrach. In diesem Moment kam ein Mann auf uns zu, sah mich an, erkannte mich, und in freudiger Erregung rief er meinen Namen «Georgio, povero Georgio». Ausgerechnet der Schuhmacher, der mich 16 Jahre früher in seinem Fanatismus töten wollte, hatte mich erkannt. Seine Freude kannte keine Grenzen, er alarmierte das ganze Dorf, und mit unserer Weiterreise war es für jenen Tag aus. Wir mußten über Nacht dort bleiben. Im Kreise der Dorfbewohner saßen wir noch bis tief in die Nacht hinein bei Speis und Trank.

Daß der Schuhmacher den Absatz meiner Frau mit besonderer Sorgfalt befestigte und dazu gratis, versteht sich von selbst. Und seine Prophezeiung, daß, wer auf der Hochzeitsreise einen Absatz verliere, im Leben Glück habe, ist auch in Erfüllung gegangen. Wir sind inzwischen 55 Jahre glücklich verheiratet.

Rückblick

Es scheint mir, je älter ich werde, desto geschwinder läuft die Zeit an mir vorbei. In jungen Jahren, als Knabe, konnte ich von einer Weihnacht zur andern kaum warten. Der schönste Zeitabschnitt aber, wo ich kaum nach der Zeit fragte, als ich Arbeit und Verantwortung suchte, um darin den Sinn des Lebens zu finden, das waren die Jahre zwischen 20 und 65. Und dann, als ich die Schwelle von 65 überschritten, fragte ich: Was, schon wieder ein Jahr vorbei? In diesem Moment beginnt das Alter, und mit dem Alter hat man Zeit, zurückzuschauen auf die Vergangenheit, auf was man getan und was man noch hätte tun können und sollen.

Dann stellt man sich Fragen: Was hätte ich anders gemacht, wenn ich nochmals anfangen müßte, und was hätte ich anders machen sollen und was würde ich machen, wenn ich das Rad der Zeit nochmals zurückdrehen könnte? Aber dann können solche Fragen nur Rückblick und Wunschträume sein und werden nicht mehr in Erfüllung gehen. Es ist vorbei! Nichts verblaßt und vergeht schneller als die Erinnerung.

Ob ich noch Sorgen habe? O ja, Sorgen habe ich mehr als genug, ja sogar im Überfluß. Aber lassen wir das, es kommt doch alles, wie Gott es will.

Glücklich bin ich, daß ich mit 80 Jahren noch mit meiner lieben Frau zusammen sein kann. Daß wir beide noch relativ gesund sind und täglich einen Spaziergang machen können. Daneben helfen mir einige Hobbys und leichtere Arbeiten im Garten, den Tag auszufüllen und die alten Tage erträglich zu gestalten. Einen Wunsch hätte ich noch, der leicht zu erfüllen wäre: «Viel Blumen im Leben, denn auf dem Friedhof sind sie vergebens.»

80 Jahre, ein langes Leben,
hat das Schicksal mir gegeben.
80 Jahre und noch gesund,
das ist bestimmt ein guter Grund,
diesen Tag voll zu genießen
und mit einem guten Tropfen zu begießen.   P r o s i t !
Georg Weilenmann

[Weitere Gedichte des Verfassers sind im Volkskundlichen Seminar archiviert. R.S., R.B.]

Pontresina
*weiblich, *1897, Hausfrau*

Als 83-jährige Frau möchte ich meinen Lebenslauf so gut als möglich darlegen. Ich bin das zweitjüngste von zehn Kindern: wer glaubt heute, daß ich als Säugling so schwach war, daß meine Eltern mich kaum davonbrachten? Aber es glückte ihnen. Ich wuchs in der Ostschweiz glücklich und keck heran in meiner großen, fröhlichen Familie. Auf den Rat meines gütigen Lehrers, der erst vor wenigen Jahren hochbetagt gestorben ist und zu dem ich noch immer Beziehungen pflegte, versprach mir mein Vater die Lehrer-Ausbildung. Wie freute ich mich auf dieses Ziel! Als gute Schülerin steigerte ich meine Leistungen noch, und während Jahren wurde ich wegen meiner hervorragenden Alt-Stimme in obere Klassen und Chöre gerufen. Jedoch, als ich 12-jährig war, erlitt der Ernährer unserer Familie einen Herzschlag, an dem er nach drei Tagen verschied. Es waren damals noch drei Geschwister und ich zuhause (zwei ältere verheiratet weggezogen, vier größere Kinder an Krankheiten gestorben). Durch den Wegfall von Vaters Verdienst kamen wir Zurückbleibenden in die Lage, daß zwei Jugendliche mit ihrem relativ kleinen Arbeitsentgelt eine fünfköpfige Familie durchbringen mußten — und aus war es mit meinem Traumberuf Lehrerin. Im Anschluß an die Primarschule mußte auch ich in die Fabrik arbeiten gehen. Als Nachseherin in der Stickereibranche verdiente ich pro 14 Tage ganze 36.— Franken! Ich mußte dabei äußerst flink der langen Stickmaschine entlang eilen und gerißene Fäden wieder einfädeln: das erheischt Konzentration, aber keine Intelligenz.

Als ich 17-jährig war, brach der Erste Weltkrieg aus. Unterdessen hatte die letzte Schwester auch geheiratet, der jüngste Bruder eine Schreinerlehre angetreten. Mein anderer Bruder mußte häufig Aktivdienst leisten. War er zuhause, kam er mit mir in die Stickereifabrik. Die beiden Einkommen reichten nicht immer. Mutter mußte zeitweise Zustupfe der Gemeinde beanspruchen, um überleben zu können. Nebenerscheinung: es gab Dorfbewohner, die sich auf ihrem Bauernhof wirtschaftlich sicher fühlten, die uns «Gemeindefresser» nachriefen. Das war bitter, das kann ich nicht vergessen — das war anders als Lehrerin zu werden!

Nach dem Krieg löste sich unsere restliche Familie ganz auf: mit dem Tod unserer gütigen, tüchtigen Mutter. Die beiden Brüder wählten ihre eigenen Wege. Mich zog es in die nahe Stadt: dort hatte ein Dienstkamerad meines Bruders Arbeit in einer Maschinenfabrik gefunden. Mein

Bruder war von der Güte und Kameradschaft des T. so begeistert, daß er mich ansteckte. Und einmal hatten die beiden Unzertrennlichen im Urlaub mit meiner Mutter und mir eine sonntägliche Bootsfahrt unternommen. So geschah es, daß ich leise zu lieben begonnen hatte. Nach Auflösung meiner Familie zog es mich doch einfach in die Nähe des jungen Arbeiters, der ebenfalls allein in der Welt stand, allerdings als ehemaliges Waisen- und Verdingkind. Ich konnte mich als Mädchen für alles in Haushalten guter Häuser durchbringen, Anfangslohn 40.- Franken im Monat. Als erstes schaffte ich mir eine weiße Schürze an, um nett gekleidet einkaufen zu können. Einige Male erhielt ich von einer Freundin des Hauses für gutes Kochen ein Trinkgeld von 2.- Franken — welche Freude! An einer andern Stelle schikanierte mich die Herrin des Hauses, indem ich den auf dem Estrich verstaubten Leiterwagen bei tiefem Schnee im Freien mit kaltem Wasser fegen mußte. Und anderes mehr! Da blieb ich allerdings nur zehn Tage. Der kurzen Frist wegen geriet ich dann in ein Restaurant mit Bäckerei. Die Behandlung war da gut, und auch die Ernährung. Aber die Leistung bestand für mich von morgens 6 Uhr bis abends 22-23 Uhr. Ich mußte den Haushalt mitsamt dem Kochen für die Familie und die Bäckergesellen bewältigen, in der Backstube helfen, abends in der Wirtschaft. Frühmorgens hatte ich die Brote und Brötli in der Umgebung zu vertragen. Diese Leistung hielt ich nur ein knappes Jahr aus.

Anschließend heirateten mein Freund und ich. Weil mein junger Gatte dannzumal auch einen kleinen Lohn hatte — es waren die Zwanzigerjahre — suchte ich mir sofort einen Spettort. Daneben nähte ich mir alle Kleider, und ebenso für andere Frauen gegen ein kleines Entgelt. Nach drei Jahren wurde uns das einzige Töchterchen geschenkt. Aus Geldnot mußten wir — trotz meiner schweren Geburt — nach 14 Tagen umziehen. Eine Freundin hatte mir eine Abwartstelle verschaffen können, wo ich im Nebenamt ein dreistöckiges Haus mit diversen sozialen Institutionen und Büros, sämtliche Räume mitsamt Treppenhaus und Vorplatz instandzuhalten hatte. Auf drei Etagen hatte ich winters täglich sechs bis acht Öfen zu ganz verschiedenen Zeiten zu heizen. Die Arbeit kam mir zeitlich entgegen, weil ich meinen Haushalt und mein Kind im gleichen Haus hatte und zwischenhinein besorgen konnte. Aber abends mußte der Mann mir beim Putzen helfen, und meistens wurde es 22 Uhr oder später, bis wir schließen konnten, um frühmorgens trotzdem wieder anzutreten. In diesem Hause erlebten wir den Zweiten Weltkrieg, kaum war die Zeit der Arbeitsknappheit für meinen Mann vorbei. Die Grenzbesetzung brachte häufige monatelange Abwesenheiten meines Gatten, so daß die ganze Arbeitslast auf meinen alleinigen Schultern lag. Ich ruinierte dabei vollends meine gesundheitlichen Kräfte, so daß wir Ende der Vierziger Jahre den Posten aufgeben mußten. Es ging Jahre, bis sich meine Kräfte wieder etwas regenerierten. Aber inzwischen waren wir auch auf den am Schluß ganze 80 Rappen betragenden Stundenlohn für meine Abwartarbeit nicht mehr angewiesen, denn der Mann konnte, obwohl seinerzeit keine Berufslehre möglich gewesen war, doch etwas aufsteigen und mehr verdienen, und auch die Tochter war ins Berufsleben mit eigenem Erwerb gekommen. Wir konnten wirtschaftlich aufatmen und wenigstens noch ein wenig von der Hochkonjunktur genießen, wenn auch recht spät.

Im neuen Vorortquartier lebten wir uns in einigen Jahren so gut ein, daß wir da ganz verwurzelt sind. Dabei half, daß die Kirchgemeinde mich oft beanspruchte: Während Jahren war ich in den Gruppen «Sammlungen» und «Krankenbesuche». Ich machte dabei vorwiegend sehr gute Erfahrungen, lernte viele neue Menschen kennen, fand große Befriedigung. Endlich konnte ich für andere Leute etwas tun, ohne auf Verdienst angewiesen zu sein. Das gibt ein ganz anderes Gefühl, das erst stärkt das Selbstwertgefühl.

Jetzt kann ich — nebst dem Haushalt — ausruhen. Leider gestatten Rücken und Augen weder Stricken noch Lesen, was ich so gerne täte. Aber ich bin doch 83-jährig geworden — trotz so viel Arbeit und zeitweise schwacher Gesundheit! Und was mich so beglückt: ich fühle mich dabei zufrieden, und ich habe meine Tochter und auch immer noch bei recht guter Gesundheit meinen Mann.

Wenn ich das Kennwort Pontresina wähle, so darum, weil ich zwischen meinem 70. und 75. Altersjahr meine schönsten Ferien mit mehrstündigen Wanderungen noch in jener schönen Gegend verbringen konnte. Jetzt ist mir die Lage fürs Herz zu hoch geworden, aber die Erinnerungen bleiben und sind ein Teil von mir.

Josefine Vetterli-Rutz

111

Susanne

weiblich, *1897, Juristin

Ich bin Jahrgang 1897, stamme also noch aus dem alten Jahrhundert, wie man zu sagen pflegte, und gehöre sicher zu den wenigen Leuten, die noch in dem Hause wohnen, in dem sie geboren sind. Das bedeutet für mich eine starke Traditionsgebundenheit, aber auch ein festes Fundament.

Unser Haus steht im Grünen, und unser Quartier war zu meiner Kinderzeit noch ruhig. So konnten wir mit den Nachbarkindern auf der Straße spielen, und zu einer abschüssigen Straße zum Schlitteln war es im Winter auch nicht weit. Mit einem einzigen Bruder verlebte ich bei liebevollen Eltern eine wundervolle Kindheit. Da meine Eltern neun Jahre auf Kinder hatten warten müssen, war ihre Freude doppelt groß, und sie beschäftigten sich viel mit uns. Am Sonntag gab es größere und kleinere Spaziergänge; bei Regenwetter wurde gemeinsam gespielt. Gehorchen mußten wir, es gab auch Strafen, aber Schläge bekamen wir nie. Ich muß ein recht unternehmungslustiges Kind gewesen sein, was sich aus folgender Episode ergibt: Meine Mutter schickte mich zum ersten Mal allein zum «Posten» in die Stadt. Daß dies bei einem erst vier Jahre alten Kind möglich war, zeigt, wie ungefährdet man uns damals auf die Straße gehen lassen konnte. Ich erledigte aber statt nur einer Besorgung gleich deren vier. Ich brachte noch Zitronen heim, frug nach frischer Butter (zum Glück war sie noch nicht da — so was konnte damals ohne Kühlschränke noch geschehen) und bestellte meine Mutter bei der Coiffeuse. Zur Strafe mußte ich am Nachmittag mit meiner Mutter die Geschäfte besuchen und die Sachen richtigstellen.

Schon früh gab es herrliche Sommerferien für die ganze Familie, meist im Bündnerland. Meine Eltern wählten schöne, immer wieder andere Orte und gute, aber einfache Hotels. Die Ferienwohnungen waren damals meist noch recht primitiv, und mein Vater wollte, daß auch die Mutter richtig Ferien machen sollte. Diese Art von Ferien brachte es mit sich, daß wir stets sehr nette Bekanntschaften machten, die vielfach über Jahre dauerten. Eine liebe Freundin habe ich bis heutigen Tages behalten, und die Freundschaft fing fast komisch an. Wir lernten eine Basler Familie, Mutter mit sechs Kindern, kennen, während der Vater und die älteste Tochter nachkommen sollten. Die Mutter schrieb von mir und rühmte mich offenbar sehr, was den Widerspruch der damals Achtzehnjährigen weckte. Sie klagte ihr Leid einer Schulfreundin, die mich zufällig kannte und sie mit der Erklärung beruhigte: Hab keine Angst, sie ist schon recht.

Die Herbst- und sehr oft auch die Frühlingsferien verlebten wir bei einer lieben Tante in Basel. Im Herbst war die Basler Messe natürlich eine Hauptattraktion.

Mit fast sieben Jahren kam ich in die Schule. Das empfand ich, vor allem weil ich sehr groß gewachsen war, als eher spät. Später in der Gymnasialzeit kam dies noch stärker zum Ausdruck, weil ich in meiner Klasse eigentlich nie richtigen Anschluß fand. Ich frage mich deshalb, ob die Verlegung des Stichtages vom 1. Mai auf den 1. Januar richtig sei, doch ist dies wohl individuell sehr verschieden. Wird bei Schulanfang im Herbst, der jetzt wieder zur Diskussion steht, das Alter für den Schuleintritt wohl noch weiter erhöht? — In der 4. und 5. Klasse hatte ich einen strengen Lehrer, den ich aber sehr liebte, besonders auch weil er mich viel rühmte und verwöhnte. Daß er mir damit sicher nichts Gutes getan und mich bei meinen Mitschülerinnen nicht besonders beliebt gemacht hat, habe ich erst später eingesehen. Schwer fiel mir deshalb der Wechsel zu einem andern Lehrer in der 6. Klasse, bedingt durch die Einführung des Einklassensystems. Der neue Lehrer war sehr jähzornig, und von Verwöhnen war natürlich nichts mehr zu spüren. — In die letzte Primarschulzeit fiel auch die erste Tanzstunde, die von Turnlehrer N.M. erteilt und sozusagen von allen Kindern besucht wurde. Ich denke gerne an den großen Casinosaal zurück, wo Knaben und Mädchen streng getrennt auf zwei Seiten saßen, an die Zeltli, die man sich in der Pause anbot und an die Sträußchen und Orden, die beim Cotillon am Schlußball verteilt wurden.

Nun kam die Frage Sekundarschule oder Gymnasium. Sehr viele Mädchen besuchten damals schon das Gymnasium, und meine Eltern waren durchaus damit einverstanden, stellten aber die Bedingung, daß ich bis zur Maturität durchhalten müße. Es war nämlich für viele Mädchen Gewohnheit geworden, das Gymnasium als «bessere» Schule zu besuchen, dann aber mit der Konfirmation zu verlassen. Das war sicher nicht richtig, weil der Lehrplan ja auf 6½ Jahre eingerichtet war. Schmerzlich war mir der Abschied von meiner liebsten Jugendfreundin, mit der ich sechs Jahre zusammengelebt hatte und die die Sekundarschule besuchen wollte. Wir gelobten uns natürlich weiterhin Liebe und Treue, aber das Leben brachte uns doch auseinander. — Ich habe die Wahl des Gymnasiums nie bereut, denn der uns gebotene Stoff war sehr interessant, und wir hatten zum Teil ausgezeichnete Lehrer, so vor allem Rektor R.K. für Naturkunde, G.B. für Deutsch. In die Gymnasialzeit fiel auch unsere Konfirmation bei dem bekannten Stadtpfarrer O.H. —

Natürlich wurde gearbeitet, aber den Streß, von dem heute so viel gesprochen wird, kannten wir nicht. Ob der Lehrstoff weniger umfangreich war oder ob es einfach an dem viel ruhigeren Leben ohne Radio und Fernsehen lag? Neben der Schule gab es viel freie Zeit für allerlei Beschäftigungen und Vergnügen. Höhepunkt waren dabei die Besenbummel der Gymnasialverbindungen, für mich der Vitoduraner. Wenn ich an unsere Schülerlieben zurückdenke und mit der heutigen Zeit vergleiche, stelle ich fest, wie viel harmloser die Beziehungen, obwohl wir «heiß liebten», damals waren.

Einen tiefen Einschnitt in das ganze Leben brachte der Ausbruch des Ersten Weltkrieges. Zuerst glaubte man an einen raschen Abschluß, dann gewöhnte man sich an die Fortdauer, und erst viel später merkte man, wie sich das ganze Leben dauernd geändert hatte. Die Ruhe und Sicherheit der Zeit vor 1914 kam nie wieder, und der Einschnitt des Zweiten Weltkrieges war in dieser Hinsicht weniger tief.

Die Maturität fiel noch in die Kriegszeit, so daß an ein Studium an einer ausländischen Universität nicht zu denken war. Ich entschloß mich für Romanistik, Französisch und Italienisch. Bald merkte ich aber, daß ich auf einem Holzweg war und sattelte zur Jurisprudenz um, die mich eigentlich von Anfang an gelockt hatte. Ich studierte in Zürich und Bern und hörte ausgezeichnete Professoren wie Fritz Fleiner für Staatsrecht und Eugen Huber, den Schöpfer unseres Zivilgesetzbuches. Auch mein Bruder, der zwei Jahre älter war als ich, studierte die Rechte, und der viele Militärdienst, den er leisten mußte, brachte es mit sich, daß ich ihm näher rückte. So beschlossen wir, uns zusammen aufs Doktorexamen vorzubereiten und machten dann auch am gleichen Tage das Abschlußexamen. Das brachte uns eine unerwartete Berühmtheit, da die Zeitungen eine Notiz über das «seltene Geschwisterpaar, das am gleichen Tag das gleiche Examen machte» brachten.

Ich sah mich nicht gleich nach einer Stelle um, sondern arbeitete zuerst als Auditorin am Bezirksgericht Winterthur und suchte dann, den Auslandaufenthalt nachzuholen. Schöne Monate verlebte ich in London und Paris, wo ich mich vor allem in den Sprachen übte und daneben die beiden hochinteressanten Städte mit ihren Kunstschätzen und ihre Umgebung kennen lernte. Nach meiner Rückkehr arbeitete ich zuerst bei der Frauenzentrale Winterthur, die eine Hilfe Winterthur-Heidelberg organisiert hatte, denn die deutschen Städte brauchten nach dem Kriege (ähnlich wie nach dem Zweiten Weltkrieg) dringend eine Hilfe. Dann fand ich eine Stelle bei einer Privatbank, die ich aber nach einigen Monaten wieder aufgab, da ich meine juristischen Kenntnisse keineswegs verwenden konnte. Ich wurde nur als Stenotypistin eingesetzt, und mein Titel war offenbar mehr ein Aushang für die Bank. Die nächste Stufe war Mitarbeit auf dem Rechtsbureau einer Großbank. Die Stelle war an und für sich angenehm, und ich hatte einen sehr netten Vorgesetzten. Ich merkte aber immer mehr, daß diese Arbeit einer Frau keine Befriedigung bieten kann. Sie ist zu sachlich, zu wenig menschlich. Dazu kam eine wenig erfreuliche Erfahrung: Ich erhielt von verschiedenen Personalangehörigen Glückwünsche, weil ich die Unterschriftsberechtigung erhalten werde, obwohl ich selber davon noch nichts wußte. Da sagte mit mein Chef (dem es offensichtlich leid tat), daß tatsächlich letzte Woche der Beschluß so gefaßt worden, leider aber durch eine Indiskretion beim Personal bekannt worden sei. In der gestrigen Sitzung hätten nun zwei Direktionsmitglieder, die in der Woche zuvor abwesend gewesen seien, Einspruch erhoben, und man habe die Sache rückgängig gemacht. Ich konnte natürlich nichts dagegen tun, auch mein Chef, der nur Vizedirektor war, nicht. Ich habe mir aber meine Meinung über diese beiden Herren und den Mut der Übrigen, die zurückgekrebst waren, gemacht! So stand es damals um die Stellung der Frauen. Als sich einige Zeit nachher eine andere Arbeitsmöglichkeit bot, fiel mir der Abschied nicht schwer. Im Gegenteil. Diese Erfahrung hat mir den Entschluss zum Wechsel sogar sehr erleichtert. Wer weiß, was ich in diesen Krisenjahren getan hätte, wenn ich durch die Unterschriftsberechtigung mit dieser Bank enger verbunden gewesen wäre. So aber tat ich den Schritt leichten Herzens, und damit fing meine eigentliche Lebensaufgabe an.

Im Jahre 1928 hatte in Bern die erste Ausstellung für Frauenarbeit, genannt SAFFA, stattgefunden. Mit dem erfreulichen Reingewinn, den man den Frauen im voraus natürlich nicht zugetraut hatte, wurde die «Bürgschaftsgenossenschaft SAFFA» gegründet, welche sich für Frauen für berufliche und geschäftliche Zwecke verbürgen kann. Ich wurde bei der Gründung 1931 in den Vorstand gewählt und übernahm 1935, als sich die Tätigkeit der Genossenschaft ausdehnte, die zweite Geschäftsstelle in Zürich. Ich kam mit Frauen aller Art zusammen, da wir uns nicht für bestimmte Berufe, sondern für alle Frauen verbürgen können. Meine Tätigkeit bestand darin, neue Gesuche abzuklären, Geschäfte, für die wir uns verbürgt hatten, zu überwachen, Ratschläge finanzieller und geschäftlicher Art zu erteilen, die Tätigkeit unserer Treuhandstelle (vor allem Buchhaltungen und Steuererklärungen) zu leiten und Vorträge über geschäftliche und finanzielle Fragen zu halten. Ich konnte meine juristischen Kenntnisse, sowie meine Erfahrungen im Bankfach verwerten und hatte auch in menschlicher Hinsicht eine sehr befriedigende Tätigkeit. Die Bedeutung der Stelle wuchs. Hatte ich zuerst die Arbeit mit nur einer Halbtagshilfe erledigt, so waren wir mit der Zeit vier bis fünf

Personen. Im Jahre 1966 trat ich nach 31 Jahren von meiner Stelle zurück. Es war schmerzlich für mich, daß verschiedene Umstände den Vorstand der Genossenschaft veranlaßten, die Stelle, welche ich mit so viel Liebe und Einsatz aufgebaut hatte, aufzuheben. Durch den Zweiten Weltkrieg wurde meine Arbeit nicht stark berührt. Es war wichtig, daß meine Stelle, sei es für die Abklärung von Gesuchen, sei es für die Erteilung von Ratschlägen, weiterhin funktionierte, und deshalb kam eine Mitarbeit beim FHD oder irgend einer Hilfsorganisation nicht in Frage. So konnten wir auch gar nicht an eine Übersiedlung ins Welschland denken, die viele Leute aus Angst vor einem Einfall der deutschen Truppen vornahmen. Weder meine Mutter noch ich hätten diesen, unseres Erachtens etwas feigen Entschluß je ins Auge fassen wollen. Wir fühlten uns mit der übrigen Bevölkerung, welche aus irgendwelchen Gründen, finanzieller, beruflicher oder persönlicher Art, nicht evakuieren konnten, solidarisch verbunden.

Durch meine Berufsarbeit kam ich mit vielen Frauen und Frauenvereinen, überhaupt mit der ganzen Frauenarbeit und Frauenbewegung, in Kontakt. Zuerst wurde ich Mitte der dreißiger Jahre Mitglied des Vorstandes der Genossenschaft Schweizer Frauenblatt, den ich später zehn Jahre präsidierte. Mit der Auflösung der Genossenschaft hörte diese Tätigkeit auf. Dann wurde ich 1937 in den Vorstand des Bundes Schweizerische Frauenvereine BSF (heute Bund Schweizerischer Frauenorganisationen) gewählt, dem ich bis 1961 angehörte. Nach der Reorganisation des Dachverbandes im Jahre 1949 wurde ich unter dem Präsidium von Frau Gertrud Haemmerli-Schindler, die ich besonders hochschätzte, Vizepräsidentin und blieb es noch unter zwei weitern Präsidentinnen. Präsidentin hätte ich meiner Berufsarbeit wegen nie werden können. Ich gehörte auch verschiedenen Kommissionen des BSF an, so besonders der juristischen Kommission, die ich von 1961-71 präsidierte.

Als Vertreterin des BSF wurde ich im Laufe der Jahre Mitglied verschiedener eidgenössischer Kommissionen, so der Expertenkommission für die Revision des Bürgschaftsrechtes 1937, der eidgenössischen AHV-Kommission von 1948-68, der kleinen Studienkommission für die Revision des Familienrechtes 1958-1965 und der Expertenkommission für die Revision des Familienrechtes 1968-76. Überall habe ich mit Interesse und viel Freude mitgearbeitet, viel gelernt und viele interessante und sympathische Menschen kennengelernt.

Nach meiner Pensionierung übernahm ich die Rechtsauskunftsstelle für Frauen der Frauenzentrale Winterthur, welche damals neu eröffnet wurde und die heute noch besteht und mir viel Freude macht. Die Mitarbeit bei Kursen für die Vorbereitung auf die Pensionierung habe ich erst 1970 fast zufällig aufgenommen. In diesen Kursen werden an verschiedenen Nachmittagen oder Abenden Fragen medizinischer, psychologischer, manchmal auch theologischer Art behandelt. Mein Thema ist jeweils «Wirtschaftliche und rechtliche Fragen im Alter». Durch diese Kurse lernte ich das Leben von einer andern Seite kennen und traf mit andern Menschen zusammen. Ich hatte immer viel Freude daran.

Der BSF bereitete für das Jahr 1958 (30 Jahre nach der SAFFA in Bern) eine zweite Frauenausstellung vor, die bei Bekanntwerden sofort als zweite SAFFA bezeichnet wurde. Obwohl der Name nun eigentlich uns, das heißt der Bürgschaftsgenossenschaft gehörte, bewilligten wir die Bezeichnung, so daß es nun eine Zeitlang zwei SAFFAS gab: die Bürgschaftsgenossenschaft SAFFA und die Saffa 1958, zweite Ausstellung: Die Schweizerfrau, ihr Leben, ihre Arbeit. Natürlich erklärte ich mich zur Mitarbeit bereit, jedoch in bescheidenem Rahmen, glaubte ich doch, daß mir meine Berufsarbeit nicht mehr erlaubte. Die Umstände brachten es dann aber mit sich, daß es ganz anders kam. Ich wurde Präsidentin der von mir vorgeschlagenen Fachgruppe «Frau und Geld», für welche ich bereits das Konzept gemacht hatte, und später mußte ich das Präsidium der Finanzkommission übernehmen. Dadurch wurde ich Mitglied des Organisationskomitees und sogar des Arbeitsausschusses. Nachträglich frage ich mich, wie es möglich war, all diese Arbeit zu bewältigen. Wenn man aber mit Leib und Seele bei einer Aufgabe ist, wie wir es bei der Saffa 1958 waren, und wenn man auf treue, ausgezeichnete Mitarbeiterinnen zählen kann, dann geht alles leicht. Beflügelt hat uns auch das gute Echo im Publikum und dann auch der gute finanzielle Erfolg. Jedenfalls zähle ich die Zeit der Saffa 58 zu meinen allerschönsten Erinnerungen.

Als junges Mädchen fand ich das Frauenstimmrecht eine Notwendigkeit. Immer mehr aber wuchs die Überzeugung, natürlich durch meine vielen Erfahrungen, daß dieses Recht uns fehle und unbedingt anzustreben sei. Wo immer sich eine Möglichkeit bot, setzte ich mich dafür ein, gehörte aber nie zu den militanten Frauen, sondern zu den gemäßigten. Ich glaubte, daß wir mehr erreichen würden, wenn wir nicht zu viel verlangten. Wir haben beide Arten von Frauen gebraucht, um zum Ziele zu kommen. Das ist nun erreicht, wenn uns auch immer noch manches zu tun bleibt. Nach wie vor bin ich der Meinung, daß man nicht einfach gleichschalten kann, weil Mann und Frau von der Natur verschieden geschaffen sind.

Neben meiner Berufsarbeit und meinem Einsatz für die Frauen im allgemeinen will ich aber auch von meinem Privatleben etwas berichten. Von den schönen Ferien in den Bergen, später auch einige Male am Untersee habe ich bereits geschrieben. Nach der Schulzeit hörten diese regelmässigen Familienferien natürlich auf. Es gab überhaupt für Inlandferien, bedingt auch durch meinen Auslandaufenthalt, Unterbrüche. Von Anfang der dreißiger Jahre an machte ich wieder regelmäßige Bergferien, da ich im Frauenalpenclub eine liebe Freundin gefunden hatte. Ich trat anfangs 1931 dem Club bei und habe nun gerade die 50 Jahre vollendet. Der Club hat mir mit Touren, Wanderungen und Clubwochen unendlich viel Freude verschafft. Auch unser Seniorinnenkreis hält seit Jahren treu zusammen. Von 1945-58 stellte die Sektion Winterthur das Centralcomité, und ich war Centralpräsidentin, ebenfalls eine sehr schöne Aufgabe. Nicht leicht fiel uns die in letzter Zeit erfolgte Fusion unseres Clubs mit dem SAC, nachdem wir seit 1981 als selbständiger Club (die Männer wollten uns damals nicht!) bestanden hatten. Die Entwicklung hat dieses Zusammengehen nun aber verlangt. Auch die beiden Winterthurer-Sektionen haben sich auf den 1. Januar 1981 zusammengeschlossen, und ich sehe mit Zuversicht einer guten Entwicklung entgegen.

London und Paris habe ich, wie erwähnt, schon ziemlich früh kennengelernt. Nach dem Tode meines Vaters machte ich in der Zeit zwischen den beiden Weltkriegen mit meiner Mutter verschiedene sehr schöne Reisen nach Deutschland und Italien und eine herrliche Mittelmeerfahrt. Erstmals 1954 und dann in den folgenden Jahren schloß ich mich den Kunstreisen von Prof. Richard Zürcher an, die uns nach Frankreich, Deutschland, Italien und Belgien führten. Das reiche Wissen des Leiters, die angenehme Gesellschaft — man traf immer wieder gute Bekannte — und die schönen Städte und Länder machten diese Reisen zum großen Genuß. Auch in den letzten Jahren habe ich das Reisen noch nicht ganz aufgegeben.

Neben der bildenden Kunst hat die Musik in meinem Leben immer eine große Rolle gespielt. Meine beiden Eltern, auch mein Bruder, spielten gut Klavier, meine eigenen Künste dagegen sind bescheiden. Aber der Besuch der Konzerte war bei uns eine wichtige Sache und wurde nie versäumt. Im Gemischten Chor sang ich eine Zeitlang mit Freude mit.

Es wäre keine Lebensgeschichte, wenn ich nicht auch von Menschen berichten würde. Ich sprach schon davon, daß ich durch meine Arbeit mit vielen bedeutenden Frauen und Männern zusammenkam. Nun zum privaten Kreis. Meine Familie ist klein. Meinen Vater verlor ich mit 25 Jahren, während ich mit meiner Mutter noch viele Jahre zusammenlebte. Wir hatten ein besonders schönes Verhältnis, was unter anderem darauf beruhte, daß mir meine Mutter volle Selbständigkeit gewährte. Ich dachte nie daran, eine eigene Wohnung zu nehmen, sondern freute mich der Gemeinsamkeit. Ich kann deshalb schwer verstehen, wie selten man dieses Zusammenleben heute trifft. Offenbar hatte ich auch ein besonderes Glück. — Mein einziger Bruder hat wiederum nur eine Tochter, doch habe ich mit ihr, ihrem Mann und ihren vier Kindern ausgezeichnete Beziehungen. Ebenfalls nahe stehen mir Vettern und Cousinen, sowie eine Anzahl von Gottenkindern mit ihren Familien. — Auch einen Teil meiner Familie bildet meine Haushälterin, die seit bald 34 Jahren mit mir lebt. Sie kam als Auslandschweizerin nach dem Krieg in die Schweiz zurück, suchte eine Stelle und zog mit ihrem damals zehnjährigen Töchterlein bei uns ein. Die Tochter ging zur Schule, machte eine Lehre und verheiratete sich. Nun hat sie ihre eigene Familie mit zwei Mädchen von 17 und 13 Jahren, die für mich wie Enkelkinder sind.

Endlich sind noch meine Freundinnen und Kameradinnen zu erwähnen, derer ich — keine Selbstverständlichkeit in meinem Alter — eine ganze Reihe besitze. Die einen Freundschaften gehen bis auf die Schulzeit oder spätere Bekanntschaften zurück. Dann habe ich einen Kreis von vier (zuerst sechs) Freundinnen, die wir uns auf den Kunstreisen von Prof. Zürcher zusammengefunden haben. Wir treffen uns regelmäßig und unternehmen allerlei: Besichtigungen, Museumsbesuche oder auch nur Plaudernachmittage. Bestand hat auch der seinerzeitige Arbeitsausschuss der Saffa 1958. Von den zuerst sieben Mitgliedern leben noch fünf. Auch wir kommen regelmäßig zusammen und halten gute Freundschaft. Der Seniorinnenkreis des Alpenclubs bringt viel Abwechslung, weil immer am Mittwoch eine größere oder kleinere Wanderung gemacht wird, manchmal auch eine Fahrt, damit alle, auch die nicht mehr Marschtüchtigen, mitkommen können. Am zweiten Donnerstag des Monats trifft sich, wer will, zum Nachtessen.

Daß ich eine ganze Anzahl von jüngern Freundinnen und Kameradinnen habe, betrachte ich unbedingt als Glücksfall. Man hört oft sagen, man solle darnach trachten, jüngere Freundinnen zu haben. Das ist sicher richtig, aber schneller gesagt als getan. Umso dankbarer bin ich, daß mir diese Menschen geschenkt sind. Auch der Club der Berufs- und Geschäftsfrauen, der monatlich zusammenkommt, bietet uns gute Vorträge und erfreuliche Geselligkeit.

Die Geschichte meines Lebens zeigt, wie dies normal ist, Höhen und Tiefen, Sonnen- und Schattenseiten. Die letzteren vergißt man eher, drum nehmen sie auch in meiner Schilderung keinen sehr großen Platz ein. Wenn ich Bilanz ziehe, sehe ich, daß die positiven Seiten bei weitem überwiegen. So kann ich dankbar auf ein schönes, reiches Leben zurückblicken.

Elisabeth Nägeli

Wald

*weiblich, * 1897, Knabenschneiderin*

In einem Zürcher Weinlanddorf wurde ich geboren. Ein zwei Jahre jüngerer Bruder starb mit vier Monaten, zum großen Schmerz meiner Eltern.

Wir waren Bauersleute, hatten 6-7 Stück Vieh, Jungvieh und zwei Schweine im Stall. Vater hatte viele Nebenbeschäftigungen. Schon als Lediger war er Gemeinderat und Sektions-Chef. Im Militär war er Feldweibel. Als man im Dorf die Wasserleitung einrichtete, werkte er mit. Er eignete sich da Kenntnisse an, die ihm später zur Nebenbeschäftigung, zum Hobby dienten. Er wurde dann auch Brunnenmeister und hatte viel im Reservoir, und was damit zusammenhing, zu tun. Ein älterer Mann namens M. war viele Jahre unser Knecht. Er machte viel Spaß mit mir, und ich hatte ihn lieb wie einen Großvater. Unser Haus stand an einer Nebenstraße, und vis-à-vis stand das Bezirksgefängnis. Ein richtiges, aber vergittertes Fenster schaute auf die Straße. Hinter diesem Fenster brachte auch der spätere Bundesrat N. einige Zeit zu. Der Verwalter betrieb daneben eine private Landwirtschaft. Die Gefangenen (keine späteren Bundesräte), ließ er in Feld und Stall zum Teil mitarbeiten, sie lebten auch mit in der Familie. Einer flüchtete einmal, mitsamt dem Hund des Verwalters. Die Hausfrau war eine so tüchtige, arbeitsame Frau, wie ich sonst keine solche kenne, sie kochte, putzte, wusch für die große Familie und für die Gefangenen, das ganze Haus war immer blitzsauber, daneben mußte sie eine Klatschbase von Schwiegermutter ertragen. Vier Kinder ungefähr in meinem Alter waren da. Und ein kleiner Hansli ohne rechte Hand, den ich bewunderte, machte er doch mit seiner Ellenbogenbeuge alles, was andere Kleinen mit der Hand tun. Diese Kinder waren zudem alle sauber und gut gekleidet.

Aber leider hatte die Mutter wenig Zeit für sie. Natürlich hatte ich als Alleinkind große Sehnsucht nach diesen Kindern. Aber sie waren nicht nett zu mir, waren oft grob und roh. Jetzt in der Erinnerung scheinen sie mir wie kleine Erwachsene. Es war keine gute Luft, in der sie aufwuchsen. Sie mußten früh helfen, wurden alle tüchtig, hatten aber wenig Glück, es gab Scheidungen. Alle sind sie schon gestorben.

Von der Straßenseite gefiel mir unser Haus nicht recht. Da waren der Schopf, die Scheune, der Stall, die Sandsteintreppe zur Haustür und natürlich der Miststock. In einem kleinen Anbau waren die Grunztiere untergebracht und das gewisse Örtchen, welches man also durchs Freie erreichen mußte. Darüber war ein Raum für Holz luftig vergittert, man brauchte eine kleine Leiter, um Holz zu holen. Dem Wohnhaus entlang hatte es eine Holzlaube, die zur oberen Wohnung gehörte. Hinter dem Haus war mein Paradies, der Garten mit dem Gravensteinerapfelbaum und allen Herrlichkeiten. Dem Wohnhaus entlang hatte es eine exakt gebaute Scheiterbeige, und ich konnte vom Stubenfenster hinaussteigen und dort spielen, primitive Puppen und dazu Möbel aus Karton et cetera machen. Die Mutter war immer in der Nähe, im Garten oder in der Stube, sie war immer bereit, ein gelungenes Werk zu loben. Vis-à-vis war Nachbars grüne Wiese, wo sich fröhliche junge Menschen tummelten. Es war, als ob hier die ganze Zeit die Sonne lachte.

In der oberen Wohnung wohnte eine liebe Lehrerswitwe mit ihrer ältlichen Tochter, die ewig putzte; letztere gab vielleicht meiner Mutter ein wenig zu viel Erziehungsratschläge. Die Mutter war gewiß zu gut mit mir, aber der Vater hielt schon das Gleichgewicht, wenn er mir durch die Finger pfiff, wußte ich, was es geschlagen hat. Nur einmal bekam ich von ihm richtige Schläge. Mutter hatte mir eines auf die Finger gegeben, und ich sagte frech: «Das hät mer nid weh to». Vater hörte es und verdrosch mich richtig. Nachher sagte er zu seiner Tochter: «Seisch es jetzt no?», welche heulend den Kopf schüttelte.

Wenn irgendwo in der Umgebung ein Schützenfest abgehalten wurde, hatte er dort gewisse Funktionen zu erfüllen. Und an seiner Hand durfte ich mitgehen, und er erzählte mir auf dem Weg allerlei Lustiges, Ulkiges, dies beglückte mich sehr.

Zu den Frauen im Oberstock durfte ich oft am Abend, ein Stündchen. Man saß zusammen in der Ofenecke bei der Petrollampe, und ich fand es so interessant, wenn das Fräulein ein zierliches Gestell auf das Glas der Petroleumlampe stellte, mit ebensolchem Pfännchen. Darin kochten sie ihren Tee zum Abendbrot, wozu ich eingeladen wurde. Dies alles war so heimelig. Neben der Tochter hatte die Witwe noch zwei Söhne. Der ältere war im Dorf Sekundarlehrer, ein gestrenger Herr, aber er war berühmt. Er schrieb selber Lehrbücher über Mathematik etcetera. Heute heißt im Dorf eine Staße nach ihm. Der andere Sohn lebte und starb in Schweden, kam jährlich auf Besuch und brachte mir immer irgendetwas mit, aus dem fernen Land. Er war sehr kinderliebend.

In unserer Küche gab es drei Feuerstellen: den Kochherd und die Feuerung für den Kachelofen. Und dann gab es einen Tollofen, mit einem großen Kessi. Darin kochte man die Wäsche, machte Wasser für das Bad, dies war ein großer Holzzuber. Und am Schlachttage wurden die Blutwürste et cetera darin gekocht. Den Nachbarn mußte ich am Abend jedem eine Blutwurst und ein Stück Fleisch bringen, was jene an ihrem

Schlachttag ebenso machten. In der Küchenkammer waren immer bunte Tonschüsseln aufeinander gestellt, gefüllt mit Milch, immer ein sauberes Brettchen zwischen zwei Schüsseln.

Aus dem dicken Rahm machte man in einem ovalen Holzfass Butter, man mußte drehen und drehen, oft ging einem die Geduld aus. Aus der Butter machte Mutter kleine Bällchen, zu einem oder einem halben Pfund, welche sie auf einem Teller hin und her warf, bis sie schön oval waren. Der Vater hatte ihr ein Hölzlizickzack geschnitzt. Damit verzierte sie die Butter und verkaufte sie an Kunden.

In der Stube war der blaue Kachelofen, eine «Kuust» daneben (meine Zuflucht im Winter), sie wurde erwärmt durch den Kochherd. Eine kleine Durchreiche zur Küche, genannt «Läuferli», ermöglichte mir, mich mit Mutter zu unterhalten, wenn sie in der Küche beschäftigt war. Zwischen den Wandkästen war das Uhrenkästli, mit einer mit Blumen bemalten Uhr. Bei den Fenstern waren je ein Sitzbänklein eingebaut, sie dienten mir als Spielecken. Links war die Tür zum Schlafzimmer meiner Eltern und rechts war die Tür zu meiner Schlafkammer. Eine Wand grenzte an die Scheune. Im November 1911 ereignete sich ein ziemlich starkes Erdbeben. Noch höre ich das Klingeln der landwirtschaftlichen Geräte durch die Erschütterung. Diese waren an der Scheunenwand aufgehängt. Kamine stürzten von den Dächern, und von unserem stolzen Kirchturm stürzten zwei Türmchen samt den Kreuzblumen zu Boden, wo sie zerschmetterten. Nach längerer Zeit wurden sie ersetzt, es war eine Attraktion für Schaulustige, wozu auch Kinder gehörten.

Mit drei Jahren schon wanderte ich in die Gvätti, zu Jumpfer Pf., welche das ganze Gesicht voller Lachfältchen hatte. Ein frohmütiges, humorvolles Menschenkind, das mit dem kleinen Krabbelvolk umzugehen wußte, ohne jegliche Ausbildung.

Ein großes Kinderglück geschah mir auch durch zwei kleine Meiteli, vier- und zweijährig. Deren Mutter war sehr beschäftigt, und sie vertraute mir ihre Lieblinge an. Ich konnte sie nach Herzenslust bemuttern und meine Sehnsucht nach Geschwistern stillen. Die beiden waren mir sehr anhänglich. Die beiden, nun auch alt geworden, besuchten mich letzthin, erzählten mir, was ich nicht mehr gewußt hatte, daß ich ihnen Puppenkleider genäht hätte, sie wußten noch, wie sie ausgesehen hatten, und daß ich sie oft mit in die Kinderlehre genommen hätte.

Mit knapp sechs Jahren besuchte ich bei einem alten humorvollen Lehrer die erste Klasse, obwohl man mich heute gewiß nicht schulreif nennen würde. Aber diese drei Jahre sind eine frohe Erinnerung. Am andern Ende des Korridors war das Zimmer des Oberlehrers. Dort rückte man in die 4. Klasse auf. Diese beiden Lehrer hatten keine Beziehung zueinander, obwohl sie jedes Jahr abwechselnd noch die 7. und 8. Klasse unterrichten mußten. Diesen neuen, gewiß auch fähigen Lehrer fürchtete ich nun. Ich war auch keine gute Schülerin, schrieb furchtbar schlecht, machte viele Fehler, somit konnte ich nicht zu seinen Lieblingen gehören. Für alle Schüler war es ein Schrecken, wenn er einen Knaben strafte, indem er ihn über den Tisch legte und mit der Haselrute bestrafte, bis er schrie. Er hatte einen eigenen Weinberg, bei dessen Pflege ihm die großen Knaben helfen mußten. Er wohnte im Schulhaus und mußte im Winter vor der Schule alle die großen weißen Zylinderöfen heizen, auch hatte er eine große Familie, die ihm nicht lauter Freude bereitete. Sein Name war H. Vor seinem Geburtstag suchte man Efeu im Wald, machte Kränze, steckte Blumen hinein und sammelte Geld für einen Schinken, welcher damals keine 20 Franken kostete. Am H.s-Tag besammelte man sich oben im Dorf. Mit der Schweizerfahne voraus und dem Schinkenkorb zog man, «Vivat» rufend und singend, zum Schulhaus. Es wurden die Kränze im Zimmer aufgehängt, und es wurde uns eine Geschichte vorgelesen. Wenn das Wetter gut war, machte man am Nachmittag zusammen eine große Wanderung, vielleicht auf den Irchel. Im Winter machte er mit seinen Lieblingen auf einer richtigen Bühne ein Theater, mit Eintrittsgeld. Aus diesem Geld machte er eine kleine Bibliothek, lauter Jeremias-Gotthelf-Bücher. Mit Schaudern las ich mit 11 Jahren «Die schwarze Spinne». Diese Tradition wurde von den andern Lehrern belächelt. Langweilig war die Zeichenstunde bei Herrn H. Nach großen Gipstafeln mußten wir Baumblätter zeichnen.

Für unsere Spiele hatten wir zum Beispiel einen gerillten Kreisel aus Holz, beklebt mit bunten Papierfetzlein, und eine selbstgemachte Peitsche mit langer Schnur. Mit den bloßen Füssen wurde der Straßenstaub zu einem Beigli zusammengekratzt. Die Schnur wickelten wir um die Rillen, steckten den Kreisel in den Sand, und nach einem heftigen Ruck tanzte er über die ganze Straße, welche damals noch unser Spielplatz war. In der Thur wurde im Sommer gebadet, die Knaben streng getrennt von den Mädchen. Und wenn sie, die Thur, über die Ufer flutete, war es natürlich hochinteressant. Am Anfang des Dorfes trennte sich der Dorfbach in zwei Teile. Der eine trieb drei Mühlen, die Maschinen einer Metzgerei und einer Schreinerei. Der andere Teil floß unterirdisch eine lange Strecke. In diesen Tunnel konnte man einsteigen und lachend und kreischend, von Stein zu Stein hüpfend, dieses Abenteuer genießen. Im Spätsommer zog von Scheune zu Scheune die große Dreschmaschine. In großen Haufen stapelten sich die leeren Strohballen. Wir Kinder wühlten im Zickzack Gänge und Höhlen in dieses Stroh, und man ließ uns gewähren. Es war ein herrliches Vergnügen. Am zweiten Mittwoch im November war Jahrmarkt, den wir schon lang ersehnten, besonders auf die Reitschule zu fünf Rappen per Fahrt. Einmal gab es auch eine Schaubude, in der unter anderem eine lebendige Frau mit zwei Köpfen gezeigt wurde. Voll Entsetzen bemerkte ich, daß die beiden Köpfe miteinander plauderten!

Damals gab es den ganzen Winter Eis und Schnee. Schlitteln konnten wir mit unseren rasselnden Holzschlitten, welche genau unserem Kinderteil angepaßt waren, vom Bahnhof bis in die gedeckte Holzbrücke hinein. Nicht alle Kinder hatten «Örgelischlittschuhe», welche oft mitsamt dem Absatz wegflogen. Die anderen vernügten sich mit «Schlife». Für den Berchtoldsabend sammelte man im Herbst Nüsse. Gruppenweise zog man in eine gastfreundliche Stube. Im Säckli fanden sich Nuß, Wurst und «Helsweggen»; man machte Pfänderspiele oder «Schühlischupfis». Im Nachbardorf, Heimat meiner Mutter, hatte ich geliebte Cousinen, die mich oft an diesem Tag einluden. Dort gab es keine Straßenbeleuchtung, man mußte mit der Stallaterne bei Nacht ins Freie gehen, das gruselig und geheimnisvoll war. Vom Schulsylvester weiss ich nur, daß jedes bemüht war, nicht das Letzte in der Schule zu sein, welches zum Spott der ganzen Bande wurde. An diesem Tag bekam jeder Schüler ein Helsigbüchlein, was ihn sehr beglückte.

Eines Tages landeten auf unseren Feldern etwa sechs Ballone. Man redete von einem Gordon-Bernett-Wettfliegen. Wir liefen den Lehrern einfach davon, es war doch ein einmaliges Ereignis. So etwas war es auch, als wir ein merkwürdiges Brummen in der Luft hörten und eine riesige Wurst am Himmel erschien. Graf Zeppelin warf Karten mit seiner Adresse ab, welche wir voll Begeisterung frankiert zur Post trugen!

Unsere Arbeitslehrerin war ein älteres, überaus tüchtiges Fräulein — Jumpfer K. wurde sie genannt. Sie betete mit uns zu Anfang: «Mit Gott fang unsre Arbeit an.» Oft sagte sie uns, wir müßten einmal für jedes unnötige Wort, das wir sprechen, uns vor Gott verantworten. Manchmal kam der alte, ledige, humorvolle Herr Pfarrer zu uns auf Schulbesuch. Unsre Jumpfer K. errötete dann leicht, gewiß nur über die Ehre. Aber leider wurden dann wieder unnötige Worte gesprochen.

Meine Mutter pflanzte jedes Jahr Flachs. Wenn es genug vorbereitet war, suchte sie die «Rätsche» hervor und rätschte denselben, bis es nur noch Fasern waren. Sie spann aber nicht selber, schickte ihn in die Spinnerei und Weberei. Das fertige Tuch breitete man bei Sonnenschein auf der kleinen Wiese beim Haus aus. Täglich mehrmals mußte man es dann begießen, so wurde es einigermaßen weiß.

Wir hatten ein Juchart Reben, welche Mutters Hauptarbeit waren. Ich sehe sie noch mit dem Schäubli unter dem Arm, welches feucht sein mußte. Ihre Hemdärmel waren exakt «gestegelt». Fast mit Andacht glättete sie jeweils diese Ärmel, Falte um Falte genau.

An freien Nachmittagen und in den Ferien mußte ich mit ihr gehen und das Rebwerk lernen, und wie hab ich sie bei der Arbeit oft geplagt, mir Geschichten zu erzählen, und sie verstund es, aus Erlebnissen phantasievolle zu basteln. Der «Wümmet» war ein Fest für sich. Es kamen viele Helfer, und es wurde gesungen und gelacht. Um zwölf Uhr holte man heiße Würste in der Metzg, setzte sich aufs Wiesenbord und tafelte im Freien, vergnügt. Am Abend dann stampfte die Jugend vergnügt die Trauben zu Brei. Aus den Reben ist heute ein kleines Dörfli aus lauter prächtigen Landhäusern geworden.

Noch in der Sekundarschule hatte ich eine gräßliche Schrift und machte viele Fehler. Auch hier war ich nicht der Liebling des erwähnten Lehrers. Er wandte sich auch nur an die Knaben, und mir fehlte jede Begabung für ein Fach. An den Geographielehrer denke ich noch heute mit Begeisterung. Der Lehrer für Französisch, Singen, Deutsch und Zeichnen besaß Humor und Frohsinn. Bei aller Strenge verstand er es, sich in die Kinder hineinzufühlen, versteckte Gaben herauszuholen, Selbstvertrauen zu wecken. Er war auch noch jung. Bei mir förderte er ein Talent zum Zeichnen, was mir später wie eine Lebenshilfe wurde. Ich zeichnete viel mit meinen Kindern. Der älteste Sohn wurde Graphiker. Nun wäre ich gern noch das 3. Jahr in die Sekundarschule gegangen. Aber mein Vater bestimmte, daß ich Bäuerin werden sollte und mein Wunsch, Kindergärtnerin zu werden, kam zum Schweigen.

Drei Jahre vor dem Ersten Weltkrieg wurde mein Vater invalid, und man mußte das Land verkaufen, niemand wollte es pachten. Mir erklärte man: Jetzt kannst du etwas lernen. Es war Krieg, und ich fand eine Lehrstelle als Knabenschneiderin. Dort fand ich eine Freundin, welche Freundschaft uns noch heute verbindet. Leid und Freud trugen wir miteinander, hielten Waldfeste zusammen. Und noch etwas so Schönes erlebte ich durch eine junge Lehrerin, welche bei uns in Pension war und sich des unwissenden Landkindes liebevoll annahm, mir gute Bücher, Kunsthefte et cetera lieh. Wenn sie Musik machte mit ihren Kollegen, durfte ich dabei sein. Und wir machten zusammen Schnitzelbänke et cetera. Daraus wurde eine regelmäßige Brieffreundschaft, welche bis vor kurzem dauerte. Leider ist diese gute edle Seele nun senil geworden, kann nicht mehr schreiben, erinnert sich kaum noch meiner. Für ihre Familie und auch für mich ist das sehr betrüblich.

1918, als der Krieg aus war, kam die schreckliche Grippeepidemie. Das Schulhaus war voller zum Teil sehr schwer kranker Soldaten. Wir brachten ihnen laufend heißen Tee.

Damals gab es ganz selten unter den Jungen feste Freundschaften in jungen Jahren. Wir waren mehr in Gruppen zusammen, schnupperten ein wenig, waren vielleichte einmal kurze Zeit verliebt. Obwohl ich selber noch unreif war, stellte ich meist fest: Ach, er ist noch so unreif! Ich lernte mit 21 Jahren einen um 16 Jahre älteren Mann kennen, der mir gefiel. Er war Buchdruck-Maschinenmeister. Obwohl in der Schweiz geboren, war er deutscher Staatsbürger und hatte den Krieg mitgemacht, hatte noch Mühe, das Schreckliche zu verkraften. Eine gewisse Schwermut lag über ihm, was zum ersten mein Interesse weckte, nebst seinen schönen Augen. Er hatte Charakter, war ein Mann. Auch mein Vater verstand sich mit ihm. Diese beiden waren zwei Jassgenies. Und doch hatte mein Vater einige Bedenken, als wir von Heiraten berichteten. Es war nicht eine stürmische Liebe, aber wir verstanden und achteten uns gegenseitig. Durch die Valuta hatte er auch alle seine Ersparnisse verloren. Einem Vetter aus Deutschland gab er als Pfand sein Sparheft, und dieser Schlaumeier wechselte ohne sein Wissen die Franken in Mark um.

Vater besaß noch sein Haus und eine große Wiese. Wir wohnten dann im oberen Stock seines Hauses. Ein paar Jahre waren wir glücklich, hatten schon ein Meiteli und einen Buben zur großen Freude meiner Eltern, später kamen noch ein Bub und eine kleine E. dazu. Leider kaufte dann eine große Tageszeitung die Buchdruckerei, wo G. arbeitete, in Neuhausen, auf, und entließ die Angestellten. Und das Gespenst der Arbeitslosigkeit war da. Während des Krieges kamen die großen Rotationsmaschinen auf, es brauchte weniger Leute, um sie zu bedienen. Nicht immer hatte Vater auf seinem Beruf Arbeit. Ich machte, meistens nachts, Heimarbeit: Kinderblazers zu 2 Franken das Stück.

Mein Vater starb plötzlich, und die Mutter kam zu uns. In Erziehungssachen wollte es aber nicht recht klappen, zwischen meiner Mutter und meinem Manne. Der Wald war unsere Erholungsstätte, und er schenkte uns dürres Holz, Beeren und Pilze. Wir kamen ohne Schulden durch. Die beiden Mädchen waren rund und gesund, die Buben etwas sensibel und empfindlich. Die drei Großen waren gute Schüler, aber P. leider nicht. Heute würde er gewiß eine Sonderschule besuchen. Er zeichnete auch, aber mit wenig Talent, dafür mit viel Phantasie. Er war ein sehr lieber Kerl, konnte aber schwer Kontakt finden mit andern Kindern, was sich später noch verschlimmerte.

1936: Eines Tages traf uns ein schwerer Schlag. Vor der Tür stand der Dorfpolizist. Er teilte uns stotternd mit, es fiel ihm sichtlich schwer, daß unser Vater in Winterthur auf der Straße an einem Herzschlag gestorben sei. Nein, dies konnte ich nun nicht glauben; laut weinend drückten sich die Kinder an mich. Schon früher suchte ich einen Halt im Glauben an unseren Schöpfer und Quell allen Lebens, jetzt mußte ich mein ganzes Vertrauen auf Gott setzen. Ich hielt mich an die Worte des Pfarrers: «Gott ist größer als unser Herz!» Auch eine liebe, selbst schwer geprüfte Frau, Mutter eines jungen Pfarrers. Sie sagte, indem sie mir die Hand drückte: «Haben Sie Mut, Gott wird Sie hindurchführen!» Es war nun gut, daß ich mich den Kindern zulieb aufraffen mußte. Das Leben ging weiter. Es bot sich eine Gelegenheit, bei einer tüchtigen, lebensklugen Frau das Schneidern von Soldatenhosen zu erlernen. Das war dann ein Tagesverdienst von 20 Franken. Manchmal mußte ich einen Tag Pause machen, es brauchte für diese Arbeit ein sieben Kilogramm schweres Bügeleisen. Ich nahm den Pilzkorb und wanderte durch die umliegenden Wälder. Nie erlebte ich etwas Ungutes, nur Freude, die mir wieder Kraft schenkte für meine Aufgaben. Drei Monate nach Vaters Tod erhielten wir das Schweizerbürgerrecht, was wir mit einem Kuchen, geziert mit Schweizerkreuz, feierten. Die Kinder konnten bei mir und meiner Mutter bleiben.

P. trat eine Lehre als Graphiker an. D. lernte den Haushalt und nachher Psychiatrieschwester. P. arbeitete bei einem Bauern, er liebte Tiere sehr. E., die Jüngste, durfte ins Lehrerinnenseminar eintreten.

Aber es trat eine schwere Prüfung auf uns zu. P., der Lebensfreudige, alles Schöne Liebende, erkrankte an Tuberkulose, im Landijahr 1939. Wohl kamen Jahre, da es schien, er sei geheilt, und er freute sich des Lebens. Es kamen Momente, da die zwei Generationen in uns aufeinanderstießen. Vielleicht war ich zu ängstlich. Eines Tages sagte er zu mir: Mutter, ich kann dir nun einmal den Gefallen nicht tun, daß ich *so* bin, wie du mich wünschest! Darnach redete ich nur noch mit Gott über dieses Problem. Als P. 25 Jahre alt war, brach die Krankheit mit Wucht aus. Es war nun offene Tuberkulose, und die 18 Jahre alte Schwester wurde angesteckt und verlor ein Jahr im Seminar mit Kuren. Sie war eine der ersten Kranken, die mit Streptomycin behandelt wurde, ist heute 51 Jahre alt und gesund. Nach einem schweren Kampf verschied unser frohmütiger Sohn und Bruder, *ohne* Schmerzen, mit einem Strauß Rosen in der Hand, den ihm Freunde geschickt hatten, zu unserer großen Trauer.

Noch eine Prüfung stand uns bevor, nach zwei Jahren erlitt P. durch einen Unfall eine Hirnblutung. Weil sein Bruder an Tuberkulose gestorben ist, vermutete man Meningitis, und der Kopf wurde erst nach zwei Wochen geöffnet, es gab Hirnkrämpfe, und es wurde mit ihm nicht mehr gut. Seit 1957 ist er in der Irrenanstalt. Nach Kuren und mit Medizin ist er nun ruhig und arbeitet beim Gärtner in der Anstalt.

Aber auch die Sonne schien wieder, ich bekam sieben Enkel und wurde mit ihnen zum drittenmal jung. Wie in den Reben meine Mutter, wurde *ich* nun selbst um Geschichten geplagt! Alle sind sie nun auch schon zum Teil erwachsen und haben es nicht vergessen.

Unterdessen bin ich alt und gebrechlich geworden und habe hier im Pflegeheim Geborgenheit gefunden. Es war vielleicht nicht leicht, mich von meinen lieben Sachen, die mich durchs Leben begleitet haben, zu trennen und mit drei mir unbekannten Frauen intim zusammenzuleben, ihre guten und ihre empfindlichen Seiten zu erforschen. Auch in Pflegeheimen geistern der Herr «Ego» und der Herr «Stolz» herum, und es kann zum Knistern kommen. Aber da wir alle im Grunde den Frieden lieben, legen sich die Wogen so schnell wieder, wie sie gekommen sind. Zwei Frauen sind gelähmt und auf allerhand Hilfe angewiesen. Die dritte wohl leidend, aber auch nach Möglichkeit hilfsbereit. Die Schwestern haben mit Schwerkranken so viel zu tun. So schaue ich's noch für eine kleine Aufgabe an, zu der ich täglich die Kraft bekomme.

S'Neujahrs-Chind
weiblich, *1898, Damenschneiderin

«Aber Vatter, was häscht au tänkt, hundert Chind!», so lautete der Ausspruch meines zweitältesten Bruders (11 Jahre), als Vater seinen sechs Kindern von drei bis zwölf am Neujahrstag 1898 gegen fünf Uhr mitteilte, daß eine kleine Schwester geboren sei. Daß die Größeren den Zuwachs eher skeptisch beurteilten, ist gewiß begreiflich; aber es war doch nicht wie bei jenem Bauern, dessen Mutterschwein 13 Ferkel bekam, so daß immer eines zuschauen mußte. Diese Reaktion wurde mir später klar, als ich merkte, daß die Zuteilung bei der Schokolade oder andern Raritäten eben kleiner wurden; der Platz am großen Eßtisch, wo die Großen auch ihre Aufgaben machen mußten, wurde etwas enger. Trotzdem bin ich akzeptiert worden, so daß ein «Niet» laut wurde, als mich meine Patin, die kinderlos war, zu sich nach Schaffhausen nehmen wollte.

So wuchs ich im großen Kreis auf, dem sich 1901 ein Brüderchen, 1902 ein Schwesterchen zugesellte, das aber am Weihnachtsvormittag fünfmonatig starb, was jene Weihnachten beschattete. Ich kann mich erinnern, daß meine Mutter neben der Tür ins andere Zimmer saß und ihr Tränen übers Gesicht liefen. Ich tröstete sie: «Du muescht nid schreie, wänn doch s'Christchindli cho ischt.» Ich verstand ja das andere nicht; nur, daß ich heute noch denke, es wäre schön, wenn dieses H. noch da wäre. Vielleicht wäre ich dann nicht allein. Ich hätte damals jemanden zum Spielen gehabt, denn meine zwei Schwestern waren fast neun und sieben Jahre älter und fungierten eher als Gouvernanten. Und mit den Buben konnte ich nichts anfangen. Die probierten ihre Stärke aus, bis sie die Genugtuung hatten, mich zum Heulen zu bringen. Mutter sagte nur: «Du mußt lernen, dich zu wehren, wenn du groß bist, brauchst du das.»

Da waren also fünf Buben und drei Mädchen; Vater war Maschinentechniker; im Nebenberuf Stenolehrer im Stenographenverein und wie man heute sagt: Lokalreporter für Tagblatt und Landbote. Deshalb war unsere Erziehung der Mutter überlassen, was sie aus meiner heutigen Sicht mit Bravour leistete, mit wenig Worten und wenig Schlägen. Ein kleines Beispiel: Vor der Schule sollte ich noch posten, behauptete aber, keine Zeit mehr zu haben. Mein Bruder warf ein: «Sie muß erst um neun gehen.» Mutter verließ das Zimmer, kehrte bald wieder zurück, in der Hand einen Postkorb, in der andern einen Stecken aus der Heizwelle und fragte: «Was wotsch lieber?» Trotzdem ich wußte, sie schlägt mich nicht, nahm ich den Korb.

Der Hausmeister war Sattlermeister, da waren die Parterre-Räumlichkeiten ideal. Vorn rechts der Laden mit den Bogenfenstern, anschließend die Werkstatt und im Hof Platz für die Kutschen, die in Stand gestellt werden mußten. Im Laden war ein richtiges Pferd. Wir wohnten über dem Hausbesitzer; ebenfalls mit Bogen. Die Hautüre war so breit, damit man mit der Kutsche hineinfahren konnte, die dann im Hof unter einem Glasdach abgestellt wurde. Hinten im Parterre des Hinterhauses ein Lagerraum, darunter waren später die Keller für die Mieter, denn der vordere Keller war an einen Küfer ausgemietet. In unserer Wohnung auf die Straße zu war in der ganzen Hausbreite der Saal gewesen. Als man Wohnungen für Mieter eingerichtet hat, wurde dieser Saal unterteilt. Die Zimmer waren groß; im Gang hätte man ein Zwischenzimmer einrichten können, so groß war er. Als ich alt genug war, ihn zu fegen, und zwar bitte auf den Knien, hatte ich zwei Stunden an Zeit gebraucht.

Für Einkäufe war es bequem; rechts Spezereiladen, links Gemüse, wenigstens am Anfang; gegenüber der Bäcker; ganz gewöhnliche Fenster, im mittleren ein Holzgitter wie für Blumen, und dort waren meistens ein paar Weggli ausgestellt (richtige Schaufenster hat's nicht überall gegeben), und wo ich mich einmal bedienen wollte, nur hätte das Händchen nicht hinaufgereicht. Nebenan der Metzger. Weiter oben war noch der Laden mit dem Salzmonopol. Nicht jeder konnte Salz verkaufen. Der Mann war sehr groß, der Laden nieder, drum, erklärten mir meine Brüder, stehe eben Herr Stoffel im Keller.

Der Hausmeister hatte im Stadtrein im Kurli (heute eine schöne Straße) ein Rebenstück, das von seiner Schwägerin bearbeitet wurde, wo wir manchmal helfen durften. Dafür waren wir dann im Wümmet dabei, wobei, um die Vögel zu vertreiben, mit einer kleinen Kanone oder Mörser geschossen wurde. Das war natürlich ein großes Fest, da man eben im Rebberg sass.

Einmal, ich war noch zu klein, circa vier Jahre, wurde wieder geschossen, aber ein Schuß ging nicht los, und mein Bruder, drei Jahre älter als ich, schaute ins Rohr hinein, im Augenblick, als der Schuß los ging. Er hatte die ganze Pulverladung im Gesicht und sah nichts mehr. Die Größeren stellten ihn unten an der Straße an den Brunnen und hiessen ihn den Kopf in den Brunnen zu strecken. Weil er etwas klein war, halfen sie nach, daß er in den Brunnen fiel. Sie stellten ihn auf das rechte Trottoir und schickten ihn nach Hause: «Du mußt halt einfach dem Hag nachlaufen.»

Wenn ich heute in meiner Küche stehe und Vergleiche ziehe, wie meine Mutter haushalten mußte! Alles Tannenböden, die gefegt werden mußten, Petrollampen putzen, Öl einfüllen, Holzkochkessel, Sandstein-Schüttstein. Auf dem Holzherd Essen kochen, Wäsche für die große Familie; die Wäsche in der Nachbarschaft auf eine Zinne aufhängen. Weil es nur Naturstraßen hatte, mußten die Schuhe geputzt werden, gewichst mit Wichse, der man immer mit «Speuz» nachhelfen mußte und dann natürlich glänzen. Im Zusammenhang mit dem Lampen-Putzen muß ich noch erwähnen, daß die Straßenbeleuchtung nicht automatisch funktionierte; es hatte Laternenanzünder, die mit einer Hakenstange die Gaslampen in Betrieb setzen mußten.

Bis zur ersten Klasse führte ich ein ziemlich ungebundenes Leben; der Kindergarten paßte mir nicht, außer mein Gespähnlein im 3. Stock (nur drei Wochen älter) sagte, man mache einen Spaziergang, da war ich dabei. Weihnachten war bei uns großes Fest; allerdings mit andern Maßstäben, als es heute üblich ist; der Tisch mit den Geschenken mußte nicht fürchten, unter dem Druck des Gewichts zusammenzubrechen, dafür ließ sich der Gesang hören. Vater, bei kleineren Zusammenkünf-

«S'Neujahrschind» und seine Geschwister, um 1905

ten des Männerchors Dirigent, hatte die Stimmgabel in der Hand. Acht sangesfreudige Kinder, Vater, Mutter, Tanten, Onkel, die Hausmeisterleute gaben einen Chor, der sich auch ohne Orchester hören ließ.

Mit der Tradition wurden auch Sylvester und Neujahr gefeiert einschließlich meines Geburtstages, den ich bei Gelegenheit bekannt machte, um eine kleine Gabe zu ergattern. Denn Geburtstagsgeschenke lagen bei uns nicht drin, schon gar nicht acht Tage nach Weihnachten. Im Frühling 1904 hatte für mich das Schulglögglein geschlagen. Laut Los war Herr Chriesi mein erster Lehrer, aber meine Brüder erklärten mir, von jetzt an müße nach der Schrift gesprochen werden, also heiße Herr Chriesi nicht Chriesi, sondern Herr Kirschen. Da ich die Praktiken meiner Brüder kannte, kroch ich nicht auf den Leim. Herr Kirschen alias Chriesi war alt, er trug einen Gehrock, aus dessen Rückentasche manchmal ein rotkariertes Taschentuch herausschaute.

Die Schule machte mir ausser dem Kopfrechnen trotz einem guten Gedächtnis keine Mühe, zudem waren jetzt Aussichten auf die Ferien. Hier war ich etwas in der Zwickmühle, meistens verbrachte ich dieselben bei meiner Gotte in Schaffhausen, und am 1. August wurde der Rheinfall bengalisch beleuchtet, natürlich noch Raketen. In Winterthur war beim Stadthaus Festplatz; auf den Simsen des Treppengeländers waren spiralgeformte Gestelle aufgestellt, röhrenförmig mit Löchern in regelmässigen Abständen. Sie sahen aus wie Tännchen circa 50 Zentimeter hoch; sie waren unsichtbar verbunden und waren dem Gasnetz angeschlossen. Wenn dann diese Lichter brannten und der Brunnenstrahl in die Höhe stieg, konnte mir der Rheinfall aber nur fast gestohlen werden.

Während den Jahren der untern Schulstufe waren meine ältesten Brüder Sekundarschüler und somit auch im Kadettenkorps, die Samstag nachmittags zum Schießenlernen und Turnen antreten. Das Korps hatte vier Kompanien; vier Offiziere, ein Major, rekrutiert aus den Gymnasiasten (Kantonsschüler gab's noch nicht), die ja eine längere Schulzeit hatten und damit Gelegenheit zu aspirieren. Vor Beginn der Herbstferien wurde ein Gefecht abgehalten; sechs Uhr Tagwacht, dann Auszug zum Kadettenkrieg. Die Kadettenmusik führte an. Da war mein Vater als Berichterstatter dabei, und ich mit gehörigem Gefechtseifer folgte denen nach, die siegten; daß alles festgesetzt war, wußte nur ich nicht. Die Feinde trugen jeweils ein weißes Band um die Mütze, sonst hätte man vielleicht die eigenen erschossen. Es war aufregend. Mein größter Triumph war in jenem Jahr, als der zweitälteste Bruder (er war Tambour) in der Industrieschule anschließend an die 3. Sekschule Tambourmajor war und seinen Stab bis zum zweiten Stock werfen konnte. Am

Samstagnachmittag erfolgte auf der Turnwiese hinter dem Stadthaus die Preisverteilung für die besten Schützen, und am Sonntag ein Fackelzug mit dem Zapfenstreich. Mit dem Aufkommen der Pfadi gerieten die «Kadetti» immer mehr ins Hintertreffen aus pazifistischen Gründen. Verursacht durch den Krieg, wurde diese Art von Jugendanleitung oder Erziehung verpönt.

Die Primarschulzeit ging vorüber; die Prüfungen für die Sekundarschule warfen ihre Schatten voraus, und mein ältester Bruder, der bereits als Sekundarlehrer amtete, mußte mit mir exerzieren. Es war bei uns wichtig, daß man durch die Sekundarschule kam. Mir passte diese Eintrüllerei gar nicht, und ich kam auch ohne Schwierigkeit durch. Das erste Jahre spielte sich noch am Kirchplatz ab; das war nur Mädchenschule; weil es ein starker Jahrgang war, waren wir vier Klassen und ich dem «d» zugeteilt, für das kein Klassenzimmer zur Verfügung stand, so daß für Hauptfächer das Physikzimmer einzig in Frage kam. Das gab den hinten Sitzenden die Möglichkeit, sich hinter der Estrade aus dem Fenster zu schleichen, wenn nachfolgend Schwimmstunde war. Hatten wir doch in Winterthur das erste und einzige Hallenbad in der Schweiz: Ecke Badgasse Neustadt im maurischen Stiel und in dieser Umgebung etwas deplaziert. Verglichen mit dem heutigen Schwimmunterricht war die damalige Methode etwas brutal; wer vor dem nassen Element Angst hatte, wurde eben hineingeschupft. Ich wenigstens lernte es erst im nachfolgenden Sommer 1911, jener heiße Sommer, wo das Geiselweid-Schwimmbad in Betrieb genommen wurde. Die Sekundarschule machte mir gesundheitlich zu schaffen; von 36 Mädchen war ich die Kleinste oder Zweite, je nach Fehlen der Konkurrenz, und eine arge Influenza gab mir den Rest. Aber ich schaffte es; nur das Zeichnen war eine immer wiederkehrende Qual. Ich konnte es einfach nicht; der Zeichnungslehrer, Künstler und Spezialist in Radierungen, konnte das einfach nicht begreifen, da meine beiden Schwestern begabt waren. Dieser Lehrer wollte auch meine zwei Schwestern unbedingt nach München in die Kunstgewerbeschule schicken, was meinem Vater aus finanziellen Gründen unmöglich war, und die Schule in Zürich bestand damals noch nicht. In der 3. Klasse fing mich dieser Lehrer an zu akzeptieren; wir waren jetzt im Heiligbergschulhaus nach der 2. Klasse, die sich am Kirchplatz St. Georgen und Turnen im Heiligberg abwickelte. Es war etwas viel verlangt; 2-3 Turnen im Heiligberg, 3-4 Singen im St. Georgen. Mittlerweile hatte ich mich gestreckt und war die sechstgrößte. Auch die Zeichnungsleistungen stiegen, hauptsächlich das Perspektivische lag mir gut, so daß der Lehrer, der dies Jahr auch unser Klassenlehrer war, mich ermunterte, noch in die 4. zu kommen (Vorläuferin der Mädchenschule). Das war nicht möglich, ich hatte bereits auf Frühling 1913 eine Lehrstelle bei einer Schneiderin und konnte das nicht rückgängig machen.

Die Lehrzeit begann; das Stillsitzen ohne Pause mußte gelernt werden, und die Arbeit machte mir Freude. Es war produktiv, am Abend konnte man übersehen, was man getan hatte. Da war auch die Gewerbeschule mit Gleichaltrigen. Natürlich nicht mehr viermal Ferien, aber im Sommer doch vier Wochen. 1913 Konfirmation; sehr überschattet wegen schwerer Erkrankung meines Vaters, und auch litt ich an einer akuten Bleichsucht, die mich schwächte.

21. Juni: Ermordung in Sarajewo des Thronfolgers von Österreich und Frau; Kriegserklärung an Serbien, Kriegserklärung Rußland — Österreich, Deutschland — Rußland, Deutschland — Frankreich; Kriegserklärungen am laufenden Band. Landesausstellung Bern stark betroffen; die Fremden reisten fort. Samstag, 1. August: Mobilmachung der Armee, Landwehr sofort einrücken. Die Bevölkerung fing an, Hamster-Käufe zu tätigen, zeitweise mußte die Polizei Läden sogar schließen. Ein Aufruhr ohnegleichen, Frauen von einrückenden Landwehr-Soldaten heulten, sie sahen ihre Männer schon im Krieg. Uns gegenüber wohnten zwei deutsche junge Ehepaare, und ich sah sie beim Abschied. Zehn Tage später waren sie gefallen.

Vom Elsaß her hörte man die Kanonen, um den Isteinerkopf wurde hart gekämpft. Es waren bewegende, erdrückende Tage, von denen einer mich stark bewegte: als Thurgauer, St. Galler, Appenzeller Bataillone in der Römerstraße in die Stadt einzogen, grau von Staub und sangen: «O Thurgau, du Heimat, wie bist Du so schön.» Manch einer, nicht nur Frauen, wischte sich die Tränen ab. Da das Eisenbahnnetz vollständig belastet war, mußten diese zu Fuß in den Jura marschieren. Sie wurden in den Schulhäusern einquartiert, anderntags ging's weiter.

Daß man sich schnell politisch engagierte, war natürlich. Die Schweiz war stark prodeutsch eingestellt, so daß sich bald Gräben auftaten, besonders als mein Bruder (der Tambourmajor) nach dreijährigem Frankreichaufenthalt, vom Konsul avisiert, zurückkehrte und natürlich rief: «Vive la France.» Das waren die Bleisoldaten-Kämpfe aus der Bubenzeit. Trotz «Hurra» der deutschen Soldaten, «in drei Wochen sind wir in Paris». Vom 3. August bis Ende Februar 15 waren unsere Einheiten an der Grenze. Viele hatten keinen Verdienst, denn ein Lohnausgleich funktionierte erst im zweiten Krieg. Diese Umstände, zu lang andauernder Grenzdienst, in vier Jahren anwachsender Grenzkoller, halfen dann mit, den Generalstreik November 18 auszulösen. General Wille beurteilte man, deutsch orientiert zu sein, zu viel nach deutschem Muster zu befehlen. Die Lebensmittelrationierung begann nur allmählich; erst 1916 wurde das Brot rationiert.

In der Familie waren noch drei Brüder; der zweitälteste, E., hatte unbegrenzten Urlaub bekommen und war nach Frankreich zurück: die deutschfreundliche Schweiz ging ihm auf die Nerven, und dort konnte er einen Soldaten ersetzen. Man könnte glauben, man hätte sich an den Krieg und Kriegsverhältnisse gewöhnt, aber man mußte lernen, sich umzustellen und den Gegebenheiten anzupassen.

Durch den Kriegsbeginn hatte sich die Situation am Lehrplatz verschlechtert insofern, als eben fast keine Aufträge eingingen. Wir bekamen dann vom Zeughaus Militärblusen, die ausgebessert werden mußten, was natürlich nicht im Lehrplan stand, aber ich habe doch etwas gelernt und zwar, speditiv arbeiten.

Im Laufe 1915 machte ich eine gute Abschlußprüfung. Leider war es einfach nicht möglich, eine Ausbildungsstelle zu bekommen; beim Frauengewerbe fehlte ein Gesetz, das hier Ordnung machte. Eine Lehrmeisterin konnte Lehrtöchter einstellen, so viele sie wollte. Sie schmiß ihr Geschäft mit Lehrtöchtern, ohne sich zu kümmern, was diese nach der Lehre anfingen; sie schimpften nur wegen Preisunterbietung. In der Lehre hatten wir keinen Lohn, es hatte noch solche, die Lehrgeld bezahlen mußten. Deshalb war ich einfach gezwungen, selbständig zu arbeiten, und damit ich mir Disziplin angewöhnte, bagann ich mit der Zeit mit Kundenhäusern, was verschiedene Vorteile hatte: erstens obgenannte Disziplin, annähernd geregelte Arbeitszeit und den Lohn. Im Jahr 25 kam dann das Gewerbegesetz. Neu anfangende Lehrmeisterinnen mußten die Meisterprüfung bestehen, durften zwei Lehrtöchter haben; wenn sie eine Arbeiterin einstellte, hatte sie die Möglichkeit für zwei weitere Lehrtöchter. So wurde den Lehrtöchterbetrieben ein Riegel geschoben, und den Arbeiterinnen war Gelegenheit für Arbeitsplätze gegeben.

Im August dieses Jahres, also 1915, erkrankte mein Vater wieder; diesmal an einer Gesichtslähmung; im November nach einer Vakanz von drei Monaten an einer rechten, ganzseitigen Lähmung, was eine Auflösung des Arbeitsverhältnisses zur Folge hatte. Sehr bald wurde der Lohn auf die Hälfte reduziert und später auf Fr. 100.— festgesetzt. Vater war Präsident der Angestellten-Vereinigung und hatte einige Jahre vorher im Zusammenhang mit der Firma eine Pensionskasse auf die Beine gestellt. Nach seinem Ausscheiden wurde die Kasse sistiert, das eingelegte Geld zurückbezahlt.

1917 im April starb mein Vater, 57-jährig. Von einer Fortsetzung war keine Rede; es seien ja genug Söhne da, die helfen könnten, dabei war mein kleiner Bruder erst in die Lehre eingetreten. Erst 1918 mit dem Generalstreik kam die Pensionskasse in der fast gleichen Form eingerichtet. Trotz Krieg kam auch in unserer Stadt einiges ins Rollen und zwar das Tram nach Oberwinterthur-Wülflingen. Bei Seen bin ich nicht sicher. Über die Linienführung nach Oberwinterthur entbrannten heiße Zeitungskämpfe. Die Marktgässler wollten das Tram durch die Marktgasse haben, nicht durch die Stadthausstraße wie jetzt, das Obertor wollte es auch. Beide fürchteten Einbußen im Umsatz, schließlich siegte Stadthausstraße-Graben-Obertor. Bei der ersten Probefahrt kam das Tram aus dem Gleis auf das Trottoir beinahe ins Restaurant Blume hinein, beim jetzigen Uhrenladen. Bei der Umstellung auf Troley ist dann dieses Schildbürgerstücklein ausgemerzt worden.

Aus dem Jahr 1915 Februar, März möchte ich noch etwas nachtragen. Heute haben wir eine ständige Brandwache; zu meiner Zeit wurde bei einem Brandfall von der Polizei damals im alten Stadthaus Alarm ausgelöst. Auf der Hochwacht (den Namen zu Recht) knallten sechs Schüsse, die nicht nur die Feuerwehr auf den Platz brachte; dazu Trommelwirbel und Feuerhorn. Bei der Entlassung unserer Truppen passierte ein Brandfall im Haus, wo sich heute der westliche Teil des silbernen Winkels befindet. Wie aus einer Loge konnten wir aus unsern Fenstern das Feuer sehen, als erst Feueralarm gegeben wurde. Es war schlimm, so mitten in der Stadt; die Fensterläden waren verkohlt; die Schaulustigen unter unsern Fenstern versperrten der Feuerwehr den Weg. Es war ein schauriges Bild, aber mir kam es vor wie Freudenfeuer zum Empfang unserer Soldaten. Mein Bruder bekam jetzt unbegrenzten Urlaub und kehrte für immer in seine französische Wahlheimat zurück. In diesem Zeitpunkt wurde das neue Kunsthaus eingeweiht.

Der Krieg wütete immer noch. Mit der Bombardierung der Louisiana, einem amerikanischen Dampfer, war der Anlaß für Amerika gekommen, nicht nur materiell zu helfen. Der Unterseebootkrieg wurde intensiver, unsre Versorgung schlechter; Italien war den Deutschen zu Hilfe gekommen und wir somit von jeglicher Einfuhr abgeschnitten. Für unsre Familie war die Brotrationierung eine Katastrophe; vier Personen zwischen 15 und 37, Brotliebhaber. Zum z'Morgen mußten Suppen gekocht werden, um das Brot zu strecken.

In diesem Jahr wurde auch mein ältester Bruder aufgeboten und mußte mit fünf Kollegen aus dem Seminar die Rekrutenschule nachholen. Der Zustand meines Vaters war stagnierend; mit eiserner Energie war er wieder zum Gehen und Schreiben gekommen.

Nur der Krieg ging weiter. Der Schwarzhandel blühte,; man suchte sich Freunde im Weinland. Bei unserm Apfellieferanten in Hünikon holten wir zweimal in der Woche zwei Liter Milch. In Flaach hatte ich ein Patenkind, und von dort holte ich etliche Male Kartoffeln, die ich nach Henggart zur Bahn schleppte.

1917 im April, Tod meines Vaters. Vom Mai bis September fast keine Kartoffeln. Russische Revolution; Liquidierung der Zarenfamilie; wer flüchten konnte, verließ das Land. Schwere Kämpfe in den masurischen Sümpfen. Reduktionen der Brotrationen; man fing an, Mais und Kartoffeln beizumischen.

1918. 17/18 kalter Winter. Weitere Verknappung. Wer noch kein Elektrisch hatte wie wir, mußte mit schlechtem Petrol beleuchten; Gas durfte dazu nicht mehr benutzt werden. So war unser Hausmeister; es gab 1911 einen Wechsel im Hausbesitz, der mußte wohl oder übel das elektrische Licht einrichten, und für mich war es ein großes Fest, nicht mehr mit Kohlenbügeleisen glätten zu müssen. Heute stellt man diese als Attraktion auf.

Gegen den Frühling wurde in den Zeitungen von einer neuen Sorte von Influenza berichtet, und da sie von Spanien her kam, nannte man sie eben spanische Grippe. Aus der Westschweiz hörte man schon von vielen Erkrankungen, auch daß sie einen gefährlichen Charakter hatte. Im Laufe des Mai fing mein Bruder (Lehrer) an, sich schlecht zu fühlen, kam vom Schwitzen ganz naß aus der Schule; am Mittag und Abend mußte die Wäsche gewechselt werden. Nach zwei bis drei Wochen ging dieser Zustand vorüber. Aber dann gab es schon die ersten Todesfälle, meistens im Alter 40-50, eher wohlbeleibte. Todesanzeigen füllten die Zeitungen; auch von Grenztruppen besorgniserregende Nachrichten. Lungenentzündungen mit extrem hohen Fieber suchten hauptsächlich die Jungen heim. Die Schulklassen leerten sich; Arbeitskräfte blieben weg. Erst gegen den September flaute die Grippe etwas ab. Aber im November wurde der Generalstreik ausgerufen, und um die Ruhe herzustellen, wurden Truppen aufgeboten, trotzdem man der Ansammlungen wegen davon abgeraten hatte. Daß dies ein Aufflackern der Seuche zur Folge hatte, war klar. Jetzt noch schlimmer wütete sie unter den Ordnungstruppen. Im Altstadtschulhaus wurde ein Lazarett eingerichtet, und die Nächte durch sah man blau beleuchtete Fenster. Jeden Tag bis zu vier militärische Bestattungen; Eltern aus dem Appenzellischen, St. Gallen, Thurgau, die nach dem Schulhaus fragten, um die Söhne, Ehemänner zu besuchen oder tot heimzuholen. Bald mußten die militärischen Bestattungen eingestellt werden, aus Mangel an Helfern, teils der psychischen Belastung, die um sich griff, wegen. 11. November 1918: Unterzeichnung des Friedensvertrages in Compiègne nach der Kapitulation von Deutschland.

Ich bin jetzt 83 Jahre alt, aber vor meinen Augen ist alles aufgestiegen; damals: Nie wieder Krieg; nie wieder. Niemand wußte von der Saat, die gesät wurde. Niemand dachte an ein zweites Compiègne. Über allen Gräben wuchs Gras, das Leben ging weiter, viele mußten einen Weg suchen, der weiter führte.

1919: Bei uns war nach meinem Empfinden der Schaden klein; da waren die Brüder K. (Lehrer), R. (Typograph; seiner Augen wegen hatte sich sein Wunsch, zur Bahn zu kommen, zerschlagen), meine Person und E., der im nächsten Herbst ans Technikum kam. Guter Zeugnisse wegen wurde ihm das erste Semester geschenkt.

Juni: Ein schöner Sommersonntag; die Familie war ausgeflogen, R. mit dem Velo schon am Morgen. Ich hatte viel Arbeit und blieb deshalb zu Hause. Gegen vier Uhr läutete die Hausglocke, und beim Nachsehen erkannte ich den Freund meines Bruders allein. Mein Bruder war im Pfäffikersee ertrunken. Beim Baden war eine ganz starke Brise aufgekommen, und mein Bruder ertrank und wurde nie gefunden, trotz Suchgerät aus Zürich.

Beim Vater zwei Jahre vorher war's eine Erlösung gewesen; hier war der Bruder 25 Jahre alt, hübsch, frohmütig, dem Leben zugewandt. Aber auch hier ging's weiter; ich hatte mich meinem Beruf voll ergeben. Grad lukrativ war er nicht, ich war noch jung; er konnte noch besser werden. Mit 2.50 pro Tag plus Essen habe ich angefangen, Arbeitszeit 7 Uhr bis 18 ½ oder 19 Uhr; genau nahm man's nicht. Aber hier kam es besser; ich sammelte Erfahrung und trat auch dem Frauengewerbe bei, wo zur Weiterbildung immer etwas geboten wurde. Ich hoffte, Ersparnisse zu machen für eine eventuelle Aussteuer, aber ich hatte wenig Zeit, Bekanntschaften zu machen und auch wenig Möglichkeiten. Diskotheken waren ein böhmisches Dorf. Und mit der Schneiderei hat es eine eigene Bewandtnis, entweder man ist dabei, dann frißt sie einen auf.

1926 schien es mit einer Bekanntschaft zu klappen, aber schon hatte die Arbeitslosigkeit die Fühler ausgestreckt. Mein Bekannter suchte sich in Übersee eine neue Existenz. Unterdessen hatte sich bei mir infolge einer Lepsis ein Herzmuskelschaden bemerkbar gemacht, der eine Auswanderung für mich ausschloß. Die Arbeit ließ mir wenig Zeit, trüben Gedanken nachzuhängen; ich arbeitete weiter. Als meine Schwester der Krise wegen ihre Arbeit verlor, spannten wir zusammen und hatten zusammen mit der Mutter schöne Jahre.

1937: 74 Jahre alt, bekam sie Koronarverschluß und starb innert fünf Tagen, was ein schwerer Schlag war. Hier machte sich mein Herzschaden stark bemerkbar. Sechs Jahre vorher hatte mir der Chefarzt vom Kantonsspital erklärt: «Sie können 80 Jahre alt werden, aber Ihr Herz wird Ihnen immer zu schaffen machen.» Nette Aussichten, dachte ich, aber er hat recht behalten.

Unterdessen hatte sich in unsrer Nachbarschaft ennet am Rhein einiges verändert. Eine braune Macht hatte sich des darniederliegenden Landes bemächtigt; drohende Wolken stiegen am Himmel auf. Auch in der Schweiz regten sich die Braunen, unterminten, und es hatte genug, die sich der Bewegung zugänglich erzeigten, und es brauchte viel Glauben, um seelisch nicht zu unterliegen.

Eine glanzvolle Landi mitten in drohenden Kriegen, Judenverfolgungen, Unterdrückungen der Arbeitergewerkschaften, Verfolgung politisch anders Denkender. Wer sich den Höhenweg mit allen Wimpeln, die Soldaten, die den Waffenrock im Begriff waren anzuziehen, die große Schweizerfahne ansah, dem kamen die Tränen, ob er wollte oder nicht. Nicht wie 1914 ein Versinken, nein, gerade eine neue Welle der Freude an der Schweiz und am Wehrwillen in der Landi lebte auf. 1914-18 waren Erfahrungen punkto Grenzschutz, Rationierung, die sofort einsetzte, gemacht worden; die man verbesserte oder änderte. Sehr bald wurde die Lohnersatzordnung eingesetzt, die sich bewährte und die Struktur bestimmte, die 1948 zur A.H.V. führte. Gerade die selbständig Erwerbenden mit kleinen Einkommen, die nie an ausreichende Altersversorgung denken konnten, konnten etwas aufatmen. Am Anfang war die Rente klein, aber die Regelmäßigkeit ihrer Auszahlung war eine ungeheure Entlastung. Meine Schwester und ich hatten vorher probiert, eine Regelung zu treffen, mit der fortschreitenden Geldentwertung hätte dies nirgends hingereicht.

Bei Kriegsausbruch wurde auch ein Frauenhilfsdienst gegründet. Voll ernstem Patriotismus hatten wir uns beide gemeldet, sind aber beide bei der sanitarischen Untersuchung weggekommen. Der aushebende Arzt hat mich sofort gefragt, was mit meinem Herzen sei. Wegen dem Herz könne ich gleichwohl arbeiten, ich müße dies für meinen Lebensunterhalt auch. Es sei wegen der Militärversicherung, oder ob's mir um den Sold ginge? Später, als Hilfskräfte fehlten, wurde man weniger wählerisch und wäre unsre Hilfe angenommen worden.

Schlimme Zeiten standen bevor. Mit dem Zusammenbruch Frankreichs waren wir abgeriegelt und der Willkür Hitlers und seinen Schergen ausgeliefert. Defaitismus machte sich breit, dem General Guisan mit aller Kraft entgegenzuwirken versuchte; der auch in Offizierskreisen nicht Halt machte. Zu erwähnen ist, daß in Winterthur ein ehemaliger Technikumsprofessor als zukünftiger Gauleiter existierte; die schwarze Liste führte die Namen antinazistischer Elemente, auch die unsrigen wurden bekannt. Nach dem Zusammenbruch waren uns die Sendungen der Londoner B.B.C. um 22 Uhr ein riesiger Trost. Wenn das T.T.T.-T.T.T. ertönte, hielt man das Ohr an den Lautsprecher, um nichts zu verpassen, denn in unsern Zeitungen konnte man nur drucken, was im Norden genehm war.

In den Jahren 41/42/44: von meinem Bruder, der seit 1919 in Bordeaux eine leitende Stellung hatte, konnten seine zwei Kinder jeweils während drei Monaten mit dem Ausländerzug zu uns kommen. Wenn wir auch wenig hatten, dank guter Rationierung nach Plan Wahlen, es war immer noch mehr, als sie zu Hause hatten. Sie erzählten von der Besatzungsmacht; wie die Soldaten mit der Spezialwährung, mit der die Franzosen nichts anfangen konnten, alle Läden auskauften.

Mit der Kriegserklärung Deutschlands an Russland am 21. Juni 41 trat für die Westfront etwas Entlastung ein. Große Erfolge an der Ostfront. Erst bei Stalingrad 43/44 mit einem auch bei uns harten Winter kam die Wende. Es war so kalt, alles Heizmaterial rationiert, daß Arbeiten bei 14-15 Grad Stubenwärme fast normal war. Einmal arbeitete ich bei 10 Grad, ging aber nach Haus, um mich am Heizöfeli aufzuwärmen.

Mai 45: Friedensglocken nach Übergang der Amerikaner und Engländer bei Caen. Bei Remagen Übergang über den Rhein und in Berlin Zusammentreffen von West und Ost. Kurz erklärt, aber was alles liegt drin, harte Jahre, die uns prägten, wie wir jetzt sind. Ohne die schärfsten Sparmaßnahmen, Ausnützen der kleinsten Möglichkeiten, Sammeln jeglichen Altmetalls wäre das Durchhalten nicht gelungen.

Mit den Niederlagen der Achsenmächte war auch unsre Zuversicht stärker geworden.

Kann man mit den Erfahrungen von zwei Weltkriegen, fast 15 Jahren Krise, unserer Generation Vorwürfe machen von mangelndem Verständnis?

Die nachfolgende Hochkonjunktur, ein zwar natürlicher Aufholprozeß, war kein Glück für unser Land. Aufgeblähte Industrie; Verbauung mit Straßen und Betonkästen; Reduktion unsres schon kargen Kulturlandes; ein neues Babylon. Hören Sie noch ein echtes Schweizerdeutsch? Manchmal kommt es mir vor, als seien wir eine schweizerische Minderheit. Natürlich bleibt die Zeit nicht stehen, und jedes Weitergehen heißt Verändern, aber nicht immer Verbessern.

Der Krieg hatte nicht nur bei den Völkern im ganzen seinen Tribut gefordert, jeder hatte dabei Kräfte verbraucht, die nicht mehr aufzuholen sind. Auch bei mir hatten sich Schäden bemerkbar gemacht; Überanspruchnahme, bedingt durch Altersangst punkto Versorgung, sitzende Lebensweise führten zur Aufgabe des Berufes. Zudem hatte sich eine Gelegenheit gezeigt, die meiner Erfahrung und Neigung entsprach.

Die Frauenzentrale entstammte dem Ersten Weltkrieg; sie fing an, Heimarbeit auf sozialer Basis auszugeben, um Frauen, deren Männer im Grenzdienst standen, Verdienst zu verschaffen, ohne die Kinder sich selber überlassen zu müssen. Dieser Institution, die sich heute großer Beliebtheit erfreut, sind noch verschiedene Gruppen angeschlossen. Die Heimarbeit wird in einem Laden verkauft und hat guten Absatz. Von 1955 bis zu meinem 70. Jahr leitete ich den Laden und hatte auch Gelegenheit, Ratsuchenden zu helfen, wenn das Sekretariat zu war.

Dank eiserner Sparsamkeit und A.H.V. konnte ich jetzt *ohne* Sorgen leben. Die von Dr. R. zugestandenen Jahre habe ich jetzt überschritten. Wenn man mich fragen würde, ob ich die Zeit zwischen 1900 — 1914 zurücknehmen möchte, wäre ich in großer Verlegenheit. Heute muß man vieles in Kauf nehmen, wenn man an die verpestete Luft, den Lärm denkt, der für viele untragbar ist. Für viele ist auch das Alleinsein schwer, auch für mich manchmal, besonders bei gesundheitlichen Störungen. Aber das gesicherte Alter, die bessere Wohnqualität, gute Krankenkasse macht vieles erträglich.

Clara Hettlinger

Untendurch
*männlich, * 1898, Schreiner und Magaziner*

Mein Leben begann am 9. Juni 1898 an der Agnesstraße 36 in Winterthur. Einige Erinnerungen habe ich noch aus dem Kindergarten. Aber ganz besonders gut hat es mir nicht gefallen. Man sagte der Leiterin «Tante», der wir nur schön folgen mußten, und besonders schön war sie auch nicht. Wir mußten zeichnen und Flechtübungen machen aus Papierabfällen und aus Strohhalmen Ketten herstellen, sogar noch Turnen und Ringelreihen üben. Zuhause hatte ich aber noch einige gleichaltrige Spielkameraden, mit denen man Fangis und Versteckis spielte, wenn es das Wetter im Freien erlaubte. Auch hat uns die Mutter in den Konsum geschickt, damals gab es noch Konsumgeld. Es bestand aus Kupfer und Messingmünzen, die man gegen Bargeld auswechseln konnte und dafür etwas Rabatt bekam.

Im Mai 1905 zügelten wir an die Grenzstraße, und in diesem Frühling kam für mich die Schulpflicht im Schulhaus Tössfeld, wo ich von der ersten bis zur sechsten Klasse so leidlich geduldet war, ohne eine Klasse wiederholen zu müssen. Aber wir hatten Pech mit unseren Lehrern, hauptsächlich von der 4. bis zur 6. Klasse. Die 4. Klasse ging wie vorgesehen zu Ende, dann wurde ein Klassenwechsel vorgenommen, und wir wurden verteilt. Mich brachte es zu einem Lehrer, der dann bald mit dem Gericht zu tun hatte. Man hat uns Schülern nicht alles gesagt, wir haben aber nur oft gesehen, daß der Lehrer mit den Mädchen viel zärtlicher umging als es die Sitte erlaubte, und der fehlbare Herr wurde vom Schuldienst entlassen. Nach diesem Ereignis kam ein Stellvertreter nach dem andern, auch eine Lehrerin hat es mit uns versuchen müssen. Sie hatte es noch gut mit uns gemeint, aber mit der Disziplin war es in der Klasse dahin, und in allen Schulhäusern der Stadt war unsere Klasse bekannt. Dann erfolgte der Übertritt in die 'Seki'. Aber diese Aufnahmeprüfung habe ich nicht bestanden, so mußte ich in der 7. Klasse meine Schulpflicht weiter erfüllen. Obschon ich in diesen beiden letzten Schuljahren einen guten Lehrer hatte, habe ich von ihm doch lieber die Absätze gesehen.

Dieser Unterschied, ob Sekundarschulbildung oder nicht Sekundarschule, ist meistens ein Gestempelt-Werden, für nur Handwerker- oder Hilfsarbeiter-Berufe zu ergreifen. Mein Vorschlag wäre, Obere Primarschule und Sekundarschule in eine Berufswahl-Schule zu gestalten. Es könnte auch ein 9. Schuljahr als freiwillig eingeführt werden. Für die Knaben bestand aber doch schon in der 5. und 6. Klasse in den Wintersemestern die Möglichkeit, Kurse in Kartonage zu besuchen, Kostenbeitrag 2 Franken. Ab dem 7. Schuljahr waren im Stundenplan für Knaben auch Holz- und Metallbearbeitungs-Stunden eingeführt. Freiwillig konnte man auch an Samstagnachmittagen in den Wintermonaten Schnitzkurse besuchen. Leider waren aber für all diese Kurse nicht Berufsleute als Kursleiter beauftragt, sondern nur Primarlehrer, die nur aus einem Art Katalog oder Lehrbuch ihre Kenntnisse an die Schüler weitergaben.

Aber im ganzen Schulsystem spürte man doch als Kind die bestehenden Klassenunterschiede. Einer unserer Primarlehrer prophezeite uns oft: «Du kannst die Sekundarschule mit der Laterne suchen», oder: «Du bringst es nie auf einen grünen Zweig.» Sollten solche Sprüche dem Schüler Freude am Lernen geben? Ein häufiges Kopfweh während acht Schuljahren machte mich schulmüde, vorwiegend der theoretische Unterricht. Aber alle diese handwerklichen Kurse wiesen mir doch den Weg für den Schreinerberuf, und es hat mich noch nie gereut. Man bearbeitet ein natürliches Rohmaterial, meistens Holz, wo kein Brett genau dem andern entspricht. Es ist nicht eine tote Masse wie Papier, Glas oder Blech und Stahl. So fand ich nach der Schule so einen Schreinermeister, der mich für eine Probezeit von vier Wochen aufnahm und mich aber dann wieder entließ, und wie ich später vernahm, wegen den konfessionellen Unterschieden: der alte Meister war katholisch und ich reformiert. Dann konnte ich aber am 1. Juli 1913 eine Lehre in Töss für 3½ Jahre anfangen. Es war so eine Kunden-Schreinerei. Zeitweise hatten wir Aufträge für Neubauten, wir machten Täfer, Türen oder Fenster, aber auch Möbel. Mein Meister hatte mit seinem Schwager, der auch eine kleine Schreinerei betrieb, einen Vertrag für die Gemeinde, abwechslungsweise die Sargfabrikation zu besorgen. Uns waren die Sommermonate zugeteilt. Eine besondere Kunst erforderte dieser Sargbau nicht, damit verbunden war auch das Einsargen der Leichen. Diese Tätigkeit machte mir großen Eindruck, und ich habe immer gerne bei diesem Dienst mitgeholfen.

Mit Ende des Jahres 1916 hatte ich meine Lehrzeit vollendet und mein Diplom erhalten, aber nicht mit den besten Noten; sie genügten aber doch, daß ich die Lehrlingsprüfung nicht wiederholen mußte. Die Jahre, die ich nun vor mir hatte, waren nicht gerade rosig. Man hatte ziemlich Mühe, Arbeit zu finden, und wenn schon, dann meistens schlecht bezahlte. So fand ich eine Stelle zur Ausbildung in einer Glaserei. Tatsächlich konnte ich beruflich vieles lernen, aber in punkto Behandlung und Belohnung war es nicht zum Aushalten. Aber mein Vater wartete sehnlichst auf finanzielle Unterstützung meinerseits, denn er hatte für eine zehnköpfige Familie zu sorgen. Und auch er hatte nur einen Hilfsarbeiterlohn und mußte mit viel Überstunden versuchen, das Manko aufzurunden. So hielt er es nicht lange aus, mich zu Hause auf passende Arbeit warten zu lassen oder Offerten zu schreiben, für die man meistens eine Absage erhielt. Er fand für mich Arbeit als Hilfsarbeiter bei Gebrüder Sulzer.

Am 22. März 1917 mußte ich dann eintreten und wurde in der Handgranaten-Fabrikation eingesetzt und mußte abwechslungsweise wöchentlich Nachtschicht arbeiten. Das war für mich eine totale Umstellung. Dieser Auftrag dauerte aber nur bis im November gleichen Jahres, und man wurde wieder entlassen oder in andere Abteilungen versetzt. Mir blieb nichts anderes übrig, als die Stelle als Handlanger in einer Dreherei anzunehmen. Diese Arbeit befriedigte mich aber nicht auf die Länge, und so wurde ich dann im Februar 1918 in das Hauptmagazin versetzt, wo ich bis zu meiner Pensionierung 1963 ausgehalten habe. Ausgerechnet in dieses Gebäude, von dem mir ein Mitarbeiter erzählte, als ich es zum erstenmal sah, daß es hier zu Tausenden Artikel mit Nummern und Bezeichnungen habe. Mein erster Gedanke war, daß das für mich doch nie in Frage komme. Ich hätte mir also nie träumen lassen, daß bis zu meinem Austritt in den 45 Jahren von den circa 100 Gestellen jedes ein- bis mehrmals umgestellt oder neu eingeteilt wurde und so durch meine Hände ging. Die Techik brachte es mit sich, daß neue Armaturen, neue Maßeinheiten, neue Werkzeuge und Betriebs-Materialien erforderlich wurden. Auch wurde ich mit vielen Rohmaterialien vertraut, soweit mit Öl, Fett und Brennstoffen. Kein Techniker und kein Verwalter kümmerte sich um den Platz für diese Umstellungen, es war mein Auftrag, für diese Neuerungen Platz zu schaffen. Diese Aufträge und auch das geschenkte Zutrauen für diese Arbeiten gaben mir Befriedigung. Zudem hatte ich mich mit den Eingängen samt Begleitpapieren zu befassen, so auch mit Materialbezügen an die Werkstätten. Somit sind auch bei meinem Austritt viele Zeichnungs- und Artikelnummern in meinem Kopf geblieben, die ich zuerst so gefürchtet habe. Nicht immer gefreut war das Klima mit den Mitarbeitern und Vorgesetzten. Auch hier hatte man wesentlich unter den Standesunterschieden zu leiden. Damit ist es aber noch nicht getan, daß man sich einen Beruf und eine Existenz aufbaut, man ist gewöhnlich auch Staatsbürger, und als solcher sollte man einer Partei angehören und sich politisch beteiligen. Aber diese vielen Parteien gefielen mir nicht. Meine Staatspflicht bestand vorerst im Militärdienst, Steuerzahlen und an Abstimmungen getreulich an die Urne zu gehen.

Meine Rekrutenschule bestand in zwei Teilen. Das erste Mal 1918 waren wir 16 Tage in Herisau, dann wurde die Schule wegen der damals wütenden Grippe aufgehoben. 1919 absolvierten wir die restlichen 60 Tage in Herisau. Es war für mich ein Glück, denn im zweiten Teil hatten wir ganz andere und vernünftigere Vorgesetzte. Dann folgten ab 1921 sieben Wiederholungskurse: 1921 in Irgenhausen, 22 in Nussbaumen, 23 in Lindau, 24 in Kollbrunn, 25 in Ellikon, 26 in Volketswil und 27 in Bäretswil, wo ich eine einzige Auszeichnung, also ein Schützenabzeichen erhielt. Dann folgte noch ein Wiederholungskurs in der Landwehr 1931 in Marthalen, und ab 1939 kamen die Aktivdienste bis 1945. Diese Aktivdienste leistete ich meistens in der Ter.Füs.-Kp.II/182, unter Hauptmann Hess, als Küchengehilfe. Ein Erlebnis betreffs Verpflegung möchte ich doch in diesem Bericht festhalten. 1939 war für den Freitagabend Kaffeecomplet oder Wähen auf dem Menüplan. Ein Teil der Mannschaft spottete: «Fahred ab mit euerem cheibe Wibercafi, das ischt doch kei Frässe für Manne». 1944/45 war Butter, Milch, Brot, Fleisch, Käse, Reis, Eier, also die wichtigsten Lebensmittel rationiert, dann war aber jeder scharf auf seine Ration. Keiner wollte mehr auf sein

Teilchen Butter und Confitüre verzichten. Jeder wollte seinen Liter Kaffee haben, der nur noch ein Aussehen wie Geschirrwasser hatte und nur noch 5-10 Prozent Milch enthielt. Einige Kameraden ließen noch Lebensmittel von zu Hause kommen.

Unvergeßlich ist mir auch die Rationierung vom Jahre 1917. In den jungen Jahren, wo man hätte genug essen sollen, mußte man sich mit ganz kleinen Portionen zufrieden geben. Man hatte Bedürfnis nach Süßigkeiten. Es gab Kochschokolade, die nicht rationiert war, und noch etwas Nährgehalt hatte, so verlegten wir uns einige Zeit auf dieses «Futter». Aber tagtäglich dasselbe war auch nicht erträglich. Diese Kost ekelte mich an, es war als hätte ich Sch....dreck auf der Zunge.

Noch einiges zum Militärdienst: Obschon ich zuerst als Antimilitarist in die Rekrutenschule eingerückt bin, wollte ich doch nicht, daß ich diesen Dienst nicht geleistet hätte. Etwas weniger Achtungsstellungen, weniger Taktschritte, Gewehrgriffe und Defilees hätten mir auch genügt, aber hat mir auch nicht geschadet. Der innere Dienst hat mich von jeher mehr befriedigt. Wer aber die beiden Weltkriege miterlebt hat, mußte doch einsehen, daß es ohne Militär nicht ginge. Und wenn schon eine Armee, dann lieber eine gut geschulte und gut bewaffnete Armee.

Gefreut hat mich die meist gute Kameradschaft in den Einheiten, die zum großen Teil noch heute nach 40 Jahren aufrechterhalten bleibt. Das Jahr 1918 war ein strubes Jahr. Da wurde ich volljährig, mußte mich im Geschäft neu einarbeiten, mußte in die Rekrutenschule einrücken, und im Herbst erlebte ich noch den Generalstreik. Unvergeßlich bleiben mir noch jene Tage, wo sich die Arbeiterschaft auf dem Bahnhofplatz versammelte, um die neuesten Verhandlungen zu vernehmen. Ich höre noch den Arbeitersekretär Steiger an einer Kundgebung, wie er ausrief: «Alle Räder stehen still, wenn mein starker Arm es will.» Und sein Schluß-Satz lautete: «Wenn ich ein Apostel der Kirche wäre, würde ich jetzt sagen: 'Gehet hin im Frieden!', weil ich das aber nicht bin, rufe ich euch zu: 'Ziehet hinaus in den Kampf!'» Am darauffolgenden Sonntag fand im Kirchgemeindehaus ein Gottesdienst statt, wo sich viele Angestellte, Bürgerliche und Offiziere einfanden, um nach den aufregenden Tagen Erbauung zu suchen. Da predigte Pfarrer Lukas Stückelberger über einen Bibeltext «Nicht Macht und Gewalt, sondern ein neuer Geist.» Einige Offiziere seien mit Säbelgerassel und türschletzend davongelaufen. In den Zeitungen erschienen in den folgenden Tagen lange Artikel mit Für und Wider über diese Predigt.

In jenen Jahren kam auch die Werbung der Parteien an die Volljährigen. Eigentlich hätte ich mich der Evangelischen Volkspartei anschließen sollen, weil dem Namen nach das meinem Grundsatz am nächsten entsprochen hätte. Die Herren Gewerbetreibenden und Büroangestellten, welche damals an der Parteileitung standen, konnte ich nicht als Freunde und Vertreter einer Volkspartei anerkennen. Auch die Jahresbeiträge, welche von den Parteien verlangt wurden, wollten nicht zu meinem Zahltagsäckli passen. Also blieb ich politisch neutral und ging als Wilder an die Urne. Später wurde dann auch eine Freiwirtschaftliche Partei gebildet, die mir eher sympathisch war, aber auch dort habe ich mich nicht als Parteimitglied angeschlossen, auch diese Beiträge waren mir zu hoch. Auch noch heute als Senior bin ich von Parteien vollständig unabhängig.

Mein Vater hat sich in den ersten Jahren ab 1900 dem Blaukreuzverein Winterthur angeschlossen. Somit wurden auch wir Kinder in die Jugendabteilungen geschickt. So gehörte auch der Besuch der Sonntagschule obligatorisch zu unserem Familienbetrieb. Für mich waren diese Privatstunden doch wegweisend und ausschlaggebend. Besonders eindrücklich blieben mir die Erlebnisse im JB. (Jünglingsbund vom Blauenkreuz). In wöchentlichen Zusammenkünften hörten wir Vorträge über den Alkoholismus, Trinkergeschichten, Kampf gegen den Alkoholismus, aber auch soziale Fragen wurden besprochen, so auch über Sitte, Ehe und Familie. So habe ich mich schon im Konfirmandenalter entschlossen, für Lebzeiten auf alkoholische Getränke zu verzichten und habe im Blauenkreuz unterschrieben, was auch bedeutet, im Kampf gegen die Mißbräuche und die Trunksucht mitzuhelfen. «Warum gehst du ins Blauekreuz, wenn du doch nie getrunken hast?», so wird man oft gefragt; meine Gegenfrage: «Was nützt dem Kranken ein Spital, wenn alle Ärzte und Schwestern auch krank sind?» Ein anderer Spruch hat mir viel über die Versuchungen geholfen, wenn man in anständiger Gesellschaft ist und mittrinken sollte, dann dachte ich an den Spruch «Lieber einmal unanständig sein, als untreu.» Eine Lektion sollte zu denken geben und betrifft auch unsere Schweiz. In einer Irrenanstalt wurden die neu eintretenden Patienten wie folgt getestet: man stellte sie an einen laufenden Brunnen, gab ihnen eine große Schöpfkelle in die Hand und befahl ihnen, den Brunnen auszuschöpfen. Wenn sie dann immerzu schöpften, ohne den Trog leer zu bringen, dann waren sie reif für eine Kur. Verlangten sie aber, daß man den Hahnen abstelle, dann ließ man sie wieder nach Hause, diese waren noch gesund.

Was kosten unsere trunksüchtigen Mitbürger den Staat, in den Anstalten, Spitälern, Strafanstalten, den Krankenkassen und Unfallversicherungen? Aber unsere Alkoholwirtschaft läßt den Brunnen ruhig laufen. Man fragt sich, hat es noch einen Sinn, Trinkerheilstätten zu erhalten, Fürsorgestellen zu errichten, Vorträge zu halten, Zeitungsartikel zu schreiben und Filme zu schaffen, alles zur Aufklärung des Volkes? Hernach kommen die Bierbrauereien mit ihren riesigen Plakaten und ganzseitigen Inseraten in allen Zeitungen und wollen mehr Bier ausstoßen. Ebenso die Wein- und Spirituosenhändler mit immer neuen Sorten von Mischungen der gebrannten Wasser. Eine Gruppe Abstinenten bringt eine Initiative zustande, gegen die Reklame, also harmlos nur Reklame von Alkohol und Tabakwaren, aber das Schweizervolk verwirft dieses Volksbegehren überwiegend. Ein Chefarzt im Kantonsspital stellt fest, daß in der Männerabteilung jeder dritte Patient alkoholbedingt sei. Man ist schon dafür, daß der Alkoholismus bekämpft wird, aber auf das eigene «Gläsli» will man nicht verzichten. Wie kann man aber dieses Volksübel erfolgreich bekämpfen?

Im Jahre 1925 machte ich mich selbständig, das heißt, ich gründete mit meiner Frau einen eigenen Haushalt. Meine anvertraute L. lernte ich schon 1917 im Blauenkreuz kennen. Eine eigentliche Liebesgeschichte ist aber nie zustande gekommen, wie ich es gerne gehabt hätte, denn meine Freundin, der ich doch treu bleiben wollte, arbeitete nicht in greifbarer Nähe. So sahen wir uns, wenn möglich, monatlich nur einmal. Dann waren wir auch selten allein, kam sie zu mir, dann waren noch sieben Geschwister da, mit denen sie sich auch unterhalten sollte, ging ich zu ihr nach Hause, waren neun Geschwister auf der Lauer. Theater, Kino, Tanz oder Party gab es für uns nicht. Unser Einkommen wurde damals nicht nach Leistungen entrichtet, sondern nur nach einem berechneten Existenzminimum. So konnten wir uns solche Vergnügen nicht leisten, ohne Schulden zu machen. Einmal erhielt ich von der Firma eine Herbstzulage und mußte dann im Büro für Sozialfürsorge eine Quittung vorweisen, daß ich für das Geld Hosen für meine Buben gekauft hatte. Man wird es auch verstehen, daß ich als Schreiner gerne eine schöne Aussteuer gehabt hätte.

Einige Küchenmöbel habe ich selbst hergestellt, für das Wohn- und Schlafzimmer mußte ich mich mit den billigsten Möbeln aus Zürich begnügen. Teilweise dienen sie mir aber heute noch. Aber ein Lehrsatz, den ich in meiner Jugend hörte, beruhigte mich, es sei keine Kunst, mit einem Vermögen von einigen tausend Franken einen Hausstand zu gründen, aber mit einem kleinen Einkommen den Mut aufzubringen und im Vertrauen auf Gottes Beistand eine Ehe einzugehen, wäre ein Beweis des Glaubens. Für die Gattenwahl ist mir auch eine Lektion wegleitend. Ein Jüngling wurde durch ein Ährenfeld geschickt mit dem Auftrag, die schönste Mohnblume zu pflücken, durfte aber nur einmal hindurchgehen. Er durchstreifte das ganze Feld und sah viele schöne und sehr schöne Blumen, aber er hoffte immer, eine noch schönere zu finden. Aber auf einmal war er am andern Ende des Ährenfeldes, ohne eine der Schönheiten gepflückt zu haben. Also begnüge dich mit einer Schönheit. Ein chinesisches Sprichwort lautet etwa so: Eine schöne Frau ist eine geraume Zeitlang lieb, aber eine liebe Frau ist das Leben lang schön.

Es wurden uns aber doch drei gesunde Söhne geschenkt. Aus der Ehe des ältesten Sohnes erhielten wir einen Enkel und eine Enkelin, und vom zweiten Sohn zwei Enkel, somit drei Stammhalter, und bis zum heutigen Datum sind uns zwei liebe Urenkel geschenkt worden.

Um meinem kleinen Einkommen etwas nachzuhelfen, mietete ich auch eine Pünt und wurde Püntenpächter. Ein Superpüntiker bin ich aber nie geworden. Es freute mich, wenn der Same aufging und die Stecklinge größer wurden. In der Pünt, die ich übernommen hatte, waren vorwiegend Himbeeren gepflanzt, und zum großen Teil waren es schon alte Stöcke, und gemistet wurde spärlich. Meine Pünten-Nachbaren hatten aber meistens schöneres Gemüse und mehr Ertrag an Beeren. Mit der Zeit war ich aber nicht mehr zufrieden mit den kleinen Salatköpfen, oder mit den Rüblischwänzen und dem gesprengten Blumenkohl und an den kaum ein Meter hohen Stangenbohnen, ich wollte auch marktwürdiges Gemüse ernten. Somit mußte ich Kunstdünger kaufen, Gifte gegen das Ungeziefer, einiges Gartenwerkzeug und Baumaterial für das Püntenhaus. Von einer Rendite kann nicht mehr die Rede sein, also ist alles nur noch ein Hobby. Ein junges Ehepaar hat sich um meine Pünt beworben und meine Habseligkeiten gekauft. So habe ich mich entschlossen, etwas früher als vorgesehen dieses Pflanzland zu verlassen. Dennoch fand ich Beschäftigung im Bekanntenkreis bei erkrankten Rentnern oder Nachbarn, die etwas am Hause oder Möbeln zu reparieren hatten und sich selber nicht zu helfen wußten.

So habe ich in beiden Instanzen wie auch im Blauenkreuz liebe und schöne Bekanntschaften gefunden, die ich nicht missen möchte und dafür auch sehr dankbar bin. Meine Freizeit ist mit Besorgungen aller Art ausgefüllt. Auch meine Verwandtschaft nimmt mich zeitweise in Anspruch. So hoffe ich, bis an mein Lebensende gesund bleiben zu dürfen und meinen Mitmenschen nicht zur Last fallen zu müssen. Jeder freundliche Gruß, den ich von meinen Verwandten und Bekannten erhalten habe, freute mich. Und die ich beleidigt habe, mögen mir meine Unarten und Fehler vergeben.

Edwin Fretz-Kopp

[Einige wenige sehr persönliche Überlegungen des Autors haben wir auf der letzten Seite dieser Autobiographie weggelassen. R.S./R.B.]

Gäbris
männlich, * 1898, Gärtner

Am 21. November 1898 wurde ich als Sohn des E. und der K. E. in Gais, Appenzell Ausserrhoden, geboren. Wir wohnten damals in dem Hause nahe bei der sogenannten Allee. Den Parterre bewohnte Schlosser G., auch hatte er seine Werkstatt dort. Im ersten Stock des zweigeschossigen Hauses wohnte eine Verwandte, an deren verwandtschaftlichen Grad ich mich nicht mehr erinnern kann. Wir haben sie nur mit Frau Bas angeredet. Die zweite Wohnung bewohnten meine Eltern.

Mein Vater hatte noch drei Brüder und zwei Schwestern. H. war Kaufmann und verheiratet mit einer Französin. Er hatte einen Sohn und eine Tochter und wohnte in Paris. E. war Koch, verheiratet mit einer Spanierin und berufstätig in Madrid. J. übte den Beruf eines Metzgers in Bischofszell aus. Auch er war verheiratet, hatte aber keine Kinder. J. war mein Götti und deshalb heiße ich zum zweiten Vornamen J. Eine Schwester meines Vaters, A., verheiratet mit einem Bürolisten, hatte drei Töchter, sie wohnten in Teufen AR. Mein Großvater väterlicherseits lebte als Rentner in einem Bauernhaus mit etwas Umschwung im Grem in Teufen AR. Einen Teil des früheren Landes hatte er an das Töchterinstitut Buser verkauft. E., die zweite Schwester, war mit E.M. verheiratet und hatte zwei Söhne. E., M. und E. führten das Gasthaus zum Falken in Gais.

Mein Vater, der Buchbinder gelernt hatte, war Kostgänger (Pensionär) bei seiner Schwester. Meine Mutter arbeitete als Dienstmädchen im Falken. Dort lernten Vater und Mutter sich kennen. Als ehemaliges Dienstmädchen war sie bei Vaters Verwandtschaft nie hoch im Kurs.

Am 5. Mai 1898 heirateten meine Eltern. E. und E. übernahmen später das Gasthaus zum Ochsen (das heutige Kaffee Scherrer). Sie hatten im Sommer jeweils sehr viele Kurgäste, was natürlich auch viel Wäsche gab. Meine Mutter half bei der Arbeit mit, und ich hatte das «Vergnügen», die Waschmaschine in meiner Freizeit von Hand zu drehen, abwechslungsweise ein paar Mal links und ein paar Mal rechts herum. Dafür gab's wieder einmal eine Schüssel von Grüben (der Rückstand von ausgekochtem Fett) und ein Beckeli Trönzig (Rückstand ausgelassener Butter). Mutter benützte diese Rückstände jeweils noch für Rösti (brötled Erdöpfel).

Meine Mutter hatte zwei Schwestern: J. war mit einem Bauern verheiratet. Sie hatte Söhne und Töchter. Ihren Unterhalt bestritten sie aus dem Bauerngewerbe im Hofgut Wald AR und mit Weben. B., die jüngere Schwester, war vor ihrer Heirat bei meinen Eltern Kostgängerin. Sie arbeitete in der Stickereifabrik in Gais als Arbeiterin. Sie verehelichte sich mit J. Sch. in Gais, und sie bewirtschafteten ein kleines Bauerngut im Pfand. Sie hatten einen Sohn. Das Erträgnis des Bauerngutes und das Weben im Webkeller war ihr Einkommen. Vetter J. war nebenbei noch Nachtwächter. Das gab es damals noch. Weil sie kein Vieh hatten, wurde das Heu und Emd verkauft. Das ging so vor sich: Der Heustock mußte an Ort und Stelle verfüttert werden. Zum Beispiel: Ein Bauer hat mehr Vieh, als sein Betrieb Futter abwirft, so verbindet er sich mit einem Landbesitzer, der kein Vieh hat. Meistens verhandeln immer die gleichen Partner miteinander. Der Bauer kommt mit einem Teil seiner Tiere in den Stall des Partners. Der Verkäufer des Heustockes muß aber auch die Streu für die Tiere liefern. Der Mist gehört dem Verkäufer des Heus. Wenn der Schnee geschmolzen ist, wird der Mist auf das Land des Heuverkäufers verteilt. Das war aber bei Vetter J. eine mühsame Arbeit, hatte doch das «Hämet» (Bauerngut) Hanglage. Der Mist und die Gülle mußten mit einem Seilzug hinaufgezogen werden. Das ging so zu: Oben am Hang wurde eine Seilrolle festgemacht, durch die dann das Seil lief. Dieses mußte aber länger als eine Hanglänge sein. So wurde dann eine einräderige Mistbenne um die andere hinaufbefördert. Der leere Karren, bei dem an einem Stecken noch zwei Mann zogen, zog den vollen Karren hinauf. Es brauchte also für diese Arbeit vier Mann, so halfen die Nachbarn sich gegenseitig. Mit dem Verkauf des Heustockes hatte es auch so eine Bewandtnis. Zuerst wurde die Tennseite herunter «geschrotet» (gerade geschnitten). Nachher schnitt man einen Gang, bis ans Ende der Heubühne. Jetzt wurde dem «Heumesser», einem Mann, der dieses Amt ausübte, Bericht gegeben. Der maß den Heustock aus, das Heu wurde so nach Klafter verkauft.

Der Vater meiner Mutter arbeitete im Walde. Er grub Baumstrünke aus und verarbeitete sie zu Brennholz. Er schichtete das Holz zu Klaftern auf. Der Großvater erhielt für jedes Klafter, das er machte, einen bestimmten Betrag, das war sein Lohn. Wegen dieser Arbeit wurde er nur «Stocker Isehuet» genannt und meine Mutter «Stocker Isehuets Mätel». Als er diese schwere Arbeit nicht mehr ausführen konnte, machte er mit einer «Spoulrostig» — ich kann den Ausdruck nicht richtig verdeutschen — als Spulmaschine, Spüle und Spulen zum Weben.

Meine Großmutter mütterlicherseits ging bei reichen Leuten waschen, sie hatte ihre beständigen Kunden. Aus dem ist zu ersehen, daß meine Großeltern nicht groß mit irdischen Gütern gesegnet waren. Meine Mutter kam mit 12 Jahren zu Herrn und Frau Sch., Restaurant Linde

(Rietli, Gais). Herr Sch. stickte noch nebenbei auf einer Handstickmaschine, und meine Mutter mußte die Nadeln dafür, damals noch von Hand, einfädeln.

Die Eltern meiner Mutter wohnten zuerst in der «Forren» und später in der Ziegelei. Im Haus, in dem die Großeltern wohnten, hatte es einen Ofen zum Kalkbrennen, es war deshalb zu jeder Jahreszeit schön warm. Die Kalksteine wurden per Fuhrwerk im Alpsteingebirge geholt. Sie wurden in halber Höhe des Kamins in dasselbe geschüttet. Im Ofen selbst lagen die Steine in der Mitte, und es wurde auf beiden Seiten mit Kohle gefeuert. Nach zirka acht Stunden, wenn die Steine weiß gebrannt waren, wurden sie auf der dritten Seite herausgezogen, und der nächste Schub rutschte wieder nach. Meine Großeltern schliefen noch auf Laubsäcken. Wenn dieselben jeweils im Herbst frisch gefüllt waren, mußte aufgepaßt werden, daß man nicht aus dem Bett fiel. Erst wenn man eine «Toule» (Vertiefung) gelegen hatte, wurde es besser.

Nach Aussagen meiner Mutter muß ich ein schwächliches Kleinkind gewesen sein. Sie erzählte mir, daß ich einmal so lange geschlafen habe, bis Frau Bas dazu kam und sich äußerte, Mutter soll mich aufnehmen, sonst schlafe ich noch weiter für immer. Auch vor den üblichen Kinderkrankheiten blieb ich nicht verschont. Ich mußte doch in späteren Jahren noch Hämatogen und Tee von am Standort verdorrtem Reckholderholz (Wachholder) trinken.

Man lief damals noch nicht so schnell zum Doktor, zuerst wurden die eigenen Hausmittelchen ausprobiert, bevor der Arzt befragt wurde. Der mixte dann meistens eine «Gottere», Flasche, zum löffelweise Einnehmen. Pillen und Tabletten waren noch unbekannt. Auch mein Vetter J. mixte so Mittelchen zusammen, die nannte man Wunderbalsam.

Am 8. April 1900 wurde meine Schwester F. geboren. Sie war später Vaters Liebling. Sie durfte auf Vaters Konzertzither lernen. Es harzte aber sehr, das heißt sie konnte es nie recht.

Unsere Spielkamarädli waren A.li G. und A. H. A.li G. fiel einmal in den Brunnen hinter dem Haus. Vom Brunnen aus, der an einer Mauer steht, hatte es eine kleine Böschung gegen die Allee. Da wird sie wohl hinuntergekugelt sein. Das war natürlich ein Schrecken.

1904 kaufte Frau Bas das mittlere Haus in einer Reihe von fünf Häusern am Dorfplatz. Auf der einen Seite grenzte es an das Haus von Metzger K., auf der andern ans «Schilten siebni». Das war ein schmales Häuschen, das nur zwischenhinein gebaut worden war. Es besitzt nur eine vordere und hintere Hausfront. Die Wände von der Stube und den Zimmern wurden einfach an das Haus von Frau Bas und an das Geschäftshaus von Koller-Adler angenagelt. Wir bezogen also im mittleren Haus von den zwei Wohnungen die untere. Vom Freien gelangte man direkt in die Küche. Links, wenn man eintrat, befand sich ein viereckiger hölzerner Brunnentrog und im hintersten, dunkelsten Eck ein gemauerter Holzherd. Hinter der Küche war der Keller. Rechts neben der Küche war die Stube mit einem großen Kachelofen, längs der vierteiligen Fensterfront ein breiter «Sims». Die Fenster wurden nachts mit zwei großen zweiteiligen Läden geschlossen. Die Schlafzimmer befanden sich im zweiten Stock. Ebenso der Abort, der noch außerhalb des Hauses angehängt war. Um in die Zimmer oder auf den Abort zu gelangen, mußte man durch die Küche von Frau Bas gehen. Die Häuser hatten keine Brandmauern, man konnte von einem «Schloff», Estrich, in den andern gucken.

In die «Häfelischule», Kindergarten, hatten meine Schwester und ich nicht weit. Wir mußten nur die Kantonsstraße überqueren, auf der sich noch kein so großer Verkehr abwickelte und den Rain hinunterhüpfen. Der Kindergarten befand sich in einem unteren Geschoß von «Müli Walser». Eine Mühle gab es keine mehr. Aber eine Säge mit einem Wasserrad. Das Wasser für den Antrieb des Rades wurde bei der sogenannten Falle, einem Wasserfall, entnommen und in einem zum Teil offenen Kanal auf das Rad geleitet. Im gleichen Haus befand sich auch eine Bäckerei. Der Ofen wurde jeweils mit «Büscheli» Holzburdenen aufgeheizt, nach der Verbrennung die Asche herausgezogen und der Ofen mit einem «Floder», einem Sack an einer Stange, herausgewischt. Es konnte deshalb vorkommen, daß noch verbrannte Tannennadeln am Brot klebten. Unsere Kindergärtnerin «Tante Anna» war natürlich auch nicht so geschult, wie die Kindergärtnerinnen heute.

Im Frühling 1905 begann für mich die Schulzeit bei Lehrer H.. Wir hatten noch lange Schulbänke, die fast die ganze Zimmerbreite beanspruchten. Hinter jeder Bankreihe konnte der Lehrer vorbeigehen und den Schülern mit einem stumpfen Stecken, wenn er Fehler sah, in den Rücken stupfen. Da wir in der Primarschule nur einen halben Tag zur Schule gehen mußten, lehrte uns die Mutter stricken. Später mußte ich «fädeln», das heißt bei Stickereien, die in der Fabrik hergestellt wurden, Fäden wegschneiden. Das änderte sich erst, als ich in die Realschule, eine Vorbereitungsschule für die Sekundarschule, ging. Von nun an bis ans Ende der Schulzeit ging ich immer den ganzen Tag zur Schule. In der Real- und Sekundarschule war die Behandlung der Schüler unterschiedlich. Die Söhne und Töchter der Geschäftsleute wurden mehr gefördert als die andern. Die Lehrer auf dem Lande hingen noch stark von dem Wohlwollen der sogenannten «Herren» ab. Einen Vorteil hatten wir Knaben alle. Lehrer A. war ein begeisterter Sportler. Im Winter, wenn die Mädchen Nähschule hatten und wir geometrisches Zeichnen, fiel dies aus. Die Knaben lernten mit dem Lehrer skifahren. Wir fuhren mit Eschenskiern und denselben Schuhen, mit denen wir in die Schule kamen.

Es war in einer kalten Nacht des Winters 1905/06, als es vom nahen Kirchturm ertönte «Bam, bam, bam — Bam, bam, bam», dazu gellte das Feuerhorn durchs schlafende Dorf. Jetzt wußte jedermann, was los war. Feueralarm, es brennt!! Zu jener Zeit mußte noch jeder Mann, der gesund oder nicht bei der Bahn oder Post im Dienst stand, bei der Feuerwehr mitmachen. Auch mein Vater machte sich bereit. Ich kann mich deshalb noch so gut erinnern, weil er beim hastigen Ankleiden seine Hand an meinem Bett anschlug. Meine Schwester und ich schliefen im kleineren hinteren Zimmer, getrennt durch einen Vorhang von den Eltern, die im vorderen Zimmer schliefen. Nur durch unser Zimmer konnte man in den Gang gelangen. Von der Feuerwehr war nur das Rettungskorps uniformiert. Die Mannschaften der Hydrantenwagen trugen nur Blechtäfelchen mit ihrer Wagennummer. Mittlerweile erfuhren wir, wo es brannte, bei «Bommes», einem Bauernhof. Am andern Tag, als wir den «Gwunder» stillten, sahen wir den Schaden. Haus und Stall waren vollständig abgebrannt, auch das Vieh war verbrannt, der Heustock mottete immer noch. Die Wasserschläuche waren im Schnee eingefroren.

Damals waren die Straßen noch nicht asphaltiert und wurden deshalb nicht auf den Grund gepfadet. Deshalb gab es bei wechselnder Witterung häufig Eis. Die Winter waren viel schneereicher als heute. Die Kantonsstraße wurde mit einem großen Pfadschlitten, der von 6-8 Pferden gezogen wurde, gepfadet. Das Appenzellerbähnli öffnete sich den Weg mit zwei Lokomotiven und zwei Wagen. Wie oft sind wir damals nach der Kinderlehre nach zwei Uhr mit den Skiern auf den Gäbris gewandert und haben uns dort vergnügt bis es dunkelte. In rascher Fahrt über «Sondereggers Waid», «Obergäs», «Chlausebrühl» erreichten wir das Dorf. Erst vor der Haustüre mußten wir die Skier ausziehen. Eine Skipiste kannten wir nicht, nur durch das mehrmalige am gleichen Ort Hinunterfahren gab es eine Schneeglätte. Auch zum Schlitteln war genügend Gelegenheit vorhanden. Vom Dorfplatz aus durch die Langgasse oder von der Risern hinab. Diese Fahrt war aber gefährlich, mußte doch die Kantonsstraße überquert werden. Bei günstigen Schnee- und Wetterverhältnissen reichte es manchmal zu einer Fahrt von der Starkenmühle bis nach Altstätten, das sind sieben Kilometer. Dies konnte man sich nur an einem Sonntag leisten und dann nur einmal, denn wir hatten kein Geld für das Bähnli und mußten wieder zu Fuß den Hang hinaufstapfen. Spiele kannten wir noch mehr als die heutige Jugend. Im Sommer gab's genügend Verstecke und im Herbst, wenn die Wiesen abgeweidet waren, ließen wir unsere selbstgemachten Drachen steigen. Wir vergnügten uns auch mit Bolzenschießen. Ein Bolz wird aus einer Schindel geschnitzt. Er hat die Form einer flachen Kelle mit einer Spitze, und in der Mitte eine Kerbe, um die Schnur mit dem Knoten einzuhacken. Die Schnur war an einem Stecken, den man in der rechten Hand hielt, den Bolzen hielt man in der Linken. Ähnlich wie bei einer Armbrust. So wurde der Bolzen in die Luft gespickt, und man hatte manches Mal Mühe, ihn wieder zu finden. Auch mit dem Rauchen haben wir's versucht. Da bei uns keine Nielen wuchsen, sammelten wir verblühte Löwenzahnblüten und trockneten sie. Auch die Pfeifen dazu bastelten wir selber.

Da ich nahe bei der Kirche wohnte, fragte mich der Mesmer (Sigrist), ob ich beim Läuten der Kirchenglocken mithelfen würde. So wurde ich «Läuterbub», um an Sonntagen und bei Beerdigungen dieses Amt auszuführen, was dem Lehrer nicht immer behagte. Die Glocken wurden noch von Hand im Glockenstuhl in Bewegung gesetzt und wehe, wenn eine zu früh anschlug oder beim Ausläuten nachschlug. Das gab 5 Rappen Buße. Darum wurde zum Anläuten zwischen Glocke und «Halm» (Schwengel) ein Stab gespannt. Der fiel erst herunter, wenn die Glocke einen gewissen Schwung hatte. Zum Aufhören bremste man mit dem Seil in der einen Hand, mit der andern wurde der Schwengel, wenn die Glocke gegen einen kam, aufgehalten, damit er nicht anschlagen konnte. Weil wir den Turm nicht verlassen konnten, ohne durch die Kirche zu gehen, spielten wir im Sommer unter der großen Glocke mit den Jasskarten. Im Winter stiegen wir einen Stock tiefer zum Uhrwerk hinunter. Öfters war es sehr kalt in der Kirche. Zu Beginn des letzten Orgelspiels rannten wir die Turmtreppen hinauf, damit die größte Glocke bereit war, wenn der Mesmer das Zeichen zum Ausläuten gab. Nach der Sylvesterfeier gingen wir in die Wohnung des Mesmers und aßen grüne Würste, Brot, und tranken den Rest des Abendmahlweins, bis es Zeit war, das alte Jahr aus- und das Neue einzuläuten.

Nach dem Hinschied von Frau Bas, die von meiner Mutter gepflegt worden war, kaufte mein Vater das Haus. Die Entschädigung für die Pflege konnte beim Kauf angerechnet werden. Wir bezogen nun die obere Wohnung, und jedes von uns beiden Kindern hatte nun ein eigenes Zimmer. In der Stube stand ein großer grüner Kachelofen, hinter dem eine steinerne Treppe in das obere Geschoß führte. Im Ofen war ein kupferner Wasserbehälter eingebaut, der gut zwei Kessel Wasser faßte. Während der Heizperiode hatte man so immer warmes Wasser. Im Ofen konnten auch Gerichte, die eine lange Kochzeit brauchten, gargekocht werden. Gefüttert wurde der Ofen mit «Büscheli», Holzburdenen und Wurzelstöcken. Weil der Ofen nicht bis zur Decke reichte, war ringsum ein Vorhang. Wir legten am Morgen unsere «Chrisimannen», Steinsäcke, darauf, um sie am Abend schön warm ins Bett zu nehmen. Zu diesem Gang begleitete uns ein Petrollämpchen. Die Kleider mußten schön geordnet auf einem Stuhl abgelegt werden. Das war eine Vorsichtsmaßnahme für den Fall, daß Feuer ausbrechen könnte. Im Herbst sammelten wir «Täghüfeli», Hagebutten, die getrocknet wurden, um im Winter Konfitüre daraus zu machen. Das ging so vor sich: Die gedörrten Hagebutten wurden in einen Topf mit Wasser gebracht und in den Kochteil des Ofens geschoben. Das Wasser, das die Hagebutten auslaugte, wurde in ein Gefäß geleert. Das wurde wiederholt, bis man das Gefühl hatte, die Hagenbutten seien genug ausgelaugt. In die gesammelte Lauge wurde Zucker gerührt, und im Ofen eingedickt bis eine feste Konfitüre wie Wachholderlatwerge entstand. Bei Verschleimung des Halses, Halsweh gab's einen warmen «Schwinischmalzblätz», Schweinefett um den Hals, oder einen Löffel Honig von Vogelbeeren, das löste dann den Schleim.

Als die Gasleitung von St. Gallen bis Gais geführt wurde, ließ mein Vater für Stube, Küche und Herd das Gas installieren. In der Stube und der Küche wurden viele Gasstrümpfe in den Lampen defekt, weil die Zimmerdecke zugleich der Boden der oberen Zimmer war, und dadurch die Bretter immer knarrten und die Lampen schaukelten. Später wurde das Elektrisch eingerichtet und das Gas nur noch zum Kochen verwendet. In der Küche benutzten wir auch noch unseren Holzherd.

Die untere Wohnung in unserem Haus bezog die Großmutter mütterlicherseits nach dem Tode ihres Mannes. Mein Vater hatte seinen Beruf als Buchbinder aufgegeben und sich bei der Stickereifirma Eisenhut & Co. um Arbeit beworben. Er wurde Kopist und hatte auch das Lager mit den Stickereizeichnungen für die Sticker zu verwalten. Ein Stickereidessin wird in Originalgröße entworfen, dann mit Tinte auf Spezialpapier vergrößert. Diese Vergrößerung wurde auf feucht gemachte Karten kopiert. Diese Kopie erhielt der Sticker, der mit Hilfe des Pantographs die Stickerei auf den Stoff reproduzierte. Das geschah folgendermaßen: Eine Handstickmaschine war zirka 4-5 Meter lang. In der Mitte war der Stoff auf zwei Rollen senkrecht gespannt. Vor und hinter dem Stoff befanden sich zwei Wagen, von denen der eine mit Nadeln bespickt war. Eine Nadel war zirka 2 cm lang und hatte auf beiden Seiten eine Spitze. Das Öhr mit dem Faden war in der Mitte. Wenn nun der mit den Nadeln bestückte Wagen gegen den Stoff gefahren wurde, wurden die Nadeln durch den Stoff gestoßen. Der andere Wagen nahm sie auf und durch

Wegfahren des Wagens wurde der Faden angezogen. So ging es immer hin und her. Die starke Konkurrenz der Schifflistickmaschinen, bei denen zuerst für jede Maschine ein Sticker benötigt wurde, die dann später durch Lochkarten abgelöst wurden, versetzte den Handstickern den Todesstoß.

Standesgegensätze gab es schon damals. Es gab einen Männer- und Töchterchor Frohsinn, ebenso einen Männer- und Töchterchor Gais. Im ersten waren die weniger Bemittelten vertreten, im andern die «Herren» und deren Töchter. Dazu kam noch eine Blasmusik und ein starker Turnverein. Das Vereinsleben war intensiver als heute. Man hatte ja zur Erholung und Abwechslung nichts anderes.

Nun will ich noch ein paar Müsterli erzählen, bevor ich mit meinem Lebenslauf weiterfahre. Mein Vater hatte die Gewohnheit, sich zu jeder Jahreszeit morgens am «Bolistrog», einem Brunnen in der Nähe, zu waschen. Das war damals ein langer hölzerner, viereckiger Trog mit einem «Sodeltrögli». Nach seiner morgendlichen Waschung schleppte er zwei Kessel Wasser heim, damit wir ja kein Überwasser beim Leitungswasser im Haus kriegten. Daß jeder seinen Übernamen hatte, war üblich. Vater war «Bartlishans», denn er hatte immer pressant. Mich nannte man «Krieger». Das kam aus dem Gedicht «Die Murtenerlinde». Dort heißt es im zweiten Vers «von eines Kriegers Eisenhut nickt es verloren». Wir hatten so viele Eisenhut in Gais, daß wir zwei in der Klasse numeriert waren.

Das Brot mußten wir bald in dieser, bald in jener Bäckerei holen. Wenn möglich am Montag nach ein Uhr eines vom Samstag. Es war bekannt in den Bäckereien, daß sie uns immer das alte Brot geben konnten. Wollte mein Vater seinen Vater in Teufen besuchen, so nahm er uns beide Kinder mit. Zuerst fuhren wir im Leiterwagen, und als wir stark genug waren, mußten wir laufen. Fürs Bähnli wurde kein Geld ausgegeben. Wir zwei gingen nie gerne mit, es war beim Großvater zu langweilig, nur auf einem Tisch alte Photos anschauen, behagte uns nicht. Lieber gingen wir zur Tante A., bei ihr hatte es auch Kinder. Unsere Mutter kam nur selten mit.

Nach der Beendigung der Schulzeit arbeitete ich, bis zu meiner Konfirmation, in einer Kartonage. Am 1. August 1914 brach der 1. Weltkrieg aus. Ein Laib Brot «Fünfpfünder» kostete 98 Rappen, ein Liter Milch 18 Rappen, ein großes Bier 20 Rappen. Um aber ein Bier zu erhalten, mußten wir schon nach Appenzell. In Gais war für uns Konfirmanten Wirtshausverbot.

Am 15. April 1915 begann ich meine Lehre in der Gartenbaufirma Gebrüder Stahel, Flawil. Ich habe diesen Beruf nicht aus Freude daran gewählt. Diesen Beruf habe ich ergriffen, weil ich mir sagte, das ist ein Beruf, wo am wenigsten Menschen durch Maschinen ersetzt werden können. Ich hatte ja erlebt, wie die Schifflistickmaschine die Handstickmaschine verdrängte. Unsere Arbeitszeit dauerte im Sommer von 6-12 Uhr und von 13-19 Uhr, mit je einer halben Stunde Pause. Im Winter richtete sich die Arbeitszeit nach dem Tageslicht. Ein guter Arbeiter verdiente im Maximum 60 Rappen in der Stunde. Ich verdiente im ersten Jahr 5 Franken in der Woche. Für Kost und Logis mußte mein Vater aufkommen. Nach Lehrvertrag hätte ich je ein Jahr auf Topfpflanzen, Baumschule, Gartenpflege und Neuanlagen angelernt werden sollen. Ich war aber mehr in der Baumschule als auf Topfpflanzen beschäftigt. Ich mußte aber jeden zweiten Sonntag Dienst im Topfpflanzenbetrieb leisten. Für die andere Abteilung (Gartenpflege und Neuanlagen) mußte ich mich extra wehren.

Am 28. Februar 1918 mußte ich in die Sappeurrekrutenschule nach Brugg einrücken. Weil ich meine Lehre wegen der Rekrutenschule unterbrechen mußte, mußte ich die fehlende Lehrzeit nachholen und wurde erst im Sommer damit fertig. Ich arbeitete dann noch bis zum Tode von H. St. bis November 1918 weiter. In der Zeit meines Aufenthaltes in Flawil mußte ich auch Feuerwehrdienst leisten. Es war Krieg und die Männer teilweise fort. Im selben Jahr brach der Generalstreik aus. Während der Lehre besuchte ich im Winter am Freitagnachmittag die Gewerbeschule. Es wurde aber nicht so unterrichtet wie heute. Alle Berufe waren im gleichen Schulzimmer. Es war mehr eine Auffrischung von dem, was man in der Schule gelernt hatte. Neu war nur das Erlernen einer einfachen Buchhaltung. Während meines Aufenthaltes in Gais betätigte ich mich bis Februar 1919 als Baumwärter. Ich trat nun einen Arbeitsplatz in einem Topfpflanzen- und Gemüsebetrieb in Ostermundigen an. Der Lohn betrug 80 Franken im Monat abzüglich Unfallprämie. Kost und Logis war frei. An diesem Arbeitsplatz hielt ich es nur bis September aus. Wir zwei, ein Welscher und ich, mußten immer die untergeordneten Arbeiten ausführen. Die angenehmeren Arbeiten machten der Meister, die Gärtnerin und der Lehrling. Das Angebot an guten Stellen ist im Herbst nicht so reichlich, man wechselte den Arbeitsplatz allgemein im zeitigen Frühjahr. Ich meldete mich beim Wachtkorps. Nach der Besammlung der neuen Bewerber in Luzern wurde ich der Bewachungskompanie 18, Posten Rüdlingen, zugeteilt. Sold erhielt ich 8.50 Franken pro Tag. Dienst leistete ich vier Stunden am Tag, und vier Stunden nachts patrouillierte ich der Grenze nach. Jede Soldperiode hatten wir einen Tag frei, die wir für einen Monat zusammenziehen konnten. Im Dezember 1919 brach in Rüdlingen die Maul- und Klauenseuche aus.

Nun mußten wir an den freien Tagen im Dorf bleiben. Da ist es manchem verleidet, den ganzen Tag nur herumzuliegen oder eine Beiz nach der andern zu besuchen. Nach 14-tägiger Kündigung habe auch ich den Dienst quittiert und mich wieder nach Gais zu meinen Eltern verzogen.

In der Nacht auf den 2. Januar 1920 herrschte ein furchtbarer Föhnsturm, der Bäume entwurzelte oder knickte und Hausdächer abdeckte. Am folgenden Morgen holte mich Vetter J. Ihm hatte der Sturm, als er von der Nachtwache heimkam und die Haustüre öffnete, die ganze Hauswand aufgebrochen. Während wir diesen Schaden behoben, konnten wir zusehen, wie bei einem Haus weiter oben am Hang, das ganze Blechdach aufgedeckt und hinter das Haus geworfen wurde. Wir waren am Frühstück, als uns der Bauer, der gerade den Heustock nutzte, uns rief, der Sturm wolle uns das Dach heben. Nichts wie los auf den Estrich, um mit Klammern und Ketten das Dach am unteren Teil des Hauses zu befestigen. Den ganzen Monat Januar betätigte ich mich als Waldarbeiter. Es hatte genug Windbruchholz.

Mein nächster Arbeitsplatz war die Gärtnerei Hürbin in Burgdorf. Das war ein Topfpflanzenbetrieb mit Kundenarbeit. Lohn erhielt ich Fr. 100.— im Monat nebst freier Kost und Logis. Wir Arbeiter waren im Ökonomiegebäude untergebracht, die Lehrlinge im Wohnhaus des Meisters. Ich arbeitete auf Kundschaft, nur wenn dort keine Arbeit war, in der Topfpflanzen- und Staudengärtnerei.

Nach einem Jahr wechselte ich in die Firma Eiselt in Rotmonten, St. Gallen. Das war ein ausgesprochener Topfpflanzenbetrieb. Hier lernte ich auch meinen ersten Schatz, heute würde man sagen: Freundin, kennen. Es war eine Bündnerin, sie arbeitete im Büro des gleichen Hauses. Ich hatte Sonntagsdienst, und ihr war es allein langweilig, so daß sie zu mir heraufkam. Sie hatte das Zimmer unten in der Stadt. So plauderten wir miteinander. Später habe ich sie natürlich öfters heimbegleitet. Während meines Aufenthaltes in dieser Firma dislozierten wir die Gärtnerei von Rotmonten nach dem Heiligkreuz. Dort bauten wir sie zum Teil ganz neu auf.

Von St. Gallen wechselte ich die Stelle und nahm in Kilchberg /ZH Arbeit an. Ich arbeitete auf Kundschaft im Stundenlohn von Fr. 1.25, mußte aber selbst für Unterkunft und Verpflegung aufkommen. Das lohnte sich aber nicht, hatte ich doch bei schlechter Witterung keine Arbeit. Nach drei Monaten zog ich wieder aus und trat leider bei der Gartenbaufirma W. in St. Gallen ein. Ich arbeitete in der Staudengärtnerei. Stauden sind perennierende, winterharte Pflanzen. Während des Sommers bin ich jeden Tag mit dem Velo von Gais nach St. Gallen gefahren. Erst im Winter habe ich ein Zimmer gemietet. Im Winter 1922-23 gab es so viel Schnee, daß wir nicht mehr arbeiten konnten. Ich meldete mich bei der Bahn, dort gab's Arbeit, bis ich in St. Gallen wieder arbeiten konnte. Als ich im August 1923 nach einem Wiederholungskurs die Arbeit wieder aufnehmen wollte, teilte mir Herr W. mit, ich brauchte nicht mehr anzufangen. Gut, dann treffen wir uns an einem andern Ort, war meine Antwort. Am Abend hatte ich schon einen eingeschriebenen Brief daheim, daß ich noch 14 Tage arbeiten könne.

Am 1. September 1923 habe ich in einer kleinen Baumschule und etwas Kundenarbeit angefangen. Ich war allein und selbständig, der Meister war zu jener Zeit im Sanatorium. Hier in Jona war ich im Männerchor und lernte dort Vater und Sohn L. kennen, die bei einer Herrschaft arbeiteten, wo sie auch in deren Landwirtschaft arbeiteten. Mit meiner Freundin, die in einer Pension in Arosa arbeitete, habe ich leider nur brieflichen Kontakt gehabt. Das war ein Nachteil. Wir haben uns nur einmal in Chur getroffen. Weil ich im Männerchor war, wurden ich und H.L. gebeten, beim Theater an der Unterhaltung mitzumachen. Ich mußte mit einer 17-jährigen Tochter, einer Deutschen, ein junges Paar spielen. L., meiner Freundin, habe ich den ganzen Verlauf der Unterhaltung beschrieben, und aus war's mit der Freundschaft. Ich habe nie erfahren, warum, das Mädchen war gut katholisch und ich reformiert. Es hätte sowieso nie eine Ehe daraus werden können. Wie konnte ich auch damals als Gärtner ein Mädchen bitten, meine Frau zu werden? Vielleicht hat sie etwas Besseres gefunden, darüber schweigt die Geschichte.

Am 1. Februar 1925 kam ich nach Winterthur und trat bei Karl Lattmann, Baumschulen, ein. Mein Zimmer hatte ich an der Unteren Gerberstraße. Im Zimmerpreis war das Frühstück inbegriffen. Mittags und abends verpflegte ich mich im Restaurant Lüscher in der Nähe, wo ich auch meine Frau R. S. kennenlernte. Sie arbeitete dort als Köchin. Ostern 1926 verlobte ich mich mit ihr. Im Mai 1926 starb mein Vater im 61. Altersjahr. Ostern 1927 heiratete ich. Warum verlobten und heirateten wir an Ostern? So mußten wir beide am wenigsten Arbeitsstunden verlieren. Wir bezogen am Bühlhofweg 30 eine kleine Dreizimmerwohnung. Der Monatszins betrug Fr. 75.—. Mein Stundenlohn betrug damals Fr. 1.34. Wir arbeiteten im Sommer zehn Stunden und im Winter acht Stunden. Größere Anschaffungen mußten im Sommer getätigt werden, im Winter reichte es gerade für die laufenden Auslagen. Meine Frau arbeitete einen Sommer lang mit mir in der Baumschule. Später wurde sie von Frau L. angestellt, um zu waschen, zu flicken und am Freitag den Laden zu reinigen. 1928 erhielt ich acht Tage bezahlte Ferien. Wir benutzten sie, um per Fahrrad den Heimatort meiner Frau, Neuhausen ob Eck in Süddeutschland, zu besuchen. Von dort fuhren wir noch den Bodensee entlang und durchs Rheintal nach Gais, um die letzten Tage dort zu verbringen.

Schon 1926 hatte ich versucht, bei der Stadtgärtnerei Zürich oder Winterthur unterzukommen. Eine Stelle mit Pensionskasse war damals noch sehr wichtig. Im kalten Winter 1929, als der Zürichsee zugefroren war, und der Boden so hart, daß wir nicht mehr arbeiten konnten, gelang mir der große Wurf. Am 14. Mai 1929 konnte ich im Stundenlohn bei der Stadtgärtnerei Winterthur anfangen. Ich wurde dem Revier 3, das damals noch Seen, Heiligberg, Tössfeld und Töss umfaßte, zugeteilt. Nach der Aufteilung von Revier 4 kamen noch Oberwinterthur und Wülflingen dazu. Im Januar 1931 wurde uns eine Tochter geboren. Meine Frau beteiligte sich auch bei Schulhausreinigungen. Am 1. Januar 1930 erhielt ich die Anstellung, damals mußte noch eine Probezeit absolviert werden. Gleichzeitig trat ich in den VPOD ein. Wir waren damals zu 100 Prozent in der Gewerkschaft organisiert. Nach meiner Anstellung bei der Stadt verdiente ich netto weniger als während der Probezeit. Der Bruttomonatslohn in meiner Lohnklasse betrug Fr. 405.—.

1931 ließ ich mir, ohne mit meiner Frau darüber zu reden, an der Gutstraße ein Reiheneinfamilienhaus für Fr. 25'000.— bauen. Da ich leicht zu Brennholz kommen konnte, ließ ich mir keine Zentralheizung einbauen. Das hätte Fr. 1'000.— mehr gekostet. Um meinen finanziellen Verpflichtungen nachzukommen, war ich genötigt, zwei Zimmer zu vermieten. Auf Drängen meiner Frau verkaufte ich nach vier Jahren das Haus ohne Schaden wieder. Wir zügelten ins Hegifeld, hielten es aber dort nur ¾ Jahre aus. Die nächste Station war die Scherrerstraße. Dort blieben wir bis zum Tode meiner Frau im Jahre 1969.

1936 war das Eidgenössische Turnfest in Winterthur. Vom damaligen Festplatz ist heute ein großer Teil verbaut. Meine Frau arbeitete dort in der Küche. Die 30er Jahre waren gekennzeichnet durch eine große Arbeitslosigkeit und den Nationalsozialismus in Deutschland. Auch bei uns hatte es Anhänger und Mitläufer dieser politischen Richtung. Der Mann meiner Schwester lief auch bei einem solchen Umzug mit. Nicht aus Überzeugung, sondern nur, weil es nachher zu essen gab. Er war auch arbeitslos.

Im Jahre 1939 wurde die Schweizerische Landesausstellung in Zürich eröffnet. Wir besuchten sie noch, bevor der Zweite Weltkrieg ausbrach.

Da muß ich noch eine Episode berichten. Es war im Jahr 1938. Wir waren beim Heckenschneiden beim Schulhaus Talacker, als der Vorarbeiter zu uns sagte: «Die deutschen Truppen sind in der Tschechoslowakei einmarschiert, man weiß nicht, wann der Krieg ausbricht. Aber die Hecken im Schulhaus Lindberg und im Bäumli müssen noch geschnitten werden!» Ein Jahr später war es dann wirklich soweit. Wir arbeiteten an der gleichen Hecke, als um 12 Uhr die Generalmobilmachung bekannt wurde. Zwei Arbeitskollegen mußten um 16 Uhr einrücken, und wir zwei andern brachten die Heckenscheren ins Depot. Aufgeräumt wurde nicht mehr. Am 2. September 1939 mußte ich in Chur bei der Gebirgssappeurkompanie 3/12 einrücken. Im Mai 1940 war die Schweiz von den deutschen Truppen eingeschlossen. Jetzt hieß es durchhalten. Die Anbauschlacht begann. Die Turn- und Spielplätze verwandelten sich in Ackerland. Wir pflanzten Gemüse, Kartoffeln und Mohn. Zwischen den Mohnreihen war jeweils eine Reihe Rübli. Die Mohnkapseln wurden im August abgeschnitten, und auf Papierbahnen im Estrich der heutigen Oskar Reinhart Stiftung an der Stadthausstraße ausgebreitet, bis sie reif genug waren zum Dreschen. Jetzt hatten die Rüebli Platz zum Wachsen. Ich habe in jener Zeit vier ar bewirtschaftet. Einmal hatte ich je eine Are Kartoffeln, Mais, Sojabohnen und sogar Sommerweizen angepflanzt. Die Ähren des Weizens und die Maiskörner gab man im VOLG ab und erhielt dafür ein bestimmtes Quantum Mehl und Gries. Die Sojabohnen werden etwa so hoch wie Höckerli, haben aber in einer Schote nur drei Bohnen. Bis man aber aus den Bohnen Mehl hatte, steckte viel Arbeit dahinter. Man mußte die Bohnen 24 Stunden ins Wasser legen und dieses dreimal wechseln. Die aufgequollenen Bohnen wurden durch die Fleischhackmaschine getrieben, der nun entstandene Brei im Backofen getrocknet, und erst jetzt konnte er durch die Kaffeemühle zu Mehl gemahlen werden. Die ganze Anbauerei war ein Krampf, arbeiteten wir doch noch 48 Stunden in der Woche und hatten nur am Samstagnachmittag frei. Während des Krieges wurde einen Sommer lang die Sommerzeit eingeführt. Es wurde bei gutem Wetter in der Pünt oder im Pflanzplätz gearbeitet bis es dunkelte, so daß mit sechs Stunden Schlaf ausgekommen werden mußte.

Im Jahre 1944 wurde eine kleinere Revieränderung durchgeführt. Auf den 1. Januar 1945 wurde ich diesem Revier, das den Friedhof Lind, wo heute die neue Kantonsschule steht, die Anlage Inneres Lind und die Aussichtsterrasse Bäumli umfaßt, zugeteilt. Im Herbst 1948 wurde das ganze Stadtgebiet neu eingeteilt. Ich wurde zum Vorarbeiter befördert und übernahm das 4. Revier. Dieses umfaßte Veltheim, Wülflingen und einen Teil der Neuwiese. Dieses leitete ich bis Frühjahr 1958, als ich wegen Wechsel des Vorarbeiters das Revier 3 übernehmen mußte. Dieses umfaßte die Gebiete Breite, Heiligberg, Tössfeld, Brühlberg und Töss. Dieses Revier betreute ich bis zu meiner Pensionierung am 31. Dezember 1963. Bei meinem Austritt aus dem städtischen Dienst betrug mein Bruttolohn Fr. 1108.—.

Im Februar 1969 starb meine Frau. Ich wollte nun nicht mehr Treppen reinigen und heizen und löste deshalb meine Dreizimmerwohnung auf und bezog eine Einzimmerwohnung mit Zentralheizung an der H.-straße 58.

Wiedikon
weiblich, *1898, kfm. Angestellte, Kanzlistin

Am 31. Dezember 1898 erblickte ich als Tochter des E. und der K., geborene H., in Seen-Winterthur das Licht der Welt. Die Familien-Photo präsentiert meine Schwester und mich mit den Eltern. Wir kamen in den Kindergarten, wo H.M. aus Meilen ihre Tante Sc.S. ablöste. 1905 gab es eine Photo aus der Schule, 1. Klasse mit Fräulein H., die ins Ausland verreiste. Nun kam Fräulein I. aus Zürich für ein halbes Jahr, und dann durften wir vom Blau-Kreuz-Haus ins Schulhaus zügeln, und im 3. Jahr führte uns Fräulein B.G. aus Zürich mit sicherer Hand: Drei Klassen, circa 30 Schüler. Sie kam vom Ausland, Frankreich. Sie stellte einfach die beste Schülerin, mit dem offenen Buch, vor eine Klasse, mich, während sie die beiden andern besorgte. Bald stand im Schulzimmer ein Flügel. Sie gab noch Klavierstunden, so auch mir, unentgeltlich. Und das Üben wurde mir auch erlaubt. Ihre Wohnung war nahe beim Schulhaus. Ihr Mittagessen ließ sie durch mich in ihre Wohnung bringen. Während den Ferien besorgte ich die Blumen, und im Winter wurde am Sonntagabend für eine warme Stube gesorgt. Sie schenkte den Schülern den ersten Christbaum als Erinnerung an ihre Nichte, die auf dem Schiff Titanic ums Leben gekommen war.

Wenn auch streng hie und da, sie war privat eine Wohltäterin. Über die Ferien wurde ihr Klavier und Wohnung dem Sohne des Herrn Pfarrer zur Verfügung gestellt, dem A.W. Meine Bibel zu meiner Konfirmation enthält heute noch die Schriftzüge von B.G.

Vom 4.-6. Schuljahr hatten wir Lehrer. In der 1. Klasse Sekundar-

162

schule hatten wir Fräulein M.A. aus Winterthur. Täglich fuhr sie per Velo zu uns. Aber bei der Einweihung des Schulhauses Heiligberg war sie das nächste Jahr beim Umzug mit den Schülerinnen von Winterthur zu sehen. Da wurden von mir im Geheimen ein paar Tränen verdrückt. 2. Klasse Sekundarschule: Herr R.B. 3. Klasse Sekundarschule: Herr St. aus Zürich. Familienleben: Da erinnere ich mich gerne an die erste Italienreise um Pfingsten 1906 mit meinen Eltern an den Geburtsort (Arcisate) meines Vaters (Provinz Varese), nicht weit vom Luganersee entfernt. Ein Todesfall aus Mutters Familie veranlaßte uns, früher als geplant nach Hause zu fahren.

Das elterliche Bauerngewerbe H. in Seen mußte nach dem Tode von Hch.H. wieder einen Leiter haben, und unsere liebe Mutter mußte mit Papa die Führung übernehmen. Nun waren meine liebe Schwester und ich Bauernkinder. Zwei Personen, eine Schwester und ein Neffe mit Mutter blieben also im Bauerngut zu Hause. Wir stahlen uns hie und da auch in den Stall zu den Pferden, Kühen, Kälbli und Rindli. Papa blieb zu Hause. Es waren 10 Jucharten Land zu betreuen. Im Winter gab es Eisfuhren für das Haldengut. Und im Sommer wurden für die Mechanische Fabrik Feucht Motoren mit den Pferden bis von Zürich hergeholt.

Auch Mutters Bruder, J.H. aus Bukarest, kam uns besuchen. Infolge Erstellung eines Wasserreservoirs wurden wir mit den Pferden und mit Vater von Ing. R. beschäftigt, und die Frauen mußten alles Gemüse aus der Grüze von Hand heimführen.

Nach fünf Jahren gab es eine Änderung. Der Knecht mußte die Rekrutenschule machen. Vater verkaufte den Bauernhof. Wir gingen wieder fröhlicheren Zeiten entgegen. Papa konnte die frühere Wohnung von Samuel Müllers Erben mit Garten und Baumgarten erwerben. 1914 wurde ich Handelsschülerin am Kantonalen Technikum Winterthur, und dann kam die Zeit, wovon uns Sekundarlehrer St. schon 1913 berichtete.

Am 30. Juli 1914 wurde im Dorf Generalmarsch geschlagen, und bei uns zu Hause gebar unser Brüderlein A. An ein zweites Jahr Handelsschule war nicht zu denken, aber es gab Kurse an der Weiblichen Fortbildungsschule.

1916 weilte ich als Volontärin in Lausanne bei der Familie P.G. à B. Nun gab es Hausgeschäfte und Kinderpflege, für meine Gesundheit fast besser erträglich als die Schule. Der Papa der Kinder, als Offizier in der Kaserne stationiert, unterließ es nicht, abends der Mamma seinen Besuch abzustatten, währenddem ich im Eß-Saal auf der Mandoline üben durfte. Später ging Madame zu ihrem Herrn Gemahl in die Ferien, wo die Truppen lagen (Tessin). Ich hatte noch Schulfreundinnen im Welschland zu besuchen, was uns sehr freute. Dann war das Jahr vorbei, und ich konnte wieder nach Hause gehen, wo ich Mutter und Brüderlein gesund antraf. Meine Freundin hingegen hatte ihre Mutter verloren.

1917: Angestellte bei der Firma Maggis Nahrungsmittel, wo ich das Schreiben mit der Maschine lernen konnte. 1918 mußte ausgesetzt werden, und ich ging in den Tessin, um die italienische Sprache noch besser zu erlernen. Ich kam in ein Postbureau für Haushalt und Büroarbeiten. Das war, als der Posthalter circa sechs Leuten aus dem Telegraph die Mobilisation der Tessiner diktieren mußte, weil es in Zürich Streik gab. Mein Tessiner Aufenthalt hatte den Vorteil, daß ich von Grippe verschont blieb. Nun durfte ich über französische und italienische Sprachkenntnisse verfügen.

Im Frühling 1919 trat ich als Bürolistin beim Elektrizitätswerk Seen ein, wo eine Verwaltung wegen der bevorstehenden Stadtvereinigung eingesetzt wurde. Das E.W. lieferte seinen Einwohnern Gleich- und Starkstrom und besorgte sämtliche Installationen. So ging es bis 31.12.1921. Ich hatte einen kurzen Weg, sowie Kost und Logis zu Hause. 1922 mußte ich zu Fuß in die Stadt gehen und wurde dort beim Zivilstandsamt plaziert. Welch ein Gegensatz zur früheren Stellung. Als gute Rechnerin hatte ich auf einmal den ganzen Tag nichts als von Hand Akten abzuschreiben: Geburts- und Todesscheine, Doppel des Geburts- und Todesregisters, sehr wenig Maschinenschreiben. War nicht mehr allein im Bureau. Es waren unser Vier. Neue Bürgerregister wurden erstellt. Da gab es einen alten Gemeinderatsschreiber, der nicht einmal die lateinische Schrift beherrschte und sie zuerst erlernen mußte. So vernahm ich die Adresse einer Schreiblehrerin, nahm sofort auch einen Kurs mit Erfolg. Meine Schrift wurde geläufig. Die Geburtsscheine durften sich sehen lassen. Das Einvernehmen in diesem Büro zwischen den Angestellten war leider kein gutes, was meine Gesundheit auch negativ beeinflußte. 1925, nach einer Kur, mußte ich die Stelle aufgeben. Ich nahm Kurse beim Kaufmännischen Verein Winterthur und vernahm, wie man sich für wenig Geld einen Aufenthalt in Paris leisten könnte, um die französische Handelskorrespondenz zu erlernen. Zudem war dazumal meine Schwester bereits in Paris tätig, und was geschah? «Komme nach Paris!», schrieb sie im Brief, und im Februar 1927 war ich abgereist mit dem Abendzug Winterthur-Paris. Auf der Linie Zürich-Basel wurden mir Instruktionen betreffend Reise nach Paris gegeben, was mir recht nützte, und dessen war ich ja sicher, daß am Bahnhof Paris meine eigene Schwester auf mich wartete. Für Unterkunft war gesorgt, und ich konnte einen Kurs für Französische Handelskorrespondenz an der Ecole Pigier absolvieren. Meine Unterkunft, das

Palais de la femme, geführt von der Armée du Salut, wo 700 Zimmer für Frauen zur Verfügung standen, war für mich etwas Bodenständiges, wo man versorgt und nicht allein war. Die Direktion bestand aus einem Schweizer und einer Schweizerin. An einem Samstagmorgen mußte ich mich beim Direktor der Firma Maggi, Monsieur Saloi, zugleich Vater der Pfleglinge meiner Schwester, vorstellen, um mit ihm über Sonntag zu seiner Familie aufs Land zu fahren. Welche Überraschung! Am Montagmorgen ging es wieder zurück nach Paris.

Der Kurs bei der Alliance Française war vielseitig und lehrreich. Nach der Theorie gab es Ausfahrten nach Versailles, Fontainbleau et cetera, Besuche der Kirchen Notre Dame, Sacré Coeur et cetera. Die Teilnehmer kamen ja aus verschiedenen Staaten, sogar aus Amerika. Am 19.7.27 ging ich Richtung Louvre, in das große Museum, traf eine Menge Leute auf dem Trottoir, die den ersten Aviateur aus Amerika, Lindbergh, mit Applaus begrüßten. Im Palais de la femme fand ich eine Lehrerin für französische Stenographie. Am 14. Juli war das «Fête Nationale» bei den Champs Elisées, wo es dazumal noch schwarze Deputés gab. Es hätte sich Gelegenheit geboten, Arbeit anzunehmen. Ich zog es vor, auf Weihnachten wieder zu Hause zu sein.

1928 arbeitete ich bei der Schweizerischen Zentrale für Handelsförderung. Dann gab es Besuch aus Paris. Der Herr Direktor L. kam mit seiner Familie in die Schweiz nach Kempthal und meine Schwester hatte bei uns in Seen das Mittagessen vorzubereiten. Unser 13-jähriger Bruder war auch anwesend. Mein Vater jedoch verzog sich, er war nicht zu sehen. Da wurde unserer Mutter die Offerte gemacht, daß unser Bruder nach Paris mitgenommen werden könnte, was unsererseits natürlich abgelehnt wurde. Hab' ich einen Fehler gemacht, als ich mich seinerzeit, von Herrn Direktor L. empfohlen, bei der Maggi Fabrik Kemptthal nicht anstellen ließ? Aber die Anstellungsbedingungen sagten mir nicht zu. — Ganz anders, als ich 1918 für einen meiner Cousins fragte. Der arbeitete dort 40 Jahre lang als Arbeiter.

1930 arbeitete ich als Korrespondentin bei Philips AG, Zürich. Da wurde ich einmal mit einem Jugendfreund per Auto nach Zürich gefahren. Er kam von Rußland her und wußte nur zu gut, daß ich nicht mit ihm ins Ausland gehen wollte. Schließlich hatte ich noch einen jungen Bruder und einen selbständigen, älteren Vater, denen ich schon längst eine Stütze hätte sein sollen.

1935 wurde ich als Kontoristin für das Lotteriebüro des Vereins zur Hebung der Volksgesundheit in Winterthur gewählt und zwar aus 30 Offerten. Der Verein erhielt die Bewilligung zur Durchführung der Lotterie, um ein Schwimmbad im Wolfensberg erstellen zu können. Die Arbeit nahm mich 100-prozentig in Anspruch. Aber nicht genug. Im Februar 1936 nachts, mußte ich mit meiner Familie infolge Brandstiftung unser Haus räumen. Es galt dem Landwirt Spaltenstein, aber drei Hauseigentümer wurden davon betroffen. Der Vater, schon krank, kam ins Spital, Mutter und Bruder zur Freundin und Nachbarin Frau R.M. und ich zu einer Freundin L.W., des Herrn Pfarrers Tochter, Seen am Bacheggliweg. An ein Zurückgehen war nicht mehr zu denken. Jetzt war ich erst recht im Büro zu Hause, das heißt die Frau des Präsidenten fand in der Nähe ihres Hauses eine Zwei-Zimmerwohnung nach circa 14-20 Tagen, die ich mieten und beziehen konnte. Mutter und Bruder bezogen eine Wohnung in Schwamendingen, wo A. auf der Gemeindekanzlei seine Lehre absolviert hatte. 1937 starb unser Vater, 77 Jahre alt, in Schwamendingen, Grund genug, um sonntags meine liebe Mutter zu besuchen. So gab es Verbindungen mit Zürich.

1939/40 arbeitete ich bei der Eulachgarage in Winterthur, Buchhaltung und diverse Büroarbeiten. Der Chef war infolge Militärdienst viel abwesend. Zeit der Mobilmachung. Es kamen diverse Truppen in die Garage, um ihre Vehikel zu reinigen, Westschweizer und dann Schaffhauser. Eine Schulfreundin von mir mußte sich gemäß Befehl ihres Gatten in den Kanton Bern verziehen. Eine andere, Lehrersfrau in Rüti, wollte ebenfalls ausziehen, alles wegen der politischen und militärischen Ereignisse an der Nordgrenze unseres Landes. Es fehlte nicht viel, so konnte einen die Angst packen.

1941 versah ich eine Aushilfe bei der Kriegswirtschaftsstelle in Winterthur, froh, nicht mehr in der Eulachgarage sein zu müssen, wo man von einer Schmuggelaffäre hörte.

Bis heute hatte ich nie unter Arbeitslosigkeit zu leiden, und eine Wohnung für mich hatte ich und mein Klavier. Ferner wurde ich auch bei der Stadtbibliothek für sechs Monate angestellt und konnte meine Kenntnisse betreffend Schriftsteller erweitern, indem ich während der Freizeit Bücher las. Meine freie Zeit brachte ich oft bei meiner lieben Mutter zu, und ich versah eine Aushilfsstelle in Horgen beim Vormundschaftsamt der Gemeindekanzlei, wo ich einen Schweizer traf, der aus dem von den Deutschen besetzten Paris kam. Zum Glück wußte ich, daß meine Schwester schon 1939 mit der Familie, wo sie tätig war, Paris verlassen hatte. Beim Kriegswirtschaftsamt in Zürich gab es ebenfalls Arbeit. Bald wohnte ich bei meiner Mutter und bald in Seen.

Seit 1939 wohnten Mutter und Bruder im eigenen Hause an der Tulpenstraße in Schwamendingen, das vom Lehrmeister, Gemeinderatsschreiber H. gekauft werden konnte. Ein Haus mit Garten und zwei Wohnungen. Dies gab für meine Mutter einiges zu tun, und 1943 zog ich mit Sack und Pack zu ihr nach Zürich. Besser spät als nie. Dessen ungeachtet arbeitete ich 1943-1946 in Winterthur, verbrachte die Ferien im Kurhaus Martens Trogen, aber dessen ungeachtet machte sich bei mir eine Krankheit bemerkbar, und die Ärztin befahl, den Spital aufzusuchen, nämlich das Privatkrankenhaus Winterthur, wo ich operiert wurde. Mutter und Schwester besuchten mich.

Vom 15.11.1946 bis 30.10.1950 arbeitete ich als Hilfsbuchhalterin bei Etincelle Zündholzkontor AG, Zürich. Dann wurde die Maschinen-Buchhaltung einführt, ein junger Mann eingestellt. Es tat sich etwas in der Firma, die nachher nicht mehr in Zürich den Sitz hatte. Das war für mich eine gute Zeit. Die Ferien verbrachte ich in Lugano.

1949 war für mich ein Jahr der Freuden und der Trauer. Osterzeit = Reisezeit des Corale della Chiesa Valdese, circa 30 Mitglieder aus Zürich und Winterthur, nach Sizilien unter der Führung des Herrn Pfarrer Hardmeier aus Schöfflisdorf. Es wurden die Evangelischen Gemeinden italienischer Sprache besucht von Palermo — Messina — Catania — Taormina bis nach Süden, Pacchino. Auch der Ätna. Wohl dem, der italienisch sprechen konnte. Die kirchlichen Zusammenkünfte taten das ihre, und nach sieben Tagen fanden wir uns in zwei Abteilungen wieder in Palermo ein. Nach dem Abendessen ging's auf das Meer über die ganze Nacht, und morgens landeten wir in Neapel. Der Waldenser-Pfarrer von dort holte uns ab, sprach mit Herrn Pfarrer Hardmeier, überreichte ihm ein Telegramm, winkte mir unverzüglich zu. Was war das? Wir hatten doch noch ein Konzert für Neapel auf dem Plan. Das Telegramm erhielt ich, was mich zur sofortigen Heimreise bewog. Die andern blieben. In Zürich angekommen, traf ich meine liebe Schwester in Trauer. Meine liebe Mutter war gestorben. In Schwamendingen fand ich sie nicht, weil dazumal kein Leichenhaus bestand, wohl aber in einem andern Stadtkreis.

So, nun hieß es den Kopf hoch halten. Auch der Bruder wohnte seit seiner Verheiratung nicht mehr bei uns, trotzdem das Haus zwei Wohnungen hatte. Die Bestattung fand in der Kirche Schwamendingen statt, die Verwandten kamen von Winterthur und Bern, aber unsere Mutter, die war nicht mehr. Meine liebe Schwester, die unsere liebe Mutter pflegte, wurde wieder nach Genf gerufen. Es wurde Frühling, und man ging oft auf den Friedhof, wo Mutters Urne sich in Vaters Grab befand, und wo man heute noch Ausblick ins Grüne und auf den Wald genießt. Zudem sind das die Felder, wo auch einmal ein Seemer aus Bostern gemäht hat ungeachtet seines Lehrerberufes, nämlich Heinrich Bosshard, der Dichter des Liedes: «Laß hören aus alter Zeit», und wo es heute noch einen Heinrich Bosshard-Weg gibt.

1950: Evangelisationsreise nach Venedig — Burano — Turin — Courmayeur — Monte Gigante. Inzwischen war ich Hospitantin beim Kaufmännischen Verein Zürich, beim Circolo Italiano in Winterthur für Durchschreibe-Buchhaltung. Ich suchte nun die Stellen immer selber. Ich sagte mir: Mein Vater war selbständig, ich bin es auch. Am 27.2.1951 wurde auf ein Inserat eine Offerte an das Personalamt der Stadt Winterthur geschickt, ich reüssierte und konnte beim Kontrollbureau, Herrn H., arbeiten gehen und bald darauf ins Stadthaus, ins Schulamt bei Herrn Stadtrat Frei, im Rechnungsbüro des Schulamtes. Herr L. war mein Chef, der nichts gegen meinen italienisch tönenden Namen einzuwenden hatte. Denn schließlich hatte mich die Schweizerin K. geb. H. als Frau des Santino C. geboren und aufgezogen. Ihre Mutter war eine Lehrtochter aus Brütten. Der Geburtstag meiner Mutter, 11.6.1876, war während meiner Schulzeit in allen Lesebüchern zu finden, wo über die seinerzeitige Überschwemmung im Tösstal geschrieben war. Mit der 14. Geburt mußte meine Großmutter aus dem Hause geflüchtet werden. Und als welch schöne Braut sehe ich meine Mutter auf dem Hochzeitsbild!

Nun zurück zum Schulamt. Nach einigen Jahren trat der Rechnungsführer, 65 Jahre alt, zurück, zu meinem Leidwesen, und ich mußte Vorlieb nehmen mit einem, der es werden wollte. Die Arbeit vermehrte sich, und die Besoldungen sämtlicher Lehrer der Gemeinde wurden immer komplizierter. Ende 1961 war ich 63 Jahre alt. Der Sekretär, Herr Dr. Sp. hatte volles Verständnis und übergab mir ein sehr gutes Zeugnis. Ich selber dachte: Der Mensch denkt und Gott lenkt. Wieso? Schon nach ein paar Wochen kündigte meine Nachfolgerin Fräulein W. mit der Ausrede, sie wolle heiraten. Im Februar darauf, als ich ihr in Zürich begegnete, war sie immer noch ledig.

Nun begann das Leben für mich auch im Beruf in Zürich, zugleich auch als Zürcher Bürgerin: Aushilfe im Büro der Internationalen Brückenbauer ETH, nachher im Zahltagsbureau Generalunternehmung Steiner. Und dann ging ich wieder auf den Berg. Nach einer Kur im Leukerbad durfte ich mich in der Buchhaltungsabteilung melden (ETH) und konnte fast ein Jahr lang dort arbeiten. Und die Folge davon?

Heute 82-jährig, bin ich Mitglied der P.V. ETH und durfte am 125. Jubiläumstag der ETH teilnehmen. Das hatte ich dem Vorsitzenden Herrn B. zu verdanken. «Sie werden viele fröhliche Stunden erleben», sagte er.

Mein Privatleben dürfte Sie ja weniger interessieren, da es keine Hochzeit gab, auch keine Kinder ohne Vater und Mutter, wie ich das als

Primarschülerin an einer Tante erleben mußte. Dazumal kam ich zu einem Standpunkt dem starken Geschlecht gegenüber, den ich nicht mehr verlor. Ich durfte ja als Sonntagsschulgehilfin während einigen Jahren mit vielen Kindern zusammenkommen und erst noch mich im Pfarrhaus aufhalten.

1950-1970 gab es dann bei uns eben «Werktagsschüler», Ausländer (Saisonarbeiter), denen man viel helfen mußte und von denen ich gerade heute ein großes Paket aus den Abruzzen, Italien erhielt. Nicht daran zu denken, daß ich während meiner Tätigkeit eine Hilfe für den Garten zu Hause nötig hatte. Ein Helfer, der sich nach getanem Kriegsdienst (combatente) noch aus dem Konzentrationslager in Deutschland zu flüchten verstand (blonder Mann, blaue Augen, aus Belluro), Vater von zwei Kindern. Auch seine Frau, eine Bauerstochter, fand bei mir Aufnahme, bis sie eine Arbeit fand, bis ihr Mann zu Hause ein Haus erstellt hatte. Da gab es Gelegenheit, in der Höhe der Dolomiten Ferien zu machen.

Von 1964 an fand ich regelmäßig Büroarbeit bei meinen Nachbarn, Peter Transport AG bis 1976. Natürlich mit Unterbrüchen. Das war zur Zeit, als noch die Mutter der Firma-Inhaber lebte, eine nimmermüde Frau, früher Bäuerin und dann auch Hilfe im Bureau als gute Rechnerin. Heute noch gehe ich oft dorthin, nicht mehr Nachbarin. So muß man sich zu helfen wissen, um das Alter zu gestalten, wozu uns ja so viel geholfen wird, 1979 erhielt ich noch drei verschiedene Kirchenboten. So feierte ich am 31.12.1980 den 82. Geburtstag und erinnere mich an das große Fest im Kongreßhaus, als ich 80 Jahre alt war.

Meine Schwester A, Kinderpflegerin, und ich wohnen zusammen in einer Dreizimmerwohnung, sie ist 80 Jahre alt und mein kleiner Bruder ist ein Mann von 65 Jahren, Eidgenössisch diplomierter Treuhänder, verheiratet. Wir wohnen nun in Wiedikon, wo unser guter Onkel A.H. seinerzeit 36 Jahre Notar war, und an den wir uns immer gern erinnern.

K.C.

Ahornbaum
*weiblich, *1898, Büroangestellte*

Im Restaurant Irchelhof lag ich noch in den Windeln. Da wohnten wir nicht sehr lange. Soweit ich mich erinnern kann an ein Erlebnis. Ich war wohl drei Jahre alt, als mich eine Tante mitnahm nach Basel. Mit der Eisenbahn, das war damals groß. Nachdem übersiedelten wir ins Bernerhüsli. Da war ich fünf Jahre alt, da kann ich mich gut erinnern. Da tollte ich mit meinen zwei ältern Brüdern umher. In den Schlachthof, der in unserer Nähe war, nahmen mich meine Brüder mit. Aber oh weh, als ich das viele Blut sah, mußte man mich nach Hause tragen. In diesem Haus kam auch mein jüngerer Bruder zur Welt. Wir saßen vor dem Haus, als eine Frau herauskam und uns sagte, daß wir ein Brüderchen bekommen hätten. Ich wollte aber ein Schwesterlein und war traurig. Mein älterer Bruder war siebenjährig, er wollte immer gerne im Wald etwas Holz zusammensuchen. Das war aber damals verboten. Eben hatte er ein kleines Bürdeli zusammengebunden, da kam auch schon der Förster und fragte ihn nach seinem Namen. Der Bub bekam Angst und gab seinem Bürdeli einen Stoß, so rollte es das Bord hinunter und er damit. Die Sache war erledigt. Auch mußte ich einmal zusehn, wie in der Nachbarschaft ein großes Bauernhaus niederbrannte. Das hinterließ einen großen Eindruck auf mich. Meine Mutter hatte Mühe, mich zu trösten.

Damals kamen auch die ersten Autos. Die Straßen waren staubig, und eine große Staubwolke zog ihnen hinterher. Oft hörte man die ältern Leute schimpfen darüber, das veranlaßte meinen Bruder, den Autos Steine nachzuwerfen. Dies mußte meine Mutter einige Male teuer bezahlen. Nun mußte mein Bruder zur Schule gehn, bis nach Veltheim. Dies war ein ziemlich weiter Weg. Mutter hatte ihn gelehrt, wenn er Pipi machen müße, so suche man eine Ecke auf. So kam er einmal außer Atem heimgesprungen, und schon mit nassen Höschen: «Mutter, wo ist eine Ecke? Ich habe keine gefunden.»

Wir zogen wieder um, in die Bachtelstraße. Jetzt kam auch ich in die Schule an der Löwenstraße, zu Fräulein W. Das war groß für mich, ich hatte Freude.

Mein Bruder hatte einmal sein Bein gebrochen, da mußte ich ihn jeden Tag zur Schule führen mit einem Leiterwägeli, und wieder heimfahren. Er wollte in der Schule nicht fehlen. In der Nähe wurde gebaut. Da hatten die Italiener ihre Baracken aufgebaut und kochten ihr Essen selbst. Natürlich Spaghetti. So fehlte mein Bruder öfters beim Mittagessen. Man fand ihn dann bei den Italienern, beim Spaghettiessen.

Damals gab es Spritzenwagen, das waren große Wagen mit Wasser gefüllt, die im Sommer die Straßen befeuchteten, daß der Staub nicht so unerträglich wurde. Das Wasser spritzte dann auf beide Seiten hinaus wie eine Brause. So trottete mein kleiner Bruder einmal hinter diesem Wagen her mit aufgekrempelten Höschen. Das war natürlich lustig, so trottete er bis in die Stadt hinein und fand den Heimweg nicht mehr. Wir konnten ihn dann einige Stunden später in der Stadt abholen. So vergingen einige Jahre ruhig. Mein Vater war viel im Ausland, wir fürchteten ihn mehr als wir ihn liebten.

Wir hatten noch Petroleumlampen und mußten bei schlechtem Licht unsere Schulaufgaben machen. Später gab es dann Gas. In der Küche war eine offene Flamme, im Wohnzimmer hatte man feine weiße Strümpfe, die man aber streng ersetzen mußte. Noch etwas später kam dann das elektrische Licht. Ich weiß noch, wie man sich freute. In den Sulzerhäusern waren wir die ersten, die dies bekamen. Nun war das Aufgabenmachen auch angenehmer, und Mutter hatte oft Mühe, uns ins Bett zu bekommen.

Bei einem Schulweg kam ich immer bei einem großen Nußbaum vorbei. Da wagte ich es einmal, einige Nüsse aufzuheben, aber schnell raste ich weg, denn ein großer Hund jagte mir nach. Ich erinnere mich auch, daß ab und zu ein sogenannter Kacheliwagen vorbeikam, da konnte man billiges Geschirr kaufen, das man heute sehr teuer bezahlt. So ändern sich die Zeiten. Mit einer Kuhglocke läutete er die Kunden zusammen. (A propos, das hab ich diesen Winter erlebt. Da kam auch ein Bauer, aber mit Obst, machte dasselbe.) Wir wurden nicht verwöhnt; Kirschen oder Trauben, Orangen sahen wir nie. Aber einmal kam ein Bauernwagen mit Kirschen, 20 Rappen das Kilo. Da bekamen wir auch. Äpfel bekamen wir immer genug, die waren billig: das Kilogramm 12 bis 17 Rappen, Eier kosteten 5 bis 7 Rappen, die holten wir beim Bauern ab. Etwas weg vom Dorf war eine große Hütte, ja ein Schopf, man sagte uns, da bauen sie das erste Flugzeug, mit dem man dann in die Luft fliegen kann. Wir machten aber auch fröhliche Spiele vor dem Haus, bauten Hütten, machten Seiltänze; Ballspiele waren besonders beliebt; Stelzenlaufen mochte ich besonders gern.

So vergingen die ersten Schuljahre, dann kam die Sekundarschule, man mußte mehr lernen. Da gab es eine Prüfung und eine Probezeit dazu. Ich hatte keine Mühe, machte oft die Aufgaben kurz vor Schulbeginn. Unser Lehrer, Herr G., war sehr streng, wir mußten mäuschenstill sein. Da ich an Handarbeiten große Freude hatte, wollte ich Handarbeitslehrerin werden. Obwohl meine Lehrerin meinen Vater dazu überreden wollte, wurde nichts daraus. Ich soll die Haushaltung lernen, das genüge für ein Mädchen. Meine Brüder durften jeder eine Lehre machen, für ein Mädchen fand man das überflüssig.

1914 brach der Erste Weltkrieg aus. Ein Gemeindeangestellter ging von Straße zu Straße, mit lautem Getrommel rief er aus, daß alle Männer sich stellen müssen. Es ging ein Gejammer los. Die Frauen weinten. Die Männer mußten gehn. Mein Vater war zu alt und meine Brüder noch zu jung. Die Lebensmittel wurden knapp. Einmal wurden die Wohnungen durchsucht, wer zuviel hatte, mußte abgeben. Meine Mutter versteckte ein Körbchen Kartoffeln unterm Bett, das nicht gefunden wurde. Einige Male gingen die Verwundetenzüge von Italien durch die Schweiz gefahren. Das war etwas sehr Trauriges, wie diese armen Menschen in den Wagen eingebettet waren. Man versorgte sie dann mit dem Essen und Trinken. Die Samariter hatten alle Hände voll zu tun, das Nötigste zu besorgen. Doch waren diese Menschen froh, sie konnten doch in ihre Heimat zurück.

Die Schulzeit ging zu Ende, so auch die Konfirmation. Es kam der Tag, wo mich Vater ins Welschland brachte, nach La Brévine. Es war Frühling 1917. Etwas Neues begann.

Dieser Winter war ein grimmig kalter. Vier Wochen ging das Thermometer nicht höher als 12 Grad unter Null, während der Mittagszeit. Ich fror, hatte nur ein wollenes Jäckli, keinen Mantel. Ich schrieb nach Hause um einen Mantel. Es kam keiner, es werde gewiß nicht lange so kalt sein. Aber noch wochenlang hatten wir eine Kälte von 28-35 Grad. Ja, man wurde nicht verwöhnt. Der Schnee lag bis sechs Meter hoch, der mußte aus dem Dorf hinausgeführt werden. So ging man dann durch enge Gassen im Dorf herum. Man ging sittsam jeden Sonntag zur Kirche. Einmal hatte eine sehr starke Bise eingesetzt. Als wir aus der Kirche kamen, konnte man sich kaum halten, zweimal bin ich hingefallen, bis ich zu Hause war. Ich fand es lustig, weniger die alten Leute. Deswegen ist ja auch der Ort genannt: das schweizerische Sibirien. Am Lac des Tailleur konnte man herrlich Schlittschuhlaufen, und der Winter ging vorbei.

Im Sommer war es herrlich schön, man streifte durch die Wälder, ganz nah war die Grenze. Man warnte mich, diese zu überschreiten, sie würde bewacht von französischen Soldaten. Trotzdem probierte ich es einige Male, aber es kam niemand. Im Sommer fand ich dort herrliche Blumen, die mich sehr freuten. So verging ein schönes Jahr. Vom bescheidenen Lohn von Fr. 20.— hatte ich doch etwas zusammengespart. Ich denke an die heutige Jugend, die so viel Geld haben und sich nicht zurecht finden können.

Ich war wieder zu Hause, aber nach zwei Wochen meinte mein Vater, ich solle mir eine Stelle suchen, er brauche keine Faulenzer zu Hause. Somit packte ich einige Sachen zusammen und fuhr nach Lausanne. Im Mädchenheim kam ich unter, bis ich einen Platz im Haushalt gefunden hatte. Ich hatte Pech, einmal bekam ich kaum genügend zu essen, ein andermal mußte ich nur den Dreck machen. Das paßte mir nicht und fand eine Stelle im Aargau. Da war auch mein älterer Bruder tätig, wir sahen uns öfters, und ich lernte auch einige Mädchen kennen. An Sonntagen machten wir nette Spaziergänge, und so lernte ich meinen zukünftigen Mann kennen. Ich war damals ein recht scheues Mädchen und traute mich nicht an einen Burschen heran.

Ich ging nach Basel, nicht sehr lange, so holte mich der junge Mann zurück, um öfters zusammenzusein. So verlobten wir uns an Weihnachten 1921 und heirateten dann im Frühjahr 1922. Auf dem Zivilstandsamt zögerte ich mit Unterschreiben. Es war, als sagte eine Stimme zu mir «Tu es nicht.» Ich tat es doch. Das war mein großes Unglück. Ich wollte ein Zuhause haben, wollte wissen, wo ich hingehörte. Mein Mann war ein guter Handwerker, er machte beste Arbeiten. Wir steckten ja damals in der schwersten Wirtschaftskrise. Junge Menschen denken nicht so weit, man denkt immer an vorwärts. Mein Mann konnte von seinem Arbeitgeber einen eigenen Betrieb übernehmen. Die Zeiten waren schwer, wenig Arbeit, und zu ganz kleinen Preisen. Trotzdem kam man langsam vorwärts. Es war besser als gar keine Arbeit zu haben.

Nach drei Monaten, ich erwartete schon mein erstes Kind, kam mein Mann betrunken nach Hause, er machte Lärm und bewarf mich mit Flüchen. Das wiederholte sich einige Male bis Weihnachten. Da wußte ich, was ich geheiratet habe. Einen Trinker, und einen bösartigen. Ich suchte ihn zu gewinnen, redete ihm gut zu, ermahnte ihn an seine Pflichten, wir hätten uns doch aus Liebe geheiratet. Im Frühling kam unser erstes Kind zur Welt, ein prächtiger Junge. Ich war eine glückliche Mutter für kurze Zeit. Nach einem Jahr folgte der zweite Bub. Nach zwei weiteren der dritte.

So, was hab ich nun, drei Kinder, einen Mann, der trinkt. Die Geschwister meines Mannes wußten, daß er trinkt und nicht lassen kann, aber sagten mir nichts. Sie waren froh, daß er ihren Sorgen enthoben war.

Die Kinder entwickelten sich gut, zu meiner Freude; im Geschäft ging es auch langsam vorwärts, aber sehr oft mit Ach und Krach. Drei kleine Buben, ein Haus, ein Geschäft, und ein großer Garten, wahrlich genug für eine Frau ohne jegliche Hilfe. Ich half im Geschäft, so viel ich konnte, zeichnete alle Affichen, machte alle Schreibereien und Rechnungen. Nach sechs Jahren kam der vierte Bub. Ja, das hätte nicht sein sollen, aber damals gab es keine Pillen, man sagte, besser eines auf dem Kissen als eines auf dem Gewissen. Es mußte wieder gehen. Damals erfuhr ich, daß er auch ein Liebesverhältnis mit einer Nachbarin hatte. Zwischendurch gab es Nächte mit Ach und Krach und Tränen. Ja, es gab auch schöne Tage, und Freude mit den Kindern. Ich ging mit ihnen in den Wald, mit einem Sack und Leiterwägeli. So suchten wir Tannzapfen zusammen, mit denen man im Winter das kleine Zimmer gut wärmen konnte. Im Frühling spazierten wir ins nahe Mattental, dort fanden wir Schneeglöckchen und andere Frühlingsblumen. Auch das Sälischlössli war einige Male unser Weg.

Im Winter konnten die Buben vor dem Hause schlitteln. Damals hatten wir einen großen Hund. Wir packten die Buben auf einen Davoserschlitten, den Hund angespannt, und so rannte der Hund davon, daß wir kaum nachkamen. Das waren so kleine Freuden, die ich neben den vielen Sorgen erleben durfte. Dieses Tier hatte ein trauriges Ende. Mein Mann kam zum Mittagessen nach Hause, ging zu dem Hund, nahm eine Pistole hervor und erschoß das Tier. Es sprang noch ein weites Stück davon und brach dann zusammen. Dies alles, weil ich das Tier so gern hatte. Mir brach es fast das Herz, ebenso erging es einem Kätzchen, auch einem Kaninchen. Wenn ich ihm sein Futter brachte, kam es ganz nahe, und ich mußte es etwas kraulen, als wollte es sich bedanken. So hatte ich etwas Liebe von diesen Tieren, das tat mir gut. Aber nach und nach gab ich das alles auf, ich konnte dem nicht zusehen. Jeder Mensch braucht etwas Liebe, wenn es nur von Tieren ist. Wenn man das wenige, das noch da ist, so mit Füßen zertritt, ist das grausam. Es sind Grausamkeiten, die man nicht so schnell vergißt, es dauert Wochen, bis man drüber hinweg ist. Das alles soll man ertragen, weil man mit so einem Mann verheiratet ist und nicht fort kann, der Kinder wegen. Der Pfarrer am Ort tröstete mich, es werde schon wieder besser kommen. Ich sah öfters eine ältere Frau am Haus vorbeispazieren, mit ihren beiden älteren Söhnen, die sie liebevoll am Arm führten. Ich schaute ihr lange nach. Wirst du es auch einmal so gut haben? Zwischendurch war es wieder einmal ruhig. Aber es dauerte nie lange. Es kam oft vor, daß er spät nach Hause kam, lärmend die Treppe hinauf. Die Kinder werden wach, der Jüngste schreit, die größern sind es schon gewohnt. Es geht lange, bis die Kinder wieder schlafen, mir bleibt auch der Schlaf weg, er schnarcht schon längst. Wie schwer hat man da Kinder zu erziehn, das muß man mitmachen, um begreifen zu können. Meine Seele war gequält, betrübt. Ich wollte so gerne fröhlich sein mit den Kindern, aber woher Fröhlichkeit nehmen? Die Buben lernten gut, waren die vordersten in der Klasse. Da hatte ich wieder einen Ausgleich, der mir Mut gab. Natürlich fehlte ihnen eine fröhliche Mutter, die sich mehr mit ihnen abgeben könnte. Sie kamen in die Bezirksschule, lernten gut, wurden Kadetten, einer sogar Offizier. So gab es immer wieder frohe Lücken.

Es kam immer schlimmer. Einiges will ich noch erzählen, daß man mich verstehen kann. So kam er spät nachts heim, reißt die Türe auf zum Schlafzimmer, aus der Tasche zog er einen Revolver, in der andern Hand eine Flasche Schnaps: «So, heute mach ich mich fertig.» Er geht aus dem Haus in die Werkstatt, sitzt auf einen Stuhl und läßt zwei Schüsse ab. Ich bin ihm nachgegangen, und hab ihm von weitem zugesehn. Die zwei Schüsse gingen ins Leere. Was ich dachte, überlaß ich andern. Noch eines will ich schildern, daß man mich verstehen kann. Noch eine Nacht. Er kommt immer spät ins Schlafzimmer, mit Lärm weckt er die Kinder auf. Der Kleine schreit. Sein Vater hält eine Schnapsflasche in der Hand, in der andern einen Strick: «So, jetzt erhänge ich mich.» Nach einer Weile gehe ich ihm nach und sehe, wie er am Apfelbaum hängt. Ich suchte in seiner Tasche nach einem Messer, und schnitt ihn ab. Ich ließ ihn am Boden liegen und ging ins Bett. Später dachte ich darüber nach, es hätte ja gar nichts passieren können, denn einen Fuß hatte er ja am Boden. Dies alles um mich zu plagen und zu sehen, was ich wohl machen würde. Das sind Nächte des Grauens, man kann nicht mehr denken, nicht mehr glauben, man weiß nicht mehr, wo einem der Kopf steht. Zweimal mußte ich mit den Kindern mitten in der Nacht ins Nachbarhaus flüchten. Er holte sein Ordonnanzgewehr und wollte uns erschießen. Noch ein Bravourstück, um mich zu quälen: Es war Fasnacht, erst gegen Morgen kam er heim, es war schon Tag. Er ging an meinen Kasten, entnahm mir alles, was mir lieb und wert war, so meine Andenken aus der Kinderzeit, meine Zeugnisse aus der Schule, alle Photos von meinen Eltern und Geschwistern. Es war nichts mehr da, er hatte alles verbrannt. Mir war zumute, wer kann das verstehn.

Jedesmal, wenn er so heimkam, löste es in mir Panik aus, ich fürchtete mich vor ihm, ich sah ihn lieber fortgehn als heimkommen. Nur wer Ähnliches mitmacht, kann verstehn. So schwer ist es, Kinder zu erziehen, wenn eine Mutter derart geplagt ist. Trotz allem Elend, was soll ich tun, ich kann nicht fort, drei Buben, kein Geld, was tun, ausharren. Das Schlimmste kann ich nicht zu Papier bringen, mir rollen noch heute die Tränen, wenn ich dran denke.

Es kam das Jahr 1932. Im Februar kam mein Jüngster zur Welt. Es kam ein schöner Sommer. Ich hatte viel Freude mit dem Kleinen, er gedieh prächtig, die andern waren schon schulpflichtig. Ich konnte mich diesem Kind etwas mehr widmen, aber der Garten gab auch viel Arbeit. Es wurde Herbst und wieder Winter.

Im November wurde mein Ältester krank, so ganz plötzlich, es war schlimm. Der Arzt verordnete, ihn sofort ins Spital zu bringen. Doch die Ärzte waren hilflos und wußten nicht, was dem Kind fehlt. Ich besuchte ihn, so oft es mir möglich war. Nach zwei Wochen ließ mich der Arzt kommen und erklärte mir, daß das Kind nicht mehr heimkommt. Wie ich damals heimkam, weiß ich heute noch nicht. Ich stürmte in den Straßen herum. Irgend jemand, der mich kannte, mußte mich heimgebracht haben. In den letzten Tagen wurde das Kind immer elender, ja er wurde noch blind. Am 22. Dezember starb er. Der 25. Dezember, es war Sonntag, mein Geburtstag, und mein Kind führte man auf den Friedhof. Wahrlich genug. Dieser traurige Tag erlischt erst, wenn ich die Augen schließe. Er war 9 Jahre, 9 Monate und 10 Tage alt. Dieses Kind herzugeben, war für mich der allergrößte Schmerz. Ein großes, kräftiges, liebenswürdiges Kind, und ein guter Schüler.

Nach fünf Tagen kam mein Mann, sein Vater, wieder betrunken nach Hause. Ich muß einen Halt einlegen, meine Hände zittern, meine Augen tränen. Ich hoffte, daß dieses Geschehen ein Zeichen von Gott war und sich der Vater ändern würde. Aber es ging weiter. Für so einen Mann muß ich da sein, daß er noch seine Lust an mir genießen kann. Nennt man das Ehe? Nun sind 17 Jahre vergangen, eine traurige Ehe. Ich habe manchmal zu mir selber gesagt: Wenn es eine Hölle gibt, so hab ich sie hier gehabt.

1939: Mein Entschluß ist gefaßt. Komme, was kommen mag, ich geh fort und warte auf eine Gelegenheit. Die kam: Mein Mann mußte für 14 Tage nach Luzern, seinem Bruder eine Arbeit machen. Ich suchte eine Wohnung am andern Ende des Dorfes, die beiden größern Buben waren an einer Schulreise. Ich packte das Nötigste zusammen und zog in diese Wohnung. Es ist getan. Ich saß auf einer leeren Kiste und heulte, heulte. Und das war gut. Es war wie eine kleine Erlösung, nach dem, was alles dahinten lag. Das Nötigste aufgeräumt, mußte ich mir überlegen, was jetzt. Es war Mobilmachung 1939. Ich muß mir Arbeit suchen. Mein Jüngster wurde ein Schlüsselkind, er machte es gut. Ich konnte mich auf den Siebenjährigen verlassen. Die ältern waren 13 und 15 Jahre.

Wieder ein schwerer Anfang, aber es muß gehen. Lieber nur Suppe und Brot, aber endlich Ruhe, Ruhe vor einem Teufel. Ich mußte mich langsam erholen, so auch die Kinder, wir hatten aufgewühlte Seelen. Nun mußte ich mich auf meine Scheidung vorbereiten. Die war dann in 20 Minuten vorbei. Ich fand Arbeit in der Nähe, bis zum Frühling. Der Ältere fand eine Lehrstelle in Baden. Wir zogen nach Wettingen in ein Zweifamilienhaus. Es gefiel uns gut. Nun war 1940, wieder ein neuer Lebensabschnitt. Ich nahm meinen alten kranken Vater zu mir. Er hatte eine Pension, so ging es vorläufig. Wir alle konnten jetzt etwas ruhiger sein. So ging der erste Sommer vorbei. Es wurde Herbst, mein Vater konnte nicht mehr gehen, wir fuhren ihn mit einem Wagen spazieren. Kaum waren wir hier etwas eingenistet, kam eine neue Lawine auf uns zu. Wir bekamen die Kündigung der Wohnung, mit der Begründung, der Hausherr wolle die Wohnung ändern. Ich fand keine Wohnung, und im Frühjahr sollten wir ausziehn mit meinem kranken Vater. Im Februar starb mein Vater.

So, nun bin ich allein mit meinen drei Kindern. Es war schon März und noch keine Wohnung gefunden. Vom Hausbesitzer einen Drohbrief, wenn ich nicht ausziehe, so werde er meine Sachen auf die Straße stellen. So war es dazumal. Ich habe eine leere Garage gefunden, um meine Sachen einzustellen, und die Kinder habe ich bei Nachbarn unterbringen können. Aber es kam nicht dazu. Kurz vor Terminschluß fand ich eine leerstehende Wohnung außerhalb Badens. Schnell wurde umgezogen, wir waren gerettet. Es war Frühling 1941. Wir hatten uns ganz nett eingerichtet, so kam ein Chargebrief vom Hausmeister mit der Kündigung der Wohnung: Sein Sohn wolle diese Wohnung haben. Wieder mußten wir umziehn, diesmal nach Baden. Diesmal bin ich an einen üblen Menschen geraten, wieder mußten wir umziehn, weil ein Zahnarzt diese Wohnung haben wollte. Nun ich will meine Umzüge nicht alle beschreiben, es waren in sechs Jahren fünf gewesen. So konnte man mit einer Frau umgehn, die von solchen Geschäften nichts verstand. Ich hatte an meinen größern Söhnen tatkräftige Hilfe gehabt. Sie waren jung und stark, denn wir mußten alles selber tragen und einrichten. Es war eine große körperliche Belastung. Wir mußten alles selber tragen und einrichten. Ich wurde krank, eine schwere Operation, und lag drei Wochen im Spital. Kaum richtig auf den Beinen zu stehen, ging ich wieder nach Hause. Ich konnte kaum stehen, einer der Söhne zog mich, der andere stieß mich die Treppe hinauf. Aber ich war wieder zu Hause bei meinen Kindern, die mich nötig hatten. Wir waren wieder auf der Wohnungssuche, mein Sohn fand sie, während ich im Spital war. Wir waren wieder in Wettingen. Ach, es tat mir so weh, wenn ich zur Arbeit mußte und meinen Jüngsten allein lassen mußte, ganz besonders, wenn er krank war. Niemand half uns, die Gemeinde verlangte noch Steuern von meinem bescheidenen Einkommen. Ich wußte noch nicht, mich zu wehren, auch das muß gelernt sein. Nun gab es nach zwei Jahren eine Änderung. Die beiden Ältern waren mit ihrer Lehre fertig. Einer fand eine Stelle in Bern, der andere wollte weiterlernen, um sich für die ETH vorzubereiten. Die Direktion der Brown-Boveri gab ihm das Schulgeld dazu, nachdem er die Testprüfung gut bestanden hatte.

Nun hatte ich beschlossen, etwas anderes anzufangen, um mehr zu verdienen. Ich meldete mich beim Volksdienst an, um später ein Café zu übernehmen. Das ging fehl, ich wurde wieder krank. Die zwei Söhne waren nun vom Haushalt weg. Dem einen mußte ich, so viel ich konnte, finanziell helfen. Auch er arbeitete neben dem Studium, soviel er konnte. Den Jüngsten konnte ich privat gut unterbringen, bei einem Arzt, der ihn wie ein Eigenes annahm. Da mein Vorhaben scheiterte, suchte ich wieder Arbeit, diesmal in Zürich. Hier habe ich nur ein Zimmer gemietet, denn eine Wohnung zu suchen, war wieder ein Kunststück. So ging wieder ein Jahr herum. Einer Frau allein half man einfach nicht. Ich war manchmal der Verzweiflung nahe, allein, ohne eines meiner Kinder, denn sie waren ja meine Kraft, meine Stütze. Aber der Jüngste kam fast jeden Sonntag mich besuchen, das war für beide immer ein frohes Warten, und wir genossen den Sonntag zusammen.

Meine Arbeit stand auf etwas wackligen Füßen. Mein Arbeitgeber wollte mein Alleinsein ausnützen, so daß ich immer ausweichen mußte. Nun kommt eine Einladung von einem Schulkameraden, wir hätten eine Klassenzusammenkunft. Nach langem Zögern ging ich hin. Das sollte nun alles ändern. So traf ich wieder einmal alle meine alten Schulkameraden, was mich riesig freute. Mit einem kam ich etwas ins Gespräch und erzählte ihm meine Nöte. Wir trafen uns ein paar Tage später zu einem Essen in der Stadt. Und siehe da, wenn ein Mann dahinter steckt, dann geht alles viel besser. Einer Frau will man nicht glauben und nicht helfen, es ist bitter nötig, daß das jetzt besser geworden ist. In ein paar Wochen hatte ich andere Arbeit und eine Wohnung. Das war 1946. Da wohne ich heute noch, nach 33 Jahren. Die Arbeit, die ich damals begonnen hatte, leistete ich 13 Jahre, bis zu meiner Entlassung. Ich mußte bei meinem Eintritt unterschreiben, daß ich mit 60 Jahren freiwillig austrete. Man wollte keine Frauen im Büro haben, auch das ist heute anders. Ich hatte einen netten Abschied und wurde schön beschenkt. Das waren 13 Jahre Doppel-Arbeit, Haushalt und Büro, denn mein Jüngster war immer noch bei mir. Nun konnte ich einmal Ferien machen und ging mit einer Freundin zusammen nach Locarno. Das war herrlich schön.

Nach zwei Jahren machte ich so Gelegenheits-Arbeiten, und es wurde 1963. Aus Gesundheitsgründen verordnete mir mein Arzt, aufzuhören mit der Arbeit. Die AHV kam. Nun fragte ich meine drei Söhne, die jetzt schon in guten Stellen waren, ob sie mir helfen wollen, denn die AHV ist noch so klein. Im Geschäft hatte ich etwas ausbezahlt bekommen, aber das reicht nicht weit. Die Antwort meiner Söhne war: «Geh zur Stadt.» Und ich ging, schweren Herzens. War das das Resultat meiner Aufopferung? Viele Jahre hatte ich meine eigenen Bedürfnisse zurückgestellt, konnte mir nie etwas leisten. Meine schönsten Frauenjahre waren so vergangen. Nun wurden sie von der Stadt aufgefordert, etwas zu bezahlen. Das hab ich dann etliche Jahre angenommen und später zurückgewiesen, auch einen Teil davon zurückbezahlt.

Meinen Söhnen geht es gut, sie sind fleißig. Der Älteste hat es weit gebracht, er hatte sein Studium an der ETH absolviert mit dem allerbesten Erfolg, ja sogar den Doktortitel erworben. Er ist jetzt in Canada und lehrt dort an einer Universität. Der zweite hat ein eigenes Geschäft, der dritte ist in der Nähe, hat ebenfalls eine sehr gute Anstellung. Der älteste kommt jedes Jahr von Canada zurück. Er wird von der Schule aus geschickt an irgend ein Symposium. Dann besucht er mich jedesmal, und das freut mich. Der zweite kommt öfters nach Zürich mit seinem schönen Wagen, aber er findet nicht den Weg zur Mutter. Aber er vergißt nie den Muttertag und Weihnachten. Der Jüngste war immer lieb und anhänglich, er kommt öfters vorbei und besorgt mir manches, das nicht mehr so gut gehen will. Er war meine seelische Stütze, meine Zugkraft. Nichts kränkt den Menschen mehr, als wenn er da, wo er Liebe und Wohlwollen erwartet, keine findet.

So, nun hab ich einiges aus meinem Leben erzählt, es hat mir graue Haare wachsen lassen, aber mein Herz ist trotz allem jung geblieben. Mein letzter Lebensabschnitt verläuft ruhig und ist der schönste. Ich genieße ihn, so gut es geht. Es geht immer noch; ein bis zwei Stunden streife ich durch unsere herrlichen Wälder. Ich lobe den Förster, der alles so gut in Ordnung hält. Gewöhnlich gehe ich ganz allein, denn ich will genießen, nicht so viel schwatzen, will sehen, hören, lauschen. Auch einige schöne Reisen habe ich schon gemacht. Wie schön ist doch unsere Welt, man sollte nicht so viel verderben.

Dann hab' ich wieder meine Handarbeiten von früher hervorgeholt, die mir im Winter die Stunden verkürzen. Auch das Altersturnen sorgt, daß meine Glieder nicht verrosten. An meiner Briefmarkensammlung verbringe ich viele schöne Stunden, da kann man alles dabei vergessen. Nun ist noch ein drittes Hobby dazugekommen, ich mache gerne Verse über meine Erlebnisse. Eines möchte ich Ihnen beilegen, gibt vielleicht manchem ein Ansporn, so etwas auch zu tun. Ich habe meinen Spaß daran. So, das ist meine Geschichte, es würde mich freuen, wenn es noch ein paar Jahre so weitergeht und meine Gesundheit es erlaubt. Ich bin nicht alt, ich bin betagt, Mühe und Arbeit hat mir das Leben köstlich gemacht. Ich danke dem Schöpfer, der es gut mit mir meint.

[Das Gedicht der Verfasserin mußten wir aus Platzgründen weglassen. R.S./R.B.]

Albertus Parvus
männlich, *1898, Anzeigenvertreter

Da ich Ende des vorigen Jahrhunderts das merkwürdige Licht der Welt erblickte, muß ich es mir wohl gefallen lassen, den Zurückgebliebenen zugezählt zu werden. Aber schließlich war ja auch meine Vaterstadt, Winterthur, zurückgeblieben. Mein Vater, Fabrikarbeiter, mußte noch bei einem Stundenlohn von dreißig Rappen versuchen, eine Familie aufzubauen. Meine Mutter krampfte als Seidenweberin im Akkordlohn und verdiente daher mehr als mein Vater. Größeres Pachtland, das man Pünten nannte, diente ebenfalls dem Erwerb. So pflanzten wir Gemüse aller Art in einem Umfange, daß wir einen Wintervorrat anlegen konnten. Im Herbst wurde daher eine Grube gebaut, die wir reichlich mit Gemüse anfüllen konnten. Neben dem Gemüse pflanzte meine Mutter Blumen aller Art und ebenfalls in großem Umfange. Sie betätigte sich also auch als Blumenbinderin, ohne es je gelernt zu haben. Jeden Freitag abend wurden einige Dutzend Sträuße gebunden und in Wassereimer gestellt. Am Samstag gegen die Mittagszeit hatte ich die Aufgabe, die Eimer auf einem Brückenwagen vor die Seidenweberei zu fahren. Es war mir eine große Freude, den herausstrebenden Arbeiterinnen die großen Sträuße zu nur einem Franken verkaufen zu können. Die Blumen verkauften sich wirklich wie warme Weggli und zwar restlos. Auch meine Mutter war darob sehr erfreut, so daß sie zum Nachtessen den beliebten Cervelat spendierte. Ich glaube, daß das Stück damals 20 Rappen kostete. Aber der Franken war damals eben wirklich noch ein Franken.

Den Sonntag benutzten wir stets zu einem Familienausflug bei schönem Wetter. Der Eschenberg war ein beliebtes Ziel, weil man da im Freien bei einem Glas Most den mitgebrachten Zabig verkraften konnte. Es war auch nicht selten, daß sich hier ein Jodler-Doppelquartett einfand und die Gäste erfreute. Eine weitere Verdienstquelle boten die sogenannten Staatswaldungen mit ihrem Reichtum an Erdbeeren. Mein Vater und ich verließen unsere Wohnung in der Regel noch bei der Dunkelheit, um schon bei der Morgendämmerung mit dem Pflücken beginnen zu können. Zum Mittagessen waren wir in der Regel mit vollen Krättli und Kesselchen zu Hause. Am Montag überbrachte ich den mir meist bekannten Kunden im Römerquartier die herrlichen Beeren.

In einem großen Baugeschäft durfte ich von den lagernden Baumstämmen die Rinden schälen. Im Laufe des Sommers führte ich so etliche Zentner Rinden nach Hause. Hier wurden sie an der Sonne getrocknet und hernach auf den Estrich verbracht. Den Rinden hatten wir für den ganzen Winter nur wenig Brennmaterial hinzuzukaufen. Wir bewohnten eine zwar nicht sehr sonnige Dreizimmerwohnung zu sage und schreibe dreihundert Franken im Jahr. Ich bezahle heute für eine ebenso große aber komfortable Wohnung mit Balkon mehr als das Doppelte unseres früheren Jahreszinses im Monat. Tempora mutantur!

Heute wird der Mensch üblicherweise im Spital geboren und gestorben. Auch das war ehedem anders. Die Geburt erfolgte zu Hause unter Assistenz einer Hebamme und eines Arztes. Auch den Tod erwartete man im eigenen Bett. Ich werde zu den Stillen im Lande gezählt. Es dürfte daher kommen, daß ich bei der Geburt keinen Ton von mir gab. Erst als mich der Arzt unter die Brunnenröhre hielt, machte ich Pieps.

Zu Beginn unseres Jahrhunderts war das Leben in Winterthur ein patriarchalisches. In einem guten Restaurant konnte man den Arbeiter und kleinen Angestellten noch neben seinem Vorgesetzten oder Fabrikdirektor sitzen und plaudern sehen. Unternehmer, Direktoren und Chefbeamte begaben sich zu Fuß, mit dem Velo oder dem noch primitiven Tram zur Arbeit. Parkplätze für Automobile brauchte man noch nicht, so daß die Luftverschmutzung noch erträglich war. Einzig die rauchenden Fabrikkamine erzeugten nicht eitel Freude, wurden aber kaum beachtet. Ein Wohnungselend kannte man nicht, da es für jeden Geldbeutel eine Behausung gab. Die herrlichen Waldungen ringsum dienten noch wirklich der Erholung, da man hier keinem Auto begegnen konnte. Ein Charakteristikum war die stinkende Eulach, die das «Neue Winterthurer Tagblatt» belebte und nach ihrem Austritt aus einem gebauten Schacht die Familie N. belästigte. Übrigens der Herr des Hauses, Dr. N., war ein ausgezeichneter Deutschlehrer, dem ich für mein ganzes Leben sehr viel verdanke.

Die Eulach umspülte die Schützenwiese, um hernach in die Töss zu münden. Die Schützenwiese war auch der Exerzierplatz eines stattlichen Kadettenkorps, und das anschließende Hessengüetli diente uns Tambouren als Übungsplatz. Das Kadettenkorps war seinerzeit der Stolz unserer Stadt. Dies zeigte sich vor allen Dingen anläßlich des alljährlich stattfindenden Herbstmanövers, das die ganze Stadt auf die Beine zu bringen vermochte. Den Abschluß des Manövers bildete jeweilen die Gabenverteilung, die auf der Wiese neben der Turnhalle und hinter dem Stadthaus erfolgte. Hier feierte die Spendefreudigkeit der gesamten Geschäftswelt wahre Orgien. Nach Beendigung des Ersten Weltkrieges ertönte überall der Ruf «Nie wieder Krieg!» Und diesem Irrglauben fiel das Kadettenkorps zum Opfer, da es jedem Schüler freigestellt war, dem Kadettenkorps beizutreten. Das damalige Kriegsgeschehen zeitigte noch andere unerfreuliche Früchte. Es war dies während des Austausches der Kriegsversehrten. Die französischen Kriegsverletzten passierten Winterthur jeweilen in den Morgenstunden, fast ohne beachtet zu werden. Die deutschen Kriegsversehrten dagegen passierten unseren Bahnhof in den ersten Abendstunden. Diesen wurden wahre Ovationen dargebracht, und die Geschenke waren reichlich.

Das Jugendproblem hat es vermutlich schon immer gegeben, nur kannte man das Mittel der Gewalt nicht. Es mag damit zusammenhängen, daß die Schulbildung noch problemlos und auch das Familienleben noch in Ordnung war. Natürlich waren auch wir Jungen keine Heiligen, aber auch keine Scheinheiligen. Jedenfalls möchte ich von mir persönlich sagen, daß ich ein richtiger Lausbub war und sogar den Lehrern Sorge bereitete. So kam es denn, daß ich nach einem Jahr Sekundarschule in das Gymnasium übertrat, um Theologie zu studieren. Aber mit dem Ausbruch des «Bellum Gallicum» verließ ich die Lateinschule, um in die Handelsabteilung des Kantonalen Technikums hinüberzuwechseln. Aber ich hatte offenbar das Zeug zu einem Kaufmann nicht. Als ich meinen guten Eltern, die aus mir unbedingt etwas «Bessres» machen wollten, wieder auf der Tasche lag, anerbot sich der jüngste Bruder meiner Mutter, ein angesehener Geometer, mich in Frauenfeld in die Kunst des Feldmessens einzuführen. Zuerst wurde ich mit den Büroarbeiten vertraut gemacht. Diese bestanden vorzugsweise in Berechnungen: Da ich stets ein guter Rechner war, stellten sich hier keine Probleme. In einem späteren Zeitpunkt durfte ich auch mit aufs Feld, wo ich das Feldmessen erlernte. Dies hatte insbesondere zur Sommerzeit bei schönem Wetter einen besonderen Reiz, zumal man sein mitgebrachtes Essen auf dem Boden verzehren konnte.

Die Romantik des Geometerberufes ging für mich mit dem Eintritt des Herbst- und Winterwetters zu Ende, da ich körperlich den Anforderungen des Geometers nicht zu genügen vermochte. In der Folge landete ich für kurze Zeit in der Verwaltung der Stadt Winterthur. Hier hatte ich eine elektrische Buchungsmaschine, die einen unerhörten Lärm verursachte, zu bedienen. Ich wechselte daher bald in die Verwaltung der Maschinenfabrik Gebrüder Sulzer über. Aber die monotone Arbeit behagte mir wiederum nicht, so daß ich bald in das Druckereigewerbe übersiedelte. Es sei vorausgeschickt, daß ich schon als Gymnasiast kleine Zeitungsartikel verfaßte. Auch erschienen da und dort Gedichte. Als mein guter Freund A.R., Stadtpfarrer, diese zu Gesicht bekam, meinte er wörtlich: «Das Dichten ist keine Kunst, aber die Käse- und Butterfabrikation ist eine Kunst». Von da weg verfaßte ich keine Gedichte mehr, aber auch über Käse- und Butterfabrikation schrieb ich nicht, weil ich dazu ja auch nicht fähig war. Allerdings kam ich in den Dreißigerjahren wieder auf die Dichtkunst zurück. Ich darf wohl sagen, daß ich während längerer Zeit wohl zu den bekanntesten Dialektdichtern des «Nebelspalter» zählte. Spott und Hohn lagen mir besonders. Ich fing eben an, meine Umwelt zu verstehen.

Das ist ein Lebensabschnitt, an den ich mich nicht gerne zurückerinnere. Wenn ich dies dennoch tue, so sei es als Mahnung an die junge Generation gedacht. So wie damals Spott und Hohn aus mir herausflossen, so floß der Gerstensaft in mich hinein. Vermutlich als Zugehöriger einer Studentenverbindung gewöhnte ich mich an das Bier, wie der Säugling an die Muttermilch. Es bedurfte etlicher Jahre, bis ich mich wieder an ein normales Leben gewöhnen konnte. Heute sind die Studenten vernünftiger geworden. Sie haben erkannt, daß der Alkohol nicht unbedingt zum Studium gehört. Bedauerlicherweise greifen heute selbst Minderjährige zur Droge Alkohol und besiegeln so ihren Untergang oder ihre Verrohung.

Während meiner kurzen Tätigkeit in der Redaktion einer Tageszeitung stellte ich gar bald fest, daß das Inseratengeschäft der lukrativere Teil eines Verlages ist. Und ich hatte einfach Glück, die richtigen Objekte in die Hand zu bekommen. So zählte ich denn während etlicher Jahre zu den Großverdienern unseres Landes, bis schließlich in den Dreißigerjahren die Weltwirtschaftskrise auch unser Land erfaßte und viele Betriebe buchstäblich lahmlegte. Auch ich zählte zu den Opfern. Es traf mich besonders hart, weil ich mich kurz zuvor verheiratete. Aber wir überlebten trotz etlicher Entbehrungen und Demütigungen. Ich erholte mich wirtschaftlich bald wieder. Dafür trafen mich aber bald andere Schicksalsschläge. Meine liebe Frau zog sich bei einem Sturz einen Oberschenkelhalsbruch zu, so daß sie hospitalisiert werden mußte. Nach gelungener Operation erfüllte ich ihren Wunsch, zu Hause weitergepflegt zu werden. Mit Hilfe zweier Krankenschwestern, die abwechslungsweise je am Morgen und am Abend eine Stunde zur Arbeit erschienen, stand ich volle zehn Monate Tag und Nacht am Bett meiner Frau. Dann erlitt sie einen Schlaganfall, der eine neue Hospitalisierung nötig machte. Erschütternd war für mich, daß sie bis zu ihrem Tode kein Wort mehr sprechen konnte.

Nun begann auch meine Leidenszeit. Kaum war meine Frau in das Spital eingeliefert, wurde meine erste Bruchoperation fällig. Sie erfolgte im Kantonsspital Zürich, allwo mir eine ausgezeichnete Pflege zuteil wurde. Ich hatte mich bald soweit erholt, daß ich meine sterbende Frau im Waidspital besuchen konnte. Sie erkannte mich zwar nicht mehr und fand auch die Sprache nicht mehr. Gleichwohl stattete ich ihr täglich ein bis zwei Besuche ab. Aus diesem Grunde verfügte das Kantonsspital meine vorzeitige Entlassung. Ihr Ableben war für mich ein harter Schlag, ich stand damals buchstäblich allein in der Welt. Glücklicherweise konnte sich die um nur vier Jahre jüngere Schwester, seit über dreißig Jahren in Amerika verwitwet, entschließen, in die Heimat zurückzukehren, um mir nicht nur eine liebenswürdige Gefährtin und hingebende Pflegerin zu werden. Wir verließen das ungastliche Zürich, um im ländlichen Hinwil am Fuße des Bachtel ein ruhiges Heim zu finden. Leider mußte ich mich aber im Kantonsspital Zürich einer zweiten Operation unterziehen. Aber auch davon erholte ich mich verhältnismäßig rasch, so daß wir bald in der Lage waren, mit dem Halbtaxabonnement der SBB unser schönes Ländchen zu besichtigen. Im Jahre 1978 aber erkrankte meine liebe Schwägerin und schon 1979 starb sie in geistiger Umnachtung in ihrem 83. Altersjahr. Nun begab ich mich buchstäblich auf die Flucht. Im sonnigen Tessin glaubte ich, mich erholen zu können. Ich bezog in Lugano ein gutes Hotel, wo ich sehr gut aufgehoben war und auch bald Gesellschaft fand. Aber mit des Schicksals dunklen Mächten.... Nach wenigen Wochen mußte ich mich in einem Luganeser Spital einer zweiten Bruchoperation unterziehen. Diesmal war die Operation komplizierter, da mein Darm eingeklemmt war und daher teilweise entfernt werden mußte. Ich konnte mich hier einfach nicht richtig erholen. Und da ich eine Bahnfahrt nicht ertragen hätte, entschloß man sich, mich mit der Ambulanz des Roten Kreuzes nach Hinwil zu fahren. Ich war natürlich glücklich, mich wieder in der eigenen Wohnung zu befinden. Aber schon nach drei Tagen wurde ich mit einer Lungenentzündung ins Kreisspital Wetzikon gefahren. Hier erfuhr ich unter der Leitung eines hervorragenden und humorvollen Arztes echte Menschlichkeit. Das gesamte Pflegepersonal war ebenso liebenswürdig, wie die sämtlichen Ärzte gewissenhaft waren. Dieses Spital war für mich eigentlich ein Erholungsheim. Natürlich war mein Aufenthalt bemessen, so daß ich genötigt war, wieder in meine Wohnung in Hinwil zurückzukehren. Aber bei einem gleich nebenan wohnenden Ehepaar mittleren Alters war ich in guten Händen. Nur mit deren Hilfe konnte ich mich in meiner großen Wohnung halten. Überhaupt begegnete ich in Hinwil plötzlich viel Menschlichkeit. Vielleicht habe ich sie früher nicht wahrgenommen, weil mich meine Schwägerin völlig in Anspruch nahm.

So sehr ich zu unseren Spitälern positiv eingestellt bin, befürworte ich die Hauspflege, weil der Kranke im Kreise seiner Angehörigen, Freunde und Bekannten immer noch am besten aufgehoben ist. Nur jene Kranke sollten in Spitälern untergebracht werden, die ständiger ärztlicher Betreuung bedürfen. Aber auch da glaube ich, daß es dem Heilungsprozeß nur förderlich wäre, wenn einer der nächsten Angehörigen im Spital verbleiben könnte. Und in der Sterbestunde würde es der Sterbende besonders schätzen, wenn ihn ein liebender Mensch in die Ewigkeit geleiten würde.

Würde man mich nach dem Höhepunkt meines langen Lebens fragen, ich würde unumwunden gestehen — es war das Leiden. Die Tuberkulose erbte ich als Kind von meiner lungenkranken Mutter, die früh schon in der Lungenheilstätte Wald untergebracht werden mußte. Als Folge der Tuberkulose war ich etwa bis zum 16. Altersjahr ein Schwächling, der selbst von meinen Lehrern bemitleidet wurde. Vom Turnen war ich stets dispensiert. Nach etwa dem 16. Altersjahr erholte ich mich langsam. Zu meinen Leiden zählte auch jahrelang das Zahnweh, das mir schon in den frühesten Jahren zu schaffen machte. Da meinen Eltern die Mittel für eine neuzeitliche Zahnbehandlung (etwa plombieren) fehlten, wurden die Zähne im Laufe der Jahre einfach entfernt. Es geschah damals ebenfalls unter großen Schmerzen, so daß ich den Zahnarzt mehr fürchtete als den Teufel. Im Jahre 1928 erlitt ich mehrere heftige Lungenblutungen, so daß mich der Hausarzt unverzüglich in das Absonderungshaus des Krankenhauses Wald einweisen ließ. Hier verbrachte ich einige Wochen, bis ich in der Lungenheilstätte Clavadel Aufnahme fand. In dieser ungemütlichen Lage erinnerte ich mich des Ausspruches des hochverehrten Winterthurer Stadtpfarrers Albert Reichen, der erklärte, das beste Heilmittel gegen die Tuberkulose sei die Milch. Zum Ärger der Sanatoriumsleitung lehnte ich die Konsumation von Fleisch ab und forderte täglich etwas mehr als einen Liter Milch. Und siehe da, nach einem Aufenthalt von vier Monaten konnte ich als geheilt entlassen werden, sofern bei der TB überhaupt von einer Heilung gesprochen werden kann. Ich benötige jedenfalls heute noch mit meinen 82 Jahren Medikamente gegen die Tuberkulose.

Für das Krankenwesen werden in unserem Lande alljährlich Milliarden harte Schweizerfranken ausgegeben. Staatliche und zahlreiche private Institutionen leisten bewundernswerte Hilfe. Aber kein Mensch spricht von einem Gesundheitswesen. Natürlich kann der Sport der Erhaltung der Gesundheit dienen, sofern er in vernünftigem Rahmen ausgeübt wird. Auch in diesem Bereich ist es eine Sache des Maßes. Abschließend möchte ich bemerken, daß das Wesentliche im Leben des Menschen der Glaube an den allmächtigen Schöpfer ist. Nur in Demut und Bewunderung kann der Mensch auch das Schwerste ertragen. In solcher Haltung erfährt er die Barmherzigkeit und Liebe des gnädigen Schöpfers. Solche Haltung erfordert aber einen lebenslangen Kampf und die Kapitulation des ICHs.

Albert Spühler

Knöpfler

männlich, *1898, techn. Assistent SBB

Ich kam vor gut 82 Jahren als drittes Kind in Ober-Bertschikon, einem Dörfchen 10 km östlich von Winterthur, auf die Welt. Mein Bruder J. war 16 Jahre, meine Schwester E. 14 Jahre älter als ich.

Mein Vater war Sticker von Beruf und übte dieses Handwerk während 40 Jahren als Heimarbeiter aus. Sein Arbeitgeber war Viktor Mettler in St. Gallen, eine weltbekannte Firma, die meines Wissens auch heute noch blüht. Ein oder auch zwei Male pro Woche marschierte ich vier Kilometer weit nach Schneit zum Fergger Bachmann und holte dort das Garn und überbrachte ihm gleichzeitig das Fertigprodukt, Spitzenstoff und Bänder aus Spitzen, kurz «Stickete» genannt. Der Fergger Bachmann war der Verbindungsmann zwischen der Firma in St. Gallen und den zahlreichen, hauptsächlich in der Ostschweiz ansässigen Heimarbeitern. Als Botenlohn erhielt ich von ihm in der Regel einen Zehner, manchmal auch einen Zwanziger, je nachdem er gerade «Münz» zur Hand hatte. Unter Münz verstanden wir damals Ein-, Zwei-, Fünf- und Zehnräppler.

Von Vaters Stickmaschine habe ich heute, nach 70 Jahren, keine klare Vorstellung mehr. Auf alle Fälle war sie motorlos, wurde mit einem Handrad angetrieben. Mein Vater mußte sie auf eigene Kosten anschaffen. Lange Jahre stand sie in einem großen Raum neben der Stube meines eher kleinen Elternhauses und nahm dort recht viel Platz weg. Später, als mein Bruder J. auch zum Sticker avancierte, ließen meine Eltern einen Nebenbau erstellen, hinfort Stickerei genannt. Immerhin arbeiteten dort zwei Männer an je einer Maschine, am einfachen Göppel Vater, an der von Saurer in Arbon neu angeschafften Schifflistickmaschine mit Motorantrieb Bruder J. Mein Vater sei der beste Sticker weit und breit, sagte mir einmal der Bachme in Schneit. Da war ich stolz. Vielleicht sagte er dasselbe auch andern Stickern.

An unser Haus waren Stall und Scheune angebaut. Dort hausten zwei Kühe, zwei Rindli, eine Sau und ein Schärlein Hühner. Mutter war die Chefin unserer kleinen Landwirtschaft. Ob sie dies gerne tat, fragte mich meine kleinste Enkelin, als ich davon erzählte. Ich weiß es nicht, sie tat es einfach, war meine Antwort. Heute scheint mir das ein bißchen anders zu gehen. Bei allem Tun wird gegrübelt und gefragt nach Sinn und Zweck, alles «hinterfragt», bis man sich hintersinnt. Halt, dieses

Tun ist doch nicht ganz sinnlos: Es liefert gewissen Zeitungen und dem Fernsehen Rohstoff für tiefsinnige Ergüsse. Unsere Landwirtschaft: Wie viele Hektaren das waren, kann ich heute nicht mehr sagen, auf alle Fälle nicht sehr viele. Das Klima der Gegend ist rauh und zugig, deshalb dominierte die Graswirtschaft. Doch pflanzten wir auch Weizen, Roggen, Hafer, Runkeln, hatten Chriesi- und Obstbäume. An der Mühlehalde kämpften unsere Reben um ihr Leben, wahre Wunder der Natur, verbrachten sie doch ihre Existenz mehrzeitlich im Schatten und erbrachten trotzdem etwas Wein, den wir selber kelterten. Ein recht saurer Tropfen für harte Männer, absolut konkurrenzlos, hatten wir doch kein Geld, um uns einen besseren zu kaufen. Wir lebten weitgehend von unserem Boden, aßen und tranken seine Produkte. Brot vom eigenen Weizen und Roggen, wobei wir das Korn mit einer bescheidenen Handmaschine selber droschen, Kartoffeln vom Acker, Milch und Butter unserer Kühe. Doch hier reichte es nicht immer, denn die Vorkriegskühe gaben eben nicht 30 Liter Milch pro Tag wie die heutigen, und wenn sie trugen, versiegte das Brünnlein, und anschließend soff es seine Majestät, das Kalb.

Im Spätherbst wurde jeweils die Sau geschlachtet. Dies besorgte der sogenannte Kundenmetzger. Dann wurde gewurstet. Der Metzger Geissberger in Gündlikon lieferte uns zum Beispiel im Dezember 1912 177 Roßwürste (Mischung Roß-, Schweinefleisch), die in unserer Rauchkammer verstaut wurden. Nebenbei ein guter Ratschlag: Ändern Sie Ihre Ernährung, verzehren Sie Roßwürste! Warum? Weil wir selber uns damit ernährten und dabei alt wurden, meine Mutter 93, der Vater 80, J. 87 und ich bald 82 Jahre.

Zurück zu unserer Selbstversorgung. Sie ging bis in die kleinen Dinge. So verwendeten wir zum Aufbinden der Reben nur Binsen. Es oblag mir, sie im Wald zu sammeln, wo sie an sumpfigen Stellen wuchsen. Auch Roggenhalme dienten dem gleichen Zweck, deshalb droschen wir den Roggen mit dem Flegel, der die Halme nicht zerschlägt. Doch für die Reben zog ich die geschmeidigere Binse dem Roggenhalm vor.

Wie sah mein Elternhaus aus? Es stand am Hang, hart an der Durchgangsstraße. [Hier folgt im Manuskript eine Skizze des Erdgeschosses R.S./R.B.] Die Stube war eng, der Raum daneben, der die Stickmaschine beherbergte, viel größer. Später, als wir die Maschine in den Nebenbau, die Stickerei verlegten, wurde der Raum frei, und wir machten draus zwei Zimmer. Ich schlief im Zimmer meiner Eltern, meine Schwester E. im einzigen Zimmer des 1. Stockes. Und wo verbrachte Bruder J. seine Nächte, bevor der «Maschinensaal» frei wurde? Ich kann es heute mit dem besten Willen nicht mehr sagen.

Vom Schlafzimmer der Eltern gelangte man über eine kurze Treppe zu Stall und Scheune. Der obere Stock enthielt nebst E.s Zimmer die Rauchkammer, wo jeweils im Winter die sterblichen Überreste unserer Sau (umringt von den 177 Roßwürsten) im Rauch des darunterliegenden Kachelofens schwärzten.

Im oberen Stock war auch der Estrich, zugleich Speicher, wo wir die Garben einlagerten und im Spätherbst zum Dreschen herunterschafften. Als Bruder J. heiratete, wurde der obere Stock zu einer Wohnung ausgebaut.

Als einzige Räume im ganzen Haus wurden die Stube und die Küche durch den Kachelofen geheizt. Im Schlafzimmer nahm ich Zuflucht zur Eigenheizung unter der bis zum Kinn heraufgezogenen Bettdecke, die Füße im Chriesisack. Das war ein Leinwandsäcklein, gefüllt mit Kirschensteinen, den man des Abends auf dem Kachelofen heizte. Die Chriesisteine stammten natürlich vom eigenen Baum im Garten, also erneut Selbstversorgung. Stets warm war es im Stall draußen. Unter eine Decke zu kriechen brauchten unsere Kühe und Rinder nicht, trugen sie doch zwischen ihren Hörnern und dem Schwanz einen stattlichen Radiator mit eingebautem Thermostat, der die Temperatur regulierte.

In der Küche lieferte ein Hahnen fließendes Wasser in eine Kupfergelte darunter. Auch ein Schüttstein war vorhanden, doch stand er in einer andern Ecke der Küche. Im Jahre 1912, als ich 14 Jahre alt war, wurde im Dorfe Bertschikon und damit auch bei uns das elektrische Licht installiert.

Mein ehemaliges Elternhaus steht heute noch, denn in der Ostschweiz hat man es nicht so streng mit dem Niederreißen von Alt- und anschließend Geschäftshaus-Neubau. Das Haus wurde von einem meiner Neffen, der es mit seiner Familie bewohnt, ausgebaut und auf den heute üblichen Komfortstand gehoben.

Als ich vorgängig so vom Bauern schrieb, war es in der Wirform. Als Bub bauerte ich eben auch und hatte überall mitzuhelfen. Und weil ich so viel jünger als meine Geschwister war und, unter uns gesagt, auch ganz gerne herumvagierte, wurden mir fast alle Botengänge aufgetragen. Hier einiges aus meinem Arbeitsbereich: Heuen/emden, Rebarbeit (jäten, aufbinden, spritzen) (2-3 mal), Obstpflücken, Wümmen, Mosten, Sensen dengeln, Ackern, Hacken, Misten, Runkeln schaben, Mähen, Dreschen, Beeren pflücken, Vieh hüten, Jäten, Melken. Die Reihenfolge stimmt nicht ganz. Und die Botengänge: Posten im Volg-Laden in Buch, 1-2 mal zu Bachme in Schneit mit Sticketen, Kaffee posten (in Drogerie Schneeberg in Winterthur, zehn Kilometer, jeweils fünf Kilogramm in einem alten Kinderwagen, natürlich zu Fuß). Rösten taten wir ihn selber. Botengänge nach Gundetswil, Islikon und Frauenfeld: Nach Gundetswil zum Dorfschmied für kleine Reparaturen zu Fuß, mit Roß und Wagen, oh Wonne, zum Hufschmied nach Islikon, der mein Onkel war. Nach Frauenfeld für die meisten Einkäufe. Wir Bertschiker waren, obwohl Züribieter, mehr auf Frauenfeld als auf Winterthur ausgerichtet.

Doch weder Roß noch Wagen waren unser Eigentum, sondern gehörten einem Verwandten. Wir hatten nur Kühe als Zugtiere, die zottelten sehr langsam dahin, langweilige Tiere, mit denen sich nicht Staat machen ließ.

Regelmäßig mußte ich auch bei ganz verschiedenen Bauern in den umliegenden Dörfern Fallfleisch holen. Fallfleisch nannte man das Fleisch einer auf Anordnung des Vieh-arztes notgeschlachteten kranken Kuh. Alle Mitglieder der Viehversicherungs-Genossenschaft waren zur Abnahme von Fallfleisch verpflichtet. Die Menge des zwangszugeteilten Fleisches richtete sich nach dem eigenen Viehbestand.

Sämtliche Botengänge machte ich zu Fuß. Ausnahme: Frauenfeld, welches ich von Islikon aus mit der Bahn erreichte. Nicht immer waren meine Missionen erfolgreich. Meinem Schülerkalender des Jahres 1912 entnehme ich, daß ich am 6. Mai in Frauenfeld höchst selbständig für Fr. 4.— einen Hut und für Fr. 13.50 ein Paar Hosen erwarb. Ebenso selbständig erhandelte sich meine Mutter eine Woche später auf dem Viehmarkt ein Schwein und tauschte anschließend meine Hosen umgegen ein Paar, die mich nicht umschlotterten. Im Februar desselben Jahres hatte ich mir im selben Frauenfeld den Fasnachtsumzug angeschaut und den Wagen «Frauenstimmrecht im Jahre 2000» angestaunt.

Am 6. April marschierte ich mit Bruder J. nach Winterthur. Dort kauften wir ein Velo Marke Viktoria für Fr. 153.—. Es gehörte J., nicht mir, doch überließ er es mir oft, und ich habe während der folgenden Jahre damit unzählige Veloausflüge gemacht.

Nun macht es fast den Anschein, ich sei als sozial benachteiligter, schwer schuftender und von Eltern und Geschwistern ausgenützter Bub aufgewachsen. So kam ich mir beileibe nicht vor. Ich hatte meine Freizeit, meine Kameraden und ringsum ein Übermaß des heute vielbemühten Freiraums. Damals gab es noch mehr lokale Märkte und Messen und zahlreiche gesellige Anlässe von Dorfvereinen. Da war der Obstmarkt und der Martinimarkt in Winterthur, der Klausmarkt anfangs Dezember in Frauenfeld, Lätare (Chilbi), Fasnacht in Winterthur und Frauenfeld, ebenso in Elgg, den Leseverein im bescheidenen Dörflein Bertschikon, das Dorftheater in Zünikon, ebenfalls in Wiesendangen. Sehr beliebt waren jeweils die Aufführungen der Theatergruppen vor einem zahlreichen und dankbaren Publikum, das voll und ganz mitging. Es wurden stets zwei Stücke aufgeführt, dramatisch-ernsten Inhalts das erste, ganz dazu angetan aufzuwühlen, das Gemüt zu erschüttern und die Tränen hervorzulocken. So wurde in Zünikon am Samstag, 4. Februar 1911 aufgeführt: erstens «10 Jahre unschuldig im Zuchthaus». Pause zur Erholung der Gemüter und Löschung des Durstes, dann zweitens «E chöschtlichi Gschicht». Das Theater des Gemischten Chores in Wiesendangen führte am 30. Dezember 1911 auf: erstens «Schuld und Sühne oder der Segen des Gebotes», zweitens «Um e Viertelmillion». Wegen der Geldentwertung wären heute wohl etwa 4 Millionen nötig, um die Lachmuskeln zu bewegen.

Im Winter liefen wir Schlittschuh auf dem Oberweiher. Damals lag er still und verträumt mitten im Wald. Heute ist nicht mehr Stille und Dämmerung. Vor fünfzehn Jahren wurde der Wald auf der Nordseite des Weihers gefällt, gewaltige Erdbewegungen fanden statt. Seither flutet Lärm auf ihn herab: Die Autobahn Zürich — St. Gallen.

Schlitteln, meistens spät am Abend. Dann war es kalt und lief gut. Je besser und schneller der Schlitten lief, desto mehr taten die Mädchen so, als hätten sie Angst und schmiegten sich dann schutzsuchend an uns Buben. Wir schlittelten entweder auf dem Davoser oder dann auf dem grossen Hornschlitten. Gelenkt wurde der Davoser vom Vorwiiser. Das war ein Bub, der zuvorderst auf dem Schlitten hockte, seine beiden mit Örgelischlittschuhen bewaffneten Füße, Schienbeine senkrecht aufgestützt, den Schlitten lenkte. Ganz groß in Fahrt kamen wir jedoch mit dem Hornschlitten. Er blieb gewöhnlich erst ausserhalb von Unterbertschikon stehen.

Im Sommer badeten wir im selben Weiher. Er hatte Untiefen, und das war gut so, denn lange nicht alle Buben konnten schwimmen. Am Ausfluß des Baches fingen wir Krebse.

[Eine Beschreibung dieses Baches, die der Autor selbst als «blumig» bezeichnet, mußten wir hier aus Platzgründen streichen. R.S./R.B.]

Im Zuge unser lokalen Unterhaltungen darf ich das Hoppelerfest nicht vergessen. Der Hoppeler, das war ein Bürger von Bertschikon. Als Kaufmann in Petersburg tätig, erwarb er sich ein stattliches Vermögen und errichtete daraus eine Stiftung, aus deren Zinsen die Kosten des Dorffestes bestritten wurden. Es wurde einmal im Jahr in der Sage abgehalten, genauer gesagt wird abgehalten, auch heute noch, denn die Stiftung floriert ununterbrochen weiter.

Die Primarschule besuchte ich am Ort, das heißt in Unterbertschikon, alle Klassen in einer Einheit schön zusammengefaßt. Dann kam die Sekundarschule in Wiesendangen. Zum Mittagessen marschierte ich die vier Kilometer heim. Buben in meinem Alter hatten damals kein Velo. War das Wetter schlecht, so blieb ich über die Mittagszeit in Wiesendangen und bekam im Frohsinn einen Schüblig. Der Frohsinn, das war die urchige Dorfbeiz mit Tradition, in Ehren ergraut, Dorfgeist verbreitend. Sie ist vor ein paar Jahren eingegangen, eine Gemeinschaft hat sie übernommen und serviert nun Schüblinge anderer Machart. Doch muß ich sagen, daß diese Leute den ehemaligen Frohsinn sauber renoviert haben, so daß er sich dem Auge als stattlicher Bau in einer freundlichen Umgebung darbietet.

Als Sekundarschüler der ersten Klasse kehrte ich an einem nebligen November-Nachmittag heim in Begleitung eines Kameraden. Dieser wohnte im kleinen Dörflein Buch, deshalb marschierten wir auf dem Sträßchen, das Wiesendangen mit Buch verbindet. Es führt durch einen dichten Wald. Es war neblig und dunkelte früh. Da fielen unsere Blicke auf einen seltsamen Gegenstand oben auf dem Hügel, keine fünfzig Meter von uns entfernt. Eigentlich sah es aus wie ein kleines Häuschen, doch das Dach war rund. Ein Planwagen von Zigeunern! Die nähmen Kinder mit und brieten sie in der Pfanne, so hatten wir es vernommen. Wir machten rechtsumkehrt und galoppierten zurück nach Wiesendangen, von dort nach Bertschikon, mein Kamerad heim nach Buch. Heute, siebzig Jahre später, steht der Planwagen noch immer auf dem Hügel im dämmrigen Wald. Es ist ein Reservoir der Wasserversorgung.

Thema Taschengeld. Es gab nur sehr wenig. Am einfachsten ist es, wenn ich Ihnen Einblick in mein Kassenbuch gewähre. Hier die Jahresrechnung 1911 (authentisch aus dem Schülerkalender):

Einnahmen	Fr.	Auslagen	Fr.
Saldovortrag	- .25	Mäusefallen	- .45
Finderlohn (1 gold. Ring)	1.—	Ausflug	1.—
vom Götti	1.—	Einlage Sparbuch	6.—
Erlös aus Lumpen	- .20	Saldo	1.65
von Emilie	1.50		
von Eltern	- .60		
Trinkgelder von			
Botengängen	4.55		
total	9.10	total	9.10

Wieso ich in diesem Jahr auf der Mäusejagd Auslagen, aber keine Einnahmen hatte, ist mir nicht klar. Im Vorjahr war es damit besser gewesen, das geht aus der Mäuserechnung des Monats August hervor:

191

11. August	5 Mäuse à -.15	Fr. -.75
17. August	2 Mäuse à -.15	Fr. -.30
22. August	1 Maulwurf	Fr. -.30
26. August	3 Mäuse à -.15	Fr. -.45
		Fr. 1.80

Darunter steht als Serviceanleitung: «Keine rostigen Ringli nehmen. Lauf aufmachen und verstoßen lassen. Falle nicht zu weit hineinstoßen.»

Lassen wir den Schülerkalender noch einiges ausplaudern:

22. Dez. 1910: E. schickte uns Weihnachtsgeschenke. Mutter erhielt einen Rock, Vater 1 Paar Hosenträger, M.li 1 Paar Überstrümpfe, J.li 1 Schürze, E.li 1 Unterrock und ich das Deutsche Knabenbuch. (E. war seit dem Herbst im Dienst bei einer Familie in Uster, das M.li, der J.li und das E.li waren Bruder J.s Kinder).

24. Dez.: Am Abend erhielten wir die Geschenke. Ich 1 Paar Gamaschen, M.li 1 Schultasche, 1 Zählrahmen, 1 Federschachtel; J.li 1 Schaffarm, E.li 1 Puppe, dazu alle Kleinen Mützen.

26. Dez: Ich mußte am Morgen mit Sticketen zum Fergger nach Schneit, nach dem Mittagessen für J. nach Islikon und Kefikon, nachher nochmals nach Schneit.

28. Dez.: Wir haben Wähen, Birnenwecken und Zöpfe gebacken. Am Abend ließ ich meine Dampfmaschine laufen.

15. Jan. 1911: Vater hat das Rind verkauft. 486 kg à Fr. 1.05.

Und einige Jahre später:

23. Juni 1914: Walter Mittelholzer landet mit seinem Flugzeug im Ried (Kam auf Besuch zu seiner Schwester Hilda, Gemeindeschwester in Wiesendangen).

28. Juni: Ermordung des österreichischen Thronfolgerpaares in Sarajewo.

29. Juni: Heute den ganzen Tag Kartoffeln häufeln. Sehr heiß. Wir machten fertig. Flugtag in Winterthur.

20. Juli: Ich beginne meine vierjährige Lehre als Maschinenschlosser bei Gebrüder Sulzer.

Sulzer bildete damals um die 600 Lehrlinge aus, somit war ich nicht allein. Zu Beginn arbeiteten wir in den Lehrlingswerkstätten, später wurden wir den verschiedenen Betriebsabteilungen zugeteilt und waren dort direkt für die Produktion tätig. Doch vorläufig erhielten wir vom Ausbilder ein Übungsstück, nämlich einen Gußklotz. Es galt, ihn plan und im Winkel zu schleifen. Das tönt recht einfach, ist es aber nicht, denn leicht feilt man statt einer Fläche einen Bogen. Nun, wir hatten

Zeit hierzu, wochenlang, wenigstens die weniger Geschickten. Langweilig war es auf alle Fälle.

Kaum hatte ich mein Lehrlingsdasein begonnen, brach der Krieg aus. Vom 3. auf den 4., nämlich die ganze Nacht hindurch, wurden in unserer Werkstatt 2400 Bajonette und einige Hundert Säbel scharf geschliffen. Dieser einmalige Einsatz hat wohl den Feind von uns abgehalten.

Ich muß noch einige administrative Belange erwähnen. Auch damals bildete ein Vertrag die Grundlage der Lehrlingsausbildung, doch wurde er ausschließlich zwischen dem Arbeitgeber und dem Lehrling, beziehungsweise seinen Eltern abgeschlossen. Es gab kein Lehrlingsamt. Es gab auch keine Gewerbe- oder Berufsbildungsschule. Statt dessen wurde der Lehrling in der betriebseigenen Fortbildungsschule unterrichtet. Eine Abschlußprüfung fand nicht statt. Wir erhielten einfach ein Schlußzeugnis.

Art. 2: «Ein Lehrgeld ist nicht zu bezahlen, dagegen werden von dem Verdienst des Lehrlings zahltäglich 10% zurückbehalten und am Ende der Lehrzeit mit Zinsen à 5% ausbezahlt, nachdem er seine durch diesen Vertrag übernommenen Verbindlichkeiten erfüllt hat.»

Art. 8: «Es ist dem Lehrling untersagt, ohne ausdrückliche Bewilligung der Lehrherren irgend einem Verein beizutreten oder anzugehören» (Fettdruck)

Der Lehrling verdiente im ersten Jahr 10, im zweiten 12, im dritten 14 und im letzten Jahr 18 Rappen pro Stunde. Bisweilen arbeiteten wir auch im Akkord. Mein Verdienst fiel sehr ungleich aus. Hier einige Zahltage: 5. August Fr. 8.80, 19. August Fr. 9.50, 2. September Fr. 4.55, 14. Oktober Fr. 4.45, 11. November Fr. 14.55 und so weiter. Der Krieg brachte Sulzer um Aufträge, so daß wir bald nur noch während drei Tagen in der Woche arbeiteten. Immerhin zeigte mein Kassabuch bald bedeutendere Umsätze. Hier die Zusammenstellung des Jahres 1915:

Einnahmen (hauptsächlich Lehrlingslohn)			Fr. 348.30
Ausgaben:	Überkleid	Fr.	7.60
	Schuhe reparieren		1.—
	Landkarte		1.35
	1 Meter		-.95
	Glyzerin		-.60
	Bahnabonnement		34.60
	Veloausweis		1.25
	Rep. Schublehre		1.—
	neuer Hut		4.90
	Manschettenknöpfe		1.—

Konfirmationsreise	5.05	
Hosenträger	2.35	
Turnschuhe	1.60	
1 Strohhut	3.75	
Männerchorbuch	1.70	
Velotour	1.70	
an Eltern	50.—	
Kirchweih St. Gallen	8.20	
Pillen	1.50	
Kursgeld Fort- bildungsschule	4.—	
Englischbuch	2.40	
Konsumation Sagi	1.80	
Jahresbeitrag Männerchor	13.—	
Tabakpfeife/Tabak	1.40	
Weihnachtsgeschenke	6.15	
Verpflegung Kantine	189.45	Fr. 348.30

Zurück in den Betrieb! Löcher mußten wir dort bohren, Gewinde schneiden, Hahnen einschleifen. Dann die Arbeit an den Lagerschalen. Die Motoren liefen damals noch gemächlich, so daß man deren Wellen nicht in Kugellager betten mußte, sie lagen in der Lagerschale, das heißt in deren unteren Hälfte, die aus Bronze bestand und mit weichem Weißmetall gefüttert war. Wir mußten ihr die richtige Form geben, sie «einschaben». In der Werkzeugschmiede waltete ein Meister namens P.; bei uns Lehrlingen unbeliebt, das ersah man schon aus seinem Übernamen Pavian. Er sah eben auch wie ein solcher aus, wußte es aber nicht. Auch der Lehrling R. wußte nichts von einem Übernamen und meinte, es sei derjenige in des Meisters Heimatschein. Fröhlich grüßte er ihn des Morgens mit «Grüezi Herr Pavian!» und nahm umgehend Reißaus, denn der Meister egriff unverzüglich einen Vorschlaghammer. Man erzählte sich, daß er, seinerzeit auf Montage in Petersburg, mit seinem Gebaren einige seiner Leute derart erbittert hatte, daß sie ihn plötzlich packten und fast ins Feuer geworfen hätten.

Die Ausbildung an der Fortbildungsschule von Sulzer ergänzte ich durch Teilnahme an einem brieflichen Kurs für Elektrotechnik des damals neu eröffneten Institutes Fritz Onken. Auch nahm ich einen Chauffeurkurs bei der Fahrschule Hunziker & Merkli in Zürich-Selnau, stieg aber nie in die Prüfung ein.

Als es mir nach dem ersten Lehrjahr einmal ein bißchen langweilig war, fragte ich den Meister, ob ich mich zur Abwechslung im Elektrobetrieb umschauen könne. Er gestattete es mir, und es gefiel mir dort besser als in der Maschinenschlosserei. Es war Krieg und der Strom knapp. Die Büros von Sulzer wurden durch eine Notstromgruppe beleuchtet. Ich mußte des Morgens zuerst immer den Dieselmotor anlassen und den Strom parallel schalten.

28. Januar 15: Tierarzt Ammann besuchte unsere kranke Kuh. In seinem Auto kann ich mit ihm nach Frauenfeld fahren, um einen Trank zu holen. Meine erste Fahrt im Auto.

15. September 15: Eröffnung der Straßenbahn in Winterthur.

7. November 15: Nach einem Rehbratenessen komme ich morgens um halb fünf Uhr mit einem Affen heim.

Beim Betriebselektriker fühlte ich mich ausnehmend wohl, so wohl, daß ich dort blieb. Das war gar nicht schwierig, denn niemand hieß mich, in die Maschinenschlosserei zurückzugehen, wahrscheinlich hatte man mich dort vergessen. Dies bis drei Monate vor Beendigung meiner Lehrzeit. Offenbar war im Lehrlingsbüro jemand zufällig auf meinen Lehrvertrag gestoßen und hatte festgestellt, daß ich seit Jahren in einer Abteilung arbeitete, wo gar keine Lehrlinge ausgebildet wurden. Man rief mich aufs Büro, machte mich darauf aufmerksam, daß man mir kein Abschlußzeugnis als Betriebselektriker ausstellen konnte und versetzte mich in meinen angestammten Bereich zurück. Dort vollendete ich meine vier Jahre und erhielt das Abschlußzeugnis als Maschinenelektriker.

In Sachen Stundenlohn muß ich nachtragen, daß ich im vierten Lehrjahr einen solchen von 26 Rappen zuzüglich 12 Rappen Teuerungszulage erhielt. Wegen der im Verlaufe des Krieges rapide steigenden Lebenskosten gab es einige Unruhe in der Arbeiterschaft, die in Betriebsversammlungen und Streikaktionen um mehr Lohn kämpften.

Im April 18 war ich in die Rekrutenschule in Zürich eingerückt. Zwar hatte ich mich zuvor rechtzeitig für eine Spezialwaffe gemeldet, nämlich zu den Scheinwerferpionieren. Groß war dann meine Enttäuschung, als ich das Aufgebot zum Einrücken in die Infanterie-Rekrutenschule erhielt. Nach der Rekrutenschule arbeitete ich kurze Zeit weiter bei Sulzer («bin Sulzere» sagt man hier) zu einem Stundenlohn von 85 Rappen, mußte aber schon nach sechs Wochen in den Aktivdienst einrücken. Während der drei Monate bis zur Entlassung Mitte Dezember 1918 leistete meine Kompanie Bewachungsdienst in der Etappen-Sanitäts-Anstalt. Zwar hatte man einen Monat zuvor Waffenstillstand geschlossen, und der Krieg war somit zu Ende, noch nicht jedoch die große Grippe, und dann war noch der Generalstreik, deshalb mußten wir noch ein bißchen länger verharren.

Während des Ersten Weltkrieges standen bekanntlich die meisten Deutschschweizer auf der Seite der Deutschen. Vermutlich auch ich, denn in meinem Schülerkalender 1915 steht fast jede Woche etwas von einer gewonnenen Schlacht der Deutschen oder einem versenkten englischen Schlachtschiff, einer mit Schneid eroberten Festung in Frankreich, alle Meldungen in den damals üblichen zackig-deutschen Krähenfüßen hingekritzelt. Ab 1916 verschwand diese Art der Kriegsberichterstattung gänzlich.

Ein Jahr später verließ ich Sulzer, denn ich wollte Neues kennenlernen. Nach langem Bemühen hatte ich in der Maschinenfabrik Oerlikon eine Stelle als Schlosser in der Lokomotivmontage gefunden. Damals lief dort die erste Serie der neuen Güterzugslokomotive an, die später unter dem Namen «Krokodil» berühmt werden sollte und deren letzte Vertreter heute noch, nach sechzig Jahren, laufen. Es waren die Jahre, da die Gotthardstrecke elektrifiziert wurde und man auf den Bergstrecken Erstfeld — Biasca starke Traktionsvehikel brauchte.

Wir arbeiteten im Akkord und in Gruppen von drei bis vier Mann. Es galt, sämtliche Kabel der langen Lok zu verlegen und anzuschließen. Akkordarbeit klingt verdächtig, doch wir fuhren gut damit. Zwar schaute bei den ersten paar Exemplaren nicht viel heraus, doch bald hatten wir es los. Wir kannten die Kanäle, durch die wir die Kabel ziehen mußten, bald einmal auswendig, wußten, wie wir sie ohne Probleme einziehen konnten und wo sie angeschlossen werden mußten. Bald war es soweit, daß wir die Arbeit eher strecken mußten, um zu vermeiden, daß der Akkord tiefer angesetzt wurde. Die Lok war eben neu und die Kalkulatoren, welche den Akkordlohn zu berechnen hatten, ermangelten der Erfahrungszahlen. Heute macht man es anders, man wählt, wenn immer möglich, die Kalkulatoren unter den Handwerkern.

Jeden Sonntag-Abend fuhr ich per Velo von Bertschikon über Winterthur — Tagelswangen nach Oerlikon in mein Zimmer an der Affolternstraße und am kommenden Samstagnachmittag wieder heimzu. Essen tat ich im Restaurant Eintracht an der Affolternstrasse 98. Sie ist noch immer, die liebe Beiz, auf alle Fälle im Telefonbuch. Ich lasse Marianne Würgler grüßen. [...]

Mitte April verließ ich die MFO. Zusammen mit einigen andern Arbeitern hatte man mir gekündigt. Der Großauftrag von 25 Lokomotiven war zu Ende, die Krokodile fortgekrochen, zurück blieben einige Dutzende von jungen, für elektrische Lokomotiven, die bei uns noch neu waren, ausgebildeten Leute, zumeist ledig. Wir waren vorbereitet, gab es doch schon vorher Kurzarbeit.

Es war die Nachkriegskrise, die vor allem die Schwerindustrie traf. Es verging ein gutes Jahr, bis ich wieder eine Stelle fand, die für längere Zeit vorhielt. Zwischendurch arbeitete ich als Bauhandlanger für den Maurermeister Weilenmann und kann nun auf meinen Spaziergängen meine damalige Arbeit am Berghof oberhalb Wiesendangen gewissermaßen mustern. Dann schickte mich die staatliche Arbeitsvermittlung hinauf ins Wäggital, wo mein Arbeitgeber für leider nur 14 Tage das Wasserschloß des Stausees baute. Hierauf ging's zurück zu Sulzer als Schlosser in der Abteilung Dieselmotoren. Aber auch dort lief nicht gerade viel. Sulzer entließ zwar keine Leute, doch gab es auch keine Gelegenheit für ein Fortkommen.

Im Oktober 23 siedelte ich nach Thun um. Die Firma Laminoir hatte mich als Betriebselektriker angestellt. Mit diesem Walzwerk für Staniolfolien hatte es eine eigene Bewandtnis. Es war ein Zweigbetrieb eines deutschen Unternehmers, das von der Schweiz aus die ehemaligen Feindesländer belieferte, was es von Deutschland aus nicht konnte. [...] Schon geraume Zeit vor der oben erwähnten Freudenbotschaft aus Zürich hatte ich mich um eine Stelle bei den SBB bemüht und meine Bewerbung an die Direktion des Bahnkreises 3 in Zürich gesandt. Dort wurde ich offenbar in den geweihten Kreis der engeren Anwärter eingereiht, denn eines schönen Tages erhielt ich von dort die Aufforderung, zu einer Untersuchung durch den Bahnarzt zu erscheinen, was ich schnurstracks tat. Groß war dann meine Enttäuschung, als der Bericht eintraf, daß man mich auf Grund der ärztlichen Untersuchung nicht einstellen konnte. Später raffte ich mich nochmals auf und wandte mich unter Umgehung der hohen Direktoren seiner Majestät Bahnkreis 3 direkt an die Reparaturwerkstätte. Von dort her tönte es besser, gleichzeitig stellte jedoch der schreibende Werkstattchef fest, daß ich mich zuvor bei der Bahn zum Dienste gemeldet und ärztlich abgewiesen worden war. Wieso ich dies bei der Bewerbung nicht erwähnt hätte? Meine Antwort war, man habe mir den ärztlichen Befund vorenthalten, deshalb hätte ich auch nichts Konkretes mitteilen können. Offenbar gefiel diese gerade Antwort meinem zukünftigen Chef, denn ich wurde eingestellt.

Nachträglich stellte sich das Ganze als eine administrative Panne dar, wie sie in einem Großbetrieb nicht immer zu vermeiden ist. In meiner Bewerbung an den Bahnkreis 3 hatte ich hervorgehoben, daß ich bei der MFO in der Lokomotiv-Montage gearbeitet hatte. Es waren zufällig gerade einige Stellen im Fahrdienst frei, und so wurde meine Bewerbung an den Fahrdienstchef weitergeleitet. Dieser entnahm dem Zeugnis des Bahnarztes, daß die Sehschärfe meiner Augen reduziert war und ich deshalb nicht auf den Führerstand einer Lok gehörte. Für den Fahrdienst hatte ich mich aber gar nicht gemeldet. Für die Arbeit, die meiner in den Reparaturwerkstätten wartete, genügten meine Augen vollauf. Wir steckten mitten drin in der Nachkriegszeit. Bei Sulzer, wo ich nochmals während einiger Monate gearbeitet hatte, war viel zu wenig zu tun und das Tagewerk recht langweilig. Ich hatte zahlreiche Bewerbungen in alle Richtungen der Schweiz geschickt und ebensoviele Absagen erhalten. Ich war am Ziel meiner (vorläufigen) Wünsche angelangt: eine feste Stelle im größten Staatsbetrieb mit vielfältigen Möglichkeiten. Bald nach meinem Stellenantritt wurden die Walzwerke in Thun stillgelegt.

Im März 1925 siedelte ich wieder nach Zürich um, bezog ein Zimmer an der Hohlstraße und trat meine Arbeit in den Werkstätten an. Meine Braut kam ebenfalls nach Zürich. Am nächsten Tag führte ich sie ins Seefeldquartier, wo sie eine Stelle als Dienstmädchen antreten sollte. Unverrichteter Dinge kam sie von dort zurück, weil man sie nicht wollte. Es sei schlecht abgemacht worden, meinte sie. Ein paar Tage später trat sie eine andere Stelle in Zürich an.

Wir heirateten ein Jahr später und zogen nach Adliswil. Aus dem Schülerkalender:

25. Mai 26: Erstmals Ferien vom 24. bis 28. Mai. Quartier im Hotel Bahnhof Pontresina.

13. Juli 27: Am Nachmittag kauft F. im Ausverkauf des Warenhauses Knopf für Fr. 70.— Säuglingswäsche.

6. September 27: In der Bude Abstimmungen über Arbeiten oder Feiern am Knabenschießen-Nachmittag. 350 wollen arbeiten, 250 feiern. Für diesen Feiernachmittag wären wir nicht entlöhnt worden.

7. September: Abends per Velo nach Adliswil, um bei Familie Sch. den Stubenwagen zu holen. Wir waren am 1. April von Adliswil nach der Ämtlerstraße 184 gezogen. Ich band den Stubenwagen auf mein Velo und marschierte mit dieser Fuhr von Adliswil nach Zürich.

Am 3. Dezember 1928 kam unsere Tochter I. in der Pflegerinnenschule in Zürich zur Welt. Unmittelbar nach der Geburt erkrankte meine Frau schwer; erst nach acht Wochen wurde sie aus dem Spital entlassen.

Inzwischen war ich zum Stellwerkdienst versetzt worden. Es bedeutete dies eine Beförderung, die ich dem Werkstattchef Weyermann verdankte, mit dem ich immer gut auskam. Er ließ mich wissen, daß ihm und «denen in Bern oben» meine sauber abgefaßten und peinlich genauen Protokolle der Sitzungen der Arbeiterkommission gefallen hätten. Und da er wisse, daß es während der kommenden Jahre in den Werkstätten keine Beförderungen gäbe, habe er mich für den Stellwerkdienst vorgeschlagen, wo es mehr Möglichkeiten gäbe. Der Auszug aus der Werkstatt in die Geleise hinaus behagte mir ohnehin. In meiner Freizeit war ich seit jeher häufig unterwegs, zu Fuß, auf dem Velo und im Zug. Vielleicht wegen der Hunderte von Botengängen in meiner Jugend in Bertschikon [...]

Mit meiner Meldung betreffend Übertritt in den Stellwerkdienst habe ich ein bißchen vorgegriffen. Dieser fand erst im Mai 36 statt, nach 11 Jahren Werkstattdienst. Vorderhand steckten wir inmitten der Wirtschaftskrise der Dreißigerjahre, die natürlich auch die SBB tangierte. Die Besoldung war niedrig, Lohnerhöhungen blieben aus, man mußte froh sein, wenn ein Abbau ausblieb.

1931 bewarb ich mich um eine Stelle als Hauswart in der Wohnsiedlung «im Strauß». Man teilte mir mit, es lägen 400 Anmeldungen vor!

Im gleichen Jahr meldete ich mich für die ausgeschriebene Stelle als Reparateur bei der städtischen Kehrrichtverbrennungsanstalt. Aber auch hier gab es eine derart große Anzahl von Bewerbern, daß ich in der Flut unterging.

Im Juni zügelten wir innerhalb des Hauses Ämtlerstraße 184 vom vierten hinunter in den ersten Stock. Der Hausmeister hatte uns gesagt, die neue Wohnung sei genau gleich groß, jedoch Fr. 5.— billiger. Doch stellte ich beim Verlegen des Linoleums fest, daß sie in der Länge und in der Breite 20 Zentimeter kleiner war. Ganz erstaunlich, wie uns dies ärgerte und stach, so daß wir einfach nicht schlafen konnten. Bald stellten wir aber fest, daß es wegen der Wanzen war, die unser Schlafzimmer bevölkerten. Flugs räucherten wir sie und uns aus und mußten anschließend während einiger Tage im Wohnzimmer schlummern wegen dem Gestank. Es war überhaupt ein glorreiches Jahr, das 1931, denn im September erhielt die Ämtlerstraße einen Belag und im November meine Frau einen «Bubikopf», wie man damals das Ding nannte. Er stehe ihr gut, steht es schwarz auf weiß in meinem Tagebuch.

Doch mit der Gesundheit meiner Frau stand es nicht gut. Seit der Geburt unserer Tochter wurde sie andauernd ärztlich behandelt. Ihr Zustand verschlimmerte sich zusehends. Am 18. Juli 1936 starb sie nach zehnjähriger Ehe an Leukämie in der Pflegerinnenschule.

Ich stand allein da mit meiner achtjährigen Tochter. Ende des Jahres löste ich unsere Haushaltung in Thalwil auf, brachte I. bei meiner Mutter, damals 78 Jahre alt, in meinem Elterhaus in Ober-Bertschikon unter und bezog bei Familie Elsässer an der Militärstraße 12 ein Einzelzimmer.

Ein Tagebucheintrag vom Januar 37 lautet: «Heute besuchte ich meine Schulkollegin B.H. von Wiesendangen, die als Hauswirtschaftslehrerin in Altstetten arbeitet. Ich wollte nicht ganz einsam sein.» Neun Monate später ging ich mit ihr meine zweite Ehe ein. Unser neues Heim war eine Dreizimmerwohnung im vierten Stock des Hauses Rotbuchstraße 79: Zentralheizung, Bad, elektrische Küche, inklusive Warmwasser und Treppenhausreinigung, Fr. 130.35 monatlich. So genau nahm man das damals mit den Preisen. Heute rundet man sogar beim Café crème den Preis auf den nächsten Zehner auf und behält den Fünfer lediglich aus Pietätsgründen zur dynamischeren Gestaltung des Milchpreises bei. Eine große Ungerechtigkeit war jedoch, daß für die besagten Fr. 130.35 kein computergelenkter Waschautomat in der Waschküche stand. Diese Wohltat unserer Frauen gab es damals noch nicht.

Indessen hatten wir an der Rotbuchstraße keine Bleibe, denn schon anfangs Oktober 37 wurde ich nach Sargans versetzt und nahm dort sofort meine Arbeit als Monteur im Stellwerkbezirk 6 auf. Bis Ende des Jahres hauste ich allein in Sargans in einem Zimmer im Restaurant Piz Sol an der Bahnhofstraße. Dann zog auch meine Familie nach, und wir bezogen im Bahnhofquartier Malerva eine Vierzimmerwohnung: Etagenheizung (Kohle), elektrische Küche und Gartenanteil bei einem jährlichen Mietzins von Fr. 900.—.

Mein Dienst in Sargans war interessant, jedoch auch anstrengend. Häufig war ich draußen im Revier, das heißt auf dem Geleise, an den Signalen, im Stellwerk. Es treten eben in diesen Anlagen viel mehr Störungen auf, als der Bahnreisende glaubt, wenn er im bequemen Fauteuil dahinfährt und zwischenhinein schimpft, wenn der Zug — natürlich völlig ohne Grund — in Chur 20 Minuten zu spät einläuft. Bei großer Kälte traten stets vermehrte Störungen auf und waren nicht immer leicht zu beheben. [...]

1942 kauften wir in Sargans 762 m² Land zum Preise von Fr. 7'620.—, ließen darauf ein Haus bauen — Holzkonstruktion auf Unterbau Beton — und zogen anfangs September in unser Eigenheim ein. Es kam total auf Fr. 37'830.— zu stehen, inklusive Bauland und Zufahrt, eine im Vergleich zu heute bescheidene Summe. Doch machte uns die Finanzierung einiges Kopfzerbrechen.

Zuvor war ja der Zweite Weltkrieg ausgebrochen. Sargans, an einem strategisch äußerst wichtigen Punkt und inmitten eines Festungsbezirkes gelegen, hätte von der Zivilbevölkerung evakuiert werden müssen. Mitte Mai 40 erhielten alle Familien Evakuationskarten mit entsprechenden Weisungen. Wohin die Reise gehen sollte, stand nicht darauf, doch wußten alle, daß das bündnerische Lugnez unsere vorübergehende Heimat geworden wäre. In keinem Laden der ganzen Region waren mehr Rucksäcke aufzutreiben. Im übrigen verhielt sich die Zivilbevölkerung ruhig und diszipliniert. Im Gegensatz dazu benahmen sich zahlreiche Offiziere völlig kopflos.

200

Als Mitglied der Sozialdemokratischen Partei hatte ich mich in Zürich und Thalwil aktiv betätigt, ohne den oberen Rängen anzugehören. Ich zog Parteibeiträge ein, warb Mitglieder und Abonnenten für das «Volksrecht». Außerdem war ich Mitglied der RPK, des Verbandes Personal der Sicherungsanlagen. Hier in Sargans spielte die SP eine untergeordnete Rolle, wohnten wir doch als Protestanten in einer katholischen Region. Eine Ortssektion SP gab es daher nicht, jedoch den Steuerverein. Die Steuerveranlagung war damals recht umständlich. Zwar mußten wir nur eine Steuererklärung ausfüllen, erhielten jedoch vier Steuerzettel, nämlich je einen von der politischen, der Orts-, der Schul- und der Kirchgemeinde. Der Steuerverein nahm sich der verwirrten und verunsicherten Steuerzahler an, welche der Vereinigung beitreten konnten. Das waren die Bahn- und Festungsbeamten. Sie ließen sich von ihrer Monatsbesoldung einen guten Zwölftel ihrer Gesamtsteuern abknöpfen. Diese monatlichen Beiträge flossen auf das Sparkonto des Vereins bei der Bank und trugen Zinsen. Auf die Generalversammlung hin wurde abgerechnet und die Überschüsse verteilt. Deshalb war auch der Besuch der Jahresversammlung umwerfend gut und das Fest im Anschluß an den geschäftlichen ersten Teil groß. Die Überschüsse wurden verjubelt. Sie reichten mit der Zeit nicht mehr aus, und wir hoben die Monatsbeträge unmerklich an und damit auch die Begeisterung der Steueropfer bei der nächsten Versammlung, ferner den Umsatz des Wirtes des Restaurants Piz Sol. Ich war Rechnungsführer des Steuervereins, hatte damit einige Arbeit, aber auch Befriedigung. [...]

Wir wohnten nun gute zehn Jahre in Sargans und hatten uns recht gut eingelebt. Tochter I. durchlief die Kantonsschule in Chur und erwarb sich dort das eidgenössische Maturitätszeugnis. Wie jeder normale Schweizermann trachtete ich darnach, auf der Berufsleiter um eine Sprosse emporzusteigen und fand es an der Zeit, daß dies nach zehn Jahren Tätigkeit als Monteurchef stattfinden sollte. Deshalb meldete ich mich Ende 48 für den freiwerdenden Posten eines Revisors. Dieser Mann hat die Oberaufsicht über das Stellwerkpersonal des Bahnkreises 3, das Gebiet links der Bahnlinie Basel — Chur. Die Haupttätigkeit eines Revisors besteht in der Instruktion des Stellwerk- und Stationspersonals.

Meine Aussichten, diesen Posten zu erhalten, waren nicht schlecht. Zuvor hatte ich ein bißchen sondiert, und mein Vorgesetzter ließ mich wissen, daß ich vorderster Anwärter sei und er meine Bewerbung unterstütze. Doch es sollte anders kommen. Die Direktion des Bahnkreises ordnete für das gesamte Stellwerkpersonal eine Gehörprüfung an. Eine solche Prüfung war, solange ich Dienst tat, nie vorgenommen worden.

Ich hatte Grund zur Annahme, daß ein Kollege dahintersteckte. Er war ebenfalls Anwärter, wußte um meine vor Jahren eingesetzte Schwerhörigkeit und nutzte seine Chance.

Der bahnärztliche Befund lautete: Vermindertes Hörvermögen, weiterer Dienst im Geleise ausgeschlossen, da zu gefährlich. Das war ein recht wuchtiger Schlag für mich. Mein Vorgesetzter gab sich Mühe, mich aufzumuntern. Er meinte, im Bereiche des Bahnhofes Sargans gäbe es stets genügend zu tun und schlug mir vor, mich auf den neu zu schaffenden Arbeitsplatz einzustellen, somit auf dem Bahnhofareal zu arbeiten. Das schlug ich aus. Ich wäre zu einer Art Gelegenheitsarbeiter geworden, überdies Untergebener meines erfolgreicheren Kollegen. Dann bleibe keine andere Lösung als meine vorzeitige Pensionierung, war die Antwort. Kein schlechter Vorschlag, meinte ich, eine Rente für 25 Dienstjahre zusammen mit dem Verdienst bei der Integra in Wallisellen würden genügen. Ich sei sicher, dort eine Stelle zu erhalten. Ja, ob ich denn im Sinne habe, täglich von Sargans nach Wallisellen zu fahren, fragte mich der Chef verwundert. Wir hätten doch hier ein Haus. Nun, das könnten wir ja ver- und ein anderes in der Region Zürich kaufen, war meine muntere Antwort. Wie kann man nur von Sargans wegziehen! Es brauchte eine ganze Weile, bis sich mein Chef von diesem Sakrileg erholt hatte. Ich solle doch lieber bei der Bahn bleiben, ich könne völlig problemlos in die Administration im Zentralbüro Stellwerk Zürich hinüberwechseln. Schon am 1. Januar 1949 nahm ich meine Arbeit in Zürich auf. Drei Wochen später zogen wir in unser neu erworbenes Einfamilienhaus an der Bahnhofstraße 10 in Urdorf ein. [...]

Im Oktober desselben Jahres zog R.M.H., die Mutter meiner Frau, zu uns. Sie zählte 80 Jahre, war seit Jahrzehnten verwitwet und hatte Zeit ihres Lebens an der Dorfstraße in Wiesendangen gelebt. Um ihre kleine Rente von der Telefonverwaltung zu ergänzen — bis 1948 gab es ja keine AHV — arbeitete sie als Rebfrau in den Rebhängen von Wiesendangen. Sie war eine trotz materieller Enge stets heitere, ausgeglichene und gemütsvolle Frau. Krank war sie nie, und fragten wir sie, wie sie das gemacht hätte, so meinte sie, es sei die Sonne. Während Stunden, Tagen und Wochen habe sie ihr in den Reben heiß auf den Buckel gebrannt, den ganzen Leib durchwärmt und gestärkt. Als Rebfrau arbeitete sie bis in ihr 80. Jahr hinein. Nicht wegen dem Schwinden ihrer Kräfte mußte sie damit aufhören, sondern weil ihre Sehschärfe nachließ und sie die Rebschosse nicht mehr unterscheiden konnte. Doch in unserem Garten in Urdorf setzte sie ihre Arbeit fort und jätete ihn gründlich vom Unkraut, bisweilen auch von einigen Setzlingen. Im Winter war dann guter Rat teuer, und eines Tages begehrte sie auf: «Wänner mer kai

Lismete gänd, dänn laufi Eu dervo!» Mein Schwiegersohn arbeitete damals bei der Schaffhauser Wolle und schleppte sogleich einen stattlichen Sack voller Wollmusterknäuel herbei. Großmutter ließ sich nicht bitten, strickte und strickte, ihre Enkelin nähte die vielen hundert handtellergroßen Blätzli zu einer stattlichen Wolldecke zusammen. Ende 1956 legte sich R.H. mit einem Katarrh zu Bett. Ruhig und zufrieden lag sie dort und sagte nach einer Weile: «Ich schtand nüme uuf.» Sechs Wochen später schlummerte sie hinüber im Alter von 87 Jahren. Ihre buntgestrickte Decke ist uns teuer geblieben.

Zuvor war meine eigene Mutter im hohen Alter von 93 Jahren in einem Pflegeheim in Tagelswagen gestorben. Einen Monat zuvor hatte sie noch in ihrem Haus in Oberbertschikon gelebt. Tochter I. wirkte als Primarlehrerin während zwei Jahren als Lehrerin bei schwachbegabten Kindern im Pestalozziheim in Pfäffikon, später in Zürich im Schulhaus an der Weinbergstraße. Ihre monatliche Besoldung betrug damals — 1953 — siebenhundert Franken. Bis zu ihrer Verheiratung ein Jahr später wohnte sie bei uns.

In Urdorf nisteten wir uns rasch ein. Ich trat der Orts-Sektion der SP bei, wurde Mitglied der RPK und der Steuerkommission und sang im Kirchenchor mit. Das Hobby, welches mich am meisten befriedigte: Ich wurde mit der Neuordnung des Gemeindearchivs betraut.

Schwierigkeiten, sich einzuleben, hatte Tochter I. Zur rechten Hand abschwenkend gelangt man von Urdorf ins Reppischtal. Auf der Höhe, dort, wo das schmale Sträßchen sich anschickt, sich ins Tal hinabzusenken, steht ein einsames Holzbänklein. Hier hinauf habe sie sich geflüchtet, auf diesem Bänklein habe sie viel geweint nach unserer Ankunft in Urdorf. Wegen der Gegend, der verhäuselten, wegen dem vielen Nebel, über das unwohnliche, alte Haus mit seinen düsteren Vorhängen. Dies gestand sie uns viel später.

Mit dem Alter nimmt die Fähigkeit zum Erleben allmählich ab. Vermutlich deshalb scheint die Lebensuhr rascher zu gehen, die Zeit ins Sausen zu kommen. So ergeht es nun meinem Lebensbericht.

1954 heiratet meine Tochter und schenkt drei Kindern das Leben. Sie werden in der Pflegerinnenschule in Zürich geboren, meine Tochter von Fräulein Dr.K.Sch. betreut, der gleichen Ärztin, die ihr Jahrzehnte zuvor zum Leben verholfen und die ihre Mutter bei ihrer schweren Krankheit behandelt hat.

Mitte 63 trete ich in den Ruhestand. Ende 1975 stirbt meine Frau B. im Spital Limmattal. Mitte August 1976 ziehe ich in eine Zweizimmerwohnung an der Stationsstraße in Wiesendangen. Einhundert Meter davon entfernt und in Sichtweite wohnt meine Tochter mit ihrer Familie.

Dort habe ich Pension, vielmehr eine Art Halbpension, denn ich marschiere noch fleißig in der Gegend herum und in Richtung Zürich Oberland. Nur muß ich mich an Straßen, Sträßchen und gute Feldwege halten, denn meine staroperierten Augen sehen nicht mehr so deutlich. Immerhin war ich letztes Jahr mit einem gleichaltrigen Kollegen auf dem Hörnli. Und dann fahre ich als ehemaliger Bähnler noch gerne im Zug. Nicht nur gerne, sondern auch gut, sagt da mein Schwiegersohn. Denn er findet es bewundernswert, daß ein achtzigjähriger Herr von Wiesendangen nach Genf oder Lugano fährt, gleichentags heimkehrt und dann erst noch ausgezeichnet schläft. Er meint, das wäre für ihn zu ermüdend. [...]

[An den gekürzten Stellen erzählt der Autor von Arbeits- und Lebensverhältnissen in Oerlikon, Thun, Thalwil und Sargans. R.S./R.B.]

Beharrlichkeit
männlich, *1899, Kaufmann

Die Jahre vor dem Schuleintritt

Ich wurde an einem Sonntag, am 12. März 1899 im Tössfeld in Winterthur als zweitältester Sohn einer kinderreichen, einfachen Arbeiterfamilie (vier Knaben und ein Mädchen) geboren. Wie mir meine Mutter erzählte, krähte ich bei der Geburt, was ich aus dem Halse heraus brachte, wohl eine erste Übung zur Stärkung meiner Stimmbänder. Mein Vater soll über mich wenig erbaut gewesen sein, hätte er doch ein Töchterchen vorgezogen. Er soll zur Mutter kurz und bündig erklärt haben: «De chascht du ha!»

Meine ersten Erinnerungen gehen auf die Zeit zurück, in der ich im Eichliacker-Quartier an einer Sonntagsschul-Weihnachtsfeier teilnahm und dabei ein Porzellantäßchen geschenkt erhielt. Ich trug es als eigentliche Kostbarkeit sorgfältig nach Hause. Etwa ein Jahr später zügelten die Eltern nach Bülach, weil der Vater als Bremser bei der SBB ins Zürcher Unterland versetzt worden war. Dort besuchte ich den Kindergarten. Ich erinnere mich noch, wie ich als kleiner Knirps, zusammen mit meinem älteren Bruder, in einer Wiese wilden Schnittlauch schnitt, den wir bündelweise unseren Nachbarn zum Preis von fünf Rappen anboten. Schon damals muß ich offenbar eine kaufmännische Ader in mir verspürt haben. Es war im Oktober 1904, als ich den Vater die Straße hinunter rennen sah, um die Hebamme zu holen, wobei er mir zurief: «O., de Storch chunt!» Tatsächlich sah ich einen Storch über unser Hausdach fliegen. Als ich erst noch erfuhr, daß ich ein Brüderlein erhalten hatte, glaubte ich noch viele Jahre, daß der Storch die Kinder bringe. 1905 kehrten die Eltern nach Winterthur zurück, wo sie an der Rütlistraße in Veltheim eine Vierzimmerwohnung mieteten.

Die Jahre meiner Schulausbildung

Im Schulhaus Löwenstraße besuchte ich während 1905-1911 die Primarschule, anschließend die Sekundarschule im Schulhaus Wülflingerstraße. Im dritten Sekundarschuljahr wählte ich als Vortragsübung im Deutsch-Unterricht die Lebensgeschichte eines armen Hirtenknaben unter dem Titel «Beharrlichkeit führt zum Ziel». Durch eifriges Selbststudium schaffte er es zum erfolgreichen, angesehenen Astrologen.

Während meiner Primarschulzeit half die Mutter mit Putzen der Büroräume in Geschäftshäusern und mit Waschen in herrschaftlichen Villen, den bescheidenen Lohn des Vaters zu ergänzen. Auch die schulpflichtigen Kinder mußten schon früh nach Möglichkeit zum Unterhalt der Familie beitragen helfen. Mit dem Verkauf von Fegsand an Private, sowie mit Brotaustragen an die Kunden eines Bäckermeisters kam mancher willkommene Batzen für den Haushalt zusammen. Als Brotverträger mit einem Leiterwägelchen oder auf dem Velo mit einer bis an den Rand gefüllten Krätze auf dem Rücken passierte mir an einem verschneiten Nachmittag, daß der Davoserschlitten, auf dem die Zaine mit frisch gebackenen Vierpfündern festgebunden war, bei der Zürcherstraß-Bahnüberführung (damals bestand die Unterführung noch nicht) umkippte und ein Teil der Brote in den Schmutz fiel. Des regen Durchgangsverkehrs wegen hatte sich um die Barrieren herum der Schnee in klebrigen Dreck verwandelt. In meiner Besorgnis wußte ich nichts Besseres zu tun, als das verschmierte Gebäck mit einem Tüchlein notdürftig zu reinigen. Meine Freizeit als Sekundarschüler füllte ich als Laufbub in der Buchbinderei und Papeterie A. Meier-Keller aus. Bei einer anfänglichen Arbeitszeit von nachmittags 4 bis 8 Uhr verdiente ich einen Wochenlohn von Fr. 2.50 bis Fr. 3.— oder 10-15 Rp. je Stunde. Auf mein Gesuch wurde mir der Lohn auf 15 Rp. je Stunde erhöht. Trinkgelder gab es selten, weil sich die Kundschaft zur Hauptsache aus Industriellen und Handels-Unternehmen zusammensetzte. Als ständiger Kunde kam die Stadtbibliothek hinzu. In Zainen, die mich fast zu Boden drückten, mußte ich jeweils die neu gebundenen Bücher abliefern.

Wegen des Besuches der Industrieschule, Merkantilabteilung, am Gymnasium, war ich genötigt, die Stelle bei Meier-Keller aufzugeben, weil ich die Freizeit für das Studium mit den Hausaufgaben brauchte. Indessen sah man mich während den fünfwöchigen Sommerferien wiederum im Arbeitseinsatz, diesmal als Volontär auf dem Zahltagsbüro der Schweizerischen Lokomotiv- und Maschinenfabrik. In neunstündiger täglicher Arbeitszeit hatte ich Akkord- und Stundenlöhne auszurechnen, wobei es keine Rechenmaschine gab, um die Arbeit zu erleichtern. Mein Taglohn betrug einen Franken oder 25.— Franken im Monat.

Am 1. Mai 1915 trat ich bei Gebrüder Volkart, Winterthur eine kaufmännische Lehre an, die ich 1918 an der Berufsschule des Kaufmännischen Vereins erfolgreich abschloß. Bei dieser Gelegenheit wurde meine 60 Seiten umfassende maschinengeschriebene Preisaufgabe über das Thema «Importschwierigkeiten während des Krieges, unter besonderer Berücksichtigung der Schweiz» mit einem Barpreis von Fr. 20.— prämiert. Damit, so dachte ich, stand mir der Weg in die weite Welt offen!

Stellenwechsel und berufliche Weiterbildung

Nach abgeschlossener Lehre begann die Vorschulungszeit für den vertraglich vereinbarten späteren Einsatz in Indien. Der Erste Weltkrieg erschwerte jedoch die Auswanderung. Mit mir warteten mehrere meiner Berufskollegen auf eine passende Gelegenheit, sich einzuschiffen. Zu meiner großen Enttäuschung kündigte mir die Firma im Spätherbst 1918, nach einer gut überstandenen Grippekrankheit, den Vorschulungs- und Indienvertrag, angeblich wegen den Schwierigkeiten, eine Passage zu finden. In Winterthur gab es zu wenig Beschäftigung für die Jungen. So blieb mir nichts anderes übrig als mich nach einer Ersatzmöglichkeit umzusehen. Fieberhaft bewarb ich mich um eine neue Anstellung bei Schweizerbanken und ausländischen Handelsunternehmen. Es gelang mir, auf den 1. Dezember 1918 bei der Berner Handelsbank in Bern als Hilfsbuchhalter einen neuen Arbeitsplatz zu sichern. Obwohl mir die Buchhaltung wenig lag, biß ich in den sauren Ap-

«Beharrlichkeit» beim Brotvertragen in der Wülflingerstrasse, 1909

fel mit der Überlegung, mich gelegentlich in die Korrespondenzabteilung versetzen zu lassen. Um mich fachlich weiterzubilden, besuchte ich wöchentlich nach Büroschluß zwei Kurse als Hörer an der Universität Bern.

Schon nach einem halben Jahr verließ ich Bern, um eine Stelle beim Schweizerischen Bankverein Zürich anzunehmen. Ich wurde zunächst in der Coupon-Abteilung und bald darauf in der Rembours-Abteilung (Akkreditive) beschäftigt. Hier konnte ich meine Sprachkenntnisse anwenden und verbessern. Kurz vor Ende 1919 übersiedelte ich nach London. Ich hatte das Glück, beim Schweizerischen Bankverein London, in der gleichen Abteilung wie in Zürich, weiterbeschäftigt zu werden. Hier fühlte ich mich am rechten Platz, hatte ich doch vorwiegend Akkreditivgeschäfte mit europäischen Staaten und dem Fernen Osten zu bearbeiten. Dadurch erwachte in mir erneut der Wunsch, nach Übersee auszuwandern.

Durch Vermittlung der Schweizerischen Kaufmännischen Stellenvermittlung, Filiale London, gelang es mir, als Assistent der Zürcher Handelsfirma Diethelm & Co. A.G. nach Singapur engagiert zu werden. Nach einer kurzen Einführungszeit auf dem Hauptsitz in Zürich schiffte ich mich am 11. November 1920 in Marseille ein und traf am 5. Dezember voller Erwartungen wohlbehalten in Singapur ein. Meiner Mutter fiel der plötzliche Abschied von ihrem hoffnungsvollen Sohn besonders schwer, hätte sie ihn doch allzugerne in der Nähe gehabt. Ihre stillen Gebete und guten Wünsche begleiteten mich durchs ganze Leben.

Beruflicher Aufstieg

Der erste Anstellungsvertrag für Ostasien mit der Firma Diethelm & Co. A.G. Zürich lautete auf vier Jahre. Zunächst galt es, mich mit den Lebens- und Arbeitsverhältnissen in Singapur vertraut zu machen und die malayische Umgangssprache zu erlernen. Die Unterkunft in einem von der Firma gemieteten Wohnhaus für ihre Assistenten war kostenfrei. Da bei meiner Ankunft jedoch kein Platz frei war, brachte mich die Firma bei einer schottischen Pfarrersfamilie unter. Ich war beim leutseligen Ehepaar, das die Schweizer über alles schätzte, gut aufgehoben und fühlte mich geborgen. Überraschenderweise wurde ich bereits im Mai 1921, wie man mir versicherte, vorübergehend nach der Filiale Bangkok in Siam versetzt. Ich hatte dort Buchhaltungsarbeiten nachzutragen bis zum Eintreffen eines vom Hauptsitz in Zürich angestellten neuen Assistenten. Nach dessen Einarbeitung in Bangkok konnte ich gegen Ende Juli wieder nach Singapur zurückkehren. Ich traf dort wohlbehalten und glücklich ein, gerade noch rechtzeitig genug, um an der Jubiläumsfeier des Schweizerklubs zu seinem 50jährigen Bestehen teilzunehmen. Der «Landbote» Winterthur veröffentlichte in seiner Sonntagspost im November 1921 darüber einen von mir verfaßten Bericht. Im Herbst 1921 konnte ich in das inzwischen von der Firma käuflich erworbene Assistentenwohnhaus hinter dem Botanischen Garten einziehen, wo ich bis kurz vor meiner Verheiratung im September 1929 zusammen mit den übrigen Assistenten in selbständiger Wohngemeinschaft lebte.

Weil mein Chef gleichzeitig Honorarkonsul des Schweizer Konsulates in Singapur (im Geschäftshaus der Firma untergebracht) war, hatte ich auf seinen Wunsch während 1½ Jahren ehrenamtlich auch die einschlägigen Kanzleiarbeiten zu besorgen. Nachdem es sich herausstellte, daß diese Nebenbeschäftigung zu viel Zeit beanspruchte, wurde ich von einem vom Bund in Bern gewählten und besoldeten hauptamtlichen Kanzler (einem Akademiker) abgelöst. Von nun an konnte ich mich uneingeschränkt dem Verkauf der importierten Waren widmen. Der Verkehr mit der asiatischen Kundschaft sagte mir zu, gewann ich doch sehr bald das Vertrauen der Käufer sowohl im Büro wie im einheimischen Bazar.

Nach Beendigung des ersten Vertrages bot mir die Firma einen zweiten, diesmal dreijährigen Vertrag an, mit wesentlich verbesserten Anstellungsbedingungen. Statt eines Heimaturlaubes gewährte mir die Firma einen dreiwöchigen Erholungsurlaub im Ferienkurort Brastagi in Sumatra auf 1500 m Höhe, wobei sie die Reisekosten übernahm. Der Aufenthalt in der würzigen Höhenluft weckten meine durch das Tropenklima erlahmten Lebensgeister aufs neue. Mit frischer Schwungkraft kehrte ich an die Arbeit zurück.

Eine willkommene Abwechslung boten mir die periodischen Geschäftsreisen in die Malayischen Staaten sowie Sumatra (Palembang) und Westborneo (Pontianak). Es galt vor allem, den näheren Kontakt mit der auswärtigen Kundschaft zu pflegen und neue Absatzmärkte zu erschließen. Jedesmal kehrte ich von meinen Abstechern mit neuen Aufträgen nach Singapur zurück. Mein persönlicher Einsatz blieb erfreulicherweise auch im Hauptsitz in Zürich nicht unbeachtet. In der zweiten Hälfte 1926 durfte ich meinen langersehnten ersten Heimaturlaub antreten. Er brachte mich endlich wieder einmal zusammen mit meinen Eltern und Geschwistern. Die Absicht, mich während des Urlaubs zu verehelichen, zerschlug sich zunächst. Nach einem mehrwöchigen Ferienaufenthalt in Wengen (Berner Oberland) beauftragte mich die Zürcher Geschäftsleitung, die hauptsächlichsten Geschäftsverbindungen in Deutschland (Nürnberg, Berlin und Hamburg) zu besuchen, um Erfahrungen auszutauschen und neue Geschäftsmöglichkeiten zu besprechen. Die persönlichen Aussprachen im Hauptsitz in Zürich trugen Früchte. In Anerkennung meines Einsatzes wurde mir für die Importfiliale Singapur Einzelprokura erteilt mit gleichzeitiger Erweiterung meiner Kompetenzen. Im Mai 1927 kehrte ich nach Singapur zurück voll Zuversicht, bald eine Lebensgefährtin heimführen zu dürfen. Dieser Wunsch sollte indessen erst zwei Jahre später in Erfüllung gehen. Mit Wirkung ab 1. Januar 1929 wurde ich zum Co-Manager der Singapurer Importfiliale befördert. In der zweiten Hälfte 1929 erhielt ich die Bewilligung zu einem Erholungsurlaub in Java (Indonesien).

Am 1. August 1929 verlobte ich mich mit Fräulein R.B., Oberwinterthur, die ich einige Monate vor meiner Rückreise vom Heimaturlaub kennenlernte und die sich in Zürich noch in der beruflichen Ausbildung befand. Wir wechselten die Ringe übers Meer, und Montag, am 23. September 1929, schlossen wir in der Presbyterian Church Singapur den Ehebund. Ich war überzeugt, den richtigen Lebenspartner gefunden zu haben und fühlte mich als der glücklichste Mensch in der Schweizerkolonie Singapurs!

Weltwirtschaftskrise und Heimkehr

Unsere Hochzeitsreise führte uns mit der Eisenbahn über Johore-Bahru nach Penang, wo wir vom Geschäftsleiter empfangen wurden. Die Flitterwochen verbrachten wir auf dem Penanghügel. Eine schweizerische Zahnradbahn führt hinauf vors Hotel mit Blick auf die Stadt Penang und auf das Meer. Vor unserer Rückkehr nach Singapur luden wir das Schweizerpersonal der Penang-Filiale zu einem festlichen Abschiedsessen ein. Einige Wochen später begab ich mich auf eine Geschäftsreise nach Palembang in Sumatra. Während meiner Abwesenheit hütete mein junges Frauchen den Bungalow, bewacht und bedient von der treu ergebenen asiatischen Dienerschaft.

Leider legte sich bald ein unerwarteter Schatten auf unser erstes Glück. Der Börsenkrach in New York löste Ende 1929 die verheerende Weltwirtschaftskrise aus. Die Rohstoffpreise sanken ins Uferlose. Personalentlassungen hüben und drüben waren die Folge. Ein Jahr später traf es auch mich. Die Firma in Zürich kündigte meinen Anstellungsvertrag auf den 30. Juni 1931. Eine Welt schien für mich zusammenzustürzen. Ich wurde völlig überrumpelt und konnte es kaum fassen. Meine Gattin nahm die Wendung gelassener und objektiver. Sie stand zu mir wie eine echte Stauffacherin. Anfangs März 1931 nahmen wir endgültig Abschied von der uns ans Herz gewachsenen Welthafenstadt, begleitet von den Segenswünschen der Schweizerkolonie, der Händlerschaft, sowie unserer zahlreichen europäischen Überseefreunde. Besonders rührend gestaltete sich der Abschied vom asiatischen Büropersonal und den chinesischen und indischen Händlern. Zu Hause in Winterthur freuten sich meine Eltern und die frühere Pflegefamilie R.F.-H. in Oberwinterthur auf unsere Heimkehr. Für mich war es ein Schritt ins Ungewisse, verbunden mit Arbeitslosigkeit und häuslicher Enge. Anfänglich lebten wir zusammen mit unseren Eltern, bis wir am 1. Oktober 1931 in Oberwinterthur eine neue Dreizimmerwohnung mieteten. Gleichzeitig trat ich als Inspektor in die Dienste der «La Suisse» Lebens- und Unfallversicherungsgesellschaft, Generalagentur Winterthur. Ich hatte damit eine neue, für mich eher ungewohnte Aufgabe übernommen, im Vertrauen auf Gott, der mich nie verlassen hatte und alles zum Guten wenden ließ.

Verena
*weiblich, *1899, Lehrerin*

Im Herbst 1899 bin ich als das sechste Kind meiner Eltern zur Welt gekommen in Zürich Tiefenbrunnen. Unser Haus lag am See inmitten einer großen Zimmerei. Obwohl die Dufourstraße noch eine ruhige Straße war, ermahnte uns der Vater immer wieder: «Händ Sorg uf der Straß!» Belebt war sie ja nur an Samstagen, wenn Hochzeitskutschen seeauf fuhren. Jeder Hochzeit sprangen wir nach und riefen dem Paar zu: «Wünsch Ene Glück und vil Vergnüegen!» oder: «Wünsch Ene Glück und e Stube voll Chiiiind!»
Mein Vater war Bauernsohn aus Schneit und lernte Zimmermann. Er war ein tüchtiger Handwerker und für viele Vorbild an Einsatz, Treue, Arbeits- und Opferfreude. Als Arbeiter war er nach Zürich gekommen

in eine der großen Baufirmen Zürichs: Gebrüder Baur — Baugeschäft und Zimmerei waren räumlich getrennt. Schon in jungen Jahren wurde er Polier, später Führer der ganzen Zimmereiabteilung. Zimmerleuten, Schreinern, Sägern, Handlangern, Fuhrleuten und Beizern ging er in angeborener Distanziertheit voran. Lang und streng war sein Tag. Sein Gang schien immer getragen wie von einer Idee, von tätiger Daseinsfreude. Manche glaubten, wir seien seiner Stellung entsprechend wohlhabend. Dem war nicht so, unsere Mutter mußte sehr einteilen. Wir hatten eine Dienstwohnung. Einfach. Elektrisch, Badezimmer, Waschküche fehlten. Aber die Wohnlage! Unsagbar wunderschön, so nah dem See zu wohnen, die Albiskette sich gegenüber. Beim Schlafengehen nahm jedes seinen Kerzenstock und vertraut war uns die Mahnung: Händ Sorg zum Liecht! Lampengläser, Dochte und Petrol posten gehörte zu meinen Aufgaben wie das Hobelspäne-Holen im Geschäft.

Vaters Freude war seine Familie, und daß jedes einen Beruf erlerne, war ihm ein Anliegen, war er doch selbst bestrebt, zu lernen. Er soll im Winter gerne Kurse besucht haben an Sonntagnachmittagen. Leider weiss ich nicht mehr darüber. Er las auch gerne. Später, wenn die Söhne von ihren Aufgaben und Interessen berichteten, war mir, er sei selbst Feuer und Flamme, viel aufzunehmen. Ja, wenn er in solchen Stunden im Kreise seiner Lieben saß, dann sagten seine klugen, klaren Augen: es ist einfach schön!

Ich war Nesthäkchen, geliebt und vielleicht ein bißchen verwöhnt. Mein ältester Burder, 18 Jahre älter, war mein Pate, meine älteste Schwester, 16 Jahre älter, Patin. H. war Lokomotivführer bei der Gotthardbahn. In Biasca gründete er eine Familie, war Gemeinderat, Kirchenpfleger, Präsident der Deutschschweizerschule. Manche Ferien habe ich in Biasca verbracht, und H. opferte manche Freitage, mir seine Wahlheimat lieb zu machen auf Reislein und Touren. Groß war mein Stolz, wenn im Dorf ein Fraueli zum andern sagte: La sorella di municip! Ferien im Tessin waren etwas Besonderes, und meinen Stolz betonend demonstrierte ich oft auch in Zürich das Tänzeln mit meinen Zoccoli. Wenn ich heute durchs Tessin fahre, erinnere ich mich wehmütig der stillen Dörfer, der malerischen Gestalten, den geheimnisvollen rusticos, all' des echt Tessinischen.

Meine Schulzeit war eine glückliche Zeit, und wenig trübe Erinnerungen daran kann ich finden, nicht nur weil ich eine gute Schülerin war, nein, weil ich auch gern und dankbar an meine Lehrer denke und an die damalige Schule überhaupt. Man lernte noch wenigerlei, das aber gründlich und sauber. — Oft, wenn ich mich zur Schule rüstete, meinte Mama: «Nimm noch ein wenig den Bürklikalender.» Dort übte ich die

Einmaleins. Auf der hintersten Seite war eine Pyramide gezeichnet, die Möglichkeit zu allerlei Übungen bot! Heut noch macht mir das Einmaleins keine Mühe! Helle Erinnerungen habe ich an unsere «Eisferien». An blauen Wintertagen hiess es in der Klasse: «Du, frag, öb mir hüt Isferie hebed!» «Isferie», ein Nachmittag, wo wir schulfrei waren und uns auf dem Zollikerried tummeln konnten. Schon im Herbst hatte die Stadtschule Zürich jedem Schüler eine «Eiskarte», für freien Eintritt berechtigend, übergeben. Es war bei uns so Brauch, daß wir zu Paaren aufs Eis zogen. Nach dem «Ja» des Lehrers ging es auf die Partnersuche. «Fahrscht mit mir?» Selten wechselten die Partner; man war sich einen Winter lang treu. Pünktlich stand der Cavalier vor dem Hause, und glücklich zog man dem Eisfeld zu. Dort wurden der Dame die Schlittschuhe angeschnallt und selig fuhr man, die Arme gekreuzt, über die Fläche. Oft waren die Knaben recht geplagt, wenn die Dame alle Augenblicke ihren Halifax verlor. Sich in der Baracke an einem heißen Tee zu erwärmen, fehlte jedem der Zehner. Dennoch glücklich fuhr man davon, bis die Zolliker Betzeitglocke zur Heimkehr mahnte.

B., meine Schwester und Patin, war eine begabte, gütige und fürsorgende Tochter, die rechte Hand der Mutter. Gerne hätte sie das Seminar besucht, aber Vater hat sie auf die Geschwisterschar hingewiesen. Mutter hätte an einer Schneiderin mehr Hilfe. Sie habe sich willig gefügt, sie, die lieber Schlittschuh lief! Viel habe sie oder Vater mich auf ihrem Rücken zum «Fässli» hinausgeschwommen. Die Lehre sei ihr schwer gefallen. Dennoch wurde sie eine talentierte Schneiderin. So tüchtig, daß sie nach der Ausbildung im größten Modehaus Directrice wurde. Genäht hat sie nie gern, hat allen andern Anforderungen des vielseitigen Berufs besser entsprochen. Die vielen Schneiderinnen im Atelier liebten sie, sie verdiente gut und war in ihrer Art, dem guten Blick für das Passende wie geschaffen. Doch lang und streng war die Arbeitszeit. — Oft am Samstag, wenn ich — meine Pflichten — die Fenster geputzt, die Vorlagen geklopft, vor dem Hause gewischt hatte, durfte ich B. abholen. 25 Minuten hin, 25 Minuten her, doch stolzerfüllt zog ich flink zum Bellevue, Gemüsebrücke, Rennweg, Bahnhofstraße. Dort, vor dem Modehaus, rief kühn das Schwesterchen «B. aaa!» Ein Fenster flog auf; ich durfte kommen, und sogleich lag ein Magnet in meiner Hand. 5 Uhr! Feierabend! Ich durfte mit den Jumpfern Gufen auflesen. Eine lud das Schwesterchen der Chefin sogar zu sich in die Ferien ein. Wir würden zusammen in die Bäckeranlagen sitzen! Und vielleicht gingen wir auch einmal auf den Zürichberg. Mit dem Tram! Ich wagte nicht zu verraten, daß ich gewohnt sei, im Tessin abzusteigen, denn die Gute hatte mich doch berührt.

B. hatte dann einen Mechaniker geheiratet, viel, viel gearbeitet und entbehrt, mit ihm eine Firma gegründet. Sie wurde aber belohnt mit drei guten Söhnen, deren einer Hochschulprofessor ist. Ich selbst sehe sie noch vor Augen, wie sie im Elternhaus nach Feierabend noch nähte, wie sie, der Mutter an die Hand gehend, mit der Pflege und Erziehung der Jüngern wirkte. Ihr letzter Besuch bei mir in hohem Alter: «Hast Du auch so viel Heimweh nach den Eltern? Nach Hause?» Wir hatten ein offenes Haus. Nicht viele Sonntage verlebten wir ohne Gast. Groß dünkt mich heute das spontane Zusitzendürfen. Viel besuchten uns die Basen aus Höngg. Ich bewunderte sie, weil sie so lange Zöpfe hatten, daß sie darauf sitzen konnten und weil sie vierstimmig singen konnten. Mutter hat uns gelehrt, daß man nicht nur wegen des Essens jemanden einlädt. Nein, der Besuch sollte auch etwas vom geistigen Leben im Haus mitnehmen. Es gab wenig Scherereien bei solchen Besuchen, ein sauberes Tischtuch, das «schöne» Geschirr. Die Kleine hatte tags zuvor den riesigen Gugelhopf — sie konnte ihn kaum umfassen — zum Bäcker getragen. Dazu geschwungenen Nidel. Im Winter bildete die große Baumnußwähe das Sonntagsmahl. Zwei Kilogramm Nüsse «tötete» ich am Freitag, Mutter richtete die Fülli, und der Bäcker buk mit Brot- oder Weggliteig die köstliche Wähe. Auch Kastanien, geschält und gekocht, gab es oft. Mit Nidel dazu. Am Montag wurde dann das Wähenbrett wieder zurückgebracht.

Aber auch ohne Besuche waren unsere Sonntage schön. Die Älteren gingen vielleicht mit Gespanen wandern. Vater oft mit den Jüngern allein: Zürichberg, Adlisberg, Zollikerhöhe, Trichtenhausen. Oft gab es dabei kuhwarme Milch. Es war Vaters Freude, mit mir im Winter einen Lauf in die Stadt zu unternehmen, das frühere Zürich zu beschreiben, zu zeigen, wo einst Fröschengraben, Waisenhaus, der Oetenbach gelegen waren, er erklärte uns Bauten, die seine Firma eben im Auftrag hatte, erklärte und verglich gesamtbaulich gesehen. Ein Besuch in der «spanischen Halle» bildete den Abschluß. Vater trank seinen Zweier, und für mich bestellte er einen Teller spanische Spezialitäten: Nüssli, Mandeln und Mandarinen, Weintrauben: eine beglückende Verschwendung. Auch Stubensonntage waren kurzweilig. E., meine zweitnächste Schwester, war Meisterin darin, den Sonntagen Langeweile zu nehmen. Sie deklamierte gern und verstand es, die Gemüter mit einer Ballade zu bewegen. Dann und wann ließ sie Nostalgisches wieder aufleben. Gerne wählten wir zwei ein Schullied aus und suchten eine auch bekannte Melodie dazu, zum Beispiel «Es wallt das Korn weit in die Runde» und dazu: «Wenn alles wieder sich belebt». Auch die Landkarte bot Möglichkeiten zum Spielen. Waren wir auf einem Lauf zusammen, trieben wir ein wenig Menschenkenntnis, sahen uns die Begegnenden an im Blick darauf, ob sie glücklich seien. Oder gütig. Oder dumm. Gerne erinnere ich mich unserer Weihnachten, der Tanne, die Vater schon beizeiten ins Tessin schickte. Mutter buk Zürileckerli, Änisguezli, und in großem Korb trug ich sie zum Bäcker, mußte sie dort auslegen und nächstentags abholen. Hier und da aßen die Eltern zu einem Glas Malaga davon. Wir labten uns an Datteln und Orangen, die es nur an Weihnachten gab. Wir waren an Weihnachten nicht oft allein, und Mama, die Gute, hatte immer noch die Nachbarin G. mit ihrem E. eingeladen. E. hatte nur noch ein Bein, war tuberkulös, sah traurig und bleich aus. Vater G. war Handlanger im Geschäft, Zeiger bei den Standschützen Neumünster; Mutter G. war Stuckputzerin. Sie brauchte dazu ein Zängli, mit dem sie uns die «Spiesen» auszog. Ein Heilbölle stand in der Stube, und wenn es nötig war, durften wir um Heilbölle betteln gehn. «Aber wascht die Hände», mahnte die Mutter. Uns Kindern war E.s Dabeisein nicht ganz recht, und doch spürten wir, daß es so gut sei. Es sei ja Weihnachten. Ich selber empfand Gefühl der Scham über unser Schönhaben. Wo war wohl der Vater? Warum hatten sie keinen Baum? Anders war es mit dem Witwer W., dem Fuhrmann. Den hatte ich gern, durfte ich doch auf seiner Fanny nach Feierabend zum Stall reiten. Es freute mich, daß auch seine Tochter am Festchen war. Daß sie nicht normal war und ich sie doch gerne hatte, erfüllte mich mit einer Art Stolz. Weihnachtlich schön war stets der Weihnachtsmorgen. Im Hause wohnte noch ein Zimmermann mit Frau und Töchtern. Frau L. war meiner Schwester Gotte, und früh am Morgen klopfte sie an unsere Kammertür. Es wäre nicht nötig gewesen; schon früh schlüpften wir in unsere Sonntagskleider, wuschen und kämmten uns und huschten selig in jenen Weihnachtsfrieden. Ein Bäumchen brannte schon. Vater war auch da. Wir sangen unsere Lieder, wir Kinder sprachen unser Verslein. Die heilige Nacht war es für uns. Die Gotte reichte dem Patenkind die Helsete; ich war dankbar, daß auch für mich ein kleines Päckli gerüstet war. Die Sonntagsschulweihnacht hatte ich weniger gern. Ich fürchtete mich vor den vielen Leuten (wir waren allein etwa 1400 Kinder) und hatte Angst, die Meinen im Dunkel nicht mehr zu finden.

Die Sonntagsschule! Ich habe sie über Jahre besucht und später selbst Sonntagsschule gehalten. Sie steht ja heute nicht hoch im Kurs; ich befürworte sie heute immer noch. Vieles versteht ein Kind noch nicht, gewiß. Aber muß es denn alles verstehen? Kann es nicht auch fühlen, sinnen? Ist erahnen nicht wertvoll?

Die Sekundarschuljahre gehörten zu den glücklichsten meines Lebens. Ich verlebte sie im neuen Münchhaldenschulhaus bei einem jungen Lehrer. Wir alle liebten ihn, fühlten uns verstanden und geachtet. Es war eine Lust zu lernen. Herr K. war Sprachler, ein guter Sänger und Pianist. Wie haben wir in der großen Pause hinter der Singsaaltüre gelauscht, wenn er am Flügel improvisierte! Seine Sprachstunden waren herrlich. So einfach Deutsch an der Sekundarschule noch war, Herr K. bot uns eine Einführung und Liebe zur Literatur, lehrte uns die Freude am eigenen geschriebenen Wort. Schon an einem Satz, vermochte er uns zum Beispiel die Größe eines Gotthelf verständlich zu machen. Wir Schüler, vielleicht die «Guten» besonders, fühlten uns getragen in eine neue Welt; wir waren auf dem Wege, und es war keine Kunst, Musterschüler zu werden. Heutige werden es kaum verstehen, welch dankerfülltes Weh uns beim Abschied von der Schule bewegte. Es war ja auch ein Scheideweg, Was nun? Herr K. fand, der Lehrerinnenberuf sei *der* Beruf für mich. Durfte ich hoffen? Durfte ich die Miete eines Klaviers erwarten? B., die ihre Pläne aufgegeben hatte, riet zum Seminar! Vater stimmte ihr bei. Herr K. meldete mich an und begleitete mich mit einem Freund und einer Kollegin zur Prüfung. Am Sonntag darauf legte der Pöstler eine Karte in den Briefkasten: «Aufgenommen! Ich gratuliere!»; ich hatte mit 5,8 bestanden. Im Seminar litten wir unter Lehrerwechsel (Krieg), und mir selbst fehlten die begeisternden Stunden der Sekundarschule.

Dann hatte mich auch die Begegnung mit dem Tode tief berührt. Im ersten Seminarjahr kurz vor meiner Konfirmation, starb mein Vater an einer Lungenentzündung, 68 Jahre alt. Fröhlich war ich aus der Schule heimgekehrt, damals, als schon im Treppenhaus die Schatten des Todes mich umwehten. In halbdunkler Stube saß Mutter mit dreien ihrer Kinder. Eine Nachbarin versuchte mit etwas Warmem unsere erstarrten Seelen zu wärmen. Wir hatten unsere Mitte, unseren Ernährer verloren. Todesanzeigen im Tagblatt: «Er war ein Mann wie es wenige gibt.» Dann: vom ersten Monat an keinen Rappen Lohn. Ob uns die Wohnung blieb? Die Frage hing schwer über uns: H. trat zu den Grütlianern über, ist Sozialist geworden. Ich habe einmal im Seminar großes Lob bekommen wegen eines Aufsatzes über den Sozialismus. H. ist in unserer Familie ein geliebter Einsamer geworden; in mancher Familie der geheime Wohltäter. Mein zweiter Bruder hat mir damals das gemietete Klavier gekauft. Zusammenzuhalten war für uns Selbstverständlichkeit. Meine Konfirmation stand ganz im Hintergrund. Ich war darob nicht traurig. An ein Festchen dachte niemand. B., meine Patin, lag im Wochenbett und H. hatte so viele Freitage vorbezogen. Mein Konfirmationskleid war mein Trauerkleid. Ein hübsches, von den Schwestern liebevoll genäht, und zudem trugen wir Konfirmanden damals noch die großen, schwarzen — oft auch altersgrünen — Schals. Ausgeliehen von den Neumünster Diakonissen. Ich erinnere mich gerne des Bildes, das so eine Konfirmandenschar bot. Ob Vaters Geist mich durch diese Zeit getragen hat? Er war so viel noch wie mitten unter uns. Damals war ich meinetwegen nicht traurig, erst an den Konfirmationen meiner Enkelinnen. — Vater war ein kirchlich frommer Mann, ging viel zur Kirche und nahm auch die Gelegenheit wahr, bei Tisch über die Predigt zu sprechen. Pfarrer K., den mächtigen Kanzelredner, hörte er am liebsten, las auch seine Bücher. An Feiertagen ging er noch im Frack, Zylinder und steifer Brust zur Kirche. Weil man an Sonntagen draußen nur ruhige Spiele spielen durfte, gingen wir Kleinen lieber Vater abholen im Neumünster. Daran habe ich seltsame Erinnerungen. Viele, die aus der Kirche kamen, weinten. Eben hatten sie doch noch gesungen. Die Frauen, die schwarzen Kleider, prägten sich mir so ein, daß für mich heute noch oft die Kirche von diesem Unheimlichen an sich hat.

Auf Zusehen hin durften wir noch in der Wohnung bleiben und waren in dem Sinn glücklich, als wir das gemeinsame Tragen als Reichtum empfanden. Keines der Geschwister hat mich als Parasitin betrachtet; aber ich war doch froh, als ich 1919 mein zürcherisches Wählbarkeitszeugnis heimtrug. Doch: über 300 stellenlose Lehrer! Vom Krieg habe ich neben der weltweiten Sorgen direkt nicht viel gespürt. Etwa Hunger, Lehrerwechsel, Verwundetenzüge, Grippe, Petrolmangel. Wir haben unzählige Abende am langen Familientisch bei Kerzenlicht unsere Aufgaben gemacht, genäht. Es ist gegangen: Wie es geht, wo Liebe ist. Und ich hatte nun mein Patent. Die Beschäftigungslage war ganz ungünstig, und man riet uns, uns anderweitig umzusehen: Bank, Kinderheim, Ausland, Vikariate? Ich ließ mich im Einverständnis der Mutter als Vikarin einschreiben auf dem Rechberg. Ich kam so auf circa ein halbes Jahr Ferien, ein halbes Jahr Schule. In der Ferienzeit gab ich Privatstunden, nahm Kurse. Ich hatte einige ¼-jährliche Vikariate. So Anstalt Balgrist, Hütten, zweimal Seefeld; andere in Quartieren der Stadt. Man lernt viel im Vikariatsdienst. Ich finde vieles an unserer damaligen Ausbildung gut. Wir haben das Seminar verlassen im Wissen, daß wir nun erst anfangen zu lernen. Wir konnten ja erst jetzt eintauchen in die Welt der Bücher, der Musik.

Niemand daheim brauchte mich nun zu mahnen, wo jetzt meine erste Pflicht stand. Ich hatte mich ja vier Jahre darauf gefreut, meinen Beitrag daheim zu leisten.

Zwei Jahre hatte ich vikarisiert, viel Schönes und Gutes erlebt. Dann aber wollte ich Umschau halten nach einer Ganzarbeit. Viele Offerten hatte ich eingereicht, an Orte, wo ich auch mit Kindern zu tun gehabt hätte. Auf ein Inserat hin: «Gesucht intelligentes Fräulein für Wägen und Rechnen.» Intelligent? Etwas schon, wenn ein Patent im Kasten liegt. Wägen und Rechnen? Eine Apotheke, ein Laden? Ich meldete mich und wurde aufgeboten an die Landwirtschaftliche Versuchsanstalt Oerlikon. Deren Vorsteher, Prof. V., der Vorgänger Wahlens, suchte eine Hilfe. Die «L.V.O.», ein nüchterner Bau, war nicht verlockend, doch die freundliche Distanz, die Art, wie er mich einzuschätzen schien, gefiel mir. Dann: guter Lohn, selbständige Arbeit, englische Arbeitszeit, Pflanzen bestimmen. Ich nahm an. Nach dem Schullärm kam ich mir schon etwas verloren vor im stillen Labor, fühlte mich aber zufrieden, war geschätzt und hatte Interesse an den Versuchen im Feld und im Labor. Mein Bauersblut regte sich. Auch des Bürklikalenders erinnerte ich mich, denn flink vermochte ich meine rechnerischen Aufgaben zu erledigen. Zwei Jahre hatte ich das schöne Vertrauen von Prof. V., bis drei Anfragen meinen Frieden störten: Die Erziehungsdirektion fragte mich an, ob ich die Stelle einer Taubstummenlehrerin an der Anstalt Wollishofen annehme. Sie suchten eine mütterlich veranlagte Lehrerin. Ich mußte mich nicht lange besinnen. Das würde ich nie können. Ein Heilpädagogisches Seminar gab es nicht. Kurz darauf kam eine ähnliche Anfrage aus der Taubstummenanstalt Aarau. Es gab kein Kopfzerbrechen. Im März 1923 aber kam aufregende Post. Eine Seminarkollegin meldete, sie arbeite an einer Taubstummenschule für schwachbegabte Kinder im Schloß Turbenthal; eine Stelle werde frei, und sie überlege sich, ob das nicht etwas für mich wäre. Sicher hätten wir ein schönes Zusammenarbeiten. Ich stutzte. — Ich sollte im Turbenthal meinen lieben Mann kennenlernen. Zu Dr. V. wollte ich offen sein und legte ihm alles dar. «Ich gebe Ihnen einen Tag frei. Sie sehen sich alles an und gerne bleiben Sie wieder hier. Dann erhalten Sie — -.Franken mehr Lohn!»

An einem Spätwintertag fuhr ich dem Tösstal zu. Der Hausvater empfing mich und führte mich, selbst unterrichtend, durch die vier Abteilungen. Ich erschrak; was ich da sah und hörte, war das Schulehalten? Bei Tisch fühlte ich mich von allen Seiten gemustert. Nachher bezogen die neuen Lehrer ihre Zimmer, schön gelegen über dem Dorf. Wir unterhielten uns, und das Zusammenleben unter Gleichgesinnten ließ mich Schönes erahnen. Beim Abschied erklärte ich aber doch, ich könne mich noch nicht entscheiden. Nach einigen Tagen kam aber der Bescheid, die Kommission habe aus den Bewerbern mich gewählt. — Der Abschied von Oerlikon war sehr herzlich; ich bin Dr. V. heute noch dankbar für vieles. Wie schwer mir dann der Unterricht an der Artikulationsklasse fiel, kann ich kaum beschreiben. Doch das Leben im Haus gefiel mir; diese Gemeinschaft Schwacher und Dienender. Mich in der

218

Artikulationsklasse dünkte es oft wie weihevoll, wenn wieder eines einen Laut, ein Wort zum ersten Mal aussprach. Mütterschule. Liebe durchwehte das Haus. Ich genoß es auch, oben in meinem Turmzimmer Schloßfräulein zu sein. Olga Meyer hat ein Leben in diesem Turm beschrieben in «Gesprengte Fesseln». Ich habe manchen Traum dort oben geträumt, Zukunftsträume.

Wer diese Zeilen liest, wird es kaum ermessen, wie einfach unser Heimleben war. Drei Schlafräume für 40 Kinder. Hinter einem Vorhang die Liegestatt der Wärterin. Zwei Wolldecken, dutzendmal gewifelte Vorhänge. Militärisch anmutende Waschräume, Essen, Kleider. Die Zöpfe der Mädchen mit Schuhband geflochten für die Gretchenfrisur. Alles «sauber, ganz». Die Hauptsache aber: Liebe entbehrten die Kinder nicht; wir waren eine friedliche und glückliche Hausgemeinde. Jedes, der Hausvater voran, gab sein Bestes, seine Zeit, sein Herz. Aber auch die Kinder beschenkten uns. Ihr Ahnen, daß wir beinahe mit unserem Herzblut in ihr Selbst eindrangen, ließ sie dankbar, froh und anhänglich werden. Ihre Treue hat mich bis heute begleitet; wie gerne denke ich zurück, nicht nur, weil der junge Lehrer mein Liebster wurde. Heute ist in Turbenthal auch alles zeitgemäß. Mit 80 Jahren habe ich Turbenthal noch einmal besucht und einige Ehemalige wiedergesehen. Dieser Jubel! Diese Anhänglichkeit! Mein Verlobter ist dann an die Volksschule übergetreten und nach Sternenberg gekommen, aber das Schloß blieb ihm offen, und jeden Sonntag verbrachte er dort zu. Zu jener Zeit habe ich den Pfarrerssohn über Mittag unterrichtet. Wie oft habe ich sein einsames, wohlbehütetes Leben mit dem unserer Kinder verglichen. «Es war eine goldene Zeit»; es fehlt mir die goldene Feder, sie zu beschreiben. Wir Kollegen teilten unsere Pläne, Sorgen und Nöte zusammen. Wir lasen vor, sangen, sangen in Haus und Wald, wanderten, nahmen Klavierstunden, diskutierten über Zeit und Ewigkeit. Bis dann für jedes einmal die Trennungsstunde schlug. Ich freute mich sehr, auf den Sternenberg zu ziehen. Es kam dann anders; wir folgten einer Anfrage nach Neschwil, Weisslingen. Nicht umsonst aber führten wir 14 Male eine Ferienkolonie oben im Sternenberg. Ob es uns gefallen hätte in der damaligen Abgeschlossenheit und Armut? War es mir nicht schon etwas schwer geworden bei der Wohnungsbesichtigung? Hatte mir nicht schon das ausgelaufene, tannene Treppenhaus Angst gemacht? Hätte ich nicht schon gefroren in den getünchten kahlen Zimmern? Wäre ich mit dem alten Kochherd und dem Rauchfang, dem holperigen Steinboden zurechtgekommen? Der Toilette mit dem Holzdeckel? Frau Pfarrer hatte mir ihr Waschhäuschen angeboten. Hätte nicht doch die große Stube mit dem herrlichen Ausblick, dem heimeligen Kachelofen, dem gemalten Getäfer alles wett gemacht. Wäre ich mit dem Lohn von Fr. 374.— ausgekommen? Der Wurm, dieser Verzicht auf diese Wahlheimat, sticht heute noch dann und wann. Dann helfen ein paar Ferientage wieder auf.

Ein Ereignis ist dieser Turbenthalerzeit vorangegangen: als ich an Pfingsten 1921 im Neumünster der ersten schweizerischen Pfarrerin begegnete. Ich war überrascht, beizeiten die Kirche schon überfüllt zu finden, bis ich dann diese Frau würdig zur Kanzel steigen sah. Ich lauschte der von Glaubensmut und -freude sprachlich herrlichen Predigt und war überwältigt. Sie sei für vier Jahre Vikarin an unserer Kirche. Ich bekam Gelegenheit, sie näher kennenzulernen, nahm teil an ihren wöchentlichen Zusammenkünften und tauchte ein in eine Welt, wo ich daheim gewesen war. Erlebte, was Glaube bedeutet. Nach zwei Jahren gaben Neumünstemer eine Eingabe an den Regierungsrat ein, Fräulein Pfister möge bleiben. Nein! Kämpfe folgten. Ein Komitee unter einem Juristen kam zusammen; ich durfte auch dabei sein. An einer Kirchgemeindeversammlung: 1. Abstimmen, ob die Frauen auf der Empore anwesend bleiben dürfen! Ein Pfarrer: «Es kommt nicht nur auf die Quantität der Kirchgänger an.» Ein Pfarrer: «Jetzt steigt die Frau gar auf die Kanzel!» Ein Major: «Jawohl, die Frau steigt auf die Kanzel und zwar *die* Frau!» Im «Wehntaler 1921 (?)» sind alle die Kämpfe festgehalten. Fräulein Pfister konnte bleiben. «Es ist der Gwunder», hatte man anfangs gesagt. Dieser Gwunder hielt über 25 Jahre an! Es war eine unvergeßlich eindrückliche Zeit. Gerne habe ich ihre auch sprachlich vorzüglichen Predigten stenographiert und wieder gelesen.

Neschwil. Den Sternenberg im Kopf und im Herzen, haben wir uns doch an unserer hellen Wohnung, unseren Schulkindern — es war eine 6-Klassen-Schule —, der Landschaft gefreut. Wohl stand in der Küche noch ein Herd, in einer Ecke das «Gstell», wo sich das neue Geschirr so heimelig ausnahm, und wohl rümpfte ich ob dem alten Schüttstein die Nase. An einen Boiler gar nicht zu denken, nur einen Wunsch, ein Rechaud, erfüllten wir uns selbst. Daß ein Bad fehlte, war nichts Außergewöhnliches. Aber ein Waschkücheli zu haben, war fast nicht zu verantworten. Wie nötig ein Trog wäre, gar eine Schwinge, erkannte ich erst an der ersten Großwäsche. Schnell sollte der Küfer uns noch eine Stande, eine Gelte und ein «Gätsi» anfertigen. Um die Stande vollends zu leeren, mußte ich die Pause abwarten, auch zum Auswinden der neuen, schweren Wäsche. Der Pausenplatz war als Waschhänge gedacht. Aber im Winter? Die Winde war besetzt mit Schulholz. Wir halfen uns so, daß wir über Nacht im Schulzimmer ein Seil spannten. Posten konnte ich im kleinen Volglädeli, wo aber weder Früchte noch Gemüse zu haben waren. Ich lernte, mit dem, was da war, gesund zu kochen. Und wie haben die Neschwiler Frauen nachgeholfen mit Eiern, Obst und frühem Gemüse!

Auf Wunsch habe ich eine Sonntagsschule eingeführt. Alle Kinder im Dorf kamen, und es war recht sonntäglich, wenn sie, schön «gewaschen und gestrählet», anrückten. Mit einem Fräulein aus dem Dorf habe ich mich in die Aufgabe geteilt. «Was willst du auch tun in N.?» hatte man mich oft gefragt. Oh, ich hatte ja noch so viel zu lernen, und Aufgaben werden schon an mich treten. Einmal trat auch mein Bräutigam mit dieser Frage vor mich. «Du könntest mir helfen, Schule halten.» Es war auf dem Pfauen. «So, jetzt gehe ich gerade auf die Erziehungsdirektion und frage, ob das erlaubt ist.» «Ja, ja, aber ohne Lohn.» «Ich rede gar nicht von Lohn.» So kam ich wieder zur Volksschule. Jetzt im Alter bin ich glücklich über so vieles, was ich ohne Lohn je getan habe. So hielt ich in einer Ecke des großen Schulzimmers vormittags und nachmittags eine Stunde Schule mit den Erstklässlern, und wir hatten einander gern. In Neschwil ist unser erstes Kind zur Welt gekommen; auch den Schülern zur Freude. H.s Brieflein in die Klinik zeugt noch von dieser Freude: «Ist es Ihnen gut gegangen. Herr Sch. sieht so glücklich aus.»

Im Hinblick auf die Schulung unserer Kinder sind wir 1934 einem Ruf nach Winterthur gefolgt. In Oberwinterthur haben wir ein Haus mit großem Garten gekauft. Vater, der Sparsame, legte sein Ledigenvermögen als Anzahlung hin. 1935 kam unser Sohn zur Welt und 1939 unsere zweite Tochter. Ich kann nicht ohne Rührung an all' das Glück denken, wenn ich zurücksinne an Eltern und Vaterhaus. 1939 ist ja Tausenden unvergeßlich. Neben den weltweiten Sorgen: Notvorrat, Verdunkelung, Alarm, Wienerkinder, Rationierung, Heizungsprobleme, Entrümpelung, Evakuierungsfragen. Ich kaufte einen Leiterwagen «für alle Fälle». Die Großen würden ihn schon ziehen, ich das Kleinste im Kinderwagen. Einladung der Kirchenpflege zu einer Versammlung. 400 Frauen erschienen, ein Pfarrer meldete, der Bundesrat wünsche, daß in jeder Gemeinde ein Frauenverein bestehe zur Lösung kriegsbedingter Aufgaben. An jenem Abend wurde der «Frauenverein der Kirchgemeinde Oberwinterthur» gegründet und Vorstandsmitglieder vorgeschlagen. Als noch Fremde war auch ich dabei. «Wenn ich das Zeug dazu hätte, es wäre mir eine Freude, in diesem Verein als Präsidentin zu arbeiten», sagte ich daheim. Tage darauf war ich um dies Amt geworben! Bald waren 350 Mitglieder eingeschrieben. Und ich als Präsidentin eines Frauenvereins, die ich mir immer geschworen hatte, nie einem solchen beizutreten! Die Mittel für die Arbeit sollten ein Bazar und die Mitgliederbeiträge ergeben. Es entstanden ein Nähkreis, zwei Strickkreise, ein Arbeitskreis der Geschäftsfrauen des Dorfes. Im Vordergrund sollte Kulturelles stehen. Fernsehen kannten die Leuten noch nicht. Sie ließen sich mitnehmen zu all' den Pflichten hin, die vor uns lagen und noch kommen sollten, Die preis- und wertvollen Vorträge von «Heer und Haus» waren uns eine erste Hilfe. Ich hatte die Rotkreuz-Kleidersammlungen, veranstaltet «Chumm cho ässe», «Us Altem Neus». Viel Gefreutes gab es zu erleben, doch wenn mich, als ich schon alt war, jemand bat, noch einmal zu präsidieren, konnte ich ehrlich sagen, daß das, was wir damals erlebten, nicht wiederholbar sei. Die Not hatte uns vereint, und ich freute mich, daß auch meine Leistung anerkannt ward. Ich war geliebt. Wenn jeweils der Bazar so seine 10'000 Franken ergab, war das nicht mein Verdienst. So viel Einsatz, so viel Freigebigkeit! Ein Sack Nüsse, eine Speckseite, Zeinen mit Obst und Gemüse, ich sah jeweils alles schon umgesetzt in Weihnachtspakete, Militärsocken....

In Winterthur bestand auch eine Kriegsschadenfürsorge, nach Kreisen eingeteilt. Ein Bankbeamter und ich waren deren Vorsteher für Oberwinterthur, Hegi, Stadel und Reutlingen. So lag vermehrte Last auf mir und brachte viel Mühe und schlaflose, angstvolle Stunden. Ich hatte Helfer zu suchen, ich, die Zugezogene, für die Netzgruppen, die zu bilden waren. Wir mußten Kochgelegenheiten wie Waschhäuschen suchen, im Freien kochen lehren, richteten in Hegi eine Wöchnerinnenstube ein, ein Krankenmobilienmagazin, Medikamentenlager et cetera. Mit dem Frauenverein hatte dies nichts gemein.

Viel Schönes wäre noch zu erzählen. Ich aber ward des Treibens müde, nahm Abschied von einer reichen Zeit. Doch schon wartete meiner eine neue Aufgabe. Eine Frau fragte mich an, ob ich nicht ihre Schwester, eine junge Frau, reden lehren könne. Sie habe eine Hirnembolie erlitten. «Das kann ich nicht», erklärte ich der Frau. Doch trotz allen Versuchen, ihr mein Unvermögen zu erklären, bat sie mich um ihrer alten Eltern willen, immer dringlicher, bis ich versprach, die Frau aufzusuchen: Eine alte, ärmliche, kluge Mutter von neun Kindern, erzählte: Die Tochter habe einen Polen geheiratet aus dem Rekonvaleszenzlager in Wiesendangen, sie sei dann mit ihm nach Polen gereist und, von Hunger und Kälte abgesehen, glücklich gewesen, wenn nicht eines Tages eine Frau aufgetaucht wäre mit einem Knaben. *Sie* sei die Frau, habe sie geschrien und sei dagebliehen. Zu viert haben sie in zwei Betten geschlafen. Nach schweren Ängsten sei L. dann unter einem Vorwand heimgereist, und Eltern und Pfarrer hätten sie zurückgehalten. Da sei noch das Unglück mit der Embolie gekommen. L. ist mir dann wie eine Tochter geworden. 10 Jahre lang ist sie zweimal in der Woche einen halben Tag zu mir gekommen, weitere 10 Jahre, bis zu ihrem traurigen Tod, einmal.

Sie hat sprechen, trotz des lahmen Armes nähen, stricken, kochen gelernt. Die Folgen eines unerwarteten Briefes von ihrem Exmann hat sie nicht überstanden. Sie brauchte mich nun nicht zu beschwören, nie von ihr wegzusterben. Alle die Wege, die ich mit L. ging und was ich mit ihr miterlebte, kann ich nicht ausführen.

1963 traf mich eine ungefährliche, aber langwierige Krankheit, die mich von der Außenwelt fast ausschloß. Bis 1974. Ich habe diese Jahre tätig ausfüllen können mit Schreiben, Lesen, Handarbeiten. Was Nachbarschaftshilfe sein kann, habe ich in außergewöhnlichem Maße erfahren.

Unsere Kinder heirateten, Enkel wurden geboren. Man könnte in diesem Lebensgang Sorgen, Kummer und Herzeleid vermissen. Sie waren auch da. Heute lerne ich an der Hochschule. Mein Mann und ich leben in einem Altersheim auf dem Lande. Manche Unkenrufe haben uns von diesem Schritt abhalten wollen. Ich habe hier gesehen, wie schwer Alter sein kann. Es wird aber viel versucht, gesucht und unternommen von Angehörigen und Außenstehenden, die Bedrängnisse der Älteren zu verstehen und zu erleichtern. Der Umgang mit Alten drängt Fragen auf. Daß ich meinen Mann zur Seite habe, stimmt mich immer dankbarer. Ich denke viel nach über Zeitgeist und göttlichen Willen. So wie ich einst den Tauben ihre Gefängnistüren etwas habe öffnen dürfen, möchte ich Liebe und Hoffnung in die Gemüter der Lebenssatten senken.

Heicheli
*männlich, *1899, Briefträger*

Wenn ich von frühesten Erinnerungen aus meinem Leben berichten will, muß ich zuerst an meine Eltern denken. Es waren liebe, verständnisvolle Eltern, wenn auch arm. Ich kam als zweites Kind und Stammhalter zur Welt im Herbst des Jahres 1899 in Hutzikon. Nach mir kamen noch sechse. Wir waren vier Buben, und jeder hatte vier Schwestern. Die ersten Jahre ihrer Ehe hat Mutter in der Stube noch Seide gewoben. Vom vierten Kind an ging das dann nicht mehr. Die Sorge um die Familie ging vor.

Die Älteren mußten die Kleineren hüten, daher wohl mein Verlangen und Begabung, den Schwächeren zu helfen. Der Vater war Scherenschleifer. In der gut eingerichteten Werkstatt standen vier Schleifmaschinen, die elektrisch betrieben wurden. Sein Arbeitsgebiet erstreckte sich von Hutzikon im Umkreis bis Bauma, Sennhof, Russikon und Elgg. Am Montag ging es auf eine Tour, um Scheren und Messer aller Art einzusammeln. Am Dienstag wurde zu Hause geschliffen, Rasiermesser und Scheren aller Größen, wie auch Tisch- und Küchenmesser. Am Mittwoch hat er den Kunden die geschliffenen Gegenstände wieder ins Haus gebracht. Dasselbe wiederholte sich Donnerstag bis Samstag. Viele Kunden brachten die stumpfen Schneidewerkzeuge auch ins Haus, vor allem größere und schwere Messer und Äxte.

Schon früh mußte ich ihm helfen, von kleinen Handreichungen bis zum selbständigen Schleifen der Messer. (Ich erwähne das deshalb, weil dieses Können in den späteren Welschlandjahren eine gewisse Rolle spielte). Aus den zwei Parzellen Wald bezogen wir Brennholz für den Eigenbedarf. So mußte ich auch bei der Waldarbeit tüchtig mithelfen, zum Beispiel Büscheli machen und so weiter. Diese Arbeit tat ich gern, sie bereitete mir Freude und Spaß. Oft durfte ich an schulfreien Tagen den Vater auf seiner Tour begleiten oder nach der Schule ihm entgegengehen. Wenn wir dann beim Einnachten durch den stillen Wald gingen, im Dorf unten die Lichter leuchteten und im Waidtobel die Uhus ihr Uhu einander zuriefen, so waren das feierliche Momente. So wurde in mir die Freude an der Natur und am Wandern geweckt.

Die sechs Jahre Primarschule bestand ich gut. Das erste Jahr in einer Achtklassenschule. Der junge Lehrer war sehr streng, sparte mit lobenden Worten, war dafür freigebiger im Austeilen von Schlägen. Daher wohl meine Abneigung gegen Schlägereien. Im zweiten Schuljahr wurden die zwei Schulgemeinden Hutzikon und Turbenthal vereint in Dreiklassenschulen. Bei verständnis- und liebevollen Lehrern erweiterte ich mein Wissen, so daß mir der Sprung in die Sekundarschule ohne Sorge gelang. Die Dreiklassenschule wurde in meinem zweiten Schuljahr getrennt. Leider durfte ich das dritte Jahr nicht mehr hingehen.

Der Vater war Mitglied des Musikvereins. So hat er wohl gerne meinem Wunsch entsprochen, ein Instrument spielen lernen zu dürfen. Knaben- und Jugendmusiken gab es damals nicht. Mein Vater lernte mich die Kunst, und bald durfte ich in der Harmonie mitspielen, als

Schulknabe. Freie Zeit zum Üben und Lernen hatte ich genug, weil ich mit Hausaufgaben für die Schule nicht geplagt war.

Zum Spielen mit meinen Kameraden verblieb mir auch viel Zeit. Mein engster Kamerad war der «Metzgerruedi». Sein Papa betrieb die Metzgerei. Da gab es immer Kommissionen zu machen, auch in die Nachbardörfer, und diese Botengänge machten wir meistens selbander. Mich dauern die Kinder von heute. Trotz allem guten Willen und Geld, den Kindern Spiel- und Tummelplätze zu erstellen, bleibt ihr Raum eingeschränkt.

Unser Dorf war lang gestreckt im Tal. Die Straße, die unser Spielplatz war mitsamt den Wiesen und Wäldern in nächster Nähe, war im Sommer mit Staub bedeckt, womit sich allerlei Spiele machen ließen. Wenn dann Regen kam, wurde die Masse zu einem Brei: Herrlich war es, barfuß — und das waren wir armen Kinder, um Schuhe zu sparen — durch dieses Pflaster zu stampfen und den Dreck so zwischen den Zehen hindurchzupressen. Die Spielgeräte bot uns die Natur. Da war der Dorfbach, der an den Fenstern vor unserem Flarzhaus mit fünf Wohnungen, vorbeifloß. Wenige Meter vom Haus entfernt war der Fabrikkanal, geeignet für Versuche im Weitsprung, und kaum hundert Meter entfernt wälzten sich die Wasser der Töss durch das Tal. Das war auch die einzige Möglichkeit für ein Freibad.

Chlürlispielen auf der Straße, Jägerlismachen und das «Wolfgseh» waren beliebte Spiele, wie auch das «Soldätlis» machen; jedes in seiner geeigneten Jahreszeit. Das Schlitteln von den Wiesenhängen und auf der Straße vom Gyrenbad mit den zahlreichen Ränken gehörte zu den besonderen Freuden. Als Kletterstangen stand uns ein ganzer Wald voll Bäume zur Verfügung. Von diesen Warten aus konnten wir auch den Füchsen zusehen beim Spiel mit ihren Jungen. Kurzum, unsere ganze Umgebung war unser Spielplatz. «Ja, schön ischt si gsi, mini Jugedzit im Heimetdorf, wo so liebli lit.» Natürlich fehlten auch die Bubenstreiche nicht, für die, mehr oder weniger gerecht, Buße getan wurde.

1912 hat der Deutsche Kaiser unserem Land einen Besuch gemacht, den Manövern des Militärs im Toggenburg beigewohnt, und zum großen Defilee bei Elgg wanderten wir scharenweise aus dem Tösstal hinüber nach Elgg.

Das Jahr 1914 war für mich reich an unvergeßlichen Ereignissen. Im Frühling das Ende der Schulzeit. Die Familie war inzwischen auf zehn Köpfe angewachsen, aber leider ist der Wohnraum eng geblieben. So entschloß sich der Vater zu einem Umbau, der zwei Zimmer mehr mit Platz für vier Betten brachte. Da mußte ich tüchtig mithelfen, um einen Handlangerlohn zu ersparen. Als dann die Bauabrechnung kam, war jedoch der Lohn berechnet, aber von einem Zahltag habe ich nie etwas gesehen und gehört. Der friedliebende Vater hat sich nicht gewehrt. Vielleicht war das unbewußt für mich ein Grund für meine spätere Einstellung zur Gewerkschaft und Politik, Unrecht und Ausbeutung zu bekämpfen.

Die Ermordung des österreichischen Thronfolgers in Sarajewo im Juli 1914 war der Anfang des Ersten Weltkrieges. Die Kriegserklärungen erfolgten eine nach der andern, bis Europa in zwei feindliche Lager getrennt war. Um die Grenzen unseres Landes zu schützen, wurde auch unsere Armee zu den Waffen gerufen.

Den ersten Mobilisationstag habe ich noch so in Erinnerung: Plakate und Inserate zeigten den Ernst der Stunde an. Männer in Uniform mit Trompeten oder Trommeln riefen auf den Dorfplätzen das Volk zusammen, und der Gemeindeweibel oder sonst eine kompetente Person verlas mit lauter Stimme den Marschbefehl. Zuerst mußte der bewaffnete Landsturm, meist ältere Soldaten, die im Dienstbüchlein bestimmten Posten besetzen. Mein Vater war im unbewaffneten Landsturm und mußte nicht einrücken. Die Aufgabe dieses Landsturms war, zu wachen, damit sich die Mobilisation der Landwehr und des Auszuges, ungestört von außen, in Würde vollziehen konnte. Für uns Kinder von damals war es erhebend, zuzusehen beim Abschiednehmen. Die Sorge der Frauen, ob auch genug Lebensmittel für drei Tage im Tornister waren. Extrazüge brachten die Soldaten aller Waffengattungen an ihre Sammelplätze, wo sie ihre Kriegsausrüstung fassen und den Eid ablegen mußten, der Schweizerfahne treu zu bleiben. Natürlich war auf den Bahnhöfen viel Volk versammelt, um dem Schauspiel beizuwohnen. Unsere Sympathie galt Deutschland, und wir beteten um den Sieg ihrer Waffen innert kurzer Zeit. Keines von beiden traf dann ein. Der Krieg dauerte bis November 1918 mit der Niederlage Deutschlands.

Wenn ich mir die Mobilisation von 1914 vergegenwärtige, mit derjenigen von 1939 vergleiche und mir vorstelle, wie eine Mobilisation heute vor sich gehen könnte oder müßte, so erscheint mir das Aufgebot von damals wie eine Trachtenschau. Jede Waffengattung hatte ihre Uniform in anderen Farben. Nur die ernsten Gesichter der Soldaten und der Frauen und Mütter ließen den Ernst der Stunde erkennen.

Kaum war mein 14. Geburtstag hinter mir, mußte ich in die Fabrik. In einer Spinnerei verdiente ich 24 Rappen in der Stunde. Am Anfang machte es mir Spaß, aber ich sehnte mich nach Betätigung im Freien. Auf Wunsch des Vaters sollte ich in die Fabrik gehen bis zur Konfirmation. Eigentlich wollte ich mich in Vaters Beruf weiterbilden und das Handwerk des Messerschmiedes erlernen. In der Schweiz ließ sich keine

Lehrstelle finden. Vater hatte geschäftliche Verbindungen mit einem Herrn in Zürich. Dieser anerbot sich, mir eine Lehrstelle zu besorgen in Solingen, wo er Beziehungen hatte. Aber Solingen war in Deutschland, das im Krieg stand. Die Grenzen waren geschlossen, und der Krieg dauerte viel länger als erhofft und erwartet, bis 1918.

Mit der Konfirmation am Palmsonntag 1916 war es mit der Kinderzeit endgültig vorbei. In der Fabrik habe ich es vom «Handbub» in der Spinnerei zum «Weber» gebracht. Aber Freude am Eingeschlossensein im Fabriksaal und im Lärm der Webstühle wollte bei mir nicht einkehren. Ich kündigte ohne Wissen meiner Eltern und ging auf Arbeitsuche. Durch die landeskirchliche Stellenvermittlung kam ich nach Rutschwil zu einem Bauern, Posthalter und Briefträger. Dort hatte ich auf der eine halbe Stunde entfernten Bahnstation die Post hinzubringen und abzuholen. In vier Dörfern, meistens Bauern, hatte ich die Post auszutragen, zweimal im Tag, daneben im Stall und auf dem Felde mitzuhelfen. Das waren harte und lange Tage: Vor fünf Uhr aufstehen und im Sommer so um neun Uhr Feierabend für dreißig Franken im Monat. Indessen gab es noch etwas Trinkgeld, und die Behandlung war gut, familiär. Zu essen hatte ich genug, mit den Leuten hatte ich guten Kontakt. So hielt ich das Jahr aus mit dem Schuldbewußtsein, meinen Kopf durchgestiert zu haben. Für die Eltern war immerhin ein Esser weniger am Tisch. Es war Rationierung und Lebensmittel wurden knapp und teuer.

Ich folgte dem Rat der Großmutter in R. und nahm eine Stelle im Welschland an. Das war im Frühjahr 1917. Meinen Eltern gab ich erst Bescheid, als der Handel perfekt war. Ihre Freude war natürlich nicht groß, denn das Märchen von Ausbeutung und krank heimkommen war weit verbreitet, und auch die Sympathien zu den kriegführenden Deutschen hier und zu den Franzosen dort, spielte mit. Aber ich wagte es trotzdem. Schnellzüge gab es nicht. Die Hauptlinien der SBB wurden mit Kohlen betrieben, und auf den Nebenlinien heizte man die Lokomotiven mit Holz. Die Reise aus der Ostschweiz bis an den Genfersee dauerte von morgens früh bis am späten Abend, mit Halt auf allen Stationen.

Die erste Stelle war in Senarclens in der Käserei. Es waren circa 200 Einwohner im Dorf, meistens Großbauern, und über hundert Pferde wurden gezählt. Zur Käserei gehörte auch ein wenig Landwirtschaft. Vier Stück Jungvieh und drei Pferde standen im Stall, die mir zur Pflege anvertraut waren. Daneben Mithilfe in der Käserei, dazu gehörte auch das Besorgen der 150 Schweine. In der Käserei waren der Meister und ein Lehrling aus dem Kanton Bern tätig. Die machten jeden Tag zwei Greyerzerkäse zu 40 Kilo. Zu einer meiner Hauptaufgaben gehörte das

Führen der circa 200 bis 250 Liter Überschußmilch zur nächsten, eine Stunde entfernten Bahnstation Cossonay mit Roß und Wagen. Im Winter bei kalter Bise kein Vergnügen. Die Milch war für den Konsum in Genf bestimmt. Das Französisch, das ich in den zwei Jahren Sekundarschule gelernt habe, kam mir sehr zustatten. Die Meistersleute waren Deutschschweizer, aber in der Familie wurde französisch gesprochen. Die zwei jüngsten Kinder gingen noch zur Schule. Für die Dorfbewohner galt es oft, ab dem Bahnhof Stückgüter mit heimzubringen und in den Geschäften des Städtchens Kommissionen zu tätigen. Diese Dienstleistungen brachten immer etwas Trinkgeld ein, was zu meinem Lohn von 40 Franken einen willkommenen Zuschuß bedeutete. Indessen waren wir gut gehalten. Während der Zeit meiner Einkäufe im Städtchen stellte ich das Fuhrwerk beim Hotel Couronne ab. Die Wirtin stammte aus Marthalen und war mit uns deutschschweizer Knechten wie eine Mutter, mit Rat und Tat immer hilfreich bereit. Es war Lebensmittelrationierung, aber ich spürte nichts davon. Alle hatten genug zu essen und Arbeit in Hülle und Fülle. Die Arbeitszeit war sozusagen unbegrenzt. Den Unterschied, ob Deutsch oder Französisch, bekam ich nie zu spüren. Mit dem einzigen im Dorf internierten französischen Soldaten hatten auch wir Deutschschweizer freundschaftliche Beziehungen.

Unvergeßlich bleibt mir die folgende Geschichte: Es war ein schöner Sommertag. Auf dem Bahnhof hatte ich meine Geschäfte erledigt und in der benachbarten Mühle die aufgetragene Kommission gemacht. Der große Bahnhofplatz war leer. Nur ein kleines schmächtiges Bürschchen mit einem Bündel stand da. Den wollte ich mir näher ansehen. Wir erkannten einander. Er kam aus dem gleichen Dorf wie ich. Seine Eltern wohnten im Ausserdorf und die meinen im Unterdorf, das ist mehr als ein Kilometer Entfernung. «Wohin willst du?», war meine erste Frage. Er sei daheim abgehauen, weil ihm der ewige Streit mit der Stiefmutter unerträglich sei. Er zeigte mir ein Zeitungsinserat, wonach ein Bauer in Vallorbe einen Knecht suchte. Abgemacht war nichts, er gehe aufs Geratewohl. Ich überlegte mir, daß E., er war zwei Jahre jünger als ich, der Arbeit nicht gewachsen und die Stelle wahrscheinlich schon besetzt sei. Zudem war die Grenze sehr nahe, ich fürchtete, daß er noch einmal abhauen und in die Legion gehen könnte. Ich lud ihn ein, mit mir zu kommen, in der Erwartung, daß sich bei einem der Großbauern im Dorf schon noch eine Landarbeiterstelle finden lasse, und ob noch ein Esser mehr am Tisch sitze, machte diesen ja nicht viel aus. Meine Vermutung war richtig. So blieb E. bis im Spätherbst und ist dann weitergezogen, ich wußte nicht wohin. Im Jahr 1920 sind wir uns in Zürich begegnet. Er war Schenkbursche im Bahnhofbüffet. Da dankte er mir und erzählte, daß er damals 1917 die Absicht hatte, in die Fremdenlegion zu gehen. Von seinem Bruder erfuhr ich nach Jahren, daß er in Paris als Kellner gearbeitet habe und dort gestorben sei.

Es war auch die Zeit, wo die Barthaare zu sprießen begannen. Ich bat meinen Vater um ein Rasiermesser, das er mir mit Zubehör auch lieferte. Wie meine Kameraden in der gleichen Entwicklungsstufe sahen, wie ich mein Rasiermesser schärfte, kamen sie mit der Bitte, an ihrem Messer dasselbe zu vollziehen. Das sprach sich herum, und bald kamen auch die Meister mit ihren Rasiermessern, dann die Frauen mit den Schneidewerkzeugen aus Küche und Haushalt. Vor der Schmiede stand ein großer Schleifstein, und ich versuchte auf demselben auch die Messer für die Mähmaschinen zu schleifen und auch das gelang leidlich. Das war wie gesagt im Jahr 1917. Nach 47 Jahren, im Jahr der Expo 1964, kehrte ich erstmals wieder nach Senarclens zurück, um zu sehen, ob noch ein Bekannter von damals existiere. Und noch einer war vorhanden, 70 Jahre alt, ich zählte 65 Jahre. Seine Begrüßung war so: «Je vous connais, mais je ne me rapelle plus de votre nom, mais vous êtes celui qui a bien aiguiser les couteaux.»

Die Rekrutierung im Mai 1918 war das letzte Erlebnis in Senarclens, und damit war auch mein erstes lehr- und erlebnisreiches Welschlandjahr zu Ende.

Ich wechselte auf ein Großbauerngut, nahe am Fuße des Mont Tendre. Im Stall standen 15 Stück Großvieh, von einem Melker betreut. Mir oblag die Pflege der vier Pferde und natürlich Arbeit auf dem Felde. Es war viel Ackerland da und gehörte zur Kornkammer der Schweiz. Auch hier war die Behandlung sehr gut, und am Essen mangelte es an nichts. Die landwirtschaftlichen Maschinen, die auf den großen Bauerngütern zu finden waren: Pflug, Egge und Sämaschine, Kartoffelgraber und Mähmaschine. An dieser konnte man eine Vorrichtung anbringen, um damit auch Getreide schneiden zu können. Zu allen Maschinen brauchte es Pferdezug. Die Dreschmaschine war in einer großen Scheune fest montiert. Die Arbeit auf den Äckern war zur Hauptsache manuell. Wenn wir in der Tenne zu dritt oder viert mit dem Flegel Samen droschen, so klang mir das wie Musik im Drei- oder Viervierteltakt. Ich führte ein richtig unbesorgtes Leben. Der Meister bestimmte, was zu tun sei, und der Tisch war immer reichlich gedeckt. Am Sonntagnachmittag waren ein paar Stunden frei. Ferien und Freizeit frug man nichts danach. Um das Geschehen auf den Kriegsschauplätzen kümmerten wir uns wenig, und auch inbezug auf das, was in unserem Lande sich ereignete, waren wir Knechte nicht auf dem laufenden.

In einer Novembernacht im Jahre 1918 wurde ich aus dem Schlafe geweckt. Ursache war der Ausbruch des Generalstreiks, und der Befehl an mich war, das dienstpflichtige Pferd zu rüsten, es müsse am Morgen früh auf dem Sammelplatz in Yverdon sein. Mit den Pferden mußten auch die wehrfähigen Männer einrücken, so daß nur noch alte Männer, Frauen und Kinder im Dorf zurückblieben. Eine Ausnahme waren wir zwei Knechte auf dem gleichen Hof. Bald waren wir als Kommunisten bezeichnet. Dabei wußten wir nicht einmal, was ein Kommunist ist. Indessen rührte das uns nicht. Der Melker war nicht dienstpflichtig, und mir stand die Rekrutenschule 1919 bevor. Unsere Arbeitskraft war sehr geschätzt, denn man half, wo man konnte. Die weltweit grassierende Grippe erreichte auch uns, jedoch ohne bleibende Folgen.

Im Frühjahr 1919 ging mein zweites Welschlandjahr zu Ende. Noch eine Lehrstelle zu finden, war aussichtslos. Mit dem Lohn in der Landwirtschaft von 65 Franken war keine Existenz aufzubauen, mit bald 20 Jahren mußte ich doch auch daran denken. Ich erinnerte mich an die Zeit von 1916 in R., wo ich als «Postli» wirkte. Alle Antworten von den Kreisdirektionen von Genf bis Chur, denen ich meine Dienste anbot, waren negativ. Im November 1918 wurde auch Kriegsende geblasen. Die Soldaten kehrten an ihre Arbeitsplätze zurück. Damit war der Personalbedarf gedeckt. Nur von Zürich kam die Einladung zu einer gelegentlichen Vorsprache.

Aus dem Welschlandjahr daheim, im April 1919, war ich bereit, jede Arbeit, außer der Fabrik, anzunehmen. Mein erster Besuch galt den Meistersleuten in R. Diese erzählten mir von einer Erkundigung der Kantonalen Postdirektion Zürich, sie hätten ein gutes Zeugnis über mich abgegeben. Darauf stellte ich mich in Zürich vor und kehrte heim mit dem Trost, daß man mir dann berichten werde bei Personalbedarf. Die bescheidene Aufnahmeprüfung bestand aus einem Aufsatz: «Erinnerungen aus dem Welschland», er durfte aber nur eine halbe Seite lang sein. So nahm ich in einem Baugeschäft Arbeit an als Handlanger. Diese Arbeit behagte mir, als aber der «Heuet» kam, zog es mich wieder zur Landwirtschaft, und als «Heuer» verdiente ich sieben Franken im Tag bei freier Station. Da wurde ich von einem Tag auf den andern weggerufen vom Postamt meines Heimatdorfes, um die Stelle des Briefträger-Ablösers zu übernehmen. Das Angebot nahm ich an. In den Monaten Juli bis Oktober hatte ich genug Ablösertage, so daß ein ansehnlicher Verdienst resultierte (ich war im Taglohn). Im Winter war die Arbeitsmöglichkeit minim. Ich ersuchte die Kantonale Postdirektion in Zürich, mich an einen Ort zu versetzen, wo ich vollbeschäftigt arbeiten könne. Die Versetzung kam nach Zürich.

Natürlich gab es in diesen vergangenen drei Jahren in der Fremde eine Menge Episoden, Kleinigkeiten et cetera, wo man sich unverstanden und benachteiligt fühlte und oft auch war. Da galt es, sich für sein Recht zu wehren, aber wie? Vor dem Auszug aus dem Elternhaus fehlte es nicht an guten Worten und Ermahnungen, meist nach dem Grundsatz: «Bete und arbeite.» Das half nicht viel, die Wirklichkeit war hart. Auf die primitivsten Rechte, auf die auch der ärmste Mensch einen Anspruch hat, wurden wir nicht unterrichtet. Wenn ich selbst auch gut gehalten war, so konnten das einige Kameraden von sich nicht sagen. Wir berieten die Sachlage untereinander, was als Bestes zu tun sei, und wie oben erwähnt, konnte die Wirtin des Hotels Couronne manchem mit Rat und Tat helfen. Mein frohes Gemüt und meine Friedfertigkeit ließen mich Streitigkeiten vermeiden. Aber viele Erlebnisse blieben in meinem Innern haften. In diesen drei Jahren wurde ich erfahrener und selbstbewußter.

In Zürich fand ich als Kind vom Lande Anschluß bei der Postmusik Zürich, die heute nicht mehr besteht. Rasch hatte ich mich in dieser Kunst, bei guten Kameraden, wieder zurechtgefunden. Diese Idylle wurde gestört durch meine Versetzung nach Winterthur am 2. Mai 1921. In Winterthur war der Wirt zum Reh ein mir bekannter Mann. Im Nebenamt leitete Herr M. die Musik meines Heimdorfes Turbenthal, wo ich vor meinem Wegzug in die Fremde mitspielte. Als jüngsten Mitspieler nannte er mich nur «Heicheli». Herr M. war auch Dirigent der Musik des kantonalen Polizeicorps in Zürich, und in Winterthur war die Harmonie «Kyburg», Seen unter seiner Leitung. Damals 1921 war Seen noch eine selbständige Gemeinde. So schloß ich mich diesem Verein an. Der Name «Kyburg» ist heute aus dem Vereinsbanner verschwunden. Seen ist sei 1922 mit Winterthur vereint. Neben der Musik spielte ich auch an den Vereinstheatern eifrig mit, bis ein Autounfall im Herbst 1933 mich sechs Wochen arbeitsunfähig machte.

1925 habe ich meine Familie gegründet. Während meiner Unfallzeit hatte ich Zeit genug, die Wirtschafts- und weltpolitische Lage zu überdenken. Der Lohn eines Briefträgers war beschämend klein, und der Bundesrat von damals senkte denselben nochmals um 15 Prozent entgegen dem Willen des Volkes in einer Volksabstimmung. Doch gegenüber den vielen Arbeitslosen doch immerhin ein sicheres Einkommen, und meine Frau konnte sehr gut haushalten. Über diese Lage und die Ereignisse in Deutschland und Italien mit dem Faschismus und Nationalismus hatte ich Zeit nachzusinnen.

Musik und Theater hängte ich an den Nagel und wandte mich der Berufsorganisation zu. Da war ein großes Gebiet, um helfen zu können.

Nicht nur als Mitarbeiter im großen Verband, als Präsident der Sektion (1944 bis 1950) konnte ich vielen Kollegen mit Rat und Tat beistehen in ganz unterschiedlichen Situationen. Aus dem Heicheli wurde kein Heich, respektvoll rufen mich auch die jüngeren Kameraden noch H. Die Kollegen von damals wußten, daß ich nicht «Nein» sagen konnte. So delegierten sie mich in den Vorstand des Gewerkschaftskartells Winterthur, wo ich 25 Jahre lang das Amt des Kassiers ausübte (1938 bis 1953). Das brachte mich mit allen Berufsgruppen der Arbeiterklasse zusammen, und so lernte ich auch die Sorgen und Nöte anderer Menschen kennen. Eine Anfrage um die Kandidatur der sozialdemokratischen Partei als Mitglied des Großen Gemeinderates von Winterthur wies ich nicht ab und wurde dann auch gewählt (1942). Während 24 Jahren gehörte ich dem Rat an, dabei immer in einer ständigen Kommission (bis 1966).

Es reizte mich irgendwie, unbekannte neue Aufgaben zu übernehmen, um die neuen Probleme zu lösen. Viermal durfte ich als Geschworener, dreimal als Obmann im Schwurgericht des Kantons Zürich sitzen. Da erst wurde mir offenbar, wie klein der Schritt ist, der aus Not und Elend zum Verbrechen führt. Viele heitere und düstere Erinnerungen wurden wach. Als es 1947 bei der Volksabstimmung um die AHV ging, wurde ich ins lokale Aktionskomitee bestimmt, um zu dokumentieren, daß das eidgenössische Personal, obwohl gegen Alter und Invalidität versichert, sich mit Überzeugung tatkräftig für das neue Sozialwerk einsetze. Alle Menschen sollen einem Alter ohne Not und Sorge entgegensehen dürfen.

In 45 Jahren Dienst als Briefträger erlebt man so allerlei. Abgesehen davon, daß ich zweimal mein Recht vor dem Richter geltend machen mußte, waren es Erlebnisse mit Kindern, die das Herz erfreuten.

Nur zwei Beispiele: Da bittet mich ein Erstklässler, die abgesprungene Kette an dem der Mama entwendeten Velo wieder an Ort und Stelle zu bringen. Ich wollte meine Hände nicht verschmutzen, und so gab ich ihm Anweisungen und erklärte ihm jeden Handgriff. Jedenfalls brachten wir die Kette wieder an den richtigen Ort. Mit strahlendem Gesicht und dankend fuhr er davon mit der Bemerkung: «Ich het suscht uf de Ranze übercho!» Zu der Jahreszeit, als die Chlaussäckli in den Handel kamen, überraschte er mich mit einem Schoggifünfliber als Dank von damals.

Oder die zwei Knirpse auf dem Weg in den Kindergarten zum Abschiedsfestli: Ich ermahnte sie, heute am letzten «Gvättitag» noch recht lieb zu sein mit der Tante, da flüsterte der eine dem andern ins Ohr: «Gäll du, mir mached si dänn scho no verruckt.» Solche und noch viel andere Erinnerungen lassen einen selbst wieder jung werden oder mindestens lernen, die Jugend von heute zu verstehen.

Die Erlebnisse mit den zwei Hunden, Cäsar und Joggi, habe ich im Frühjahr 1980 in einem Aufsatz erzählt, und wie ich die Jahre nach dem Kriege 1945 bis 1949 erlebte, schrieb ich in einem Aufsatz, der in Folgen in der PTT Union, unserem Gewerkschaftsorgan, erschienen ist.

Von einer Art Menschen, die mir noch in Erinnerung sind, die am Rande der Gesellschaft lebten und heute von der Bildfläche verschwunden sind, möchte ich noch erzählen. Das waren die «Kundi», wie man sie nannte, die Walz- und Wanderbrüder, zu Unrecht oft als Glünggi verspottet. Einer davon (ich kannte noch drei) war bekannt als Stadtrat Keller, war weit herum bekannt bis an den Bodensee. Er zog von Herberge zu Herberge, frug im Vorbeigehen bei Bauern um Arbeit, in der geheimen Hoffnung, daß es keine gab. Aber einen Znüni gab es immer, oft sogar etwas Münz auf den Weg. Hin und wieder kam es auch vor, daß er als Entgelt etwas Kleinholz machen mußte. Wenn er dem Winter zu in den Bereich der Stadt kam, wußte er genau, wo und wann er mir begegnen konnte, und bei einem Glas Most mit Brot und Käse zeigte er mir mit Stolz sein Wanderbuch und erzählte von seinen Abenteuern auf seiner großen Wandertour. Die Rationierungs- und Malzeitencoupons brauchte er nicht alle. Einen ansehnlichen Rest gab er mir, meist als Tausch für einen abgetragenen Kittel oder Hut. Im Winter wohnte er bei seiner Schwester. Sonst war er ohne festen Wohnsitz. Schlafen tat er wie alle seinesgleichen bei Frau Immergrün auf der grünen Wiese, oder wie (ich glaube, es war Uhland) sagte: «Bei einem Wirte wundermild, da war ich jüngst zu Gaste, ein goldner Apfel war sein Schild an einem langen Aste.» So führten sie ein anspruchsloses, freies und zufriedenes Leben und taten niemandem etwas zuleide. Nun gehört auch diese Romantik der Vergangenheit an, aber die Erinnerungen an jene Zeiten bleiben wach.

Meine Heirat war Liebe auf den ersten Blick und beruhte auf Gegenseitigkeit. Die Probleme kamen erst mit der Feststellung, daß wir wohl beide Christen, aber nicht gleicher Religion waren. Aber auch dieses Problem haben wir gemeinsam gelöst, und wie wir feststellen dürfen, zur Zufriedenheit.

Glückliche Jahre, zum Teil in Armut und Not als Folge von Krankheiten, durften wir erleben und genießen nun das Alter ohne finanzielle Not und Sorge bei gegenseitiger Hilfe miteinander, und die Gebrechen des Alters begleiten uns in Treue.

Heinrich Rüegg

Grundwiespuur
männlich, *1899, Landwirt

Am 25. Dezember, nachmittags 15 Uhr, habe ich als zweiter Bub das Licht der Welt erblickt und zwar in der Umgebung von Schaffhausen, irgendwo, wo sich die Füchse und Hasen gute Nacht sagen. Meine Eltern hätten zwar lieber ein Mädchen gehabt, aber sie akzeptierten mich als Weihnachtsgeschenk, und scheints bekam meine Mutter als Trost das erste elektrische Bügeleisen. Mein Vater verdiente als Steuersekretär Fr. 100 im Monat. Es war gang und gäb, daß eine rechte Familie mindestens sechs Kinder hatte. Vater zeigte später mit Stolz die Orgelpfeife seiner sechs Nachfahren.

Als die Familie immer größer wurde, baute der Vater ein eigenes Haus, und dazu gehörte ziemlich viel Umschwung. Es war zwar ein einfaches Zuhause, aber hier waren wir mit unsern Nachbarkindern im Element — am Fuße des Tyrannenhügels, so genannt, weil der Stadtpräsident, der Straßeninspektor und der Forstmeister auf diesem Hügel wohnten. — Auf den Straßen war noch nicht viel Verkehr, außer einigen Pferdefuhrwerken, die morgens um sechs Uhr mit ihren Rollen (runde Messing-Bronze-Schellen) und dem Knirschen der eisenbereiften Räder und dem Knallen der Peitschen die Anwohner weckten. So wurden die Straßen von den Kindern als Spielplätze benutzt, ähnlich, wie es heute mit den autofreien Quartier- und Wohnstraßen angestrebt wird. «Hol über», «Versteckis» und «Der Kaiser schickt Soldaten aus» waren die am meisten gespielten Spiele. Der Buchdrucker Meier, «Rundum» genannt, wegen seinem Güggelifriedhof, hatte das erste Auto und der Tierarzt den ersten Töff, die wir als Wunderwerke bestaunten. Auch Velofahrer pedalten frisch-fröhlich auf den rauhen, holprigen Naturstraßen, allerdings mit Vehikeln, die man mit den heutigen nicht vergleichen kann, schwer und klobig, mit Starrachsen, mit Leerlauf, mit mangelhaften Bremsen, mit Petrol- oder Karbidlaternen. Vor allem gab es viel zu flicken, denn solange man genagelte Schuhe trug, lagen immer wieder verlorene Nägel auf den Straßen, und so gab es unverhofft wieder «einen Platten».

Die Gvätti konnte es mir ganz und gar nicht. Ich war nur einen halben Tag im Chindzgi trotz allem Gutzureden. Allem Anschein nach hatte ich schon damals einen harten Kopf und eine eigene Meinung. Meine kleine Welt waren der Sandhaufen mit all seinen Möglichkeiten und die Salamander, Frösche et cetera. Wehe, wenn meine Mutter meine Hosensäcke ausräumte, dann stieß sie jedesmal einen Schrei aus. Auch diese verspielte Kinderzeit ging vorüber, und ich mußte in die richtige Schule. Bis zur dritten Klasse hatten wir eine Lehrerin. Als wir ins Flegelalter kamen, kamen wir zu einem Herrn Lehrer, der seine eigene Pädagogik-Methode hatte. Wenn einer eine Antwort nicht wußte, der machte Bekanntschaft mit des Lehrers «langer Margrit», das heißt seinem Meerrohrstecken, oder er bekam eine Ohrfeige, daß es ihm die Manöggel in seinem Kopf so durcheinanderbrachte, daß er überhaupt nichts mehr wußte! Diese «Erziehungshilfen» sollte sich heute ein Lehrer erlauben! (Zum guten Glück nicht mehr).

Unsere Freizeit war gut ausgefüllt. Unser Haus wurde noch mit verschiedenen Holzöfen geheizt, und bis die mindestens 300 Büscheli und gut zwei Klafter Buchenholz vom Randen gerüstet und im Estrich versorgt waren, gab es allerhand zu tun, und auch «das Füttern» der Öfen gehörte den ganzen Winter zu unseren Aufgaben. Auch der große Garten und der Pflanzplätz waren nicht zur Zierde da, sondern es wurden Kartoffeln, Gemüse, Beeren und Obst gepflanzt für möglichst viel Selbstversorgung. Da mußten die Jungen wacker ad Säck, das heißt in ihrer Freizeit tatkräftig mithelfen, nicht immer grad gern, aber so machten wir etwas gemeinsam mit unserer Mutter und lernten so füreinander da sein.

Das Posten war immer wieder eine Abwechslung; im Winter mit dem Schlitten, im übrigen mit dem Leiterwägeli. Wenn man zurückdenkend vergleicht, wie man noch vor 60 — 70 Jahren eingekauft hat und wie das heute geschieht, wird einem die unheimliche Entwicklung so richtig kraß bewußt. In den damaligen Krämerlädeli oder im Konsumverein gab es so ziemlich alles, vom Salz bis zum Papierkragen und Hemdenknöpfli. Die Auswahl war allerdings noch sehr beschränkt. Haferflocken waren einfach Haferflocken und Reis war Reis. Markenartikel waren noch wenig bekannt, zum Beispiel Maggi, diverse Schokoladen, Gemüsekonserven, Kindermehl von Nestlé, amerikanisches Corned-Beef. Die meisten Waren wurden noch offen verkauft, so z.B. Salatöl deziweise in mitgebrachte Flaschen. Für Tischwein und Most mußte man ebenfalls die «Schlegel» mitbringen und fürs Sauerkraut eine Platte. Auch Schweinefett, Schmierseife sowohl wie Teigwaren, Mehl und Zucker, Erbsli und Bohnen, Biscuits und Zeltli wurden offen ausgewogen. Persil und Schuler- und Schnyder-Waschpulver waren neben Kernseifen die gängigsten Waschmittel, nebst Hoffmann-Stärke für pickelharte Kragen und Manschetten. Daß man oft recht lange warten mußte, bis man bedient wurde, versteht sich, aber man hatte noch Zeit, beim Krämer gab's noch Rabatt-Marken, und im Konsum wurde in einem

Büchlein gestempelt, und Ende Jahr die Rückvergütung ausgerechnet und ausbezahlt. Alles noch ohne Computer.

Nach fünf Jahren Primarschule folgten drei Jahre Realschule. Von da an war ich während den Ferien bei einem Onkel im Klettgau im Landdienst, wie man heute sagt. Er führte mich in verschiedene landwirtschaftliche Arbeiten gründlich ein, und ich war nicht wenig stolz, als er mir ein Kuhgespann zum Gülleführen anvertraute. Eigentlich waren diese Landdienste wie eine Schnupperlehre, weil ich Tierarzt werden sollte. Aber ich hatte kein Sitzleder zum Studieren und war gesund und stark. Das sollte mir bald einmal zu Nutz kommen, denn im April 1914 trat ich eine Lehre an bei einem Bauern. Von verschiedenen Leuten wurde mir gesagt, wenn ich bei diesem Meister durchhalte, so könne ich nachher überall sein. Es war in der Tat nicht leicht an dieser Stelle. Am ersten Tag mußte ich bei gräßlicher Hitze schollen, das heißt mit einer Hacke Erdklumpen zerschlagen. Das gab Durst, und ich lief wiederholt an den Brunnen, um Wasser zu trinken. Am Abend war es mir miserabel schlecht, als ich nach Hause kam. Das habe ich nie vergessen und verhielt mich in der Zukunft entsprechend.

Am Morgen um fünf Uhr war Tagwache und am Abend um neun Uhr Feierabend. Dann gab es noch etwas zu essen und nachher ging man mit der Stallaterne in die Kammer. Von Zeitung oder ein Buch lesen war unter diesen Umständen keine Spur, und man konnte förmlich verblöden. Im Sommer wurde es regelmäßig zehn Uhr, bis es Feierabend gab, in den Werchen, das heißt in der strengsten Erntezeit, wurde es vielmals noch später. Heute würde man keinen Hund mehr aus dem Häuschen locken unter diesen Bedingungen. Das Getreide wurde noch von Hand gemäht mit der Sense und Sichel und nachher auf dem Boden ausgebreitet zum Trocknen. Bei schönem Wetter war das recht und gut, aber bei nassem Wetter gab es «Bärte», das heißt ausgekeimte Ähren. Das waren die negativen Seiten meiner Lehre. Die positive Seite war, daß ich behandelt wurde wie ein Familienmitglied.

Es ging gegen den 1. August 1914, als sich dunkle Wolken am politischen Himmel zusammenzogen, der Erste Weltkrieg war in Sicht, die General-Mobilmachung war im Gange. Alles, was noch marschtüchtig war, mußte einrücken. Nur die alten Männer, Behinderte, Frauen und Minderjährige blieben zurück. Pferde und Wagen mußten gestellt werden, denn die Armee war damals noch nicht motorisiert. Nun kam ich nicht nur an die nebensächlicheren Arbeiten heran — man war plötzlich froh über diesen «Setzlig». Zum Beispiel mußte ich melken lernen und mit vier Kühen z'Acker fahren. Zudem hatten wir vier Zuchtstiere im Stall, die aber nur halb so gefährlich waren, wie sie den Eindruck machten, wenn man mit ihnen umzugehen verstand. Ein Gruß von mir ins Horngrübli (Kratzen und Kraulen zwischen den Hörnern) machte sie zu meinen zahmen Freunden. Hin und wieder bekam der Meister Urlaub, zum Beispiel zum Säen — weil die Soldaten damals längeren Ablösungsdienst leisteten als im Zweiten Weltkrieg. Eine Lohnausgleichskasse bestand damals noch nicht, daher bekamen wir willige Helfer aus nichtbäuerlichen Kreisen. Ja, damals bekam der Bauer noch Arbeitskräfte zu annehmbaren Löhnen.

In den späteren Jahren, als die wirtschaftliche und industrielle Konjunktur einsetzte, wurde der Arbeitermangel in der Landwirtschaft immer prekärer, und die Folge war eine immer stärkere Motorisierung und Mechanisierung, die Güterzusammenlegung und das Sterben der Kleinbetriebe. Hand in Hand damit gingen auch die Verschuldungen, das materielle Denken und Hasten, die Ausrichtung auf die Rendite.

Nach zwei Jahren Lehrzeit kam ich zu einem Viehzüchter im Kanton Freiburg. Hier machte ich abwechslungsweise den Melker, den Karrer, den Erdknecht, je nachdem, wer im Aktivdienst abwesend war. Hier wurde noch nach alten Methoden gewirtschaftet, was mir gar nicht paßte, denn ich wollte ja noch etwas dazulernen. Meine Freizeit benützte ich zum Besuche verschiedener Viehzüchter in der Umgebung. Unter denen gab es leider auch «schwarze Schafe», welche die Situation ausnützten und ihre «Nieten», das heißt Tiere, die nichts leisteten, also nicht aufnahmen oder wenig Milch gaben, nach Ungarn exportierten, was für unsere Viehzucht eine schlechte Propaganda und für die kriegsgeplagten Ungarn eine schwere Enttäuschung war. Zu den schönsten Erlebnissen meines Freiburger Aufenthaltes gehörte ein Besuch am Schwarzsee und auf den Alpen Hürisboden und Salzmatt, wo mein Meister Alpmeister war. Die Milch galt damals 18 Rappen franco Milchsiederei Neuenegg. Nach einem Jahr lüpfte ich den Hut, weil ich da nichts mehr lernen konnte, außer wie man es nicht machen soll. Ich wollte mich möglichst vielseitig ausbilden.

1917 war ich auf einem Hof im Furttal im Kanton Zürich als Pferdeknecht und Mädchen für alles. Mein Meister war ein prominenter Politiker und daher viel abwesend. Wo der Meister die meiste Zeit nicht da ist, da leidet die Moral, da wird Stehlen, Intrigieren, Zoten und so weiter Mode, und der ganze Betrieb leidet darunter. Ich blieb daher nur ein halbes Jahr an dieser Stelle. Ich fand, es sei an der Zeit, eine landwirtschaftliche Schule zu besuchen, obwohl ich später einsah, daß es besser gewesen wäre, wenn ich noch etwas zugewartet hätte. Es braucht eine gewisse Reife, um vom Unterricht möglichst viel zu profitieren. Zudem hatten wir zum Teil junge Lehrer, die mit uns den Lehrplätz machten und vorzeitig fertig waren mit ihrem Wissen und Pensum. Damals glaubte jeder, das bestandene Examen sei eine lukrative Sache, aber später fand man viele Absolventen in jedem anderen Beruf tätig.

Über den Ersten Weltkrieg haben die Bauern etwas verdient. Es gab keine Absatzprobleme, ihre Erzeugnisse waren begehrt und hatten ihren Preis. Ich hatte das Gefühl, ich habe etwas verpaßt, ich sei zu spät auf die Welt gekommen, weil ich nichts profitieren konnte. Viele Bauernhäuser und Scheunen waren schlecht unterhalten und baufällig. Mit den guten Einnahmen konnte manches renoviert und erneuert werden, was dem Handwerksstand zugut kam.

Im Sommer 1918 war ich im Welschland, am Fuße des Jura zu finden, um meine Französisch-Kenntnisse zu vervollständigen. Das nützten die dortigen Bauern weidlich aus, zum Beispiel um dem Halberwachsenen einen Taglohn von nur 1½ Franken zu geben. Die Kost war zwar gut, aber Znüni gab es keinen, dabei war mein Meister der reichste Bauer im Dorf. Am Jurafuß ist eine Trockenzone und daher die trockenresistente Esparsette viel zu finden. Das veranlaßte mich, ein Herbarium anzulegen, was mir im zweiten Winterkurs an der Landwirtschaftlichen Schule sehr zustatten kam. Der Heuet kam, und damit war auch die spanische Grippe ins Land gekommen. Die Meisterin legte es zuerst ins Bett, und auch der Meister wurde von der Seuche angesteckt. Nun war ich allein, um zehn Stück Vieh und zwei Pferde zu besorgen. Beim Heuen half mir der Schulmeister, welcher der Tochtermann des Meisters war. Bei ihm reklamierte ich wegen dem Znüni, worauf ich wenigstens ein Stück Brot mitbekam. Der Sommer ging zu Ende, und damit kam der Zeitpunkt, da ich kündigen mußte. Das war dem Meister gar nicht recht, er wollte mir mehr Lohn geben, wenn ich bliebe, aber ich fand, das hätte er schon lange tun sollen.

1918-19 absolvierte ich den zweiten Winterkurs, diesmal unter günstigeren Verhältnissen. Nach Abschluß des Kurses etablierte ich mich als Karrer im Bucheggberg (Kt. Solothurn), ebenfalls bei einem Ämtlimandli. Hier konnte ich noch viel lernen, was von Bedeutung für mein späteres Leben war. Das Solothurner Völklein hatte seine besonderen Bräuche und Sitten, wie man sie sonst nirgends in der Schweiz antraf.

Trotz aller Vorsichtsmaßnahmen wurden wir nicht verschont von der Maul- und Klauenseuche! Das war eine schwere Zeit für die Bauern, denn die meisten Kühe verwarfen und schiften die Klauen aus, und ein Großteil mußte abgetan werden. Der Seuchenzug fiel in die Erntezeit, und ich mußte mit Hilfe von Fabrikarbeitern die Ernte einbringen, da der Meister und der Melker wegen der Gefahr der Seuchenübertragung isoliert waren.

Aus den Erinnerungen der «Roten Buche», 1912

Vierspänner am Pflug auf dem Strickhof, 1920 («Grundwiespuur»)

Im Sommer 1920 bekam ich einen Ruf an eine Landwirtschaftliche Schule als Chef des Pferdestalles. Ich lehnte vorerst ab, mit der Begründung, daß wir die Seuche hätten, worauf ich den Bericht bekam, das sei kein Grund. So packte ich mein Bündel, mit den besten Wünschen von meinem Meister. So war ich also zum «Chef» avanciert, merkte aber bald, daß nicht alles Gold ist, was glänzt. Ich wirkte hier mit mehr oder weniger Erfolg unter Schülern. Wenn die Eltern Schwierigkeiten hatten mit ihren Söhnen, so schickte man sie zwei Jahre zu uns zur Besserung. Die Intelligentesten in der Schule waren oft die Unpraktischsten bei der manuellen Arbeit. Ich mußte manchmal Nerven haben wie Drahtseile und sehnte mich zurück an meine vorherige Stelle. 6½ Jahre diente ich hier, und dann zog ich einen dicken Schlußstrich unter meine Lehr- und Wanderjahre.

Ich fand es an der Zeit, mich selbständig zu machen. Zu diesem Zweck wurde ein Betrieb von 34 Jucharten gepachtet: Der Knecht wurde zum selbständigen Unternehmer. Dies war allerdings kein Grund, sich aufs hohe Roß zu setzen, denn die Zeiten waren nicht dazu angetan. Nach 1924 war 1927 die zweite Baisse, nicht grad günstig für einen Anfänger. 1932 kam es noch schlimmer, und manches Tier konnte nur schwer und billig verkauft werden. Junge Mast-Muni galten zeitweise nur noch 80 Rappen per Kilo Lebendgewicht. Mancher Bauer, der auf schwachen Füßen stand, mußte verkaufen oder die Bauernhilfskasse in Anspruch nehmen. Wenn letztere nicht mehr helfen konnte, mußte er die Beine strecken und in der papierenen Kutsche fahren, wie man sagte.

Zum Heiraten fand man doch noch den Mut und die Zeit, und es wurden uns zwei gesunde Knaben geschenkt. Langsam ging es aufwärts mit der Landwirtschaft. Als 1939 der Zweite Weltkrieg ausbrach, waren wir auf dem besten Wege zur Sanierung des Bauernstandes.

Wir hatten seinerzeit verwahrloste Äcker und Wiesen angetreten und diese mit viel Arbeit und Kosten saniert. Im vierten Jahr konnte mit einem angemessenen Ertrag gerechnet werden. So ging es langsam aufwärts — und nun war also Krieg und allgemeine Mobilmachung. Ich hatte das Glück, zu einer Nachschubeinheit zu gehören mit Pferden. Dadurch hatten wir mehr Urlaub als andere Einheiten. Aber 1941, als die deutschen Divisionen ennet dem Rhein standen, wurden wir umgeschult zu Kanonieren, und entsprechend mager sah es nachher mit dem Urlaub aus. So stand es zu Hause bald nicht mehr zum Besten, die Äcker verwahrlosten aufs neue, und die wertvollsten Kühe wurden euterkrank, weil sie unsachgemäß gemolken wurden, so daß sie abgetan werden mußten. Fachkundige Leute waren fast nicht zu finden. Zum Glück fand ich ein 15-jähriges Schulmädchen, das mir den Stall in meiner Abwesenheit zur Zufriedenheit besorgte. A., so hieß sie, war unter sehr harten Bedingungen aufgewachsen. Als älteste der drei Geschwister mußte sie circa mit 12 Jahren Traktor fahren, aber noch ohne Niederdruckbereifung. Als sie jeweils zu uns das Vieh besorgen kam, trabte sie jeweils munter das Dorf hinunter. Wir nannten sie deshalb scherzhaft «Bobi», weil eines unserer Halbblutpferde, das sehr temperamentvoll war, auch so hieß. A. ritt auch gerne und sang oft, trotz der vielen, harten Arbeit. Mit etwa 18 Jahren lernte sie einen jungen Schweißer aus der SIG-Neuhausen kennen, der später Kalkulator wurde. Sie heirateten, und einige Jahre später eröffnete A.'s Mann, zusammen mit ihrem Bruder, der Maschinenschlosser ist, eine Landmaschinenreperaturwerkstätte mit eingeschlossenem Landmaschinenhandel und anderen Geräten. A. war somit zur Geschäftsfrau geworden und es kam ihr sehr zugut, daß sie etwas von den landwirtschaftlichen Geräten und «de Chärre» = Traktoren verstand.

A. und ihr Mann bekamen fünf Kinder und hatten ihre verwitwete Mutter bis zu ihrem Tod im Haus. A. ist heute noch gut «in Form», also gesundheitlich gut daran. Ich verwundere mich heute noch, wie diese frohgemute Bauerntochter die unerhörten Strapazen in ihrer Jugend unbeschadet durchstand. Nach meiner Auffassung ist dies vermutlich eine ziemlich seltene Ausnahme. Zum Schluß nehme ich den Hut ab vor dieser unbekannten Heldin, die tapfer mitgeholfen hat, ihren elterlichen und unseren Bauernbetrieb möglichst gut über Wasser zu halten in den schwierigen Kriegsjahren.

Am 5. Mai 1945 ging der Krieg zu Ende. Er hatte auch bei den Frauen, die jahrelang zu Hause die Hauptlast getragen hatten, seine Spuren hinterlassen. — Auch ich war der Doppelbelastung nicht länger gewachsen, wurde krank und kurz vor dem Ende des Krieges aus dem Militärdienst ausgemustert. Zu dieser Zeit kam der eine Sohn aus der Schule, so daß ich mich erholen konnte.

Mit großer Dankbarkeit, daß unser Land vom Krieg verschont geblieben war, konnten wir wieder mit Zuversicht in die Zukunft blicken.

1952 wurde in unserer Gemeinde die Güterzusammenlegung durchgeführt. Dies bedeutete für mich einen gefreuten Neuanfang, denn wir kamen bei der Zusammenlegung gut weg, und zugleich konnte ich den Hof jetzt käuflich übernehmen. So war aus dem Pächter ein selbständiger Bauer geworden.

1967 war es an der Zeit zur Übergabe an den Sohn H. Die Alters-Beschwerden meldeten sich; mit Rheuma fing es an, und mit Zirkulationsstörungen und ihren üblen Folgen ging es weiter. Ich lernte den Spital wochenlang von innen kennen. Als letzte Station befinde ich mich in einem Pflegeheim und fühle mich hier gut aufgehoben. Wir wissen nicht, wann unsere letzte Stunde schlägt, aber ich glaube, ich kann getrost und ruhig hinübergehen.

[Hier haben wir einen «Nachtrag» über «Die Trockenjahre 1934/47/49» aus Platzgründen fortgelassen. R.S./R.B.]

E Kuerzebergeri
weiblich, *1899, Büroangestellte, Tapicière, Musiklehrerin

In der ausserrhodischen Gemeinde Lutzenberg, das mit den Nachbargemeinden zusammen den Kurzenberg bildet, stand 1899 nicht meine Wiege, sondern die große Wäschezaine auf der Bank beim Kachelofen. Meinem Vater war die Frau und Mutter von neun Kindern weggestorben. Weil es ganz unmöglich war, die Familie und das kleine Heimwesen zu versorgen und seinen Beruf als Seidenweber auszuüben, ging der Vater wieder auf Brautschau. In Herisau hatte er eine bekannte 40-jährige Jungfrau, die nach Aussagen ihr Nahestehender eine «Perle» sein sollte. Nach langem Überlegen, bangend vor der neuen, großen Aufgabe, gab sie schließlich dem drängenden Vater das Jawort. Im folgenden Jahr wurde sie meine liebe Mutter. Noch heute erinnert eine Narbe überm rechten Auge an die Zangengeburt. Der Doktor prophezeite: «Das git e Riesedam», aber auf mehr als 153 cm hab ich's nicht gebracht. Die sieben nun noch lebenden Stiefgeschwister waren nicht gerade entzückt über meine Stiefmutter und über mein Erscheinen. Gleichwohl verlebte ich die ersten Jahre meiner Kindheit glücklich mit den lieben Eltern. Der Vater webte im Keller unter der Stube Seidenbeuteltuch, das für Mühlen benützt wurde. In der Nachbargemeinde Thal war die große Firma, die vielen Männern (und auch Frauen) in der Gegend Arbeit verschaffte. Der Schweizergeneral Dufour ist ein Onkel des Geschäftsherrn gewesen.

Von der Stube konnte man mittels Falltüre und Stiege in den Webkeller gelangen. Wenn Vater am Weben war, hörte man immer das «Schilebombbombbom» des Webstuhls. Mutter und die jüngeren Geschwister mußten Seidenstrangen auf große Spulen abhaspeln und sie dann auf kleinere Bobinen überspulen, welche in die Weberschiffchen paßten. Von unsern Bäumen gab es Obst und vom Garten Gemüse, von den Kühen Milch. Im großen Haus nebenan wohnte der Appenzeller Ausserrhodische Landammann. Für seine Frau durfte ich etwa kleine Botengänge machen ins nahe Dorf Thal. Das trug mir meistens einen Zwanziger ein, der ins Sparkäßchen wanderte.

Mit sechs Jahren begann das Schulleben. Es war ein steiler Weg zum Schulberg hinauf. Im Winter blieb ich auf dem schmalen Pfad in den vom Wind aufgetürmten Schneehaufen stecken, daß ich viel zu spät in die Schule kam; doch der Lehrer zeigte Verständnis. War Schlittweg, konnte ich vom Schulplatz auf meinem «Höck» (einplätziger, niedriger Holzschlitten) über die Wiesen hinunter fast bis zu unserm Haus fahren.

1908 brachte eine große Veränderung. Vater übergab sein Heimwesen dem Bruder (Bezirksrichter) und kaufte dasjenige meines Paten, dem Gemeinderat in Brenden. Es war ein großes Haus, die ehemalige Wirtschaft «zur Sonne». Angebaut war die kleine Fabrik mit vier Handstrickmaschinen und schließlich gehörten noch Stall und Schopf dazu. Zu «unserm» Land gehörte der danebenstehende kleine Berg, «Gstell» genannt, mit einer Felswand gegen Süden. Bei schönem Wetter besuchten viele Spaziergänger den «Gstell». Oben auf der schönen Ebene (unsrer Wiese) gab es drei Bänklein. Die Aussicht von dort ist noch heute wunderschön. In der Tiefe westlich breitet sich das Dorf Thal aus, dahinter steigt der Buchberg auf. Nordöstlich liegt das Städtchen Rheineck, überm Alten Rhein das österreichische Gaissau. Mehr nordwärts liegt der große Bodensee und jenseits deutsche Städte und Dörfer. Im Osten sieht man ins Vorarlberg. Gegen Süden steigen Hänge gegen Walzenhausen und Wolfhalden hinauf. Ein Lärchenwäldchen schloß gegen Rheineck unser Besitztum ab. O, meine neue Heimat war paradiesisch schön, und für uns Kinder gab's überall Neues zu entdecken.

Aber für Vater kamen schwere Jahre. In der Stickerei-Branche kriselte es. Zwei der vier über fünf Meter langen Stickmaschinen standen wegen Arbeitsmangel still, sie mußten im großen Saal abmontiert und als Schrott veräußert werden. Alsdann wurden Gasleitungen im Haus installiert. Für die Wohnstube gab's eine helle Lampe und für die Küche einen Gas-Rechaud, aber für die Schlafkammer benützten wir immer noch die Petrollampen, bis Jahre später die Elektrizität eingeführt wurde. Mein neuer Schulweg war leichter zu begehen, ein schönes, fast ebenes Sträßchen bis zum Tobel vor den Schulhäusern. Eine Brücke führt dort über den Bruderbach. Am Waldrand lagerten sich hin und wieder Zigeuner, welche den Bauern in der Umgebung Anlaß zu Klagen gaben. Die Schulzeit war eine Freude für mich; bei den Lehrern stand ich meist in Gunst. Bis zur 4. Klasse schrieben wir die alte deutsche Schrift, dann durften wir die heute noch gebräuchliche «Lateinschrift» lernen. Wir hatten da einen ziemlich strengen Lehrer in der Mittelstufe. Die Stunden wurden mit einem kurzen Gebet begonnen und geschlossen, Kugelschreiber gab's noch nicht und keine Füllfederhalter. In den Bänken waren Klappen mit den eingelassenen Tintenfäßchen. Darin tummelte sich einmal in der Vertiefung ein Tausendfüßler, der unsre Aufmerksamkeit vom Lehrer ablenkte. Der kam rasch, und weil ich zuäußerst saß, packte er mit seinen Fingern wie mit Klammern meinen Kopf und stieß mich in ein Nebenzimmer. Dort lagen in einem Gestell viel süße Birnen, die ich wohl kannte., die aber auf unserm Land fehlten. Die Versuchung, in der langen «Verbannung» mir welche zu nehmen, wurde aber überwunden, ich war schon beschämt genug.

In der 6. Klasse hatten wir einen Bündner Lehrer, der uns einige romanische Lieder lehrte. Als ich zur Prüfung für die Sekundarschule antreten mußte, mahnte er mich: «Mach dann die Rechnungen gut!» In der Arbeitsschule (Nähschule) hatte ich über etliche Jahre meine Cousine als Lehrerin, die jetzt in meinem früheren Elternhaus wohnte. Eine stille Freude war's für mich, als ich sie, weil sie für kurze Zeit wegmußte, ersetzen durfte.

Wald, Tobel und Bach waren für uns Schüler all die Jahre ein interessanter Tummelplatz. Unter der dunklen Brücke im Bach durchzugehn erforderte ziemlich viel Mut. An den Halden gab es Pfade und Höhlen, man konnte an jungen Baumstämmchen übers Wasser schaukeln und kleine Weiher überspringen. Im Winter wurden die kleinen schneebeladenen Tännchen geschüttelt, es waren im Sommer Ameisenhaufen zu erkunden. Waren wir aber zu lange dem Bachlauf gefolgt, statt auf dem geraden Weg heimzugehn, gab's Schelte.

Zu unserm Heimwesen gehörte auch ein Stück Wald in ziemlicher Entfernung. Im Nachwinter oder Vorfrühling mußten jeweils einige Bäume gefällt und alles Kleinholz sauber aufgesammelt werden. Dann rollten Vater, die jüngste Schwester und ich die Stämme und schleppten Äste über zwei steile Halden bis zum Weg, wo unsre Karren warteten. An Weihnachten holte der Vater den Christbaum dort oben. Das war immer eine frohe Zeit. Ich durfte helfen Guetzli und Birnbrote backen. Am 25. Dezember hatten wir in der Morgenfrühe unsre Feier. Wir hörten Mutter treppauf-treppab gehen, Kästen öffnen und Papier rascheln.

Und dann, wenn das Weihnachtsglöcklein ertönte, durften wir, ich als das Jüngste zuerst, zum Christbaum im Kerzenschein treten. Vater las die Weihnachtsgeschichte, wir sangen einige Lieder, dann machten wir uns über die Geschenke her. Da lag für mich, bevor ich in die 4. Klasse kam, eine große Schachtel, und ich rief enttäuscht aus: «Aeh, e Babe.» In dem Alter wünschte ich keine neue Puppe mehr. Aber Mutter schmunzelte nur. Was kam zum Vorschein? Eine kleine Akkordzither, über welche ich mich sehr freute. Als junges Mädchen kaufte ich mir dann eine Konzertzither, die man zweiteilen konnte. Ein alter tüchtiger Zitherlehrer gab mir Stunden.

Auch die Appenzeller Landsgemeinde war jeweils ein Fest für mich. Wir Kinder durften bei Nachbarn und Verwandten den «Landsgmeindchram» holen, Süßigkeiten, kleines Gebäck et cetera. Mutter buk Apfelküchlein und «Bache-Schnitte» (in Omelettenteig getauchte Backleckerli), und Vater befaßte sich eifrig mit den «Öhrli», Fasnachtsküchlein. Für den Gang zur Landsgemeinde wurde das Messing am Säbel spiegelblank poliert. Als ich heranwuchs, durfte ich den Vater auch etwa einmal nach Trogen begleiten. Es war eine weite Strecke für meine jungen Beine, aber am Fest gab es viel zu bestaunen. Für den Gang nach Hundwil (in den ungeraden Jahren) nahm der Vater die Bahn.

Vater war auch ein guter Bauer. Er setzte seine Ehre drein, bei der amtlichen Milchkontrolle gut abzuschneiden. Drei bis vier Kühe standen im Stall und etwa ein Kalb. Wenn eine Kuh kalbte, gab es jeweils überflüssige Milch, welche das Kalb nicht benötigte. Daraus buk Mutter im Ofen «Bienstbraten», das war für uns jeweils ein Schmaus. Meine jüngste Schwester und ich mußten das Jahr durch auch viel die Kühe hüten, denn unser Land war zerstückelt und es gab nicht überall Zäune. Bei gutem Wetter vertrieb man sich die Zeit mit Stricken, oder es leisteten etwa Freundinnen Gesellschaft. Manchmal sangen wir ein Lied ums andere. In der Felswand am Hügel ist eine kleine Höhle, die war unser Lieblingsplatz. Im Sommer mußte Vater etwa im österreichischen Gaissau überm Rhein Stroh (Streue) holen für die Kühe aus dem großen Riet beim Bodensee. Nach der langen Winterruhe war es stets ein schwieriges Unterfangen, wenn die Kühe das erste Mal ins Freie gelassen wurden, sie waren dann ganz wild vor Übermut. Wir hatten noch große Wiesen jenseits der Appenzeller Gemeinde, auf Rheinecker Gebiet. Einmal ging mir eine Kuh durch, rannte den Hohlweg hinunter, wohl ¼ Stunde weit. Zum Glück konnte ich sie gerade vor der Landstraße mit dem großen Verkehr noch aufhalten und wieder mit ihr die Höhe erklimmen. [...]

Vater war nicht nur ein guter Weber gewesen, er verstand auch das

Bauern gut und bewies sein Können als Sticker. Auf der einen der zwei Maschinen, die uns geblieben waren, arbeitete er, und auf der andern stickte ein Freund von ihm. Die jüngste Stiefschwester, die ich sehr liebte, mußte «fädeln» und ich ihr helfen. In kleine Nadeln mit zwei Spitzen mußte das Garn oder die Seide eingefädelt werden. Während Vater mit dem Pantograph dem vorgezeichneten Muster nachfuhr und die beiden Wagen mit den vielen Nädlingen aus- und einrollten, stimmte er etwa ein Lied an, ich sang Sopran, die Schwester Alt und der andre Sticker Baß, so ging die Arbeit im Quartett munter vonstatten. Es gab aber auch böse Stunden, wenn schwierige Stoffe, Muster und schwieriges Material verarbeitet werden mußten, daß die Nadeln Fehler und Nester machten oder überhaupt mit Sticken aussetzten. Mutter hatte dann viel Mühe mit dem Nachsticken der Fehler. Meist wurden etwas über vier Meter lange Stoffahnen mit Blumenborten, «Entredeux» oder Streumustern bestickt, die schwierigsten vom Vater. Ein großes Fest war für uns Schwestern die Anschaffung einer Fädelmaschine: Nun mußten wir uns nicht mehr die Finger wundstechen. Selbständig zauberte die Maschine die schönsten Nädlinge her.

Jahrelang bewohnten wir zwei Schwestern die Dachkammer zuoberst im Haus. Sommersüber sang uns der Brunnen vorm Haus (mit Wasser aus einer eigenen Quelle) das Schlummerlied. Aber in Gewitter- und den vielen Föhnnächten, die es dort gab, ängstigten wir uns sehr bei dem Geheul und befürchteten, eines Nachts decke es uns noch das Dach überm Kopf ab.

Nach bestandener Prüfung ging ich also in die Sekundarschule hinunter ins Städtchen Rheineck. In den neuen Fächern konnte ich sehr viel Interessantes und Schönes lernen. Auch hier waren mir die Lehrer gewogen. Der Schulweg war aber länger und bergauf mühsamer. Im Winter trug mich der Davoserschlitten manchmal bergab. Heimwärts hatte ich die schwere Büchermappe und oft Spezereien, Brot und was es für den Haushalt so brauchte, aufgeladen. Vater und auch ich als Primarschülerin trugen die Lasten noch in einem Rückenkorb, einer «Stäblichräze» von Rheineck (oder Thal) in unsern Berg hinauf.

Meine Eltern, unsere Familie gehörte der Methodistenkirche an. Von klein auf besuchte ich dort die Sonntagsschule, wo ich viel schöne Lieder lernte und biblische Geschichten hörte. Im ersten Winter, als Sekundarschülerin, wurden Evangelisationsvorträge abgehalten, an denen auch ich teilnahm. Man wurde eindringlich ermahnt, sich und sein Leben Gott und unserm Heiland Jesus Christus zu übergeben. Das hab ich dann getan und nie bereut. Ich wußte nun: Ich gehöre jetzt Gott fürs ganze Leben, für immer und ewig. Ein unsagbares Glück erfüllte mich.

Während der Sekundarschulzeit entbrannte dann der Erste Weltkrieg. Der Geographie- und der Geschichtslehrer sprachen mit uns Schülern das Geschehen durch. Die Lebensmittel wurden knapper und teurer oder fehlten zum Teil ganz, aber eigentlichen Mangel mußten wir nicht leiden, wenn auch manches knapp wurde. Das große, majestätische Luftschiff Zeppelin vom nahen Friedrichshafen überflog hie und da unsre Gegend. Dann blickte der Vater sehnsüchtig in die Höhe; zu gern wäre er mitgeflogen. Es kamen dann auch viel Internierte, hauptsächlich Deutsche, in unsere Grenzgegend.

Am Palmsonntag 1916 wurde ich konfirmiert. In langen schwarzen Kleidern begaben wir Mädchen uns zur Feier; im dichten Schneegestöber mußten wir die Röcke hochhalten, um nicht ganz verschmutzt dort zu erscheinen.

1918 wütete eine böse Grippe. Auch die zweitjüngste Schwester, unsere liebe Bergkameradin, wurde in Zürich von ihr erfaßt und überstand sie nicht. Es war ein herber Schmerz für uns. Die jüngste Schwester wollte die Krankenpflege erlernen, aber nur wenige Jahre konnte sie den Beruf ausüben, da wurde auch sie krank. Als ihre Mutter an Lungenschwindsucht starb, war sie, das jüngste ihrer Kinder, noch sehr klein. Vielleicht waren damals Keime des schweren Leidens auch in sie eingedrungen. Eine langwährende Kurzeit in Davos half nicht. Für die letzten paar Wochen kam sie noch heim. Es war kaum zu glauben, die einst so fröhliche Schwester nun ganz abgemagert und verändert wiederzusehen. Auch ich erkrankte später an einer nassen Brustfellentzündung, und man fürchtete auch für meine Lunge. In den folgenden Jahren gab es aber nur noch etwa Reizungen, hernach blieb alles gut.

In der Sekundarschule durfte ich einmal dem Französischlehrer im Lehrerzimmer die Noten angeben, die er in seinem Heft für unsre Klasse aufgezeichnet hatte. Er setzte sie nun in die Schulzeugnisse ein. Natürlich war mir das eine Freude. Ganz anders tönte es dann einmal in der 2. Klasse. Eine Gruppe von uns Mädchen hatte irgend etwas angestellt, was, weiß ich nicht mehr, und auch die Kolleginnen mögen sich nicht erinnern. Derselbe Lehrer, den ich die Zeugnisnoten hatte diktieren dürfen, befahl mir, an sein Pult heranzutreten. Er kam auf unsere «Untat» zu sprechen und sagte vor der ganzen Klasse: «J ha gmeint, d'H. sei e seriöses Meitli.» Nie hab ich mich so geschämt wie damals. Im nächsten Zeugnis setzte dann der Rechenlehrer eine 2-3 ein. Das sticht nun unter den vielen Einern all der Jahre unauslöschlich und beschämend heraus.

Nach Schulschluß hätte ich gar zu gern den Beruf einer Arbeits-(Näh-schul-)lehrerin erlernt. Doch die Aussicht, dann auch eine Anstellung zu finden, war zu jener Zeit schlecht, so daß mir's der Vater nicht erlauben konnte. Ich begrub den schönen Traum. Dann fand ich, im Büro unsres Stickereifabrikanten, dem Arbeitgeber meines Vaters, wäre auch ein schöner Arbeitsplatz. Viele Male hatte ich dort Vaters Arbeiten abgeben oder Material zum Sticken holen müssen, so daß ich dort ziemlich bekannt war. Ob ich um eine Anstellung fragen sollte? Vater meinte: «Du kannst es ja versuchen.» Der Prinzipal, wohl etwas überrascht, meinte, er möchte noch mit seiner Frau darüber sprechen. Ich sollte nochmals ankehren. Und dann — wurde ich zu meiner Freude angestellt und angelernt. Der Umgang mit Spitzen, Entredeux, seidenen Pochettes und andern Taschentüchern, Roben et cetera gefiel mir. Es gefiel mir auch, den Vater und andere Sticker mit Arbeit zu beliefern und Zahltage auszurechnen. In der Handelsschule besuchte ich mehrere Kurse. Mein Arbeitsplatz war an der Grenze zum Dorf Thal, und viel hatte ich dort auf der Post zu tun.

Nun wollte ich mir aber mit meinem Ersparten endlich ein Velo kaufen. Nur ging es in unsrer Gegend fast immer auf und ab. Ziemlich bald geschah dann auch mein erster Sturzflug. Die Straße ging ziemlich steil bergab auf eine Haarnadelkurve zu. Mir bangte, da komme ich nicht durch und fuhr prompt über den Lattenhag eine Böschung hinunter. Unser Laufbursche kam hinter mir hergefahren und rief angstvoll: «H., het's Eu öppis gmacht?» Natürlich hatte es böse Quetschungen abgesetzt. Und mein schönes Velo! Wie sah das aus? Die Balance verkrümmt im Rad eine Acht. — Mühevoll konnte ich's noch zum Büro und nach Feierabend zum Velohändler nach Rheineck stoßen. Einige Zeit später fuhr nicht weit vom Unfallort entfernt ein riesiges Strohfuder vor mir her. Es blieb fast kein Platz für mich auf dem Velo, ich bangte, komm ich da durch? Und prompt hatte mich der eiserne Gartenhag daneben am Mantel aufgespießt. Aber die ersten Unfälle hatten mir die Freude am Radsport nicht nehmen können. Noch unzählige Kilometer machten wir Jungen per Velo, später auch im Welschland und dann in der Winterthurer Heimat, bis das Velo durch ein Töffli in den Hintergrund rücken mußte. Das Töfflifahren gab ich erst mit 80 Jahren bedauernd auf.

Als junges Mädchen nahm ich auch an einem Samariterkurs teil. Nach Abschluß desselben fragte mich der Vorstand, ob ich nicht einen Hilfslehrerkurs absolvieren würde, um in einem neuen Kurs neben dem Arzt die praktischen Anleitungen zu geben. Innert einer Woche wurden wir in St. Gallen in diese Aufgabe eingeführt. Früh wurde ich auch für die Sonntagsschule engagiert, eine mir liebe Aufgabe, weil ich mich mit Kindern gut verstand. Das Schulhaus, in welchem ich die letzten 1½ Jahre ein- und ausging, war weit entfernt, zu Fuß wohl 5/4 Stunden, außerhalb des Dorfes Walzenhausen. Gern machte ich auch im Gemischten Chor mit, besonders auf Festtage hin, die wir mit Theaterspielen, Deklamationen und Musik verschönten. An einem herrlichen Sommerabend hatten es zwei Burschen nach der Chorprobe mit dem Heimgehen gar nicht eilig. Der Präsident, ein Zimmermeister in unsrer Nachbarschaft, hatte nämlich eine ganz große Schaukel angefertigt und am höchsten Birnbaum solide befestigt. Es konnten furchtlos zwei Erwachsene darauf «rölzle». Da vergnügten wir uns zu viert, und der Präsident hatte auch seine Freude dran. Einer der Burschen meinte zu mir: «Sind Eure Frühweinbirnen nicht schon bald reif?» «Ja, es fallen etwa welche.» Darauf schickte er mich nachsehn. Und wirklich fand ich welche, hatte aber weder Tasche noch Korb. Ich mußte sie im aufgehobenen Jupe zu den Kollegen tragen. Wir schmausten dann, schaukelten, lachten und schwatzten, bis wir nach 11 Uhr ans Heimgehen dachten. Anderntags gab's dann einen Dämpfer auf unser Vergnügen. Im kleinen Nachbarhaus hatte ein älteres Ehepaar unsertwegen nicht schlafen können und beklagte sich schwer bei meinen Eltern. Vater fragte, wer auf dem Sträßchen Birnen verstreut habe. (Sie waren mir eben aus dem aufgeschürzten Jupe entfallen.) Ich wurde zünftig ausgeschumpfen.

Ich hatte auch vier Freundinnen, die mir, jede auf ihre Art, sehr nahestanden und die ich innig liebte. An einem späten Sommerabend im Vollmondschein ging ich nach der Chorprobe mit einer Freundin am Elternhaus vorbei, um sie, die noch einen sehr weiten Heimweg hatte, ein Stück weit zu begleiten. An einer wunderbaren Stelle lockte eine Bank zum Ausruhen. Da saßen wir nun im zauberhaften Mondschein und plauderten. Ach, wir hatten uns immer soviel zu sagen! Als ich dann heimkam, waren beide Haustüren verschlossen, und einen Schlüssel hatte ich nicht. Doch im untern Sticklokal stand ein Oberfenster offen, dort kletterte ich hinein und gelangte durch den Verbindungsgang ins Treppenhaus. Als ich am andern Mittag von der Arbeit heimkam, gab's ein zünftiges Donnerwetter. In der unteren Wohnung hatte der Mieter, ein Deutscher, der vom Krieg her an Herzbeschwerden litt, mein Heimkommen gehört und einen Einbrecher oder Dieb vermutet. Die Aufregung habe seinem Herzen arg zugesetzt. Meine Eltern schalten mich gebührend aus. Wohl entschuldigte sich dann am Sonntag drauf die Freundin, es sei halt einfach ein wunderbarer Abend gewesen.

In Herisau wohnte meine liebe Patin, Mutters Schwester. Sie hatte einen Sohn, wenig jünger als ich. Mein Vater war ihm Pate. Manchmal besuchten wir einander im Lauf der Jahre. Das kleine Haus auf der Egg, in wunderschöner Gegend, war mir vertraut, weil ich dort etwa Ferien verbringen durfte. Mit dem Jungen verband mich eine fast schwesterliche Liebe. Dann erreichte mich nach einem trauten Beisammensein ein folgenschwerer Brief: Der Cousin fragte, ob ich nicht die Seine werden wolle. Ich hatte ihm verraten, daß ich mit einem Arbeitskollegen in Freundschaft verbunden sei und daß sich ein junger Bursche, den ich aber zum Heiraten zu wenig liebte, stets ernsthaft um mich bewerbe. Vielleicht war meinem Verwandten bange, ich könnte ihm entgleiten. Ich antwortete ihm, wir seien ja fast Geschwister, ob es nicht weiter so bleiben könnte. Ihm genügte das aber nicht. Ich fragte dann einen Arzt, was er von einer Heirat zwischen Cousin und Cousine halte. Er gab mir den Bescheid, für eine Ehe zwischen Geschwisterkindern beständen keine Bedenken, wenn die Mütter Schwestern seien; wären die Väter aber Brüder, würde er abraten. Mein Cousin warb nun intensiv um mich, und in mir erwachte die große Liebe.

Nach den Kriegsjahren ging das Stickereigeschäft immer flauer. In den Bureaux neideten wir einander die Arbeit. Ich suchte eine Anstellung im Welschland. In der Campagne von Genf wurde ich als femme de chambre angestellt und zwar in der Sommervilla eines Neffen von Henri Dunant, dem Gründer des roten Kreuzes. Eine deutsche Köchin und ich teilten uns in die Arbeit für unsere Herrschaft. Es gab da wunderbare Salons zu pflegen, dagegen war mein Zimmerchen recht dürftig. Ich mußte einen Stuhl erklettern, um durchs Dachfenster blicken zu können. Monsieur und Madame sprachen aber nur deutsch mit uns, einzig der junge Jardinier, der mir ein netter Kamerad wurde, sprach zum Glück nicht deutsch. Madame konnte sehr hässig sein; die Köchin klagte dann bei mir über «das beese Weib». Dagegen fand die Herrin, die Köchin habe so «etwas Liebes in die Augen». Eines Tages, als ich mich für den Mittags-Service vorbereitete, kam Madame in die Küche, sah mich an und sagte: «Was haben Sie da?» Über meinen weißen Schürzenlatz spazierte eine Wanze. Ich erschrak und dachte: Also das war's, was mich nachts im Bett immer störte und beunruhigte; aber bis ich dann das Petrollicht angezündet hatte, war nichts mehr zu sehen. Nun wurde das Bett untersucht, und ein Fachmann mußte alles desinfizieren. Eine Menge toter Wanzen blieben auf dem Boden zurück.

Hatte ich schon vorher den Plan erwogen, die Stelle zu wechseln, weil ich da dem eigentlichen Zweck meines Hierseins, die Sprache zu lernen, nicht näher kam, so wünschte ich nun sehnlich einen andern Platz. Madame geriet zwar in helle Wut deswegen. In der Stadt Genf fand ich eine Stelle bei einem jüngeren Ehepaar mit einem 18 Monate alten herzigen Mädelchen. Da war ich nun, als bonne à tout faire, gut aufgehoben, und man sprach nicht mehr deutsch mit mir. Monsieur hatte ein eigenes Büro in der Stadt und Madame war Kindergärtnerin. Während kürzerer

Zeit konnte ich in Abendkursstunden an der Universität meine Französisch-Kenntnisse etwas verbessern. An einem Wochenende kam mich mein Geliebter besuchen mit seiner neuen großen Harfenzither. Am Samstagnachmittag trug uns ein Ruderboot, am wunderbaren Jet d'eau vorbei, hinaus aufs blaue Wasser, wo mir mein lieber Gast seine neuen Melodien vorspielte. Der Abschied und das Heimweh nachher waren schwer.

Später offerierten mir Monsieur und Madame, entweder in die Ferien nach Hause zu fahren oder mit ihnen eine Reise nach Biarritz zu machen, ich hätte mich dann hauptsächlich um das Töchterchen zu kümmern. Was sollte ich antworten? Mein Herz sagte: Heim! Andrerseits lockte doch die Ferne auch. Ich schrieb an meinen Liebsten. Und was antwortete er? Nicht: Komm an mein Herz! «Geh» schrieb er, «eine solche Gelegenheit bietet sich Dir vielleicht nie wieder.» In Biarritz genossen wir dann drei Wochen Badeferien. Was hab ich da Schönes und Interessantes sehen und erleben dürfen! Zum ersten Mal am Meer! Hernach ging es noch eine Woche auf Reisen, von einer Stadt zur andern: Bordeaux, Pau, Luchon, Lourdes, Carcassonne, Avignon, Nîmes, Lyon. Es war ermüdend, aber ungeheuer interessant. Ich war meiner Herrschaft gegenüber voll Dankbarkeit, daß ich so viel miterleben durfte. Im Februar danach reiste ich endlich heim. Ich bewegte mich gleichsam beflügelt auf der Heimaterde. Und wie traulich war's bei den lieben Eltern, wenn wir am Schiefertisch den «Tüerggeriebel» (weißer Rheintalermais) aßen!

Nun mußte ich wieder eine Anstellung suchen. In unsrer Gemeinde befand sich die Nadelfabrik für Stickmaschinen von Dubied, Neuchâtel & Couvet. Ich sprach einmal vor, und nach kurzer Zeit Bedenkzeit nahm mich der Patron an. Es gab ziemlich viel Korrespondenz mit den westschweizer Dubied-Häusern und für circa 100 Arbeiter durfte ich den Zahltag ausrechnen. Der junge Kollege aus St. Gallen wurde in die Westschweiz versetzt, dafür bekamen wir zu meiner Freude einen französisch sprechenden aus Neuchâtel.

An Ostern wollten wir Verlobung feiern, das war für viele eine Überraschung. Meine Patin hatte etwas geahnt. Sie sagte: ihr Sohn hätte ihr keine Liebere bringen können. Es war eine glückliche stille Feier. Mein Vater hatte inzwischen auch die letzten beiden Stickmaschinen abreißen lassen und verpachtete das Land. Nach 5/4 Jahren kündigte ich meine Stellung, um die Aussteuer vorzubereiten. Was für eine schöne, beglückende Aufgabe! Im Oktober 1925 wurde Hochzeit gefeiert und zwar in Winterthur, wo mein Mann arbeitete. Die passende Wohnung war gefunden. Dann erlebten wir das Freudenfest. Es war der schönste

Tag meines Lebens. Einmal die Hauptperson sein, die «Königin», wie mein Schwager meinte. Weihnachten feierten wir noch fröhlich daheim mit den Eltern. Und vier Wochen später brachte die Post ein Telegramm mit den Worten: «Mutter gestorben.» Es war kaum zu fassen. War das möglich? Ja, sie hatte noch in Rheineck Kommissionen gemacht und war auf dem Heimweg außergewöhnlich müde geworden. Vor dem Zubettegehen blieb sie noch im Stübchen zurück, um ihre Krampfadern am Bein zu pflegen. In der Nacht bemerkte der Vater, daß sie nicht im Bett war und fand sie dann — tot — auf dem Stubenboden. Ein Hirnschlag hatte sie getroffen. Das war ein sehr großer Schmerz für mich. — Eine meiner älteren Stiefschwestern umsorgte dann den Vater. Kam ich dann wieder aus der Ferne nach Hause, war's so leer. In einem meiner Verse heißt es: «Kein liebend Mutterauge leuchtet, wenn ich nach Hause komm, und keine Freudenträne feuchtet die Wang mir zum Willkomm. So, wie mein Mütterlein fragt keiner nach meinem Wohl und Weh.»

Mein Gatte wurde von seinem Arbeitgeber nun oft ins Ausland geschickt, um an Messen seine Maschinen vorzuführen. An der Mailänder Ausstellung begegnete er auch Mussolini. Einmal wurde er in die Tschechoslowakei geschickt, ein andermal nach Leipzig, nach Holland und England. Er mußte sich stets auch die Sprachen etwas aneignen. Meistens reiste er mit Freuden, es war ja überall interessant. Ich aber ließ ihn stets mit Schmerzen ziehen, denn das Alleinsein während mehrerer Wochen war nicht leicht für mich, wenn auch oft liebe Post geflogen kam. In einem ihm gewidmeten Gedicht schrieb ich damals: «Ich gehe einsam meine Straßen, bin ohne Dich so heimatlos.» — Gewiß, seine Heimkehr, das Wiedersehen war dann immer ein Fest.

Der Verlust meiner Mutter setzte auch meiner Patin sehr zu. Mein Gatte war von seiner Firma für elf Monate an die Weltausstellung geschickt worden, um Aufträge für ihre Maschinen zu gewinnen. Ich hätte ihn begleiten dürfen, aber ich wagte nicht, die kranke liebe Schwiegermutter mit dem Vater ganz allein zu lassen. Mutter's Anämie verschlimmerte sich. Derweil schrieb mein Gatte immer: «Komm doch auch! Hier ist's so riesig interessant und schön.» Einmal durfte er kurz von Barcelona zu einem Besuch bei seiner Mutter heimkommen. Man sah, es wurde schlimmer mit ihr. Und die Liebe litt mit mir wegen der Trennung von meinem Mann. Am 2. Oktober 1929 verließ sie uns. Ihr Sohn konnte nicht einmal zur Bestattung heimkommen; es war schwer für den Schwiegervater und für mich. [...]

Auf den nächsten Termin überraschte uns der Hausbesitzer mit der Wohnungskündigung. Mein Mann hatte einen weiten Weg gehabt zu seinem Arbeitsplatz, nun hoffte er, eine günstigere Behausung zu finden. Im Hegifeld wurden vier Reihen Einfamilienhäuser gebaut. Dort konnten wir ein Häuschen im Rohbau erstehen. Im Herbst 1930 wurde es fertig, und wir konnten einziehen. Mir blieb die Putzerei in der Altwohnung und im Neubau; aber dann fühlten wir uns herzlich wohl in den eigenen vier Wänden. Im Lauf der Zeit konnten wir den Garten und Vorgarten verschönern, auch hatten wir immer eine Pünt, einen Pflanzplätz. Auch mieteten wir etwa ein Zimmer aus.

Und dann kam die große Krise. Es fehlten Aufträge am Arbeitsplatz meines Mannes, mit der Zeit blieben sie ganz aus, daß er arbeitslos wurde und stempeln gehen mußte. Wir hatten von Verwandten Darlehen erhalten für die Anzahlung ans Haus, die zweite Hypothek mußte abbezahlt werden (die erste besaß unser Prinzipal). Überall erwartete man unsere Abzahlungen. Es gab schlaflose Nächte. Und der Zweite Weltkrieg brach aus. Mein Mann mußte eine Zeitlang auch zum Hilfsdienst einrücken. Dann fragte ein Kollege, der Maler war und in manchen Häusern zu arbeiten hatte, ob mein Mann vielleicht ausgetretene Treppen ausebnen und mit Inlaid belegen könnte. Es fanden sich etliche solcher Gelegenheitsarbeiten und mein Mann hatte die neue Aufgabe nach den nötigen Anleitungen bald erfaßt. Nach und nach wurden uns nicht nur Treppen, sondern auch Zimmer zum Belegen mit Linoleum anvertraut. Ich machte die Kostenvoranschläge und Fakturen. Durch diesen Verdienst gelang es uns, den finanziellen Verpflichtungen nachzukommen. Auch hatte mein Gatte durch den Malerfreund Interesse am Malen bekommen. Er arbeitete mit Pastellkreide, seine Bilder wurden zusehends besser, und er konnte ab und zu eins verkaufen. Dann fand er, zum Inlaidgeschäft würden auch Vorhänge gehören, ob ich mich nicht damit befassen könnte. Von vielen Kursen in der Gewerbeschule hatte ich mir im Nähen ziemlich Fertigkeit erworben und lernte dann noch einiges bei einem Tapezierer hinzu und durch Übung. Viele Male arbeitete ich halbe Nächte hindurch, denn auch der Haushalt und die Gartenarbeit mußten besorgt sein. So brachten wir uns durch die Kriegsjahre. Auch mit dem Teppichverkauf befaßten wir uns.

In den Krisenjahren erkrankte der einsame Schwiegervater an Magenkrebs. Mutter hatte ihm gefehlt. Vordem war er so munter und ein passionierter Bergsteiger und Läufer gewesen. So hatte es ihm Spaß gemacht, die halbe Strecke von Herisau nach Winterthur zu Fuß zurückzulegen. Nach kurzer Spitalzeit verstarb er leider 1935. Nun war das so idyllisch gelegene Häuschen auf der Egg verwaist. Es gab dort wieder eine Menge Arbeit für uns; man wollte vermieten, was leicht war. Mein Mann wollte ein Schlafzimmer und ein Stübchen reservieren, damit er jederzeit noch am Ort seiner Kindheit einkehren könne. Nach Kriegsausbruch erlitt *mein* 86-jähriger Vater einen Schlaganfall. Haus und Heimwesen hatte er zuerst verkauft und lebte noch einige Zeit in einer Mietwohnung. Kurze Zeit war er noch halbseitig gelähmt gewesen, bis auch *sein* Lebenslicht ganz verlöschte. An wachtstehenden Soldaten und Panzersperren vorbei mußten wir ihn nach Thal hinunter auf den Gottesacker geleiten. Das traurige Geschehen hatte noch einmal alle Geschwister vereint. Die alten Stiefschwestern ließen mich sehr schmerzlich fühlen, daß ich eben «nicht eine von ihnen» war, nur die «Stiefschwester». Der Vater, welcher *alle* geliebt hatte, war nicht mehr da. Nicht, daß es Erbstreitigkeiten gegeben hätte. Die restliche vorhandene Summe wurde der Schwester, welche Vater noch umsorgt hatte, überlassen. In die verbliebenen Haushaltgegenstände teilten wir uns friedlich.

Vom Arbeitgeber meines Mannes hatten wir den Auftrag erhalten, die Büros neu mit Inlaid zu belegen. Das mußte aber schnell geschehen. Wir arbeiteten zusammen eine Nacht hindurch, dann war die Hauptsache getan. Einige Zeit später berichtete die Firma, sie hätte nun wieder einen Posten für meinen Mann, aber nicht mehr in der Maschinenfabrik, sondern in der Spedition der Textilabteilung. Er müßte mit dem neuen Lieferungswagen allwöchentlich die Kunden in Zürich bedienen und Bestellungen aufnehmen. Ob er darauf eingehen wolle, meinte der Prinzipal, nun wir ja ein eigenes Geschäft hätten? Wir überlegten es uns gründlich und kamen zum Schluß, daß eine geregelte Arbeitszeit, ein fester Zahltag doch vorzuziehen wäre.

Mein Mann war auch musikalisch. Schon mit 19 Jahren hatte er einen kleinen Männerchor geleitet. In den 50-er Jahren machte sich ein Dirigentenmangel bemerkbar. Mein Mann erhielt Angebote und übernahm einen Verein nach dem andern, bis alle Wochentagabende besetzt und weitere Anstellungen unmöglich waren. Er spielte Altblockflöte, Harmonium, Orgel und Klavier. Als er dann angefragt wurde, ob er einem Kind Blockflötenstunden geben würde, meinte er, das könnte ich übernehmen. Zuerst mußte ich mich einarbeiten, autodidaktisch, durch Üben, Studium und Kurse im Konservatorium. Ohne mich zu bewerben, brachte ich es schließlich auf etwa 1400 erteilte Stunden auf Blockflöten und Harmonium.

Eine große Sorge machte mir in zunehmendem Maß mein Gehör. Schon im Büro hatte ich einen Hörmangel empfunden. Der Arzt meinte zunächst, er sei durch einen Katarrh entstanden. Aber mit den Jahren hörte ich langsam immer schlechter. Ein Spezialist sagte mir dann einmal, der Steigbügel, eines der Hörknöchelchen im Innenohr sei nicht mehr voll beweglich, es sei ein vererbtes Leiden. Tatsächlich hatte auch

«E Kuerzbergeris» Mann als Knabe mit seiner Mutter (l.) und Tante (r.)

«E Kuerzbergeris» Mutter, 1923

«E Kuerzbergeri» und der Knabe, mit dem sie später 53 Jahre lang verheiratet war

mein Vater viele Jahre nicht mehr das volle Hörvermögen gehabt. Dann las ich einmal, daß in Amerika die Steigbügelkrankheit durch eine difficile Operation geheilt werden könne. Der Ohrenarzt bestätigte mir, daß in St. Gallen und Zürich von einigen Spezialisten diese heikle Operation mit Erfolg durchgeführt worden sei. Er meldete mich in der Ohrenklinik in Zürich an. Aber noch 5 ¼ Jahre mußte ich auf eine Operation warten, und ich litt im Stillen sehr wegen diesem Gebrechen, denn viele Mitmenschen hatten kein Verständnis. Dann konnte ich endlich, endlich zur Operation antreten und nach 11 Tagen heimkehren. Vorerst hatte sich nichts geändert, was deprimierend war. Dann, nach circa 17 Tagen, hörte ich auf dem Pflanzland plötzlich von weit her, von Ober-Winterthur und von Wiesendangen, Glockengeläute. Mit unsäglicher Freude und Dankbarkeit stellte ich das Wunder fest. Ich war ja immer wie in einem abgesonderten Raum gewesen. Und jetzt mußte ich den Leuten ständig wehren, doch nicht so laut zu reden, und sie konnten sich nur mit Mühe umstellen. Die lärmige Welt setzte mir recht schwer zu. Und doch fand ich, es wäre schön, wenn nun auch das zweite Ohr so gut würde. Diesmal mußte ich nicht lange auf den Eingriff warten, aber soviel Erfolg wie das 1. Mal gab es nicht, immerhin hatte sich viel gebessert.

Inzwischen war mein jüngster Stiefbruder, der mir ein lieber Freund gewesen war, auf dem Motorrad tödlich verunglückt. Es war ein großes Leid für uns alle und für seine Familie besonders schwer. Auch ich verunglückte einmal schwer. Vom ersten Stock fiel ich über die Wendeltreppe eines Nachts in Übermüdung circa vier Meter weit bis zur Haustüre hinunter. Neben andern Schäden hatte ich zwei Lendenwirbel gebrochen, die natürlich nie mehr ganz heilten. Es blieb eine Schwäche im Rücken, die ich durchs Altern immer stärker empfinde. Das Arbeiten in gebückter Stellung ist sehr, sehr schmerzhaft. Zudem hatte ich noch zwei schwere Operationen durchzumachen, aber ohne bleibende Schäden. Außer daß sich Gicht und Gelenkrheumatismus einstellten, durfte ich nach etlichen kleineren Unfällen meist gesund und munter sein.

In Herisau hatten wir dann eine Mieterfamilie, welche das Haus gern gekauft hätte. Mein Mann fand, es sei doch recht umständlich, wenn an dem alten Gebäude immer Reparaturen anfielen und man dort die ansässigen Handwerker immer von Winterthur aus aufbieten mußte. So willigte er in den Verkauf ein unter der Bedingung, daß uns (gegen Miete) die beiden belegten Zimmer blieben bis zu seinem Ableben. Die derzeitigen Bewohner fühlten sich alsdann sehr stolz über den Besitz, und wir hatten es leichter. Mit 65 Jahren wurde er pensioniert. Er hatte Jahre zuvor zwei kleine Modelle einer Mercerisier-Maschine herstellen dürfen, genau wie das große Modell, aber in ganz kleinem Maßstab. Das eine davon war jeweils auch auf die Messen mitgenomen worden. (Eines der beiden soll im neuen Technorama Aufstellung finden.) Für die Zeit der Pensionierung hatte er sich vorgenommen, eine große Dampfmaschine zu bauen. Ein kleines Modell hatte ihn schon als Knabe begeistert. Nun arbeitete er monatelang daran in seiner Werkstatt, immer wieder etwas vervollkommnend und verschönernd, bis es das reinste Wunderwerk war und ihn ganz befriedigte. Hie und da machten wir Ausflüge per Bahn und Car. In jüngeren Jahren stiegen wir gern auf die Berge, zunächst im Alpstein noch mit seinem Vater, etliche Male auf den Säntis und einmal auf den Altmann, dann auch auf den Glärnisch und den Titlis, per Bahn aufs Jungfraujoch und Schilthorn et cetera. [...] Und schlußendlich reisten wir noch auf das Stockhorn. Es war ein schöner, harmonischer Tag. Auf dem Gipfel jauchzten wir einander noch zu. Zwei Tage später wollte mein Mann mit seinem Solex auf unser Pflanzland fahren. Er war erst circa fünzig Meter von userm Heim entfernt, als ihn ein schwerer Lastwagen anstieß. Der arme Gatte wurde auf die Straße geschleudert. Circa ¼ Stunde später stand ein Polizist vor meiner Türe und meldete das Unglück, mein Mann sei eben ins Spital überführt worden. Nach des Beamten Meinung war die Sache nicht so schlimm. Ich mußte dann im Spital etwa vier Stunden in der größten Ungewißheit warten, bis ich ihn auf der Intensivstation besuchen durfte. Und wie sah er aus! Ein Auge unter blutüberlaufenen Wülsten, der Schädel einbandagiert, bewußtlos — kein Wort konnte er mehr mit mir reden. Er habe einen großen Schädelbruch und eine Hirnerschütterung, vielmehr eine Hirnverletzung. Zehn Minuten wurden mir jeweils für einen Besuch bewilligt. Ich solle ihn laut anrufen, denn er sei weit weg. Es nützte nichts, er war im Koma. Man fuhr ihn noch nach Zürich, damit sein armer Kopf noch mit dem dortigen großen Apparat geröntgt werden könnte. Aber es sah schlecht aus. Einmal hat er mich in den 11 Tagen vielleicht erkannt, wie ich aus einem lieben kurzen Lächeln schloß. Dann mußte er einer innern Blutung wegen noch eine ganz schwierige Operation durchmachen, die zu seinem Tod führte. An einem frühen Sonntagmorgen sagte man im Spital: «Es geht dem Ende zu.» — Was stürmte nun alles auf mich ein! Ich durfte mich nicht ganz dem Schmerz überlassen. Es gab soviel zu erledigen. Für die Beerdigung mußte ich alle Kraft aufwenden. Es gab eine ergreifende Abschiedsfeier; ein lieber Neffe sprach sehr einfühlend und tröstlich und drei Chöre sangen ihrem Dirigenten ergreifend zum Abschied. Wunderbare Kränze und Blumen und Hunderte von Beileidsbezeugungen waren gespendet worden.

Mit den Ämtern gab's viel zu erledigen. Der nunmehrige Besitzer vom Haus in Herisau sagte gleich nach der Abdankung, jetzt müsse unsre kleine Wohnung schnellmöglichst geleert werden. Dazu hatte ich die Pünt voll reifender Beeren (und einige Katzen, die Lieblinge meines Mannes), es lag noch eine sehr schwere Zeit vor mir. Fast erstaunt es mich heute, daß ich alles überstand. Das Land mußte, nach 14-jähriger Pacht, geräumt werden. Das Entfernen der großen Pflanzen und Sträucher ging über meine Kräfte. Der Püntenpächterverein besorgte dies alsdann für teures Geld. Vieles schleppte ich per Töffli und Leiterwagen heim, was je nach Ladung jeweils eine ganze Stunde erforderte.

In Herisau hatten unsere Nachfolger einen Scherenschleifer in unsre Zimmer geführt, weil er auch nach alten Möbeln gefragt hatte. Die Leute hatten sich Schlüssel machen lassen. Als ich in unsre, ¼ Jahr zuvor extra schön eingeräumten Zimmer eintrat, erschrak ich sehr. Wie sah es aus! Alles drunter und drüber und mehrere Möbel nicht mehr da. [...] Wenn mein Gatte geahnt hätte, welches Ende es dort gab! Ach, wie schwer war das Leben ohne ihn! Er wird mir immer fehlen.

Noch darf ich in unserm gemeinsamen Haus hier leben. Die Altersbeschwerden werden zunehmen, doch muß ich für viel Gutes dankbar sein, zum Beispiel, daß ich noch ohne Brille sehen kann trotz meiner 81 Jahre. — Eine große Freude durfte ich diesen Herbst (1980) noch genießen. Meine Heimatgemeinde lud ein zu einem Treffen meiner gleichnamigen und von dort gebürtigen Bürger, weil der bekannteste Bürger unsres Namens seinen 150. Geburtstag hätte feiern können. Die kleine, kaum bekannte Gemeinde veranstaltete ein großes, wohl einmaliges Fest. Fast 400 gleichnamige Bürger aus 20 Kantonen und sogar noch aus dem Ausland trafen ein. Ich war glücklich, bei diesem Anlaß meine Heimat wieder einmal zu schauen, wo überall Erinnerungen wach wurden. In der großen Festhütte war Hochbetrieb, ein eigens für unsre Gemeinde gedichtetes Lied wurde von den Kindern gesungen, manche Vereine wirkten mit, circa 500 Brieftauben, Hunderte von Kinderballonen und ein großer Gasballon wurden fliegen gelassen, ein Ochse briet am Spieß, Kutschenfahrten gab es und vieles andere mehr, kurz es war ein unvergeßliches heimatliches Freudenfest.

Soweit meine Lebensgeschichte. Es ist kein Roman, sondern eine wahrheitsgetreue Rückschau geworden. Mir scheint, mein langes Leben sei doch recht bewegt gewesen. Da ich in der Verwandtschaft die letzte meiner Generation bin, wird mein Geschreibsel meine Neffen, Nichten, Großneffen und Großnichten vielleicht noch interessieren. Gott hat Gnade gegeben zu meinem Leben, ihm vertraue ich auch in der Zukunft.

[Einige Passagen über Heuernte, Ausflüge, Reisen und Probleme mit der Wohnung in Herisau wurden gekürzt. R.S./R.B.]

Libelle
*weiblich, *1899, Buchhändlerin*

Ich möchte einiges aus meiner Jugendzeit erzählen, in der es nicht immer am Schnürchen ging, sondern durch allerlei Kreuz, durch dick und dünn, aber auch auf schöne sonnige Höhen.

Im Jahre 1899 wurde ich im Schulhaus Strass bei Frauenfeld geboren. Dort amtete seinerzeit mein Vater als Lehrer. Wir wohnten im Schulhaus, oben war unsere Wohnung und im Parterre die Schulzimmer. Die Lebensumstände waren noch recht einfach. Das Essen war gesund, am Morgen ein Habermus, dann viel Gemüse und Brot und Äpfel.

In der Küche sah es um die Jahrhundertwende recht primitiv aus. Das Wasser mußte hinaufgepumpt werden. Auf Tabourets standen eine wunderschöne Kupfergelte, ein ovales Spülbecken, dazu gehörte auch ein kupfernes «Gätzi» zum Wasserschöpfen. Diese kupfernen Gegenstände haben wir immer in Ehren behalten. Sie stehen seit meiner Heirat vor 57 Jahren mit Pflanzen gefüllt in meiner Wohnstube. Petroleumlicht erleuchtete die Zimmer, das elektrische Licht kam erst im Jahre 1911 ins Haus. Es war das reinste Wunder für uns! Wenn man zurückdenkt, so wurde unsere Generation mit Fortschritt und Technik völlig überrannt!

In diesem großen Haus verbrachte ich mit meinen Geschwistern eine schöne Jugendzeit. Der Vater war etwas streng mit uns, aber gerecht! Unsere gütige Mutter leistete viel. Außer den Hausgeschäften nähte, flickte und strickte sie alles selbst, besorgte den Garten, auch hielt die Lehrersfamilie das ganze Haus in Ordnung. Im Winter mußte manchmal der Vater oder die Mutter um 4.00 Uhr früh aufstehen, um ein Büschel Holz in den Kachelofen zu schieben, damit die Schulstube, wenn die Kinder anrückten, geheizt war. Natürlich wurden auch wir Kinder zum Helfen herbeigezogen. Wir schafften Holz und Wasser in die Küche. Und ich weiss noch gut, wie jeweilen am Samstag alle unsere Schuhe zum Putzen bereitstanden. Zuerst mußte aber die schwarze Wichse mit Kaffeewasser angerührt werden. Das gab dann einen Hochglanz!! In den Sommerferien war es unsere Aufgabe, den ganzen Schulplatz zu jäten. Während der Ferienzeit durften wir aber auch ins Schulzimmer hinunter. Mit farbigen Kreiden bemalten wir die Wandtafeln. Mir gefiel dies besonders gut. Für mein späteres Leben habe ich von diesem Zeichnen viel profitiert. Da hatten wir noch den Turnplatz. Immer waren Kinder da. Ein Reck, eine Einrichtung zum Hochspringen, ein Barren fehlten nicht. Wenn wir dann beim Spielen des Vaters wohlbekannten Pfiff hörten — und den kannte jedes Kind im Dorf —, liefen wir im Galopp heimzu. Hörten wir den Pfiff nicht selbst, so wurden wir von den andern gerufen: «De Lehrer hät pfiffe!!» — War das noch schön! Wir konnten ungestört auf den Straßen Ball spielen, Seiligumpe, Kreiseln, mit den «Chlückerli» (Murmeln) in die Erdlöcher zielen. — Dann kam die Zeit für die Sekundarschule. Die Kantonsschule stand damals nur den Knaben offen. Das war ein weiter Schulweg nach Frauenfeld, eine Stunde hin, eine Stunde zurück, zum Mittagessen heim, also gab's vier Stunden Weg. Ich war für mein Alter klein, aber flink. Wer würde das heute noch einem Mädchen zumuten? Ein Velo kam damals noch nicht in Frage. Es hieß, das wäre für die jungen Mädchen ungesund! Ganz allein nahm ich den Weg unter die Füße, bei Sonne, Regen, Wind und Schnee. Unser Vater lehrte uns: «Jedes Wetter ist schön!» Ja, was konnte einem das Wetter anhaben? Man lernte den unaufhörlichen Szenenwechsel lieben. Wie schnell ging die Verwandlung am Himmel vor sich, das reinste Wolkentheater. Ich fand damals viel Schönes und Erhebendes in der Natur, abseits der staubigen Straße. Man entdeckte plötzlich eine schöne, seltene Blume, einen unbekannten, bunten Schmetterling. Ich suchte eigenartige Steine und konnte einer Ameise zuschauen, wie sie eine Last schleppte, die ein paarmal größer war als sie selbst. Ein solcher Weg hatte aber auch sonst viel Gutes und lohnte sich in mancher Beziehung. Konnte ich doch die französischen Vokabeln repetieren, Gedichte aufsagen, laut vor mich hinschwatzen. Es hörte ja kein Mensch zu. Also, es blieb mir viel Zeit, über alle Schulaufgaben nachzudenken. Ich ging dafür gerne in die Schule. Wenn ich mich einmal auf dem Heimweg verspätete, dann zog ich flugs die Schuhe aus. Der beste Weg war dann der Fußweg, direkt durch eine Furt heimzu!

In nächster Nähe unseres Schulhauses, zwischen Frauenfeld und Strass, war der Egelsee. Ein großes Moor mit viel Wasser. Wir konnten sogar mit einem kleinen Boot darauf «Schiffli» fahren. Wir hüpften von Grasböschen zu Grasböschen, und der Boden wippte dann so herrlich unter den Füßen. Das Ried war ein wunderschöner Aufenthaltsort für uns Kinder. Was konnten wir nicht alles bestaunen! Unser Vater zeigte uns ganz behutsam die Nester der verschiedenen Brutvögel. So schöne, farbige Käfer und Insekten, so große blaue Libellen habe ich nie mehr sehen können. Die Flora war großartig: alle Arten Orchideen bis zur fleischfressenden Pflanze, dem Sonnentau. — Dieser Moorboden birgt so viele Geheimnisse aus der Zeit der Pfahlbauer. Der Archäologe und Forscher Dr. Jakob Messikommer aus Seegräben suchte nach viertausend Jahre alten Schätzen. Unser Großvater war sein Freund, und so bekamen auch wir Kinder großes Interesse an den verschiedenartigen Scherben. Historiker setzten die vielen Teile zu Töpfen zusammen. Man fand Steinbeile, Hacken, Pfeilspitzen, Textilreste und so fort. Diese ersten Ausgrabungen betrafen aber nur eine oberste Schicht des Moores; Karl Keller-Tanuzzer forschte weiter. Bevor die Zuckerfabrik erbaut wurde, kamen holländische Wissenschaftler zuhilfe, um auf der Fundstelle weitere Ausgrabungen zu machen. Wer diese Moorlandschaft von einst kannte, wird sie heute kaum wiedererkennen. Durch mein ganzes Leben hafteten mir diese Bilder in Erinnerung. Der Egelsee dient bereits als Absetzbecken für die Zuckerfabrik. Jammerschade um so einen herrlichen Biotop!

Im Jahr 1912 erhielt die Schweiz Besuch. Der deutsche Kaiser Wilhelm II. hatte an den Manövern unserer Schweizer Armee großes Interesse. Sein Extrazug war auf dem Gleis des SBB-Bahnhofes in Frauenfeld abgestellt. Wir hatten schulfrei. Wir bestaunten den Salonwagen des Kaisers, an den Fenstern hingen Vorhängli, und die Polstermöbel waren aus rotem Plüsch! Der damalige Bundespräsident Louis Forrer begleitete den Kaiser in einem offenen Auto durch die Stadt. Abends fuhren die ausländischen Besucher zu ihrem Gastgeber, Herrn Oberst Fehr, in die Kartause Ittingen.

Für unsere Familie kam dann eine schwere traurige Zeit. Mein Vater starb plötzlich an einem Herzversagen. Das war hart! Da hieß es — Zusammenhalten, und wir merkten bald, wie gut wir es konnten; jeder half dem andern.

Auch politisch war es eine bewegte Zeit. Der Erste Weltkrieg erschütterte Europa. Ich erinnere mich noch gut an den aufregenden Tag, als am 7. August 1914 unsere Truppen zur Grenzbesetzung einrücken mußten. Alles wurde teurer, die Lebensmittel knapper, und sie wurden abgeteilt: so Brot, Mehl, Reis, Zucker, Butter, Fett, Teigwaren et cetera. Man mußte sich in alle diese Einschränkungen ergeben. Und doch ging es uns noch gut, wir hatten den Frieden im Lande! Ich denke zurück an die langen Eisenbahnzüge, die voll ausgehungerter Kinder in unser Land kamen!

Mitten im Ersten Weltkrieg 1916/17 zog ich ins Welschland, ins Vallée de Joux, ganz nahe der französischen Grenze. Ich besuchte die Handelsschule. Eigentlich wäre ich gerne Lehrerin geworden; aber es gab damals viel zu viele Lehrgotten. — Im Gebiet des Mont Risoux patrouillierten die französischen Grenzsoldaten. Ihre Uniform bestand noch aus den auffälligen, feuerroten Hosen. Zwischen den Tannen hindurch konnten wir ganz gut die Soldaten sehen. Es war recht gemütlich! In selben Zeiten hatten wir Deutschschweizer es etwas schwer mit den Welschen. Gegensätze waren offen ausgebrochen. Es ist wahr, bei Kriegs-ausbruch waren wir eben deutschfreundlich gesinnt. Wenn wir damals Ausgang hatten, mahnte man uns immer: «Redet ja nicht deutsch, sonst seid ihr des Boches — de sales Boches!!» Den Uhrmachern wurde in selber Zeit die Arbeit genommen oder so beschränkt, daß sie kaum mehr leben konnten. Es war eine schwere Zeit für das Tal der arbeitslosen Uhrmacher, wo einer nach dem andern auf dem Arbeitsamt seinen Stempel erhielt. Während der Kriegszeit führten ganze zwei Züge pro Tag ins Vallée de Joux hinauf. Da gab es für uns Welschlandmädchen keine Besuche zuhause, nicht einmal an Weihnachten.

In einem angesehenen Verlag in Frauenfeld erlernte ich den Umgang mit Büchern. Recht gerne bediente ich in der Buchhandlung die Kunden. In die Verlagsabteilung kamen viele Autoren, die ich persönlich kennenlernte. Sie gaben ihre Manuskripte ab. Es waren: J.C. Heer, Ernst Zahn, Alfred Huggenberger, Meinrad Lienert, Paul Ilg, Max Pulver, der über die Erotik der damaligen Zeit in erstaunlich offener Sprache geschrieben hat. Die anregenden Bücher von Arthur Schnitzler wurden dagegen verboten und aus dem Verkauf zurückgezogen. Und — was können wir heute alles lesen?!

In unserer Jugend hatten wir natürlich weniger Anfechtungen von außen zu bewältigen. Es lockten noch keine Kinos, keine Diskotheken, kein Radio, keine Heftli. (Die harmlosen Pariser Magazine schauten wir uns nur unter dem Tische an!!) Obwohl wir eine viel längere Arbeitszeit hatten, so blieb uns doch viel Zeit zur Weiterbildung, Musik, Bücher lesen et cetera. Auch fand ich damals Anschluß bei der Maitligruppe der «Wandervögel». Fritz Wartenweiler war unser Vorbild. Jung waren wir — von Tatkraft geladen! Was müßte ich da nicht alles erzählen? Wir wanderten — wanderten! Zum Beispiel zu Fuß: Von Frauenfeld auf die Kyburg und zurück; von Frauenfeld an den Untersee; von Frauenfeld auf die Neuburg bei Wülflingen; von Frauenfeld nach Schaffhausen.

Warum bleiben heute so viele Jungen während ihrer Freizeit in der «Beton»-Stadt zurück, wo doch draußen immer noch Luft und Sonne locken?

Und dann — heiratete ich, und zwar einen städtischen Beamten! Meinen erlernten Beruf durfte ich keine Viertelstunde ausüben; denn Doppelverdienen erlaubte die Stadtverwaltung Winterthur nicht. In den Fabriken gab's wenig Arbeit. Wir hatten zuviele Arbeitslose: Ingenieure, Techniker, Kaufleute, Lehrerinnen und sofort. Ich hatte doch so viel Freude an meinem Beruf gefunden und mußte jetzt wieder umdenken, bescheiden und genügsam sein. Dies klingt alles so einfach; aber ich hatte das Bedürfnis, etwas zu tun. Ich wandte mich dann dem Kunstgewerbe zu. Schaffte fleißig und beteiligte mich an Ausstellungen; aber wer hatte in selber Zeit schon Geld übrig für «unnötige» Geschenke? Auch heute lebt in unserer Industrie-Stadt noch ein haushälterisches Völklein! Es ging also wirklich nicht alles am Schnürchen!

Martha Weilenmann-Wehrli

Webstuhl
männlich, *1899, Maschinentechniker,Fachlehrer

Eine solche Lebensgeschichte kann man unterteilen in verschiedene Sektionen, etwa: Die Zeit vor Schulbeginn, die Zeit des Schulbesuches, die Zeit der Berufslehre, bei mir 1916 bis 1920, die Zeit der Weiterbildung am Technikum 1920 bis 1923, die Zeit der Berufstätigkeit bis 1965, die Zeit des «Ruhestandes» 1965 bis heute.

Aus der Kindheit, bis zum Schulbeginn sind sicher Erinnerungen mangelhaft und unklar vorhanden. Einiges sehe ich aber doch ganz klar noch vor mir. Das sind zum Beispiel die Spaziergänge, welche die Mutter mit uns zwei Kindern oft an Nachmittagen an die Waldränder des Brühlberges oder Eschenberges unternahm. Die Mutter mit einer «Lismete» und wir mit Ball und andern Spielzeugen. Als wir etwas größer waren, ging's auch auf den «Brühlkopf», den höchstgelegenen Punkt auf dem Brühlberg, dort, wo heute der J.C. Heer-Stein steht. Dort oben war es besonders günstig für allerlei Spiele. An all diesen Orten hatte es schon damals Ruhebänke, die wir weniger in Anspruch nahmen als die Mutter. Meine Schwester, Jahrgang 97, und ich, Jahrgang 99, hatten immer große Freude an diesen Nachmittagen; diese sind mir in guter Erinnerung geblieben. Das Schöne ist, daß an diesen Waldpartien auch heute noch fast an den gleichen Stellen Ruhebänke stehen und daß man auch heute noch Mütter mit ihren Kindern trifft. Diesbezüglich hat sich in Winterthur nicht viel geändert und dies sicher nur dank der gepflegten Wälder; zum Beispiel der obere Vogelsang hat sich überhaupt nicht geändert, außer einer Mini-Golf-Anlage. Die Häuser, die im Vogelsang-Quartier gebaut worden sind, haben respektablen Abstand vom Waldrand.

In Erinnerung ist mir auch unser ganz kleiner Vorgarten vor und neben dem Vierfamilienhaus an der Gertrudstraße. Etwas mehr als die Hälfte der Gartenfläche war mit Kies bedeckt, und dieser Kies war unser Spielzeug für ganze Nachmittage, wenn die Mutter anderes zu tun hatte. Unser Vater, ein Feinmechaniker, war zu jener Zeit in Stellung in der Maßstabfabrik in Schaffhausen. Zum Mittagessen konnte er nicht nach Hause kommen, und ich sehe heute noch das Emailkesseli vor mir, welches ihm die Mutter mit Habermus oder sonst etwas bereitstellte, das er früh morgens, wenn wir noch tief im Schlaf waren, als Mittagessen mitnahm. Auch den Korbkinderwagen mit hohen Rädern sehe ich noch vor mir, und auf diesen komme ich dann später noch zu sprechen. Interessant ist, daß fast die gleichen Kinderwagen heute wieder modern sind. Nun aber weiter zur Schulzeit.

Es war damals fast durchwegs üblich, daß die Mutter den ersten Schulgang mitmachte. So auch bei mir. Fast auf dem ganzen Schulweg, der nur etwa fünf Minuten dauerte, waren unsere Gedanken nur von einer Frage beherrscht: Welcher Lehrerin oder welchem Lehrer werde ich zugeteilt? Die Zuteilung erfolgte durch das Los. Dieses Los durften wir selbst ziehen, und die Entscheidung war endgültig. Wir beide, meine Mutter und ich, hatten nur den Wunsch, daß ich zu Fräulein K. komme, und so kam es auch mit dem gezogenen Los. Natürlich war mein Wunsch geprägt durch Mutters Wunsch. Dieses Fräulein K. war eine wunderbare Lehrerin, und ich stand mit ihr in Kontakt bis zu ihrem Tod, circa Ende der 60-er Jahre. Drei Jahre ging ich im Neuwiesenschulhaus zu Fräulein K. in die Schule. Ich erinnere mich speziell an zwei Fächer, nämlich ans «Singen» und «Turnen». Im Singen war ich nämlich gut, ich durfte oft vor der ganzen Klasse vorsingen, und Turnen, das machte mir viel Spaß. Ich war ein kleiner Knirps, etwa der zweit- oder drittkleinste der Klasse, dafür war ich aber auch sehr wendig und flink, das kam mir oft zu gut, wenn ich vor größeren und stärkeren Kameraden fliehen mußte. Von zu Hause hatte ich nur etwa fünf Minuten zur Schule, aber der Heimweg verzögerte sich oft, denn es hatte unterwegs allerlei Gelegenheiten zu Seitensprüngen, zwei laufende Brunnen und ein großer Steinhauerplatz. Dieser Platz war voller großer Sandsteinblöcke, neben fertig behauenen Bauelementen, ein idealer Platz für Spiele wie Versteckens und Räuberlis, aber etwas gefährlich, denn oft gab es zerschlagene Knie und Ellenbogen, die dann zu Hause nebst entsprechendem Schimpf gepflastert und verbunden wurden. Dieser Steinhauerplatz mußte dann einem Röhrenlager weichen, welcher nicht mehr als Spielplatz diente, denn er war eingezäunt.

Die Gertrudstraße, an der wir wohnten, diente damals auch noch als Spielplatz. Da spielten wir mit Kreisel, mit Ringen aus Holz, mit Glaskugeln, einfach, die Straße gehörte uns. Nur wenn die «Högli» (das war die Strickwarenfabrik W.Achtnich) Feierabend hatte, dann war es aus mit Spielen auf der Straße, dann war die Straße wenigstens für etwa eine Viertelstunde von den vielen heimwärts strebenden Frauen besetzt. Mit diesem Schulweg zum Neuwiesenschulhaus war es dann nach dem dritten Schuljahr zu Ende.

Wir, die im oberen Teil des Neuwiesenquartieres wohnten, wurden dem Altstadtschulhaus zugeteilt, weil es in der Neuwiese zu wenig Platz hatte. Zum Altstadtschulhaus war der Weg etwas länger, unter dem Bahnhof durch und dann die Museumstraße (heute Stadthausstraße) hinauf bis zum Schulhaus. Die Überquerung des Bahnhofplatzes war problemlos, auch für uns Kinder. Zu jener Zeit gab es die Tramverbindung Winterthur-Töss noch nicht ab Bahnhofplatz, sondern ab Restaurant Wartmann, also westlich vom Bahnhof. Dieses Tram, das durch die Rudolfstraße an der Gertrudstraße vorbeifuhr, also direkt an unserem Haus vorbei, hatte für uns Buben einen besonderen Anreiz für Lumpereien. Wenn wir einige Batzen hatten, kauften wir «Käpsli», legten diese in Abständen von circa einem Meter auf die Tramschienen, und wenn dieses Vehikel darüber fuhr, tönte es fast wie ein Maschinengewehrfeuer. Der Tramführer hatte daran keine Freude, deshalb versteckten wir uns hinter den großen Akazienbäumen am Straßenrand. Apropos Akazienbäume (heute stehen andere Bäume dort), im Frühling duftete es von den weißen Blütendolden wunderbar. Für unsere Mutter brachten wir solche Dolden nach Hause, sie tauchte diese in Omelettenteig und machte im schwimmenden Fett Akazienküchlein. Solche Leckerbissen sind nicht mehr «in» auf den heutigen Menukarten, aber wir fanden sie wunderbar.

Zur Illustration der Geschwindigkeit dieses Winterthur-Töss-Expreß diene folgende Geschichte: Zur Abfahrt beim «Wartmann» fand ich mich auch beim Wartehäuschen ein. Wenn der Tramführer mit einer Glocke das Signal gab zur Wegfahrt, dann begann ein Wettlauf zwischen mir und dem Tram. Bald nach dem Start überholte mich das Tram, bei der nächsten Haltestelle überholte ich den elektrischen Kasten und so ging es weiter, so daß wie beide zugleich in Töss ankamen. Bis das Tram, das heißt der Führer, zur Rückreise bereit war, konnte ich mich etwas erholen, und dann ging es in gleicher Weise wieder zurück zur Endstation beim «Wartmann». Das Lächeln des Tramführers verriet mir, daß auch er seinen Spaß hatte an dieser sportlichen Übung. Bevor ich dann nach Hause ging, mußte ich noch schnell den steinernen Löwen, welcher den Eingang zum «Wartmann» hütete, streicheln, und wenn Vater Wartmann nicht gerade in Sicht war, schwang ich mich noch schnell auf den Rücken des böse dreinblickenden Tieres. Offenbar war dieser Löwe Werbefigur für die «Löwenbräu». Inzwischen ist er längst verschwunden, aber das Bier ist geblieben.

Uns Buben fand man natürlich auch sehr oft bei einem dampfenden Stahlroß auf dem Bahnhof. Das war immer ein überwältigender Anblick, wenn so eine schwere Dampflocki, die auch in Winterthur geboren wurde, ansetzte, den Zug nach Zürich in Bewegung zu bringen. Nicht immer gelang dies zum erstenmal, oft glitschten die Räder auf den Schienen, und der Startversuch mußte wiederholt werden. Wir kannten schon eine ganze Reihe von Fachausdrücken von Elementen an einer Loki, Kolben, Kolbenstange, Überdruckventil et cetera, auch in die Feuerbüchse konnte man ab und zu einen Blick werfen, wenn der Heizer die Türe öffnete und Kohlen aufs Feuer warf. Mich wunderte immer, mit welcher Geschwindigkeit und Präzision die Kohlen genau dort landeten wo sie hingehörten. Die Zürcherstraße wurde damals noch à Niveau über die Geleise geführt, das gab immer lange Wartezeiten für Fuhrwerke und gelegentlich auch für Autos, wenn der Bahnübergang längere Zeit gesperrt war. Für die Fußgänger hatte es eine Passage unter den Geleisen durch. Diese Fußgängerunterführung verband die Rudolfstraße mit dem Bahnhofplatz und der Marktgasse.

Stadtwärts dieses Bahnüberganges und der Fußgängerunterführung war ein richtiger Tummelplatz für unternehmungslustige Buben (und Mädchen). In diesen Platz mündete die Marktgasse, die Eulachstraße (heute Technikumstraße), die Zürcherstraße und der Bahnhofplatz. Eingerahmt war dieses Geviert von der «Schlangenmühle» (erstklassiges Hotel), der Adlerapotheke, der Arch, dem Restaurant Helvetia (in der Bubensprache d'Helfti), und die Attraktion dabei war die in offenem Bett daherschleichende Eulach. Dieser Bach, dem unsere Stadt den Namen «Winterthur am Eulachstrand» verdankt, bildete hier eine stehende Pfütze, eher aussehend wie Jauche als wie Wasser, stinkend und die Ufer von Ratten bewohnt. Die Eulach ist hier durch eine Verbauung gestaut, damit die «Sauce» in einen Industriekanal geleitet wird. An diesem Kanal sollen früher mehrere Wasserräder gelaufen sein; ich erinnere mich nur noch an ein einziges, nämlich an die Sägerei am oberen Ende der Schützenwiese. Dort mußten wir der Mutter jeweils Sägemehl holen, damit sie mit feuchtem Sägemehl den Küchenboden reinigen konnte. Dann blieb ich natürlich eine Weile stehen, um den Vollgatter, der

«Webstuhl» (2.v.l.), fünfjährig, mit Schwester und Cousin

Die Maschinenschlosserlehrlinge der Gebr. Sulzer (darunter «Webstuhl» machen eine Exkursion zu Saurer, Arbon (um 1918)

vom Wasserrad getrieben wurde, zu bewundern. Bei der Wasser-Verbauung bei der Adlerapotheke fiel das Wasser, welches nicht in den Kanal gelangte, auf einer Breite von 30 bis 40 Metern über verschlammte Bretter hinunter ins Eulachbett. Beide, Kanal und Eulach, wurden unter der Zürcherstraße und unter der Rudolfstraße weitergeleitet, der Kanal hinter und die Eulach vor dem Wohlfahrtshaus von Gebrüder Sulzer. Beides waren offene, aber stinkende Gewässer. Trotz allem Gestank war das Eulachbett unterhalb der Verbauung oft unser Spielplatz, nicht gerade zur Freude unserer Mutter, denn wir waren oft von oben bis unten voll Schlamm und Dreck. Ich habe jetzt die ganze Gegend, Bahnhof, Bahnhofplatz, Eulach so quasi in Zusammenhang mit dem Schulweg zum Altstadtschulhaus erwähnt. Tatsächlich spielte diese ganze Gegend, hauptsächlich auf dem Heimweg aus der Schule, eine große Rolle, und all die Versuchungen, die damit verbunden waren, waren auch oft schuld am verspäteten Heimkommen.

Im Altstadtschulhaus hatte ich dann einen Lehrer. A.O. war viel strenger als Fräulein K. im Neuwiesenschulhaus. Oft war das Meerrohr Ausdruck der Strenge. In der Klasse bei Herrn O. gab es eine Sitzordnung, welche jeden wissen ließ, wo die gescheiten und wo die schwachen Schüler sitzen. Zuhinterst waren die mit den guten Noten und umgekehrt. Ich saß in der vordersten Reihe, aber nicht wegen den schlechten Noten, sondern weil ich kurzsichtig war. In der fünften Klasse entdeckte man erst, daß meine Kurzsichtigkeit mit einer Brille korrigiert werden sollte. Also erhielt ich eine Brille und konnte damit in die dritthinterste Reihe umziehen. Diese Rangierung, verbunden mit der Sitzordnung, würde sicher heute nicht mehr akzeptiert. Im späteren Leben hat es sich auch gezeigt, daß sich nicht diejenigen mit den besten Noten auch im praktischen Leben am besten bewährt hatten. Item, den Lehrer O. hatten wir trotz, oder vielleicht gerade wegen seiner Strenge gern, er war eben auch korrekt. Er beurteilte nur nach der Leistung, nie bevorzugte er einen Schüler wegen seiner Herkunft. Ich war kein Glanzschüler, und die Zeugnisnoten machten meinen Eltern mehr Eindruck als mir.

Auf dem Heimweg aus der Schule kehrte ich oft schnell beim Hutmacher Bliss an der Museumstraße ein. Die Familie Bliss war mit uns befreundet. Bei diesem Hutmacher gab es für mich allerlei Interessantes zu sehen. Da wurden noch Zylinder und Melonen auf einer Form unter Dampfdruck geformt und gebügelt. Es roch immer nach gedämpftem Filz, abgesehen vom intensiven Geruch des Schnupftabaks, den der alte Bliss fleißig schnupfte. Auch uns Buben bot er seine Dosen mit Schnupftabak an, aber wir oder ich hatten schon genug vom Geruch in der Umgebung von Vater Bliss. Ganz in der Nähe dieser Hutmacherwerkstatt war auch die spanische Weinhalle (heute im Umbau für Jelmoli) wo sich Bliss des öftern von seiner strengen Arbeit Erholung suchte. Er war eine markante Persönlichkeit im Winterthurer Stadtbild. Es gab zu meiner Bubenzeit noch mehr solche Menschen, die einfach ins Stadtbild integriert waren.

Eine solche Figur war auch die «Jumpfer Hofmann», hauptsächlich bekannt im Kreis der wohlhabenden Familien, welche ihre Wäsche zum Bügeln ausgaben. Fräulein Hofmann bügelte für ihre Kunden, über die ganze Stadt verteilt. In ihrem Bügelzimmer stand ein viereckiger Ofen mit schräggestellten Flächen, an welchen die Bügeleisen erhitzt wurden. Der Ofen wurde mit Holzkohlen geheizt. Vier Eisen standen rings um den Ofen, wenn das eine heiß war, wurde gebügelt und wenn dieses etwas abgekaltet war, kam das nächste dran, und so weiter. Zur Temperaturprüfung machte Fräulein Hofmann den Zeigefinger naß und betupfte die heiße Fläche; wenn es zischte, dann war es gut, und sonst war das Eisen noch zu wenig heiß, so einfach war das. Wenn die Wäsche gebügelt war, mußte sie an die Kundschaft vertragen werden, und das war dann oft unsere Aufgabe. Dann kam also der erwähnte Kinderwagen in Funktion. Mit dem voll beladenen Korbwagen rannten wir dann förmlich zu den Kunden von Fräulein Hofmann. Im Heimweg ging es dann toll zu, entweder saß meine Schwester im Wagen oder ich, das andere war Motor oder Roß. Wir hatten die größte Freude, so richtig durch die Straßen zu sausen. Autos kamen uns nicht in die Quere, und die Passanten mußten Seitensprünge machen, wenn sie heil davonkommen wollten (natürlich etwas übertrieben geschildert). Wenn im Herbst die Kirschen, Zwetschgen, Birnen und Äpfel reiften, dann diente unser Wagen noch für anderen Warentransport. In Seuzach holten wir Kirschen und Zwetschgen und in Hettlingen hauptsächlich Zuckerbirli zum Einmachen und Usteräpfel zum Dörren (diese Äpfel hießen «Zitrönler», sie waren zwar nicht sauer, sondern süß, aber sie hatten die Form von Zitronen). In unserer Familie kam oft Habermus auf den Tisch, und weil die Mutter Hafergrütze in größeren Quantitäten einkaufte, holten wir mit unserem Gefährt in der Hafermühle bei Effretikon diese Grütze, vielleicht 20 Kilogramm aufs Mal. An der Straße nach Effretikon hatte es eine richtige Höhle, ja, sie existiert immer noch. Da mußten wir beide natürlich eine Rastpause einschalten. Für eine Viertelstunde oder auch mehr waren wir Höhlenbewohner in der Fantasie mit allem drum und dran. Das sind also die Erlebnisse mit dem alten Kinderwagen.

Zu dieser Zeit, als ich in der vierten bis sechsten Klasse war, gab es in unserer Gegend, Rudolfstraße, Zürcherstraße und Bahnhofplatz große Veränderungen. Die Zürcher-Unterführung wurde gebaut. Das war eine lärmige Zeit für uns an der Gertrudstraße. Bereits waren schwere Baumaschinen im Einsatz, aber niemals in dem Ausmaß wie heute bei solchen Bauvorhaben. Mit dieser Unterführung wurde auch die Eulach eingedeckt, das heißt unterirdisch geführt, in einem Tunnel. Dieser begann beim Kuttler Felber, neben dem Restaurant Alpenrose, und endete an der Neuwiesenstraße, bei der Villa Ninck. Diese Tunnelröhre konnte man jetzt beim Bau des Neuwiesen-Einkaufs-Zentrum von außen sehen.

Ich habe oben den Kuttler Felber genannt, ja das gab es damals, einen Lebensmittelladen, der sich fast ausschließlich mit dem Verkauf von Kutteln befaßte. Er hatte auch nicht weit für den Bezug der Kutteln, denn am Neumarkt drüben war ja der Eingang zum Schlachthof. Das war auch so eine angenehm duftende Angelegenheit. Heute würden die Leute mit viel empfindlicheren Nasen sagen, dies sei nicht zum Aushalten. Ein Gemüsemarkt unmittelbar daneben und eine Wirtschaft «Metzgerhof», war das möglich? Daß die Eulach von der Oberfläche verschwand, war sicher nicht schade. Mich reute nur die schöne Pappel, die am Rand der Eulach stand. Viele Bäume entlang der Zürcherstraße mußten auch verschwinden, aber einige alte Bäume blieben auch nach der Überdeckung der Eulach noch viele Jahre oder Jahrzehnte stehen, mitten im Grünen zwischen Zürcher- und Neuwiesenstraße. Auf der Mauer der neuen Unterführung wurde dann das Restaurant Erlenhof gebaut, und neben dem Wohlfahrtshaus von Gebrüder Sulzer kam das Gewerbeschulhaus für die Sulzerlehrlinge zu stehen. Dieses Schulhaus stand früher mitten im Fabrikgelände und war das Wohnhaus einer Familie Sulzer. Es wurde am alten Standort abgebrochen und genau gleich an der Zürcher-Unterführung wieder aufgebaut. Das konnte man also damals, vor mehr als 60 Jahren. Leider mußte dieses Schulhaus abgerissen werden, um einem neuen Einkaufs-Zentrum Platz zu machen. Diese Neubauten sind sicher der empfindlichste Eingriff ins Bild des Neuwiesenquartiers, abgesehen vom Sulzer-Hochhaus.

Dieser Eulachtunnel diente uns Buben als Tummelplatz. Einmal stiegen wir am unteren Ende, also bei der Neuwiesenstraße ein, marschierten Eulach-aufwärts, dann in einen Seitenkanal und immer weiter und weiter, bis wir fast nicht mehr gehen, sondern nur noch kriechen konnten. Da war ein senkrechter Schacht mit eingemauerten Steigbügeln, diese benutzten wir und oben angelangt, stießen wir den Schachtdeckel auf, und wo waren wir? — im Garten der Villa Wehntal, wo heute der Turm der Versicherungsgesellschaft «Winterthur» steht. Dieser Tunnel war auch Kampfgelände für Quartierkämpfe, zum Beispiel Töss gegen Neuwiese. Wir aus der Neuwiese neckten: Tössemer Bösche, /wie fressed er d'Frösche,/wie schlucked ers abe,/ihr ewige Hagle. Und dann ging der Kampf los. Manchmal gab's eine Beule oder einen Schranz in den Hosen, Polizei wurde nie aufgeboten, wir wurden selbst fertig.

Die enormen baulichen Veränderungen waren fertig, ich war am Schluß der sechsten Klasse, und man war unschlüssig, was mit mir weitergehen sollte, Sekundarschule oder Gymi. Damals funktionierte offenbar die Eignungsuntersuchung noch nicht, sonst hätte man gemerkt, daß für mich eine praktische Tätigkeit besser wäre als ein Studium. Aber irgend jemand, vielleicht die Mutter, hatte die Vorstellung, ich könnte einmal ein gescheites Haus werden. Der Erfolg am Gymi war sehr unterschiedlich: Algebra, Geometrie, Physik = sehr gut, alles andere weit unter dem Durchschnitt. Es ging volle vier Jahre, bis «man» sich entschloß, mich in eine Lehre zu schicken. Die Wahl war bald getroffen, ich wohnte ja sozusagen neben der Maschinenfabrik, schlich oft in der Umgebung der Fabrik herum. Zudem wohnte ein Sulzer-Monteur im gleichen Haus wie ich, mit dem bastelte ich stundenlang. Dieser Monteur war noch ein wenig mitbestimmend für die Berufswahl. Ich stellte mich beim Lehrlingsvater Sch. bei Gebrüder Sulzer vor. Dieser machte kurzen Prozeß, er betrachtete ein paar Zeichnungen von mir, stellte einige Fragen, und am Schluß hieß es: «Chascht dänn im Mai itrette.» Am 16. Mai 1916 trat ich als Maschinenschlosser-Lehrling bei Gebrüder Sulzer ein.

Während der Jahre am Gymnasium erlebte ich auch den Kriegsausbruch, die Mobilisation von 1914. Ich war noch jung und unerfahren und stand auf Kriegsfuß mit der Schule, und so realisierte ich die Tragweite dieser Tage nicht richtig. Ich hörte und sah den Tambouren, der durch die Straßen zog und mit lauter Stimme zur Mobilisation aufforderte. Ich sah die vielen Soldaten, ich hörte von Vätern, die von ihrer Familie Abschied nahmen, alles ist mir noch in sehr lebhafter Erinnerung. In Hettlingen konnte ich den Bauern helfen beim Heuen und sonst auf dem Feld; das tat ich gerne, und es war dazu noch nützlich, nützlicher als Latein und griechische Geschichte ochsen. In Hettlingen war auch Militär stationiert, da merkte ich bald, daß ich den meist herumsitzenden Soldaten eine Freude machte, wenn ich ihnen in der nächsten Wirtschaft ein paar Flaschen Bier holte. Gewöhnlich gab's dann noch ein paar Batzen Trinkgeld. Bei den Bauern gab's vielleicht ein Stück Brot oder sogar etwas Speck, damit ich nicht mit leeren Händen am Abend zu Hause ankam.

Vor dem Antritt meiner Lehrzeit hatte ich die Gunst, etwas sehr Schönes zu erleben. Mein Onkel in Bern lud mich zum Beginn des neuen Lebensabschnittes nach Bern in die Ferien ein. Damals war eine Reise nach

[Hier folgt im Manuskript die Beschreibung einer Veloreise nach Pany im Prättigau. R.S./R.B.] Daß ich das Technikum besuchen konnte, habe ich zum großen Teil dem zu verdanken, daß ich zu Hause wohnen konnte. Hätte ich auswärts wohnen müssen, wäre die finanzielle Belastung zu groß gewesen. Als ich etwa 9-jährig war, erkrankte mein Vater an einem Augenleiden, innert etwa drei bis vier Jahren erblindete er ganz und war also arbeitsunfähig. Die Mutter erteilte schon vorher Musikstunden (Zither), und diese Aufgabe intensivierte sie, nachdem der Verdienst des Vaters ausgefallen war. Sie hatte bis zu 40 Schüler pro Woche, der Verdienst war aber recht knapp für eine vierköpfige Familie. Deshalb erwähne ich die Gunst, eben während des Studiums zu Hause sein zu können. Viele meiner Studienkollegen waren in Verbindungen, das hatte ich nicht nötig, denn ich hatte ja mein «Zuhause». Zu jener Zeit, auch schon während der Lehrzeit, unternahmen wir, die ganze Familie, inclusive blindem Vater, Wanderungen, zum Beispiel am Morgen zu Fuß von Winterthur nach Talheim zu einer uns nahestehenden Bauersfrau, dort gab es einen feinen Bauern-Zmittag und im Laufe des Nachmittags ging's wieder zu Fuß heimwärts. Auch andere Orte in der Umgebung von Winterthur waren unser Ziel. Die Freude am Wandern ist uns Kindern auch für später erhalten geblieben. Bahnfahren war schon fast ein Luxusereignis.

Während der Studienzeit trat ich zum Teil in die Stapfen der Mutter, indem ich Violin-Unterricht erteilte. Dieses Spiel erlernte ich an der Musikschule Winterthur. Violinstunden, es waren etwa sieben Schüler, ergänzten mein Taschengeld, was für die Beschaffung von allerlei Schulmaterial nötig war. Vom Technikum erhielt ich auch ein Stipendium, welches ich schon im zweiten Jahr der Berufstätigkeit zurückerstatten konnte. Die drei Jahre bis zum Diplom eilten nur so dahin, es waren schöne Jahre. Ich hatte eigentlich in keinem der Fächer Schwierigkeiten und konnte 1923 mit einem sehr guten Diplom abschließen, ohne Bart und ohne Diplomumzug. Es ging ganz schlicht zu, wir drei Kollegen machten zur Feier des Tages einen Fußmarsch nach Kollbrunn und zur Kalksteingrotte, genannt «Tüfelschileli». In dieser Zeit gab es am Technikum allerlei bauliche Neuerungen, wir konnten in einem neu erstellten Maschinenlabor unsere Kenntnisse an im Betrieb stehenden Maschinen aller Art erweitern.

Noch vor der Technikumszeit mußte ich mich militärisch einteilen lassen, wie alle meine Altersgenossen. Mein Stempel lautete «Hilfsdienst», also keine Rekrutenschule. Später, erst Ende der Dreißigerjahre, wurde ich dem Luftschutz zugeteilt. 1923 war Nachkriegszeit, und wir hatten große Schwierigkeiten, eine Stelle zu finden. Wir schrieben Offerten noch und noch, aber meistens ohne Erfolg. Für mich stellte sich dann eine glänzende Chance ein. Ein Studienkollege war der Sohn einer Fabrikantenfamilie, und durch die Bekanntschaft mit dieser Familie konnte ich bald nach Diplomabschluß in die Maschinenfabrik Schwegler & Co. in Wattwil eintreten. Zuerst war ich circa zwei Jahre als Konstrukteur für Holzbearbeitungsmaschinen tätig, und weitere zwei Jahre habe ich als Abteilungsmeister einer Kugellagerschleiferei gewirkt. Damit war der Weg vorbereitet für meine weitere Technikerlaufbahn auf betrieblicher Ebene. Wattwil im Toggenburg bot mir sehr viele und schöne Gelegenheiten für Ausflüge, sei es an Abenden oder auch in der Frühe vor Arbeitsbeginn. Auf solchen Abendausflügen war ich oft begleitet von der Sekretärin in der gleichen Firma, die auch etwa zur gleichen Zeit eingetreten ist. Für Mittag- und Abendessen waren wir auch in der gleichen Pension. Diese Bekanntschaft entwickelte sich dann im Laufe der Jahre (nicht plötzlich) zu einer Freundschaft, und 1929, also sechs Jahre nach der ersten Begegnung, schlossen wir den Bund der Ehe.

Wattwil ist also sicher der Ort der wichtigsten Entscheidung im Leben geworden. Auch heute noch, im hohen Alter, besuchen wir das Toggenburg mit besonderer Vorliebe. Leider mußte ich bei dieser Firma auch eine traurige Zeit miterleben. Die Unternehmer-Familie war eine Freundfamilie zu mir, und diese war durch den Konkurs, welcher 1927 verhängt wurde, besonders betroffen. Die Schwierigkeiten ergaben sich zum Teil wegen schlechter Beschäftigungslage in der Maschinenindustrie im allgemeinen, aber auch durch Fehldispositionen im eigenen Betrieb. Sei es wie es wolle, ich konnte auch miterleben, wie eine andere Firma am gleichen Ort es verstand, die Konkurssituation zu nutzen. Heute würden sicher Wege gefunden, um ein solches Unternehmen zu retten, aber lohnpolitische Faktoren waren in diesem Fall fast ausschlaggebend.

Mit diesem Konkurs war auch meine Tätigkeit bei der Firma Sch. beendet, nicht aber die Freundschaft mit der Familie Sch.. Via Schweizer Alpen-Club wurde ich bekannt mit dem Direktor der Webschule Wattwil, und für diese Schule stellte ich in meinem Zimmer Unterrichtszeichnungen her, welche die verschiedensten Details von Webstühlen in großem Maßstab darstellten. So kam ich erstmals in Kontakt mit der Weberei. In späteren Jahren war die Handweberei ein Hobby von meiner Frau und mir, darauf komme ich später noch zu sprechen. Weil es mir in Wattwil noch recht gut gefiel, pressierte ich gar nicht, mich um eine neue Stellung als Techniker zu bewerben; ich wartete eher eine Gelegenheit ab, und diese zeigte sich dann, wieder in meiner Vaterstadt, nämlich in der Lokomotivfabrik Winterthur. Diese Stelle war fast als

Lehrstelle zu betrachten, denn ich lernte dort unter kundiger Führung das betriebliche Kalkulationswesen. Während zweieinhalb Jahren war ich fast ausschließlich mit der Berechnung von Arbeitszeiten für Erstausführungen beschäftigt. In diese Zeit fiel auch die Vermählung mit der bereits erwähnten Freundin, die ich in Wattwil fand. Die Jahre 1928-29 waren in punkto Verdienst keine glänzenden Zeiten, und für unseren jungen Ehestand trachteten wir darnach, auch finanziell etwas weiter zu kommen. Meine Frau war ja Sekretärin, und sie verfaßte eine ganze Reihe Offerten, gewöhnlich im Zusammenhang mit Inseraten. Das Glück wollte es, daß ich eine Zusage erhielt, als Kalkulator in die Maschinenfabrik Theodor Bell & Co. in Kriens. Da kam mir das in der Loki Gelernte zugut. Ich bekam den Auftrag, eine ganze Papiermaschinenanlage zu kalkulieren, das war ein neues Gebiet und deshalb sehr interessant. Noch in Winterthur wurde unser erstes Kind geboren, ein V., welches dann ab Spital direkt nach Luzern «gezügelt» wurde. In Luzern, das heißt Kriens, blieben wir 11 Jahre, und das war für uns Wanderlustige eine wunderschöne Zeit, abgesehen davon, daß damit auch die Krisenzeit der Dreißigerjahre verbunden war. Trotz der Krisenzeit, es waren magere Jahre, hatten wir doch immer genug zu essen, auch für die wachsende Familie, es kamen 1933, 1935 und 1937 noch drei weitere Mädchen dazu. [Hier folgt eine Beschreibung von Freizeitfreuden am Vierwaldstättersee. R.S./R.B.]

Das waren schöne Zeiten, die 11 Jahre in Kriens. Die Beschreibung wäre aber unvollständig, wenn nicht, wenigstens kurz, die Schattenseiten jener Zeit erwähnt würden. Da sind zu nennen: die ganz miserablen Beschäftigungsverhältnisse in der Maschinenindustrie der ganzen Schweiz. Da erhielten wir Angestellten unserer Maschinenfabrik, welche Turbinen, Seilbahnen, Papiermaschinen herstellte und auch eine Abteilung für Eisenkonstruktionen betrieb, eines Tages einen Zettel, auf welchem mitgeteilt wurde, daß wir von nun an einen Lohnabbau von 25 Prozent zu akzeptieren hätten, ansonsten könnten wir das Anstellungsverhältnis als gekündigt betrachten. Was wollten wir anderes tun, als die Pille zu schlucken, denn eine andere Stelle zu finden, war ja sozusagen ausgeschlossen. Das hieß für eine Familie mit Kindern ganz einfach «Einteilen», Sparen und Sparen. Das lernten wir in dieser Zeit, und vielleicht gehörte dies einfach zu einer Lebenserfahrung. Ich glaube, daß diese Erfahrung der heutigen Generation fehlt. Das ist wie mit dem Rotwild in unserem Nationalpark. Diesen Tieren fehlt der natürliche Feind, und so vermehren sie sich zum Schaden ihrer eigenen Gemeinschaft. Und wenn der Mensch ohne große Schwierigkeiten haben kann, was er will, so stirbt seine Willenskraft, und er sucht irgend einen

Ausgleich oder Ausweg. Schon vor dieser Rezession wurde mir die Leitung des ganzen Betriebes übertragen, das war schön, weil verantwortungsvoll, aber für einen Betriebsleiter ist die Vollbeschäftigung, daß man fast nicht weiß, wo wehren, bedeutend besser zu bewältigen als die Zeiten von Arbeitsmangel, wo man Arbeit an den Haaren heranziehen muß, nur um die Leute zu beschäftigen. Fenster putzen, Wände anstreichen etc. waren solche Tätigkeiten, deren Entlöhnung in der Buchhaltung als unproduktiv erschien. Aber diese Zeit ging auch vorbei, und als es dann etwas besser stand mit der Beschäftigung, da brach der Zweite Weltkrieg aus. Diesmal erlebten wir die Mobilisation natürlich ganz anders als 1914, als wir sozusagen noch in den Kinderschuhen steckten.

Eine Nebenerscheinung war, daß ich plötzlich Offizier wurde, nämlich Luftschutzoffizier als Kommandant des betriebseigenen Luftschutzes. Viel mehr beschäftigte uns aber die Sorge um die Ernährung der Kinder. Da ich schon den Ersten Weltkrieg miterlebt hatte, kann ich feststellen, daß damals die Schwierigkeiten mit der Ernährung größer waren als jetzt 1939-1945. Ich weiß noch gut, wie ich als Bub gelüstete nach Brot, und wenn ich ein Stück bekam, dann zog es Fäden und war schrecklich zu essen. Das war 1939 nicht so; was wir erhielten, auch wenn es hie und da knapp war, war gut. Wir hatten ein besonderes Glück. Zu unserem Geschäftswohnhaus gehörte ein großer Garten mit einem Hühnerhof, so daß wir ab 1935 Hühner halten konnten. So hatten wir das Recht, ohne Eierabgabepflicht pro Person 1½ Huhn zu halten. Dies ergab 1939 für uns 9 Hühner, welche pro Woche circa 30 Eier legten. So hatten wir immer zu viele Eier und konnten Lebensmittelkarten bei Bekannten eintauschen in solche, welche für die Kinder wichtiger waren. Nun muß ich zugestehen, daß ich es nicht richtig empfand, daß wir, quasi als Bauern in der Hühnerhaltung, so viel besser gestellt waren als unsere Mitbürger. Wir durften doch circa zehnmal mehr Eier verbrauchen als andere. Im allgemeinen funktionierte aber in dieser Zeit die Zuteilung gut und ich glaube auch gerecht. Der Plan «Wahlen» hat sich dabei sehr gut ausgewirkt. Wir hatten für unsere Familie noch einen zweiten großen Vorteil. Seit 1932 funktioniert nämlich bei uns ein Handwebstuhl. Wir weben nur für unseren eigenen Gebrauch und quasi als Hobby-Betätigung. Etwa 1937 kauften wir 20 kg rohweiße Wolle, ohne daß wir eine Ahnung hatten, daß wollener Stoff einmal rationiert würde. Diese Wolle reichte uns dann aus, Kleider- und Mantelstoff zu weben für die ganze Familie. So konnten wir wiederum Punkte für Textilien austauschen gegen Brot-, Mehl- oder andere Lebensmittelmarken. Die Handweberei blieb in unserer Familie auch im Alter und als die Töchter erwachsen waren. Alle haben einmal irgend etwas für ihren Gebrauch gewoben. Eine betätigt sich heute noch in dem Dorf, wo sie wohnt, mit Anleitung im Handweben. Schon seit Beginn meiner Tätigkeit als Maschinentechniker erteilte ich im Nebenamt Unterricht an Gewerbeschulen. Das war offenbar ein Zeichen dafür, daß ich Neigung und Freude hatte an der Unterrichtserteilung. Ich glaube sogar, daß die Neigung zu dieser Aufgabe stärker in mir verwurzelt war als die Aufgabe einer Betriebsleitung. 1940 begann ich auch Umschau zu halten nach einer solchen Aufgabe im Unterrichtswesen mit Vollbeschäftigung. Eine solche Gelegenheit bot sich bei der Ausschreibung einer Stelle als Betriebstechniker an der Metallarbeiterschule in Winterthur. Das erste Mal stand ich vor der Anstellung vor einer Schulkommission, die mich, wie man so sagt, auf Herz und Nieren prüfte. Die Beantwortung der technischen Fragen machte mir keine große Mühe und für eine Probelektion hatte ich ja etwelche Erfahrung. So gelang es mir, diese Stelle in meiner Heimatstadt zu erhalten. Der ganzen Angelegenheit war natürlich auch der Abschied von Luzern, Kriens, Pilatus und See anhängig, besonders meiner Frau fiel der Abschied richtig schwer. Anderseits hat sie aber auch eingesehen, daß der Stellenwechsel in Richtung meiner besonderen Neigung ging, und bald versöhnte sie sich mit der doch auch recht schönen Umgebung.

Die Aufgabe an der Lehrwerkstätte für Mechaniker und Feinmechaniker befriedigte mich noch nicht ganz, denn ich hatte mehr mit betrieblichen Aufgaben zu tun als mit der eigentlichen Aufgabe der Ausbildung. Da zeigte sich aber schon 1945 ein Lichtblick. Der Arbeitgeberverband Schweizerischer Metall- und Maschinenindustrieller beschloß die Gründung einer Werkmeisterschule. Als Ort für diese Schule wurde Winterthur ausgewählt. Der ASM suchte Vorsteher und Lehrer für die neu gegründete Schule, und ich hatte das Glück, für die Stelle des Schulvorstehers gewählt zu werden. Ein Jahr lang konnte ich mich, in Zusammenarbeit mit meinem Kollegen, welcher als Lehrer gewählt wurde, mit der Schaffung von Lehrplänen und Lehrstoff für die Führung und den Unterricht an dieser neuen und einzigen Schule in der Schweiz vorbereiten. Am 1. April 1946 wurde die Schule, man kann schon sagen hochoffiziell eröffnet. Nicht nur Spitzenleute der Maschinenindustrie waren anwesend, sondern auch Leute vom BIGA, vom Werkmeisterverband, von der Gewerkschaft, und selbstverständlich Vertreter der Stadt Winterthur waren an der Eröffnungsfeier dabei. Diese fand statt im Hotel Löwen am unteren Graben. Nach dem Essen und den Eröffnungsansprachen begab sich die ganze Gesellschaft zur Besichtigung der Räumlichkeiten, welche von der Stadt gemietet wurden und sich in einem Neubau über der Metallarbeiterschule befanden. Wir beide, mein Kollege und ich, konnten bei der Gestaltung des Neubaues und bei der Einrichtung der Schulräume mitbestimmen. Die erste Unterrichtswoche an der Werkmeisterschule galt ganz den Führungsproblemen, mit welchen ja ein Werkmeister am meisten konfrontiert wird. Jeder dreimonatige Kurs begann mit diesem einwöchigen Einführungsthema, und diese ganze Woche stand unter der Führung des berühmten Arbeitspsychologen Prof. A. Carrard. Um bei diesen Einführungswochen tatkräftig mitwirken zu können, besuchten wir beide eine Reihe Vorlesungen von Prof. Carrard an der ETH und dies noch vor Beginn und Eröffnung der Schule. Damit hatte ich eigentlich das erreicht, was ich anstrebte, nämlich meine betrieblichen Erfahrungen jüngeren Leuten zur Verfügung zu stellen. Ich durfte dies noch 20 Jahre lang tun, bis zu meiner Pensionierung am 1. Mai 1965. Mit jedem dreimonatigen Kurs unternahmen wir mit den Kursteilnehmern 12 Betriebsbesichtigungen, also pro Jahr besuchten wir 36 Betriebe verschiedenster Branchen. Damit konnten wir den Kontakt mit der Industrie aufrecht erhalten und immer die neuesten technischen Errungenschaften erfahren, damit wir diese dann auch im Unterricht einbauen konnten. Die Tätigkeit als Leiter und Lehrer an dieser Schule war die Krönung meiner beruflichen Karriere. Für die Besorgung des Büros, schriftliche Arbeiten et cetera konnte ich meine Frau, welche diese Arbeiten ja «aus dem ff» kannte, einsetzen. Für sie war es etwas Außerordentliches, daß sie Diktate von ihrem Ehemann entgegennehmen konnte. Es war eine schöne Zusammenarbeit. Die Kinder waren ja tagsüber in der Schule, und so konnte sich meine Frau des öftern stundenweise frei machen.

Die Nachfolge im Amt des Vorstehers ging absolut reibungslos vor sich. Der Nachfolger wurde als dritter Lehrer schon fünf Jahre vor meinem Weggang eingestellt. So konnte er sich mit den Grundsätzen der Schule vertraut machen, und im ersten Quartal 1965 trat ich das Amt als Vorsteher an den Nachfolger ab, war aber bis 1. Mai noch als Lehrer tätig. Es wäre wünschenswert, wenn überall der Generationenwechsel so im Einvernehmen beiderseits vor sich ginge.

Die Loslösung von der Schule war für uns beide, meine Frau und mich, kein Problem. Wir begannen den «Ruhestand» mit einem fünfmonatigen Aufenthalt in Kalifornien bei Tochter und Schwiegersohn. Alle Töchter waren bereits erwachsen, hatten ihre Lehrzeiten hinter sich, lernten Fremdsprachen im Welschland, in Frankreich und England, nur eine blieb als Arbeitslehrerin der Schweiz treu. Zwei kamen von England zurück in die Schweiz, und die Jüngste heiratete in Kalifornien einen Schweizer, was uns verschiedene Aufenthalte in diesem schönen Land ermöglichte. Heute sind alle vier verheiratet, die Älteste ohne

Kinder blieb der Swissair treu, indem sie sich mit einem Swissairbeamten vermählte. Die beiden sind als Ehepaar wiederum mit der Swissair verheiratet. Die andern drei brachten uns sieben Enkel, und eine Tochter wurde bereits Großmutter und wir damit logischerweise Urgroßeltern. So stellen wir schon an solchen Ereignissen fest, daß wir älter werden. Aber auch sonst spürt man mit 81, daß vieles nicht mehr mit dem gleichen Einsatz und der gleichen Frische unternommen wird wie früher. In den Haushaltsaufgaben haben wir uns eingeteilt schon seit der Pensionierung, indem ich die Küche und die Einkäufe dazu und mein Mutti die übrigen Hausgeschäfte inclusive Abwaschen übernommen haben. Wandern steht bei uns immer noch hoch im Kurs, sei es in der Umgebung oder im Tessin oder in den Bergen. Auch Gartenarbeiten und selbstverständlich die Handweberei erhalten uns frisch. Eine besondere Freude für uns sind die ausgezeichneten Beziehungen unter unseren Töchtern und Schwiegersöhnen. Wenn alle acht beisammen sind, und das gibt es hie und da, dann ist alles ein Herz und eine Seele.

1979 war ein besonderes Festjahr, beide 80 und im gleichen Jahr 50 Jahre verheiratet. Das benutzten Töchter und Schwiegersöhne zu einem ganz außerordentlichen Fest. Sie luden uns für drei Tage nach Wien ein, und alle waren auch dabei, zu unserer Überraschung auch die beiden aus Kalifornien. Das waren unvergeßliche Tage, und Mutti fertigte ein besonderes Album für «Wien im Herbst 1979» an, wie es im übrigen für alle unsere größeren Reisen illustrierte Reisebeschreibungen in Form von Alben anfertigte. So können wir uns, wenn Reisen spärlicher werden, an Vergangenem erfreuen.

Wie klein die Welt zu unserer Lebzeit geworden ist, zeigte uns der Silvester 1980 und Neujahr 1981 mit folgender Situation: Als wir uns um 24 Uhr zum Jahreswechsel beglückwünschten, am offenen Fenster stehend und den verschiedenen Glockengeläuten zuhörend, war es bei der ältesten Tochter und ihrem Mann schon 1. Januar morgens 7 Uhr und bei der Tochterfamilie in Kalifornien erst 15 Uhr des 31. Dezember, 7 Uhr des 1. Januar in Hongkong anläßlich eines kurzen Besuches, das sind eben diejenigen, die mit der Swissair verheiratet sind. Um 00.20 Uhr läutete dann das Telefon: «Hier ist Hongkong, wir wünschen alles Gute zum Jahreswechsel und für die kommende Zeit, ganz besonders gute Gesundheit». Wir redeten mit der Tochter, wie wenn sie von Wallisellen, wo sie zu Hause ist, telefonieren würde. So kommt der Wandel der Zeit in Wirklichkeit zum Ausdruck, und wir «Alten» erfassen nicht mehr ganz, wie all das vor sich geht und möglich ist. Zufrieden blicken wir aber in unserer Einfachheit zurück auf die erlebten 81 Jahre.

Willy Sulzberger

279

Globetrotter
männlich, *1900, (Hilfsarbeiter) Hotelportier

Geboren in Brütten am 8. Januar 1900, ich war das zweitjüngste von sieben Geschwistern. Mein Vater war Handlanger bei der Firma Rieter in Töss und ging jeden Tag zu Fuß ins Geschäft und abends zu Fuß nach Hause. 1905 zogen wir nach Heuburg ob Wülflingen und zwei Jahre später nach Wülflingen an die Rankgasse. Meine Mutter brachte in einem Kinderwagen das Essen für Vater und einige Kollegen nach Töss. In meinem zweiten Schuljahr verstarb mein Vater an Tuberkulose. Mutter und Kinder kamen ins nahegelegene Armenhaus. Nach etwa zwei Monaten wurde die ganze Familie auseinandergerissen. Die drei Ältesten konnten sich selbst durchbringen. Die vier Jüngeren wurden zu einem Bauern verschachert. Eine Schwester kam in die mittlere Hueb, eine andere nach Aesch bei Neftenbach. Und ich mit meinem zwei Jahre älteren Bruder, nach Seuzach zu K.A.K. an der Hettlingerstraße.

Wir waren unser vier Verdingbuben, die zwei anderen kamen von der Stadt Zürich und wir zwei von der Gemeinde Neftenbach. Zürich zahlte mehr als unsere Gemeinde. Was wir zwei deutlich zu spüren bekamen, indem wir ihre Kleider austragen mußten. Im Stall waren drei Kühe und zwei Kälber. Die Milch mußte meist ich in die Hütte bringen. Morgens und abends. An drei Orten waren auch Reben vorhanden, auch da mußten wir uns nützlich machen. Da ich bis zu meinem 10. Altersjahr eher klein war, hieß es immer, der Kleine macht das. Und daher stammen Minderwertigkeitsgefühle. Die Geschenke, die wir zu Weihnachten bekamen, mußte ich eine Woche später mit einem kleinen Leiterwagen nach Volken bei Flaach zu Verwandten von der Stiefmutter bringen. Meistens war es dunkel, wenn ich zwischen Henggart und Hettlingen den Wald durchquerte. Aus Angst pfiff ich vor mich hin.

Nach meinem sechsten Schuljahr verkauften die Stiefeltern den Betrieb und zogen nach Höngg. Ich wurde nach Aesch bei Neftenbach zu F.F. versetzt. Mein Bruder kam nach Hünikon auch zu einem Bauern. Bei Herrn F. lernte ich das Melken und Grasmähen. Ich ging drei Jahre in die Sekundarschule nach Neftenbach. Ich war sehr gut aufgehoben bei Herrn F. Mein Vormund war Herr Sp., Bäckerei in Neftenbach. Herr Pfarrer G. hatte mich ein Jahr früher konfirmiert, und hat mich wieder zu einem Pfarrer im Welschland nach Provance ob St. Aubin versetzt. Da etliche Kleinkinder da waren, mußte ich meist Schuhe putzen und im großen Garten helfen. Der Lohn war fünf Franken im Monat. Mit Deutschschweizern durfte ich der Sprache wegen nicht verkehren. Am Sonntag mußte ich immer zur Predigt und nachher sofort das Feuer anfachen für das Essen. Genau nach Jahresaufenthalt kam ich nach Flurlingen zu Herrn B., Posthalter, Gasthof zum Rheintal, und Landwirt. Dreimal im Tag mußte ich die Post abliefern und holen im Hauptpostgebäude in Schaffhausen. Zweimal mit dem gelben Zweiräderkarren und das dritte Mal per Velo. Die Post mußte ich am Morgen und mittags in Flurlingen austragen bis hinauf zur Bindfadenfabrik. Herr B. war auch Oberturner im Turnverein, da mußte ich auch turnen gehen. Zweimal im Tag mußte ich den Wasserstand am Pegel am Rhein ablesen, das dem Tiefbaubureau von Zürich und Bern vermittelt wurde.

1918 war die Grippe fast in jedem Haus in Flurlingen, aber ich selber habe sie nie gekriegt.

Am schlimmsten war für mich die Weihnachtszeit, wenn bei der Nachmittagstour bei Wind und Wetter ich den Leuten die Post brachte, die schon am Weihnachtsbaum saßen. Da habe ich öfters geweint. Mit dem 20sten Altersjahr wurde ich in die Hauptpost in Winterthur versetzt.

Ich wurde als Postaushelfer engagiert. Meine Arbeit war, die Post ein- und ausladen, auch per Velo die Briefkasten leeren, eine Tour war sogar bis ins Bruderhaus. Einmal wurde ich nach Wald, Kanton Zürich, versetzt, um die Ferien der Briefträger zu machen. Meine Tour war bis nach Oberholz im Kanton St. Gallen. Später wurde ich nach Wülflingen versetzt für die Ferienablösung. Die eine Tour war bis Neuburg und die zweite Tour in den Lantig. Wieder zurück in Winterthur, wurde unseren drei Postaushelfern gekündigt wegen eines dummen Streichs. Ich fand sofort Arbeit im Hotelgewerbe in Luzern als Portier. Ich fand hauptsächlich Gefallen an Saisonstellen, im Sommer in der Schweiz, im Winter im Süden. Ich habe sehr schöne Erinnerungen von all den Sehenswürdigkeiten, die ich erleben durfte von dieser schönen Welt.

Ich habe aber auch tiefgreifende Szenen erlebt, so zum Beispiel in Las Palmas, den Kanarischen Inseln. Im Hotel Kontinental (Las Palmas) wurde ich als Etagenportier angeheuert. Für die Angestellten gab es jeden Tag nur Fisch mit Salzkartoffeln. Die Nacht verbrachten 12 männliche Personen in einem Raum nur mit Kerzenlicht. Die Waschgelegenheit war der Brunnen im Hof. Nach einem Monat war meine Geduld zu Ende. Ich besuchte auch die nächst gelegene Insel Santa Cruz de Teneriffa. Eine Augenweide war das Orotafatal mit seinen wunderschönen Gärten und Blumen. Wo die Tomaten wie Eier wachsen und kleine Bananen (Cambures genannt), woraus man ein gutes Gemüse zubereiten kann, und der erloschene Vulkan (Pico di Teide) eine Sehenswürdigkeit war. Auch erlebte ich eine Demonstration auf der Plaça in St. Cruz: Weil die Schiffe aus Argentinien und Brasilien mit den Touristen (meist Engländer) nicht mehr landen wollten, gab's einen großen Aufruhr. Ein Kommunist hielt eine aufrührerische Rede: Mit Quadersteinen wurde die berittene Polizei attackiert, die setzte sich mit Säbeln zur Wehr, und es gab 13 Tote zu beklagen. Ich kehrte via Casablanca nach Marseille zurück und fand sofort Arbeit im Grand Hotel de Bordeaux als Valet-Tournant. Meine letzte Stelle im Hotelgewerbe war in Genf im Hotel d'Angleterre, als Etagenportier. Anschließend verbrachte ich einige Jahre als Magaziner in einer Zentralheizungsfabrik.

Samstags und sonntags verbrachte ich meistens mit Naturfreunden im Savoyischen. Im April 1939 fand ich eine Stelle als Heizer und Gärtner im Hôpital Samaritain in Vevey. Wenn auch die Arbeit im Winter ziemlich streng war, umso schöner erlebte ich den Sommer. Samstags und sonntags war ich stets neben Châtel St. Denis auf dem Moléson im Freiburgischen. Im Frühling erlebte ich einen Alpaufzug. Etwa 40 Tiere waren's; Kühe, Stiere, Rinder, Kälber und Ziegen, sogar Schweine bildeten den Schluß. Die Nacht war mild, und so ließ man die meisten Tiere auf der Weide. Am Morgen fehlte aber ein drei Tage altes Kalb. Ein Wassertümpel wurde abgesucht, doch fand man nichts. Gegen 11 Uhr kam ein Telephon aus dem Dorf, daß das Kalb vor seinem Stall warte.

Immer brachte ich etwas heim für die Schwestern, sei es Erdbeeren, Blumen oder Pilze. Eine Station nach Villeneuve in la Roche fand ich hochoben im Wald eine Stelle von Himbeeren. Anderntags kehrte ich mit zwei 5-Kilo-Kesseln von Beeren heim. Ich war auch bei der Ortswehr engagiert während dem Kriegszustand zwischen Hitler-Deutschland und England: wenn die Sirenen heulten, mußte ich bereit stehen. Das Dröhnen kam von Kampfbombern von der R.A.F. aus England, sie flogen nach Italien. Diese Szene wiederholte sich während mehreren Wochen. Einmal sah ich, wie ein Bomber bei Saint Gingolph vom Blitz getroffen in den Genfersee stürzte, mit lautem Krach und Feuersäule. Stets mußte man bei Alarm die Zeit und Ende Alarm schriftlich niederschreiben. Ich habe auch zweimal General Guisan in Vevey gesehen. Da der Spital Samaritain viel mit dem berühmten Dr. Nausen in Clarens zu tun hatte, finde ich erwähnenswert, daß ich auf dem Bahnhof in Vevey einen Wolfshund in seinem Käfig abholen mußte. Der Hund wurde abgetan, weil ihn Soldaten in einem entlegenen Lager gegen Offiziere abrichteten. Dr. Nausen hatte den Wolfer gekauft, um die Mandeln einem abnormalen Kind einzuimpfen.

Und wieder kehrte ich Vevey den Rücken, und ging's wieder in die

Deutschschweiz nach Oerlikon in die Maschinenfabrik (M.F.O.) als Packer. Die meisten Kisten mit Überseemaschinen mußten mit Teerpapier tapeziert werden, wegen Meersalz. Da unser Lagerhaus vis-à-vis von Bührle A.G. lag, konnten wir in Bührles Areal den Negus von Abessinien, Kaiser Haile Selassie bei einer Flabmaschine bestaunen. Samstags und sonntags machte ich viel Velotouren. Und wieder war eine Ortsveränderung für mich fällig. Meine Schwester in Winterthur-Töss schrieb mir, da ihr Mann verstorben sei und ihr Sohn und Töchter flügge seien, hätte sie genügend Platz, mich aufzunehmen. Im März 1957 fand ich sofort Anstellung bei Gebrüder Sulzer in Winterthur. Meine Arbeit war, alle 14 Tage im ganzen Areal Handtücher zu verteilen bei Vorgesetzten und Bureau-Angestellten, auch täglich Automaten-Handtuchrollen auswechseln. 3600 Handtücher gab's mit der Zeit. Die Hälfte war stets in der Wäscherei. In der übrigen Zeit mußte ich Papierkörbe in den Bureaus leeren, in Säcke abfüllen und später mit einer Maschine pressen zu Ballen. In verschiedenen Papierkörben fand ich Briefmarken, und diese wurden zu meinem Hobby. Nach der Pensionierung betätigte ich mich fast zehn Jahre lang mit dem Vertrieb von Sulzerbriefmarken. Aus aller Welt liefen haufenweise Briefmarken ein, so daß ich als Entgelt viele aneignen konnte. Ich besitze heute noch 45 Alben von über hundert Ländern der ganzen Welt voll von Marken mit über tausend Briefen, meist Flugpostbriefe und eingeschriebene, sowie Expreß. Eine Ganzsachen-Sammlung habe ich auch, bestehend aus Flaggen-, Orts-, Touristen- und Sportstempeln. Schon mehrmals habe ich inseriert und verlangte 10'000 Franken für alles, aber die Händler wollen nicht so viel bezahlen. Da in meiner Verwandschaft niemand briefmärkelet, möchte ich's noch vor meinem Ableben abstoßen. Viele und schöne Stunden habe ich bei diesem Hobby verbracht.

Da ich in meinem Leben nie ernstlich krank war, muß ich momentan das Gegenteil behaupten. Ich war nie ein Wirtschaftshocker, so daß ich jedenfalls der Niere nicht die richtige Flüssigkeit von 1 ½-2 Liter Durchspülung gab. Ich befinde mich somit in ärztlicher Behandlung wegen meinen Nieren. Der Arzt hat mich schon zweimal ins Spital Winterthur eingeliefert wegen Blut im Urin. Bin schon etwa 20mal geröntgt worden. Ich sehe somit einer düsteren Zeit entgegen.

Adolf Steiner

Faustus
*männlich, *1900, Magaziner*

Ich weiß nicht mehr, wie es gekommen, kurzum, nach längerem Verborgensein hab ich auf Erden Platz genommen, um auch einmal am Licht mich zu erfreu'n. Anfangs dieses Jahrhunderts, genau am 10. Februar 1900, erblickte der Verfasser dieser Geschichte das Licht der Welt in einem Hinterhaus in der Langgasse in Zürich. Als zweites Kind (ein fünfjähriges Schwesterchen war Erstgeburt) war ich kaum herzlich willkommen, denn der fünfte Kreis, der Kreis «Cheib», war bekannt für das Armenviertel der Stadt.

Wie dem auch sei, der Vater, Schlosser von Beruf, brachte nur einen Teil seines Lohnes nach Hause, der Rest ging die Kehle hinunter. 1905 zogen wir in den Heimatkanton meines Vaters, nach Rusnang bei Weinfelden. Im Frühjahr 1906 ging der kleine B. (war es doch üblich, daß der Sohn Vaters Vornamen bekam) zur Schule. Das Schulhaus lag zwischen zwei Dörfern. Ich erinnere mich noch lebhaft an den schneereichen Winter. Gepfadet wurde nicht so oft, so daß wir Kinder manchmal in den Schneeverwehungen versanken und die Holzschuhe steckenblieben. Spiele der Kinder damals: Verstecklis, Räuberlis, Faßreifenspiel, oder auch Stahlreifen wurden von Hand auf der Straße gerollt, unbehindert, denn Autos waren noch unbekannt.

1907: ein Schicksalsjahr. Meine Mutter nahm gezwungenermaßen Arbeit in einer Weberei in Weinfelden an, da der Ernährer mit seinem Alteisen und Lumpenhandel versagte. Es ging, solang es eben ging. Allein es kam zur Scheidung, sie war unvermeidlich. Das «salomonische Urteil», beziehungsweise die Weisheit des Gerichts: Schwester K. wurde der Mutter, der Sohn dem Vater zugesprochen. Voilà! Mein Erzeuger nahm mich kurzerhand mit bei seinen Wanderungen beim Alteisen-Sammeln. Das Wandern mit Vater, der ein fröhlicher, sangeslustiger Mann war, legte wahrscheinlich den Stein zum Vagabundieren. Wir werden noch sehen!

Um seiner Verpflichtung und Bürde loszuwerden, erschien Vater nicht mehr, kam nicht mehr in die kleine Wohnung zurück, er verschwand spurlos. Was nun? Die benachrichtigte Heimatgemeinde Braunau versenkte mich kurzerhand in die Erziehungsanstalt «Bächtelen»,Wabern bei Bern. Eintritt am 24. April 1908.

Hier eine kleine Betrachtung über das Anstaltswesen des Kantons Bern. C.A. Loosli, der verdienstvoll in das bernische Erziehungs- und

Anstaltswesen hineinleuchtete, machte bekannt: Es gab zwei Strafanstalten, eine Besserung für Jugendliche, vier Erziehungsanstalten, zwei für Mädchen, zwei für Knaben. Sic!

Die «Bächtelen» nun: ein Gutsbetrieb von 75 Jucharten Wies- und Ackerland, 20 Jucharten Wald, 20 Stück Vieh und 3 Pferde, ein Melker und ein Roßknecht. Sämtliche Garten- und Feldarbeiten wurden von den 60 Buben geleistet, im Alter von 8-16 Jahren, in drei großen Häusern untergebracht, eingeteilt in sogenannte Familien. Es gab deren vier, und je 15 Knaben waren einem Lehrer zugeteilt, auf einen Raum und Schlafsaal.

Tagesablauf: Tagwache um 5½ Uhr. Antreten zum Gebet «Unser Vater». Dann Laufschritt zum großen Brunnen im Areal zur Körperpflege. Zurück zum Bettenmachen und Reinigung der Räume. Um 6½ Uhr Morgenandacht im sogenannten Herrenhaus, so benannt, weil die Familie des Vorstehers dort wohnte. Gemeinsames Morgenessen: ein Stück Brot, ein Becken Milch, Haberbrei oder Rösti. Im Frühling, Sommer und Herbst Arbeit im Garten, Feld- und Ackerarbeit. Bei Regenwetter Schularbeit. Gleiche Fächer wie in der Volksschule. Mittags eine Stunde frei zum Spielen oder Ruhen. Abends um 5¼ Uhr Arbeitsende. Um 6½ Uhr Nachtessen. Dann um 9 Uhr Abendandacht, dann im Schlafraum nochmals «Unser Vater». Viel religiöse Suppe, wenig Brot!

Die Erziehung war überaus streng, nach alter Schule. Doch des religiösen Wahns nicht genug. Jeden Sonntagmorgen Marsch zur Kirche und zwar in Uniform zur Heilig-Geist Kirche oder ins Münster in Bern. Ein Positives sei gerechterweise doch angeführt: Freude an der Arbeit in Feld, Wald und im Viehstall. Und Kameradschaften.

Eine kleine Episode, oder wie man das nennen will, sei doch erzählt: B., unser Lehrer, inspizierte oft das Bettenmachen. Als Wachtmeister im Militär nahm er es genau. Eines Morgens riß er mein fertig gemachtes Bett auf. Befehl: Neu, und exakt wieder machen! Ich weigerte mich, weil ich der Überzeugung war, dieses Unrecht nicht zu dulden. Neue Aufforderung mit der Drohung, daß ich bestraft werde, sollte ich dem Befehl nicht nachkommen. Jetzt flammte Wut auf! Nein, war meine Antwort, nein, nochmals nein! Die Strafe folgte auf dem Fuße, sechs Haselrutenschläge auf den Hintern! Das sollte Folgen haben. Denn Ungerechtigkeit duldete ich seitdem nicht mehr. Wirklich nicht? Doch noch einmal, und zwar so drastisch, daß ich dies meiner Lebtag nicht vergaß: Es war im Winter 1914-15. Der Vorsteher, zugleich Gesangs- und Religionslehrer, nahm in der Religionsstunde die Schulaufgaben ab. Wir mußten die Bibelsprüche der Apostel und die Seligpreisungen auswendig lernen. Nun hatte ich aber dies vergessen. Was war die Folge:

sechs Tatzen auf die Hände. Warum mir dies so genau in Erinnerung blieb: mir wurde übel. Hier sei vorausgeschickt, wer sich wehrt gegen Unrecht und Zivilcourage zeigt, der wird leicht zum Außenseiter und Revoluzzer oder Kommunisten gestempelt. Wer sich einsetzt, setzt sich aus, sagt Christoph Stückelberger. Wahrheit und Richtigkeit ist nicht dasselbe. Für die Wahrheit einstehen, erfordert Zivilcourage. Ich werde später noch darauf zurückkommen.

Die Zeit verging, das Jahr der Entlassung aus Zucht und Ordnung nahte. Nach der Konfirmation im Berner Münster war es soweit. Bei einem Bauern in Zimmerwald durfte ich eintreten. Die Familie war sehr gütig und gerecht. Mir gefiel's sehr gut. Endlich gab's gut und genug zu essen. Und last not least: Die Arbeit im Feld und Stall war mir ein Vergnügen und innere Befriedigung. Wurde man doch sehr gut behandelt und geachtet. Man war Mensch. Den Pferden, die ich zu pflegen hatte, war ich besonders anhänglich. Oft hielt ich Zwiesprache mit dem «Fränzi»; wenn es die Nüstern sanft an meinem Kopf rieb, was wollte es mir wohl sagen? Ich betonte bereits, wie freundlich mein Meister war. Im Gespräch, das wir oft führten, fiel einmal das Wort: «Du hättest Pfarrer werden sollen. Du bist nicht auf den Kopf gefallen.» Er war stets zum Spaßen aufgelegt. Der damalige Lohn: 25-30 Franken im Sommer, nicht etwa wie heute im Tag, o nein, im Monat.

Der Herbst, der Winter zog ins Land. Auf Ende des Jahres verließ ich die Stelle in Zimmerwald. Nicht durch mein Verschulden, aber dies ist eine andere Sache, das meinen zukünftigen Lebensweg auf andere Bahn verwies. In Zurzach fand ich Arbeit in einer Schuhfabrik bei 22 Rappen, schreibe zweiundzwanzig Rappen Stundenlohn. Zugegeben, die Arbeit war leicht, aber das Zahltagstäschchen ebenfalls und das bei einer Arbeitszeit von 58 Stunden pro Woche. Nun ja, meinem Gleichmut und Fröhlichkeit tat dies keinen Abbruch.

Geld und Geldeswert bedeuteten mir damals und auch heute noch nichts Erstrebenswertes. «Nicht den Reichtum, den man sieht/ und versteuert, will ich jetzt empfehlen./ Es gibt Werte, die kann keiner zählen,/ selbst wenn er die Wurzel zieht./ Die Geduld ist so ein Schatz,/ oder der Humor und auch die Güte/ und das ganze übrige Gemüte./ Denn im Herzen ist viel Platz./ Und es ist wie eine Wundertüte./ Arm ist nur, wer ganz vergißt,/ welchen Reichtum das Gefühl verspricht./ Keiner blickt dir hinter das Gesicht./ Keiner weiß, wie reich du bist.../ (Und du weißt es manchmal selber nicht).» (E. Kästner). Zudem gab es noch andere Werte: gute Bücher, war ich doch stets wißbegierig. Unter anderem fiel mir das Buch in die Hände von Ernst Häckel: Moses oder Darwin, ein drittes gibt es nicht. Das Buch fesselte mich. Staunend nahm der Junge wahr, welche Geheimnisse die Naturwissenschaft barg. Die Schrift war mir Offenbarung.

Im Sommer 1917 fand ich Arbeit im elektro-chemischen Werk Lonza bei Waldshut. Die Arbeit am Karbidofen wurde gut bezahlt, allerdings bei der Hitze der offenen Öfen nicht ungefährlich. Aber was tat's, man hatte sein Auskommen. Stieg doch die Teuerung der Lebensmittelpreise enorm. Später als Kranführer war's leichter. Im Betrieb lernte ich ein hübsches, gleichaltriges Mädchen kennen. Abends, nach Schichtende kam sie an meinen Arbeitsplatz. Wir waren allein, welche Wonne! Die erste Liebe. Unbeschreiblich schön in ihrer Reinheit! Leider dauerte das herrliche Spiel nur drei Monate. Seine Mutter erkrankte, und es mußte zur Pflege heim nach Laufenburg.

Da der Betrieb teilweise kriegsbedingt war, wurden die schweizerischen Arbeiter entlassen. Dies erfolgte anfangs Mai 1919. Was aber nun? Es war schwierig, Arbeit zu finden. Per Zufall las ich auf einem Plakat, daß Freiwillige für deutsches Militär gesucht würden. Schon immer etwas abenteuerlustig veranlagt, meldete ich mich kurzerhand und wurde angenommen. Die Gratisreise ging vorerst nach Karlsruhe. Eine Kutschenfahrt durch die Stadt, dann ins Cabaret Colosseum. Es war für den Schweizer Knaben ein einmaliges Erlebnis. Dann zurück zum Bahnhof, aber o weh, der Nachtzug an den Bestimmungsort war schon weg. Was aber nun? Der Kutscher, ein kauziger Typ, wußte Rat. Er lieferte mich prompt im Liebesviertel in der P....gasse ab, wo ich von den «Damen» freundlich empfangen wurde... Frühmorgens ging die Reise weiter und endete mittags im Militärlager Paderborn in der Nähe der holländischen Grenze. Nach Abgabe des Heimatscheins: Einteilung schwere Artillerie. Der Dienstbetrieb war interessant. Aber nach einer Woche mußte ich eine sehr unangenehme Entdeckung machen. Der Militärarzt erklärte sarkastisch nach der Untersuchung: «Schweizer-Knabe, gell, bade ein andermal deinen 'Liebling' bei einer sauberen Maid...» Einweisung ins Lazarett. Es gab noch mehrere Leidensgenossen. Ach, war das eine fidele Bande! Keiner fand, daß an seiner Manneswürde etwas fehlgegangen sei. Nach der Heilung folgte die Entlassung ohne Löhnung. Was aber nun? Ein Passierschein nach Dortmund wurde mir ververabfolgt. Ich hätte auch in die Schweiz reisen können, aber das gab mir der Kopf nicht zu. Ankunft abends sechs Uhr. Hungrig wie ich war, reichte meine Barschaft gerade für ein Nachtessen! Wo das Nachtlager? Eine Zelle bei der Polizei? Leider, aber verständlicherweise wies sie mich ab. Um Mitternacht landete ich beim Hauptbahnhof. Um ein Uhr wurde der Wartsaal geschlossen. Der hundemüde Schweizerjunge schlief dann zwischen den Fahrplan-Wänden doch noch sorglos ein. Was kümmerte mich, daß ich knochenstier war! Was aber nun? Keine Frage, ich ging aufs Arbeitsamt. Und o Wunder, sofort Eintritt als Pferdepfleger und Fuhrknecht bei einem Großbauern in Bork, Westfalen, sechs Stationen nach Dortmund. Eine große Freude wurde mir zuteil: Drei wundervolle Pferde durfte ich pflegen. Einen Trabanter, Holsteiner und Irländer, das letztere ein Prachts-Tier Sonderklasse. Erste Zucht und Dressur. Abends wurden die Tiere auf die Weide gebracht. Ach, war das eine Lust, das ungesattelte Pferd im Trab und Galopp zu reiten, obschon oft wund am A...sch, am Morgen. Trotz alledem: Hopp auf! Was tat's? Eine Wollust! Das Essen, damals im Hungerjahr, war reichlich und gut. Auch die Arbeit in Feld und Stall. Aber der Arbeitslohn gering. Das wäre mir, der schöne, sinnreiche Arbeit gutem Salär vorzog, recht gewesen, aber ich hatte nur einen Anzug und ein Hemd. Der Abschied wurde mir schwer, war ich doch ein Pferdenarr.

Ganz in der Nähe fand ich Arbeit in der Zeche Hermann, einem Kohlenbergwerk. Vorerst eine Arbeit im Freien. Transport der Container, gefüllt mit Anthrazit, das heißt gebrochener, fein gemahlener Kohle, in die Koksöfen. Im Ofen wird die Kohle erhitzt, zum Glühen gebracht, um dann nach sechs Stunden, gereinigt von Teer und Benzol, als Koks wieder ausgestoßen zu werden. Das eine Hemd, nun ja, wurde von Filzläusen heimgesucht, alles Klagen half nichts. Der Leiter der Benzolfabrik wußte Rat. In einem Behälter voll Benzol wurden die Kleider eingelegt, am andern Tag waren die Läuse ersoffen und kremiert. Wie neu geboren fühlte man sich und war guter Dinge. Und dies trotz schlechter Ernährung. Tagesration: Kaffee-Ersatzbrühe, Heringe, Sauerkraut und eine Schnitte Brot mit Schweineschmalz-Aufstrich. Trotz alledem, das Leben war schön.

Vor Weihnachten durfte ich dann Untertag arbeiten. Mit dem Förderlift, mit dem die Kohle heraufbefördert wird, werden die Bergarbeiter in Sohle I 600 m oder Sohle II 1000 m hinunterbefördert. Dann Gang an den Arbeitsplatz. Entweder vor Ort, also zum Kohlenflöz, oder vor Gestein, Erklärung diesbezüglich ist schwierig für den Laien, da die Gebirge verschieden verlaufen. Es würde zu weit führen, die komplizierte Materie zu erklären. Die Arbeit, besonders vor Ort, gefiel mir. Der junge Schweizer staunte und staunte. Gearbeitet wurde im Adamskostüm bei 40-50 Grad Celsius acht Stunden mit, beziehungsweise inklusive Zeit für Ein-und Ausfahrt.

Nun Frage an das volkskundliche Seminar, dessen Leiter, beziehungsweise Professor! Wie kam die Kohle unter das Gebirge von 500 -1'500 m? Auch eine Quizfrage, gell!

Nun zu meiner Lebensgeschichte zurück: Meine Logisfrau, ein munteres, fröhliches Sachsenweibchen von circa 50 Jahren, war allzeit besorgt um den Schweizerjungen. So gab sie mir auch die Adresse einer Nichte von ihr. Bald fliegen die Briefe hin und her. Ihre Photo: Eine herzige, hübsche junge Frau von 25 Jahren, wohnhaft in Werdau in der Nähe von Zwickau, Sachsen. Am 2. Mai reiste ich nach Leipzig. Sehen und staunen. Damals der größte Bahnhof Europas. 26 Bahnsteige! Leipzig, die weltbekannte Bücherstadt. Abends, den 3. Mai, kam ich in der Textilstadt Werdau an. Circa 25'000 Einwohner. Welch herzlicher Empfang durch meine Brieffreundin! Mein Herzensschatz wohnte bei einer Familie Sch. Spontan liebenswürdiger Empfang; hier sei bemerkt, die Sachsen sind bekannt für ihr freundliches Gehabe. Ihr Dialekt ist für den Schweizer gut verständlich und heimelig. Meine Freundin L. war eine hübsche, dralle Jungfrau und stets guter Dinge. Humorvoll wußte sie zu erzählen. Oft hielten wir stumme Zwiegespräche... Ach, wir waren glücklich im Wonnemonat Mai.

Arbeit fand ich gleich auf dem Bau. Leider war die Arbeit nach drei Monaten zu Ende. Trotz intensivem Suchen blieb ich arbeitslos. L. wäre aber bereit gewesen, für mich zu sorgen, hatte sie doch einen relativ guten Verdienst als Weberin. Das Anerbieten konnte und durfte ich nicht annehmen. Es war nicht Stolz, aber Hemmung, meiner selbstlosen und gütigen Freundin zur Last zu fallen. Im Konsulat besorgte ich mir einen Paß, um in die Heimat zurückzureisen. Der Abschied war schmerzlich, Trennung von meiner geliebten Freundin, Abschied von Land und Leuten! Nirgends in der Welt habe ich mich so heimisch und wohl gefühlt wie im Vogtland eben in Sachsen.

Anfangs August 1920 landete ich wieder in der Schweiz. Mein Onkel E. und dessen Familie nahm mich für einige Tage auf, gastfreundlich, wie sie waren. Eines Tages erwähnte mein Onkel, er wüßte, wo mein Vater verkehre, ebenfalls in Weinfelden. Er sei steter Gast in der Wirtschaft Reblaube. Wir bestellten Tranksame. Dann sah er meinen Erzeuger und winkte ihn an unseren Tisch. «Du, Albert, ist dir der junge Bursche bekannt? Könntest du raten, woher er stammt?» Der ergraute Albert fixierte mich eine Weile, schüttelte den Kopf verneinend. Der Onkel: «Du, das ist dein Sohn!» Wortlos schleppte sich der Grauhaarige an seinen Platz zurück....

Der Bruder von meiner Mutter wußte ihren Wohnort in Wülflingen-Winterthur. Meine Mutter war wieder gut verheiratet mit einem Glarner, F.G. Er war Heizer in der Spinnerei und Weberei Haard, der ältesten Weberei in der Schweiz. 1924 mußte der veraltete Betrieb die Pforten schließen. Vorübergehend wohnte ich bei der Familie G., fand sofort Arbeit in der Knopf- und chemischen Fabrik in Wyden-Neftenbach als Fräser. Die Büez war interessant, und kurzweilig war im allgemeinen der Betrieb. Beschäftigt waren circa 7-8 weibliche und 6 männliche Arbeiter. Sorglos wie ich war, stets zu Spaß und Lumperein aufgelegt, war aber auch eine hübsche junge Maid mit braunen Rehaugen. Wir verliebten uns. Wer war die stets lachende Chrot? R.H., ein molliges Weibchen. Der Gott der Liebe gab sie mir zum Geschenk. Da sie mir einige Monate später ein Geheimnis anvertraute, beschlossen wir, zu heiraten. Wir bekamen ganz in der Nähe des Betriebes eine Wohnung.

Hier sei noch eine ganz unerfreuliche Episode erwähnt. Acht Tage vor dem Hochzeitstag suchte mich mein Jugendfreund auf. Er bat mich dringend um ein Darlehen von Fr. 100.—. Ich gab ihm zu bedenken, daß wir wohl über diese Summe verfügen, aber für die Hochzeit reserviert haben. Beschwörend erklärte er sich bereit, einen Tag vorher zurückzuzahlen. Wir gaben ihm die Fr. 100.— auf Nimmerwiedersehen. Betrüblich und schmerzlich durch einen Freund betrogen. Fr. 30.— war unser ganzes Gut. Gleichwohl, wir ließen den Kopf nicht sinken. Der 6. August, ein schöner Sonntagmorgen. Fröhlich und guter Dinge fuhren wir nach Zürich. Das Standesamt nahm uns beiden das bestimmte «Ja» ab und wünschte dem jungen Paar Glück und Segen. Die Dampferfahrt nach Rapperswil war herrlich. Der See lächelte, und wir beide waren verliebt, und das war schön. Abends zurück nach Zürich. Beide hungrig mit leerem Geldsäckel. Was nun? Wir gingen in die Altstadt. Vor den Kellertüren des Restaurants zogen wir die Bratendüfte ein. Galgenhumorig lachten wir aus vollem Hals. Die Leute drehten sich um und dachten wahrscheinlich: welch verliebtes Paar. Abends neun Uhr gab's Wurst und Brot. Glücklich und zufrieden ging's zu Bett. Und eng aneinandergeschmiegt schliefen wir ein.

Am 26. Oktober 1921 kam ein strammer Junge zur Welt. Aber der Vater war arbeitslos. Das kam so: Der Betriebsinhaber Herr B. gab bekannt: Lohnabbau 10 Prozent. Wir weigerten uns, dieser Forderung Folge zu leisten und versuchten durch den Metallarbeiter-Verband, den Betriebsinhaber von seiner ungerechten Forderung abzubringen. Vergeblich! Ja, noch mehr. Er kündigte sämtlichen Arbeitern auf 14 Tage und schloß den Betrieb, um ihn nach drei Wochen wieder zu öffnen. Unter Ausschluß von einem Arbeitskollegen und mir. Warum? Weil wir den Verband beizogen und den Lohnabbau verweigerten.

Das war so üblich, daß Arbeiter, Genossen, die für ihre Kollegen einstehen, ein Risiko eingehen. Zivilcourage ist beim Arbeigeber ein Greuel. Wer seine Existenz aufs Spiel setzt, muß die Folgen tragen. Und die waren bitter. Durch Meldung an den Arbeitgeberverband erfolgte die

Sperrung, und ich wurde nirgends angestellt. Nach zweijähriger Warnfrist erhielt ich nur Beschäftigung, weil mein Schwiegervater Fürsprache einlegte bei der Direktion der A.G. Karl Weber, Bleicherei und Färberei, wo er schon 25 Jahre tätig war. Endlich wieder Arbeit und Verdienst! Am 26. April wurde uns eine Tochter geschenkt. Jetzt hatten wir ein Paar, W. und G. Meine Weggefährtin und gute Erzieherin für die Kinder war unermüdlich tätig für das Wohl der Familie, eine tapfere und liebe Frau.

Als stets lern- und wißbegieriger Mensch lernte ich auch den Dorfpfarrer, Herrn Pf., kennen, der die Dorfbibliothek führte. Meine Wißbegierde über J.W. Goethe ließ ihn zu dem Angebot verleiten, mir den Faust I vorzulesen. Was dann auch an 10 Abenden erfolgte. Gewiß war ich mit 25 noch zu jung, um dieses große Werk zu erfassen. Aber die Freude an dieser Dichtung hielt an bis zum heutigen Tage. Eine Faszination geht von dieser großen Dichtung aus. Erstmals in Winterthur, dann im Schauspielhaus Zürich mit dem unvergeßlichen Ernst Ginsberg und Therese Giese. Das schönste Erlebnis aber war im März 1980. Im Kirchgemeindehaus Hottingen rezitierte, mehr noch: er spielte den Faust I mit allen Höhen und Tiefen so großartig. Ich war erschüttert und so erfreut, Sternstunden. Mit tiefer Freude erfüllt, verließ ich das Gemeindehaus.

Nach fünfjähriger Tätigkeit verließ ich diesen Betrieb. Wechselweise war ich tätig im Nähmaschinenfach — Reparatur und Verkauf, Versicherungs-Branche. Ab 1947 Sulzer, fünf Jahre Loki, um zuletzt in der Maschinenfabrik Oerlikon 15 Jahre zu dienen. Ich hatte von jeher kein Sitzleder. Dutzende von Berufen in den verschiedensten Bereichen. Das Wandern und der Wechsel lag dem Wassermann! Die Zeit, sie nahm mich oft am Kragen/ und hat mich, ohne mich zu fragen,/ bald gradeaus, bald wiederum im Bogen,/ durch diese bunte Welt hindurch gezogen!

Endlich, endlich kam die Erlösung von der täglichen Fronarbeit. Am 30. April 1965 durfte ich, reich beschenkt von meinen Arbeitskollegen, Abschied feiern. Ich war ein freier Mensch. Dessen war ich bewußt und genoß es im reichen Maße.

R., meine Frau, und ich haben uns seit vielen Jahren ein gesundes, aber auch ertragreiches Hobby ausgewählt. Auf der Höhe des Wolfensberg, nahe beim Wald, ein Stück Land von 2'000 m². Das Land wurde mit 1'200 Tännchen eingezäunt, ein Wochenendhaus gebaut. Beide waren wir Natur- und Wanderfreunde. Aber auch reiselustig. Paris war unser erstes Ziel. Welch faszinierende Großstadt! Louvre, Notre Dame, Heines Grab. Einmal zu Fuß durch ganz Paris bis zum Bois de Boulogne. Ein einmaliges Erlebnis besonderer Art. Der Höhepunkt unserer Reise: Chartres. Die Kathedrale, ein Bauwunder erster Größe. Diese Besichtigung, tief ergriffen, ließ uns verstummen. Nach fünf Stunden verließen wir das hehre Denkmal gotischer Baukunst. Wieder Sternstunden. Einige Jahre später zehn Tage Kunstreise nach Freiburg im Breisgau, Köln und Wien. Ich erwähne das nochmals aus einem andern Grund. Aus Goethes Almanach dürfte ich folgendes zitieren: «Ein Philosoph sprach von der Baukunst als einer erstarrten Musik und mußte dagegen manches Kopfschütteln wahrnehmen. Wir glauben, diesen schönen Gedanken nicht besser nochmals einzuführen, als wenn wir die gotische Architektur eine verstummte Tonkunst nennen.» Die mittelalterliche Baukunst der Gotik, die klassische Literatur und Malkunst, die klassische Musik von Beethoven, Mozart und so weiter, ein wunderbarer Regenbogen, er umfaßt das Reichste und Schönste menschlichen Geistesschaffens. Das Erlebnis in dieser Kunst der Malerei eines Rembrandt in der großen internationalen Ausstellung in Amsterdam war im gleichen Maße ein Erlebnis. Ohne Übertreibung, meiner Lebensgefährtin und mir wurde dies ein Geschenk.

Noch ein Schlußwort: In bezug auf unsere «Dissidenz» sollte unsere Außenseiter-Stellung zu der christlichen Religion begründet werden: Naturwissenschaftliche und astronomische Erkenntnisse sind uns Fundament.

[Zwei Gedicht-Zitate am Ende dieser Autobiographie haben wir fortgelassen. R.S./R.B.]

Zur roten Buche
weiblich, *1900, Wirtin

Am 16. Februar 1900 geboren in Buch am Irchel als viertes Kind, dem noch zwei Geschwister folgten. Es waren vier Töchter und zwei Söhne. Wir wuchsen in einer armen Bauernfamilie auf mit einem kleinen Heimwesen, das gerade für die Selbstversorgung reichte. Kartoffeln, Milch und Brot hatten wir immer genug. In die Schule ging ich in meinem Heimatort, in der zweiten Klasse durften wir im Jahr 1908 ins neue Schulhaus einziehen, das noch heute ohne große Reparaturen schön da steht. Als einziges Kind der Familie durfte ich die Sekundarschule in Flaach besuchen. Der Schulweg war eine gute Stunde. Es waren damals zwei Kinder aus unserer Gemeinde, die bei Regen und Schnee den Weg unter die Füße nehmen mußten. Unser Lehrer war gut, aber streng, die Haselrute ließ er gelegentlich auf den Rücken der Burschen sausen. Viermal pro Woche konnten wir das Mittagessen bei Bekannten für 80 Rappen einnehmen.

Um noch nebenbei etwas zu verdienen, holte der Vater im Herbst Besenreisig, das die Mutter dann bei großer Kälte in der Küche zuschnitt, und der Vater machte die fertigen Besen, die dann immer gut verkäuflich waren. Weihnachten wurde noch natürlich gefeiert, neben der kleinen Gabe aus der Sonntagsschule brachte die Tante gewöhnlich für alle eine selbstgemachte Puppe, aber wir waren glücklich und zufrieden. Es waren sechs Kinder: F., geboren 1892, H. 1893, E. 1896 und ich 1900, G. 1905 und H. 1912.

Meine älteren Geschwister mußten alle als Dienstmädchen ihr Brot selber verdienen, E. schon mit 12 Jahren und F. mit 14 Jahren. Im Jahr 1911 bekamen wir die Wasserversorgung, aber dennoch stand immer beim Mittagessen eine Flasche frischen Wassers von unserem Brunnen auf dem Tisch, der noch heute fröhlich plätschert. In diesem Jahr kam die Katastrophe über unser Dorf; im Laufe von drei Wochen gingen 32 Familienhäuser in Brand auf; gelegt wurde er vom 12-jährigen Sohn, jeweils dort wo seine Familie Unterschlupf fand, wurde wieder angezündet. Es war eine allgemeine Angst im Dorf. Im Jahre 1914 bekamen wir das elektrische Licht, es war eine Freude. Aber dann kam der große Krieg mit Deutschland und Österreich, der Vater war viel an der Grenze, und auch mein älterer Bruder mußte nach der Rekrutenschule sofort an die Grenze. Es kam für die Bauerleute eine schwere Zeit, überall fehlte die Männerkraft. Aber mit vereinten Kräften mußte es ja gehen. Maschinen hatten wir eben noch keine. In freundlicher Weise hat sich unser Pfarrer auch hilfsbereit erklärt und geholfen, wo er konnte. Er hat sich immer gefreut an den Spiegeleiern, die ihm meine Mutter vorsetzte. Damals haben wir arbeiten gelernt, von einer Lehre konnte keine Rede sein. Im Jahr 1916 wurde ich konfirmiert, unter uns Jungen war eine schöne Harmonie, besonders unsre vier Mädchen zogen oft singend durchs Dorf. Nun kam endlich der Friede wieder unter die Völker und man konnte aufatmen, im November 1918.

Dann aber kam die Arbeitslosigkeit, stellenweise fast mit Hunger. Besonders aus der Stadt kamen alle Tage Frauen und baten um etwas Kartoffeln oder sonst Eßbares, man gab gern, was man selbst übrig hatte. Im Jahre 1917, 1918 und 20 übernahm ich im Winter immer Haushaltstellen, um mir ein Velo zu kaufen, war das eine Freude. Im Dorf ging ich auf Taglohn, um, wie es üblich war, für eine Aussteuer zu verdienen. Flachs pflanzten wir selber, legten ihn auf die Wiese und später mußte man ihn «rätschen» oder brechen. Eine sehr schwere Arbeit, besonders für die Mutter, die ja für vier Töchter zu sorgen hatte. Bald kam auch die Liebe zum männlichen Geschlecht, und aus den Bewerbern entschied ich mich für J. Sein Heim lag ganz oben im Dorf mit schöner Aussicht bis zum Schwarzwald und Hohenklingen. Die Brautzeit war schön, aber da eine Hilfe nötig war, heirateten wir am 15. Mai 1923. Die Aussteuer für zwei Betten, Kasten, Tisch, vier Stühle hatte damals den Preis von 1'500 Franken. Mit Pferdegespann: auf dem Wagen vorn das Sofa, auf dem die Brautleute saßen und hinten die aufgerüsteten Betten mit schönen selbstgehäkelten Spitzen an Leintüchern, das war der Stolz der Braut. Im neuen Haushalt lebte noch eine alte Mutter und der Schwager. Im Jahre 1924 wurde M. geboren, 1927 A., und im Jahr 1930 kam der ersehnte Stammhalter zur Welt.

An Arbeit fehlte es mir nie, habe auch Nähkurse besucht und die Kleider für die Kinder selbst angefertigt. Das Heimwesen war auch klein, aber mit Sparen konnten wir eine größere Scheune bauen und jedes Jahr ein Stücklein Land kaufen. Dann aber heiratete auch mein Schwager ins Haus, und bald waren noch drei Kinder dazugekommen. An Meinungsverschiedenheiten fehlte es natürlich auch nicht, und so kaufte mein Schwager eine Siedlung in Hettlingen, 1937. Nun durfte ich endlich allein Hausfrau sein, und ich freute mich sehr. Auch konnten wir ein Pferd und Federwagen anschaffen, und ich ging mit allem, was entbehrlich war, nach Winterthur. Damals hatte man noch Kunden, denen man im Herbst die Keller mit Obst und Kartoffeln füllen konnte. Aber dann kam der Zweite Weltkrieg. Die Männer an der Grenze, die Pferde wurden eingezogen. Was mußten wir machen, die Kühe waren nicht mehr für den Zug geeignet, und aus der Landwirtschaft sollte so viel wie möglich herausgeholt werden. Bundesrat Wahlen mußte viele schwere Entschlüsse geben, die kleineren Wäldchen mit schönem Wuchs mußten gerodet werden, um Kartoffeln und Weizen anzupflanzen. Natürlich waren die Bauern auch oft verärgert, aber es wurde befolgt. Auch kam die Rationierung, wo der Bauer auch wieder besser davonkam. Während diesen Jahren kam uns immer ein Kunde zu Hilfe, und er war glücklich, wenn er am Abend sein Körblein mit Eßbarem heimnehmen konnte. Da es im Dorf nur noch wenige Männer hatte, wurde uns ein 15-jähriger Bursche zugeteilt, und auf dem Irchel war ein Posten stationiert, die uns in der freien Zeit hie und da zu Hilfe kamen. Leider litt ich so sehr an Heufieber, so daß ich oft im Heuet kaum atmen konnte. Ein Freund meines Mannes hatte ein Restaurant im Dorf. Da er kinderlos war, offerierte er es uns, zuerst als Pacht. Damals war die Güterzusammenlegung im Gange, und bei der Zuteilung im Jahre 1956 entschlossen wir uns zum Kauf. Ende des 2. Krieges, 5. Mai 1945. Im Jahre 1945 übernahmen wir auch das Restaurant, es war alt und baufällig. Demzufolge mußte ich noch mit 45 Jahren die Wirteprüfung machen, es war eine schwere Arbeit für mich. Während der Woche hatte ich ein Zimmer bei meinem Bruder, der in Zürich verheiratet war, und vom Freitag abend bis Montag war ich wieder zu Hause, wo immer viel Arbeit auf mich wartete. Aber ich habe es geschafft, und so zogen wir hinunter ins Dorf. Mein neuer Beruf machte mir Freude, und so hatte ich bald einen lieben Kundenkreis. Der Sohn und der Knecht blieben auf dem Hof, wo ich jeden Tag noch heizen mußte und Ordnung machte. Die jüngere Tochter kam nur schweren Herzens mit, der Abschied vom schönen Hof auf der Höhe fiel ihr sehr schwer. Aber sie hat tüchtig mitgeholfen, und da die Güterzusammenlegung im Gange war, hatten wir viel Mittagessen. Aber dann, im Jahr 1949, verheiratete sie sich mit ihrem Schulkollegen und zog nach Neftenbach. Auch von dort kam sie oft zur Hilfe. Aber dann mußte die ältere Tochter, die bisher auswärts arbeitete, die Lücke ausfüllen. Bald aber zog sie nach Zürich in einen Großbetrieb, und von nun an hatte ich Serviertöchter. Hauptsächlich waren österreicher und deutsche Mädchen gut und tüchtig, in dieser Zeit waren sie froh, in die Schweiz zu kommen. Im Jahr 1954 heiratete auch der Sohn, und ich war froh, auf dem Hof eine Bäuerin zu haben, auch M. verehlichte sich und zog nach Winterthur. Soweit ging alles gut, bis am 13. Januar 1956 ein böser Stier meinem Mann den Todesstoß versetzte. Ich mußte mir sagen, wie muß es weiter gehen.

Eine große Trauergemeinde begleitete ihn zur letzten Ruhe. Er hatte viele Ämter und war 14 Jahre Präsident, und in der Gemeinde hinterließ er eine große Lücke. Nach vielem Hin und Her übernahm ich das Restaurant und A. den Hof, das noch gesamthaft betrieben wurde. Da schon vor dem Tod ein Umbau geplant war, wurde es natürlich um Jahre verschoben. Dann aber, mit Hilfe meiner Schwiegersöhne, wurde es an die Hand genommen. Restaurant und Küche wurden ausgebaut zu einer heimeligen Bauernwirtschaft, bekannt für seine Spezialitäten: selbstgeräucherten Speck, Schinken, Schüblinge und selbstgemachtes Bauernbrot. Jeden Samstag kamen immer 12 Brote schon um neun Uhr aus dem Ofen. Der Umsatz steigerte sich zusehends, auch hatten wir viele Spaziergänger, die auf den Irchel wanderten, als liebe Gäste. Besonders die Metzgete fanden guten Anklang, alles war ausgefüllt, Kotelett und Bratwürste kamen rasch von der Pfanne weg, und ich war immer froh, wenn diese große Arbeit vorüber war. Im angrenzenden Gebäude hatten wir ein Schlachtlokal. Der Vater meines Schwiegersohns half auch immer mit, denn es gab eine große Arbeit, bis alles pfannenfertig zubereitet war. Natürlich mußte alles mithelfen, und so konnte es bewältigt werden, es gab eben noch keine Abwaschmaschinen. Da das Ökonomiegebäude alt und unbrauchbar war, kaufte es der Staat. Der Durchgang war sehr eng, und der Verkehr nahm ja immer zu. Auch die schönen Kastanienbäume, die für mich immer eine schöne Gartenwirtschaft bedeuteten, mußten zu meinem Leidwesen weichen. Aber dann mußte wieder angebaut werden. Badezimmer, Dachstock und Stockmauer mußten gemacht werden.

Während dieser Zeit kam meine jüngere Tochter ins Haus, ihre Familie hatte sich um drei Kinder vergrößert. Ihre Schlafzimmer waren im alten Tanzsaal eingerichtet, im Winter wahrhaft nicht gerade ein Vergnügen. Aber auch das ging vorüber. Die Familie hatte ein Haus in Winterthur gekauft, was auch seinem Beruf entsprach. Nun konnte es endlich weitergehen, ich freute mich an meiner Arbeit, meinem großen Gemüse- und Blumengarten. Mit dem Servierpersonal ging's auch nicht immer am besten. Da es mit der Polizeistunde bei uns nicht so genau genommen wurde, hatte ich ja viele Überstunden. Nachts ein Uhr bis noch mehr und am Morgen wieder Antreten war sehr streng; es gab oft fröhliche Stunden, die ich noch gerne mitmachte, aber auch fast zum Umfallen müde war. In dieser Zeit haben sich auch Enkel eingestellt. M. zwei Söhne, A., einen Sohn, drei Töchter, A. zwei Söhne und eine Tochter. An Weihnachten wurde immer bei mir gefeiert. War das eine Freude, jede Familie hatte einen Tisch zum Päckli-Auspacken. Nun gingen allmählich meine Kräfte zurück, und ein Sturz von der Treppe veranlaßte mich, meine Kinder um eine Aussprache zu bitten. Wir einigten uns, das Restaurant zu verpachten. Es war ja immer noch Erbengemeinschaft.

Es ging längere Zeit, bis wir einen passenden Pächter fanden. Herr M. war Metzger, und so zogen sie am 1. Oktober 1966 ein. Meinen Wunsch damals, ein Häuschen zu bauen, mußte ich fallen lassen, da mein gesundheitlicher Zustand gar nicht gut war. Auch fand ich in der Gemeinde keine Wohnung, und so zog ich in eine Zwei-Zimmer-Wohnung, mit Heizung und viel Sonne, nach Wülflingen, wo ich heute, nach 14 Jahren, noch bin. Hier konnte ich mich ausruhen und hatte Zeit, über das Verflossene nachzudenken, ich hatte ja beide Töchter hier in Winterthur und war in guter Obhut. Es waren auch schöne Zeiten in Buch, ich verstand mich auch mit den Jungen gut, das mir den Namen Tante J. oder Gotte einbrachten. Aber an Fastnacht und Feuerwehr mußte ich mich immer gefaßt machen, zum Beispiel aus Spaß wurden Hemdenzipfel, Kravatten abgeschnitten, mit Taschentüchern, Socken und Schuhen an einer Schnur aufgehängt und versteigert. Der Erlös ging natürlich in Flüssigkeit auf. An einem Sylvester holten sie ganz unbemerkt dem Nachbarn ein Stück Vieh aus dem Stall und kamen damit in die Gaststube. Daß das Tier aus Angst Spuren hinterließ, war ja kein Wunder. Zum Aufputzen lieferte ich Kessel, Wasser und Lappen, aufputzen mußten die Täter selber, was sie auch anstandslos machten.

Nun bin ich ja in Wülflingen, hatte aber drei Operationen mitzumachen, bis ich einigermaßen wieder besser leben konnte. Ich habe mich sehr gut hier eingelebt und bin sehr gerne hier. Auch der Kontakt zu meinen Familien ist sehr schön und gut. Leichte Arbeit und meinen Haushalt besorgen ist immer noch meine Freude. Meine Hobbys sind Handarbeit, Lesen, Rätsel lösen und natürlich Jassen. Bald hatte ich einen schönen Jassklub, und ich sitze schon zehn Jahre am gleichen Tisch im Migrosverein. Nun ist es auch so weit, daß ich mir kleine Reisen, besonders mit Car und Bahn, leisten kann. In den 21 Jahren als Wirtsfrau konnte ich kaum abkommen, einmal eine Flugreise nach Holland und mit meinem Mann nach Italien: Mailand, Rom, Genua, Capri 12 Tage. Gerne aber gingen wir trotzdem wieder heim an unsere gewohnte Arbeit. Nun ging ich auch noch auf den Hof meines Sohnes.

Eine besonders beliebte Arbeit war mir immer das Kirschenpflücken, wo ich bis vor drei Jahren noch mitmachte. Jeden Freitag gehe ich noch zu meiner Tochter, besorge die Küche und mache das Mittagessen, sie ist immer noch froh, hat sie doch ein großes Haus zu putzen. Nun kam mein 80ster Geburtstag, Kinder und Enkel waren in unser Restaurant eingeladen. An meinem Platz stand eine große Schale mit 80 roten Rosen, andern Blumen und Geschenken. Ich habe mich sehr gefreut, war es doch ein Zeichen der Liebe, die ich noch genießen durfte. Es war ein sehr schöner Tag, wissen wir ja nie in diesem Alter, wenn es der letzte sein könnte.

In meinem Heimatdorf gehe ich immer noch gerne, wo ich auf dem Friedhof meine Mami und die vielen Gräber meiner alten Stammgäste besuche, auch ich möchte hier meine letzte Ruhestätte haben. Was meine Nachkommen betrifft, kann ich nur meine Freude haben, alles sind gefreute und liebe Menschen, und dafür kann man nur dankbar sein. Mein Wunsch ist, noch Urgroßmutter zu werden, sind doch alle Enkelkinder über 20 Jahre, aber was noch nicht ist, kann noch werden. Daß ich nicht in ein Altersheim muß, hat mir meine Tochter versprochen, wenn es nicht mehr allein geht, mich zu sich zu nehmen, wenn es irgendwie geht, was für mich eine große Genugtuung ist. Die Zeit meiner Geburt scheint mir gut gewesen zu sein. Wir haben sparen und arbeiten gelernt, und nun dürfen wir die Früchte unserer AHV-Rente genießen, dafür sind wir sehr dankbar. Auch konnte sich die jetzige Generation auf einem guten Geleise weiter entwickeln, und ich wünsche allen von Herzen alles Gute.

Meine Mutter starb schon im 48. Altersjahr, mein Vater im 91. Jahr. Noch einige Jahre wurde er von seiner jüngsten Tochter gepflegt, die einen Prediger mit sechs kleinen Kindern heiratete, und dazu noch vier eigene bekam. Als gelernte Krankenschwester hat sie alles wunderbar geleitet und eine gefreute Familie erzogen. Mein Bruder starb mit 68 und eine Schwester mit 85 Jahren.

Von der Familie meines Mannes ist nur noch eine Schwägerin am Leben. Leider hat sich bis jetzt kein Familienmitglied zur Weiterführung des Restaurants erklärt, und so bleibt es vorläufig, wie es ist. Im Laufe meiner Lebenszeit hat sich ja so viel geändert, aber eben, die Zeiten ändern sich, und die Menschen ändern sich mit der Zeit.

Säntis
männlich, *1900, Huf- und Wagenschmied, Automechaniker

Am 14. März 1900 wurde ich als zweites Kind im Bauernhof zum Bustadel in der Gemeinde Rorschacherberg, angrenzend an Rorschach, geboren. Nachdem meine Mutter am 28.1.1897 ihren ersten Sohn geboren hatte und ich mich im darauffolgenden Jahr immer noch nicht anmeldete, hatte sie bereits Angst, sie bekäme keine Kinder mehr.

Bern an und für sich schon ein großes Erlebnis, dazu kamen dann noch die schönen Ausflüge in die Umgebung von Bern. Die Krönung dieser Ferien war dann die Heimreise. Mein Onkel bezahlte mir den Umweg über Thun, mit dem Schiff über Thuner- und Brienzersee, dann mit der Brünigbahn nach Luzern und zuletzt über Zürich heimwärts. Auf dem Thunersee ging ich ganz nach vorne auf dem Schiff. Dort hing eine große Glocke und was stand auf dieser Glocke: «Gebrüder Sulzer A.G. Winterthur». Man kann sich denken, mit welchen Gefühlen ich vor dieser Glocke stand, «meine» Firma hat dieses Schiff gebaut. Ich glaube, daß es bei den Jungen von heute schon etwas mehr braucht, um solche Gefühle der Erhabenheit aufkommen zu lassen. Also, mit diesem Auftakt hat dann meine Lehrzeit begonnen.

Eine Lehre bei Gebrüder Sulzer absolvieren zu können, galt fast als eine Bevorzugung. Die ganze Ausbildungszeit von vier Jahren war genau programmiert, und das Programm wurde streng eingehalten. In der Gewerbeschule war ich auf einmal nicht mehr am Schwanz, sondern ganz in den vorderen Reihen, ein Zeichen, daß ich dort war, wohin ich gehörte. Ich sage nicht nur in Erinnerung, es sei eine schöne Zeit gewesen, nein, auch während der Lehrzeit war ich mit Freude dabei. Natürlich gab es auch Tiefpunkte, besonders ganz am Anfang, da mußten wir noch vier Wochen lang an einem Klotz herumfeilen, und wenn einer nicht Schwielen an den Händen hatte, dann konnte er auch noch nicht feilen. Auch mit dem Meißeln und andern Handfertigkeiten ging es ähnlich. Aber all diese Schwierigkeiten waren nach dem ersten Jahr überwunden. Moralisch ging uns die Grippeepidemie von 1918 sehr nahe, verloren wir doch einige unserer Kameraden durch diese Krankheit.

Ebenfalls im Jahr 1918 erlebten wir den Generalstreik. Ich weiß noch gut, wie wir im hohlen Kreuz an den Streikposten vorbeistolzierten, denn Lehrlinge waren vom Streik ausgeschlossen. Einige Kameraden und ich hatten im Sinn, nach der Lehre das Technikum zu besuchen. Dieser Entschluß wurde so belohnt, daß uns die Gelegenheit geboten wurde, ein Vierteljahr ins Zeichnungsbüro zu gehen und ein Vierteljahr in die Lehrgießerei und die Klein- und Großgießerei. Das war eine sehr gute Ergänzung zu der Lehre und zugleich Vorbereitung aufs Technikum. Wir waren der erste Lehrgang, der mit einer eidgenössischen Prüfung die Lehre abschloß. Um noch ein wenig Geld zu verdienen, blieb ich ein halbes Jahr nach der Lehrzeit auf dem Beruf bei Gebrüder Sulzer. Weil ich aber doch mit meinen Lehrkameraden am Technikum sein wollte, mußte ich die Aufnahmeprüfung ins zweite Semester machen. Bis in alle Nacht hinein arbeitete ich am Stoff des ersten Semesters, hauptsächlich Algebra, Chemie und Geometrie. Es hat sich gelohnt, die Aufnahmeprüfung ins zweite Semester wurde bestanden.

Nach drei Jahren und eineinhalb Monaten war es dann so weit, daß ich endlich zur Welt kam. Als ich ein Jahr alt war, bekam ich die englische Krankheit, und es ging noch ein ganzes Jahr, bis ich mich entschlossen hatte, dieser Welt nicht wieder adieu zu sagen. Ich bemühte mich dann, laufen zu lernen.

Vier Jahre später war schon Schulbeginn. Ich hatte meine ganze Schulzeit lang das Gefühl, das sei zu früh gewesen, denn ich hatte immer etwas Mühe, nachzukommen. An den Schulbeginn kann ich mich überhaupt nicht mehr erinnern. Ungefähr Mitte des ersten Schuljahres zogen meine Eltern nach Landquart bei Arbon. Das Bauerngut lag nahe der Kantonsgrenze auf St. Galler Boden. Ein Teil des Gutes lag im Kanton Thurgau. In die Schule mußte ich nach Berg SG, etwa 20 Minuten in Richtung St. Gallen. Im Winter war der Schulweg besonders schön, das heißt, wenn es Schnee hatte und Schlittweg war. So konnten wir den ganzen Schulweg auf dem Schlitten fahren. Bis Ende der dritten Klasse hatte ich eine Lehrerin. Das Besondere an ihr war die Haarfrisur. Sonst hatte sie keine Merkmale, die mich an sie erinnern würden. Dann ging ich nicht ganz zwei Jahre zu einem Lehrer namens D. in die Schule. Ich hatte immer etwas Angst vor ihm, nicht etwa, daß ich mich zu beklagen hatte, aber er war doch im allgemeinen ein Grobian.

Ein Teil des Bauerngutes unserer Klienten war eine schöne, ebene Wiese ohne Bäume. Eine Anzahl größerer Buben, darunter mein älterer Bruder, gingen bei schönem Wetter sonntags auf dieser Wiese Fußball spielen. Mein Bruder K. lud mich ein, auch mitzumachen und das Fußballspiel zu erlernen. Ich begnügte mich vorläufig als Zuschauer. Als ich einmal das Spiel schon ziemlich eifrig verfolgte, sah ich plötzlich den Ball gerade auf mich zufliegen, ohne daß es mir möglich gewesen wäre, diesem auszuweichen. Der Ball traf mich mitten ins Gesicht, und es schlug mich, pumps, rücklings auf den Boden. Mein Leben lang ging ich nie mehr auf einen Fußballplatz.

In Wittenbach ging ich noch zu Lehrer Grob in die fünfte Klasse. Er hieß aber nur so, war es aber nicht (grob). In der sechsten Klasse war ich bei Lehrer G., mit dem ich aber nicht so gut auskam. Er sprach schon vom Wiederholen der sechsten Klasse. Ich konnte trotzdem noch die Realschule in Lömmenschwil besuchen. Ich war aber froh, als die Schule zu Ende war. Zweimal pro Tag den langen Weg und dann noch die Schulaufgaben! Da die Eltern im Stall noch Schicksalsschläge hatten, nahm die Mutter Heimarbeit aus einer Textilfabrik an, wobei ich mich an dieser Arbeit auch beteiligte.

Nach Abschluß der Schule schickten mich meine Eltern zu einem Onkel, ein Bruder meiner Mutter, nach Herisau, der dort zwei kleine Bergbauernheimwesen bewirtschaftete. Das eine lag an der Burghalde, wo der Onkel auch wohnte. Das andere lag angrenzend an den Rosenburgstock. Das ist eine halb zerfallene Burgruine auf dem Bergrücken nordöstlich von Herisau. Das Heimwesen beim Rosenburgstock gehörte Onkels Eltern, wo auch meine Mutter aufgewachsen war. Im allgemeinen gefiel mir der Bauernbetrieb gut, aber meine Eltern empfahlen mir, ein Handwerk zu erlernen, infolge ihrer eigenen schlechten Erfahrungen, die sie beim Bauern machen mußten.

Nach bald zwei Jahren auf dem Bauernwesen trat ich bei Kempf u. Co. in Herisau in eine Lehre als Mechaniker ein. Es waren noch keine acht Wochen verflossen, da kam von der Lehrlingsfürsorge St. Gallen eine Vorladung, ich solle mich bei ihnen vorstellen. Das Ergebnis war, daß ich die Lehre in Herisau aufgeben mußte und dafür eine Lehre in St. Gallen anzutreten hatte. Das käme eben billiger. Die Kost und Logis bekam ich beim Lehrmeister, und das Lehrgeld übernahm die Lehrlingsfürsorge St. Gallen. Nur war das keine Mechaniker-Lehrstelle, sondern eine Lehre als Huf- und Wagenschmied. Weil mein älterer Bruder bereits schon als Mechaniker in der Lehre war, mußte ich mich mit dem Entscheid zufrieden geben.

Von meinem Lehrmeister W. bekam ich auch jeden Samstag 50 Rappen Sackgeld. Ein Mitlehrling in der gleichen Schmiede, der mit der Lehre bald fertig war, beglückte mich noch mit einem Ratschlag: Er habe jetzt seit einiger Zeit einen Franken Sackgeld, und ich solle den Meister fragen, ob ich auch einen Franken erhalten könnte, was ich dann allerdings erst nach einem Jahr tat. Der Meister gab mir zur Antwort: das komme nicht in Frage, 40 Rappen seien auch genug. So erhielt ich von da an nur noch 40 Rappen.

Zu Hause hatte es sich auch herausgestellt, daß die Angst meiner Mutter, sie bekäme keine Kinder mehr, nachdem das erste Kind geboren war, nicht zutraf: es waren unterdessen deren sieben geworden.

Kurze Zeit nachdem ich die Lehre als Schmied in St. Gallen angetreten hatte, war es Fasnacht. Wir hatten etwas früher Feierabend. Die Frau des Lehrmeisters sagte zu mir: «Du kommst aber beim Zunachten heim.» Da es ja bereits dämmerte und soweit war, glaubte ich, sie mache einen Spaß. Der ältere Lehrling nahm mich in eine Wirtschaft mit, keine fünf Minuten weit weg. Dort vergnügten wir uns bei einem Billard-Spiel. Die Zeit verging schnell, so daß etwa um neun Uhr mein Lehrlingskollege zu mir sagte, ich müsse jetzt heimgehen. Er kam mit mir, machte mir die Haustüre auf und riet mir, die Schuhe auszuziehen und leise die Treppe hinauf und ins Bett zu gehen. Kaum war ich im Bett, kam die Meisterin, um mir die Leviten zu verlesen, weil es ja schon längst zugenachtet hatte. Trotzdem schlief ich gut, und wie üblich machte ich am Morgen um sechs Uhr das Schmiedefeuer an. Um diese Zeit war immer Arbeitsbeginn, und nach zwei Stunden konnte dann das Frühstück eingenommen werden. Wie üblich aßen wir dieses mit Appetit. Als wir vom Tisch aufstanden, um wieder mit der Arbeit weiterzufahren, hieß es: du bleibst noch hier. Der Lehrmeister sagte mir: «Du kannst wieder gehen, wir wollen keinen Lehrbuben, der nicht folgen kann.» Ich merkte, daß es ernst galt und verzog mich ins Zimmer. Um meinen Eltern nicht wieder neue Sorgen zu bereiten, faßte ich den Entschluß, die Sache dem Lehrlingsfürsorger zu unterbreiten. Er war nicht weit von meiner Lehrstelle zu Hause, und ich klagte ihm mein Mißgeschick. Ich bat ihn, mit mir zu kommen, um mit dem Lehrmeister zu schlichten, was er auch tat. Es kam alles wieder ins Geleise, worüber ich sehr froh war.

Drei Jahre später, wieder an der Fasnacht, absolvierte ich die Lehrabschlussprüfung bei Schmiedemeister K. in St. Gallen mit bestem Erfolg.

An eine eindrückliche Episode während der Lehrzeit im Jahr 1918 erinnere ich mich noch sehr gut. Die Grippe zog durchs Land. Auf der Straße, an der Schmiede vorbei, fuhr öfters der Leichenwagen mit Verstorbenen vom Spital in den Friedhof zur Bestattung. Die Frau des Lehrmeisters machte einmal eine abschätzige Bemerkung über den Spital. Wegen der Grippe müsse von ihr aus niemand in den Spital. Kurze Zeit später, wir hatten unterdessen einen neuen Lehrling erhalten, blieb dieser eines Morgens im Bett. Der Arzt stellte Grippe fest und befahl, aus meinem Zimmer in ein anderes zu wechseln. Am andern Morgen hatte ich auch die Grippe, und wir durften wieder im gleichen Zimmer schlafen. Jetzt dachten wir an die Bemerkung der Lehrmeisterin und glaubten, daß wir nun nicht in das Spital müßten. Am folgenden Morgen stand plötzlich die Polizei in Uniform vor unserem Zimmer und befahl uns, aufzustehen, uns anzuziehen und mit einem Nachthemd unter dem Arm sofort mitzukommen. Höchst ungläubig schauten wir einander an. Da wurden aber andere Töne angeschlagen. Als wir zur Haustüre herauskamen, schauten aus verschiedenen Türen und Fenstern Köpfe heraus. Die Polizei kam nämlich nicht zu Fuß. Vor der Schmiede stand eine wunderbare Limousine, in der wir beiden Lehrbuben Platz nehmen durften, und schon war das Schauspiel vorbei. Die Fahrt ging nämlich Richtung Spital. Nach drei Wochen Spitalaufenthalt ging es wieder zurück in die Lehrwerkstätte, aber diesmal nicht mit der Limousine, aber auch nicht mit dem Leichenwagen.

Während ich einmal einem Pferd ein hinteres Bein aufhob, um ihm ein Eisen anzupassen, warf dasselbe mich zu Boden und trat beinahe auf meinen Kopf. Ob es mit dem Spital oder mit dem Leichenwagen abgegangen wäre?

Beim Lehrmeister gab es auch einen Taubenschlag. Dieser war zuoberst im Firstgiebel eingebaut. Mein älterer Kollege war beauftragt, mich über die Fütterung und das Reinhalten des Taubenschlages zu instruieren. Es waren sogenannte Brieftauben. In früheren Jahren wurden sie gruppenweise weit fortgeschickt, so zum Beispiel ins Welschland, und dann fliegen gelassen. Mein Lehrmeister war besonders stolz auf seine Brieftauben und ihre Leistungen. So hatte er immer noch drei Diplome im Treppenhaus aufgehängt, die bezeugten, daß seine Brieftauben mit 95 bis 97 Kilometer Stundengeschwindigkeit heimflogen.

Einmal, an einem schönen Sonntagmorgen, es war Sommer, packte ich zwei Tauben in ein Körblein und wollte so einen Miniaturwettflug veranstalten. So marschierte ich bis nach Heiden. Weil ich ein wenig ein schlechtes Gewissen hatte, die Tauben könnten den Weg nicht mehr nach Hause finden, bestieg ich noch eine Anhöhe und ließ das Taubenpärchen dann fliegen. Ich hatte auch meinem Kollegen von meinem Vorhaben erzählt, und er sollte dann zu Hause etwas aufpassen, ob die Tauben auch wirklich heimkämen. Auf jeden Fall waren sie lange vor mir daheim angekommen. Vom Lehrmeister erhielt ich eine Strafpredigt, da die Tauben schon lange nicht mehr trainiert worden waren.

Die Brieftauben hatten sonst noch eine nette Sitte. Im Frühling legten sie auch einige Eier, natürlich nicht so große wie die Hühner. Man durfte ihnen nicht alle Eier belassen, damit es nicht zu viele Junge gäbe. Am Sonntag war es öfters üblich, daß ich meine Eltern und Geschwister in Wittenbach besuchte. Die Freude war jeweils groß, wenn ich den jüngeren Geschwistern einige Taubeneier zum «köchele» brachte und sie dann kleine Spiegeleier daraus machten. Später im Militärdienst war ich einmal einige Zeit Brieftaubenwart. Ich dachte oft an das kleine Experiment zurück. Damals, 1921 und in den folgenden Jahren, hatte man im Militär bei den Fliegertruppen auch Brieftauben, und das wegen ihren guten Eigenschaften.

Mein Bruder, der drei Jahre älter als ich war und in Rorschach eine Lehre als Maschinenschlosser absolvierte, berichtete mir eines Tages, er komme am folgenden Samstag zu mir nach St. Gallen und wolle dann mit mir auf den Säntis gehen. Samstag mittags hieß es, wenn die Werkstatt aufgeräumt sei, könnten wir gehen. Bis fünf Uhr saß mein Bruder auf der Bank vor der Werkstatt und wartete. Er hat sich wohl über meinen Meister entsetzt. Dann aber ging es zu Fuß los über Teufen, Appenzell nach Wasserauen. Von hier aus begann der Aufstieg, und ich mußte jetzt schon alle Kräfte zusammennehmen, um meinem Bruder folgen zu können. Ich war wirklich müde und erschöpft, als wir gegen Mitternacht auf dem Säntis ankamen! Zum Glück bekamen wir noch etwas zu essen und erhielten eine billige Schlafstätte. Am Morgen um vier Uhr weckte mich mein Bruder K. bereits wieder, und er zeigte mir, wie man die Schneehalde hinabrutschen konnte. Wir begannen sofort den Abstieg nach der Meglisalp und machten dann dem Seealpsee einen kurzen Besuch. Zum Schluß nahmen wir das steile Sträßchen nach Wasserauen in Angriff. Obwohl der Berg nun fertig war, glaubte ich die Kraft fast nicht mehr aufzubringen, um weiter zu marschieren. Endlich im Bahnhof Gais angelangt, studierte mein Bruder den Fahrplan. Er hatte nun eingesehen, daß meine Kräfte am Ende waren. Ich setzte mich auf eine Bank und schlief sofort ein. Wie lange es ging, bis ein Zug kam, weiß ich nicht mehr. Aber auch im Zug schlief ich sofort wieder ein und erwachte erst, als wir in St. Gallen anlangten. Ich verabschiedete mich von meinem Bruder und begab mich sofort auf mein Zimmer. Vom Meister und seiner Frau sah ich nichts. Ich zog die Schuhe aus und lag auf das Bett, ohne mich zuzudecken. Es war Zeit zum Abendessen, jedoch rief mir niemand. Auch schaute niemand nach, ob ich heimgekommen wäre. Mein Bruder hatte schon öfters solche Touren gemacht, war also trainiert und an das angeschlagene Tempo gewohnt. Für mich dagegen war es die erste Tour, und ich war erst noch drei Jahre jünger. Vor großer Müdigkeit schlief ich so tief und fest, daß mein Kollege, der Schmiedegeselle, glaubte, als er nachts um 12 Uhr heimkam, ich sei betrunken. Am Montagmorgen mußte ich erst noch zwei Stunden streng arbeiten, bevor ich zum Morgenessen durfte.

Allgemein gab es nicht viel Neues zu machen in der Schmiede, denn man merkte schon das Herannahen der Automobile. Um so willkommener war ein Auftrag der Militärverwaltung über die Montierung einiger Fourgons.

Anläßlich der Lehrabschlußprüfung mußte ich unter anderem auch ein Paar Hufeisen anfertigen. Bei meinem Lehrmeister hatte es im Hof einen Haufen abgelaufene Hufeisen, aus denen im Winter neue Hufeisen angefertigt wurden. Nur nach dieser Methode hatte ich gelernt, Hufeisen herzustellen. Somit erkundigte ich mich bei Meister K. nach den alten Hufeisen. Er sah mich groß an: Wenn ich die Lehrlingsprüfung bestehen wolle, so müsse ich selber wissen, wie neue Hufeisen gemacht werden. Er zeigte mir an der Wand die neuen, schönen Eisenstäbe, lachte dazu und sagte, er kenne meinen Lehrmeister und seine Methode schon. Also konnte ich zum ersten Mal Hufeisen aus neuen Eisenstäben anfertigen, was nun bedeutend leichter war, als wie ich es in der Lehre gelernt hatte.

Als ich dann nach der Fasnacht 1919 meine Lehrlingsprüfung, wie schon gesagt, mit 'sehr gut' bestanden hatte, und zwar praktisch und theoretisch, und am 6. März 1919 den Lehrbrief im Sack hatte, entschloß ich mich, auf die Arbeitssuche zu gehen. Vom Nachbarn namens W. erhielt ich leihweise ein Velo, das ich später wieder zurückbrachte. Die erste Station war St. Gallen, wo ich bei einem Velo-Reparateur zwei Speichen ersetzen mußte. Warum ich nachher die Richtung nach Wil einschlug, weiß ich selber nicht. Irgendwie beschlich mich ein Gefühl der Unsicherheit, und ich mochte vom Velo gar nicht absteigen, um nach Arbeit zu fragen. Ohne anzuhalten fuhr ich bis nach Uzwil, wo ich plötzlich links an der Straße eine größere Schmiede entdeckte. Jetzt muß es sein: Ich unterbrach meine Fahrt und trat in die Schmiede ein. Der Meister bearbeitete auf dem Amboß gerade ein glühendes Eisen. Daß dies nicht der richtige Moment war, um hier Arbeit zu suchen, war mir klar. Als dann das Eisen nicht mehr rotwarm war und er dasselbe wieder in das Feuer steckte, fragte ich ihn um Arbeit als Jungschmied. Ohne mir eine Antwort zu geben, langte er in die Westentasche und reichte mir eine Münze, es war ein 20-Rappenstück. Ich bedankte mich und verschwand, wo ich hereingekommen war. Ich stieg nicht mehr vom Velo, bis ich in Winterthur bei der Lokomotivfabrik angekommen war.

Es war 12 Uhr, und die Arbeiter strömten auf die Straße. Auch der Hunger meldete sich bei mir. Nachdem ich mich etwas gestärkt hatte, fuhr ich die Altstadt hinauf, denn ich hatte bei der Ankunft in Winterthur dort eine Schmiede gesehen. Es war immer noch Mittagszeit, und die zwei Lehrlinge, welche ich in der Werkstatt antraf, waren schon etwas freundlicher als der Schmiedemeister in Uzwil. Kurze Zeit nachher traf auch der Stellvertreter des Meisters, K. Ch., ein. Wir kannten uns aus St. Gallen, wo er in der Gewerbeschule abends einmal einen Schmiedekurs leitete, den ich besuchen durfte. Er gab mir bekannt, daß er ein eigenes Geschäft eröffnen wolle, und ich könnte dann bei ihm eintreten. In der Zwischenzeit arbeitete ich dann noch eine Woche in der Lokomotivfabrik, wo es mir aber viel zu heiß war. Nachdem ich nun ein paar Wochen im neuen Geschäft von K. Ch. angestellt war, verließ ich die Stelle auch wieder, weil es mir unmöglich war, mit acht Franken Verdienst pro Tag meinen Verpflichtungen nachzukommen. Als ich von zu Hause fortging, gab mir der Vater 50 Franken, und ich hatte ihm versprochen, dieses Geld bald wieder zurückzugeben. Doch bei diesem Lohn war das nicht möglich gewesen.

Nun kam die große Wende in meinem Leben. Ich traf per Zufall einen Telefonmonteur, der mir empfahl, mich beim Telefonamt zu melden.

Bereits in zwei Tagen schon hatte ich eine Zusage als Freileitungsarbeiter. Da es unterdessen richtig Frühling geworden war, gefiel mir die Arbeit in der freien Natur sehr gut. Ich hatte jedoch schon im Sinn, im Winter wieder etwas der Wärme nachzugehen. Immerhin hatte ich fast 12 Franken Lohn und wenn wir auswärts arbeiteten, noch eine Zulage für das Mittagessen. So war es mir dann möglich geworden, meine Eltern aufzusuchen, um erstens ihnen die entlehnten 50 Franken zurückzugeben und zweitens meine Berufsveränderung mitzuteilen. Ich kam aber mit meinem neuen Beruf bei meinen Eltern nicht gut an. Die Mutter sagte fast mit etwas Verachtung in ihren Worten: «Was, du willst deinen gut abgeschlossenen Beruf aufgeben, du willst ein Telefönler werden?» Also versprach ich den Eltern, mir die ganze Sache nochmals zu überlegen.

Allzu schnell rückte der nächste Winter daher, und gleichzeitig hörte man auch schon von Arbeitslosigkeit reden, so daß ich das Gefühl hatte, besser zu bleiben, wo ich war. Im Laufe des nächsten Sommers ging das Gerücht um, daß alle Angestellten, die nicht drei Dienstjahre hatten, mit der Kündigung zu rechnen hätten. Dies verunsicherte mich, und als ich aus der Zeitung ein Inserat aus Andelfingen las, wonach auf eine Farm nach Amerika eine Arbeitskraft gesucht werde, interessierte ich mich darum. Doch das paßte meinen Eltern auch wieder nicht, und ich sah wieder davon ab.

Im Herbst 1921 wurde ich zur Rekrutenschule bei der Fliegertruppe eingezogen. Zwar ging ich etwas widerwillig, weil ich eine Waffengattung auswählen wollte, die besser zu meinem Beruf paßte. Doch verpaßte ich eine Versetzung. Bald zeigte es sich, daß ich um die Motoren der Flugzeuge vieles lernen und später bei den Motorfahrzeugen gebrauchen konnte. Auch daß ich das erste Mal in einem zweiplätzigen Militärflugzeug mitfliegen konnte, will ich hier noch erwähnen. Bei den späteren Wiederholungskursen hat sich das noch einige Male wiederholt.

Nach der Rekrutenschule benützte ich jede Gelegenheit, mein Wissen zu erweitern: in der Metallarbeiterschule ein Dreherkurs, ein Autofahrerkurs mit Theoriekenntnissen über das Auto in Zürich und ein Kurs in der Automobilwerkstätte PTT in Bern. Die beiden Lehrbücher: Der Motorfahrzeugführer und sein Fahrzeug und das Handbuch für Motor-Mechaniker waren wichtige Ergänzungen für meinen neuen Beruf. Wieder machte ich mir Gedanken über meine berufliche Zukunft und sah etwas bekümmert dem nächsten Frühling entgegen. Ich hatte mich endgültig entschlossen, als Schmied nicht mehr zu arbeiten.

Im Laufe des Sommers erhielt das Telefonamt Winterthur aus Armeebeständen einen Lastwagen zugeteilt. Sofort meldete ich mich als

Hilfschauffeur. Im Frühjahr 1922 hatte ich dann die drei Dienstjahre hinter mir, so daß ich keine Kündigung bekam. Obwohl ich als Hilfschauffeur hie und da mit dem Lastwagen fahren konnte, war ich auch noch längere Zeit mit der Freileitungsgruppe als Linienarbeiter beschäftigt. Als Gruppenführer amtete Joh.I. und als Arbeiter Hch.Sch. Als Jüngste waren Rob.G. und ich tätig. So wurde ich auch mit Einzelaufträgen, wie zum Beispiel Linienbegehung des ganzen Tösstals und noch weiterer Gebiete beauftragt, wobei die kleinen Reparaturen erledigt werden mußten. Auch wurde ich einige Monate, während dem Bau des Kraftwerkes Wäggital, provisorisch in diese Gegend versetzt. Nachdem der bis anhin amtierende Chauffeur W. zuerst zur Post und später zum Telefonamt Zürich versetzt wurde, mußte ich nun dauernd mit dem Lastwagen fahren und habe dabei den Kollegen Hch.Sch. das Lastwagenfahren gelehrt.

Nach und nach wurden von der Generaldirektion der Telefonverwaltung Winterthur außer dem Lastwagen auch zwei Motorräder und ein Personenwagen zugeteilt. Der Motorfahrzeugpark wuchs in den folgenden Jahren unaufhörlich, hauptsächlich kamen Kastenwagen für den Störungsdienst. Ich war längere Zeit mit dem Unterhalt und den Reparaturen von den Fahrzeugen und im übrigen mit dem Fahrdienst auf dem Personenwagen beschäftigt.

Meine Anstellung bei der Telefonverwaltung war nun gesichert. Somit durfte ich nun ans Heiraten denken und hatte dabei ganz bestimmte Absichten. Die einzige Tochter B. der Frau K., bei der ich schon etwa zweieinhalb Jahre logierte, schien mir gerade recht, so daß ich mein Anliegen vorbringen konnte. B. arbeitete in der Osram-Lampenfabrik. Sie wollte aber vor dem Heiraten noch in die Kochschule, um nachher bei Frau Dr. B. in Schaffhausen eine Stelle im Haushalt und als Köchin anzutreten. Es war eine lange Zeit, bis es so weit war und bis B. wieder heimkehrte. An Weihnachten wurde Verlobung gefeiert. Jetzt ging's erst noch an die Anfertigung des Brautzeuges und an die Anschaffung der Möbel. Am 15. Mai 1923 war es dann soweit. B.'s Bruder P. und meine Schwester M. waren Trauzeugen. Wir machten alle vier eine Hochzeitsfahrt nach Rapperswil bei schönem Wetter. Abends, als wir heimkamen, erwartete uns eine Überraschung. Der Möbelhändler hatte uns schon einige Tage wegen der Möbel-Lieferung vertröstet. Die Möbel waren jedoch noch nicht angekommen. Nachts zwischen 11 und 12 Uhr kamen sie dann angefahren. Unsere erste Wohnung konnten wir bei Herrn K. an der Bürglistraße 42 im zweiten Stock beziehen. Es ging aber nicht lange, und ich fing an, von einem Einfamilienhaus zu träumen.

An schönen Sonntagen suchten B. und ich immer nach schön gelegenen Bauplätzen. Wir fanden ihn auch an der Sommerhaldenstraße. Er schien uns sehr geeignet und gefiel uns. Das Geld für den Bauplatz hatte ich zwar noch nicht beisammen. Damit ich das Bauland sofort kaufen konnte, war meine Schwester M. so liebenswürdig und gab mir leihweise Fr. 1'000.—. Für diesen günstigen Quadratmeter-Preis von Fr. 5.— hätte ich sonst nirgends an einer so schönen Lage Bauland erhalten. Kurz nachher interessierte sich auch eine Baugenossenschaft für diesen Bauplatz, jedoch ohne Erfolg, er gehörte schon mir. Der Baubeginn wurde auf den 6. September 1926 festgesetzt. Vorgängig, während des Sommers, besorgte ich ganz allein den Aushub und die Vorarbeiten, und das jeweils am Abend, bis es dunkel war.

Der Einzug ins neue Einfamilienhaus war am 1. April 1927. Die vielen nötigen Arbeiten in Haus und Garten sowie der Umgebung und der Anpassungen beanspruchten mich sehr. Infolge meiner Beförderung am Arbeitsplatz war es mir möglich, mit dem Berufsstudium etwas nachzulassen, um somit vermehrte Stunden für die Haus-Arbeiten freizubekommen.

Unsere erste Tochter B. wurde am 23. Juli 1924 geboren. Beim Haus-Einzug war sie schon zwei Jahre und acht Monate alt. Somit konnte sie sich im neuen Haus und Garten schon richtig tummeln. Meine Frau B. und ich waren im neuen Heim glücklich, obwohl es uns an Arbeit nicht fehlte. Wir hatten drei Zimmer im ersten Stock vermietet, das gab auch für meine Frau viel zu tun. Am 24. Juli 1929 wurde unsere zweite Tochter R. geboren. An diesem Tag war B. bereits fünf Jahre und einen Tag alt.

Ich richtete auch einen Hühnerhof ein, und wir hielten 20 Jahre lang Hühner. Durch einen unterirdischen Gang konnten sie von draußen in den Keller zum Schlafen gelangen. Nach drei Jahren kamen die ältesten in den Suppentopf, und als Ersatz kauften wir wieder fünf Junghennen, die dann im Nachsommer anfingen, Eier zu legen. Während der Kriegszeit 1939 bis 1945 waren wir um den großen Garten und die Eier recht froh. Auch hielten wir viele Jahre Kaninchen. Auf Grund meiner Stellung mußte ich keinen Militärdienst leisten. Das kam meiner Frau B. während der Kriegszeit auch zugut. Ich war froh, daß ich sie nicht allein lassen mußte, denn sie hätte die viele Arbeit in Haus und Garten kaum bewältigen können.

Ich erhielt auf den 1. Januar 1936, nach einem entsprechenden Kurs, die Beförderung zum Garage-Chef II. Klasse. Wir hatten schon 12 Motorfahrzeuge zu besorgen. Es waren lange und strenge Jahre, aber das Selbststudium lohnte sich.

Ein besonderes Kapitel verursachten auch während der Kriegszeit die

Ersatztreibstoffe für die Motorfahrzeuge, wurden doch ein Lastwagen mit Holz, zwei Kastenwagen mit Holzkohle und einige Kastenwagen mit Karbid betrieben. Es war kaum zu glauben, es ging sogar gut. Zum Glück konnten wir einige Zeit vorher die neuen Garagen und Werkstätte im Tössfeld beziehen, womit diese Arbeiten bedeutend besser vonstatten gingen. Zudem wurden die Postwagen auch der Telefongarage zugeteilt. Der Personalbestand vermehrte sich auch, und der ganze Betrieb wurde immer größer. Nebst vorherigen Beförderungen erreichte ich auf den 1. Januar 1955 das Maximum meiner Karriere: die Beförderung zum Werkführer. Im Jahr 1919, im Frühling, als ich in den Betrieb eintrat, hatten wir noch keine Motorfahrzeuge. Im Frühjahr 1965, als ich pensioniert wurde, waren es deren 150 Stück. Es kommt mir als lange Zeit vor, und dennoch war es schnell vorbei.

Als ich voller Zuversicht im Jahr 1926 mit dem Aushub meines geplanten Hauses anfing, freute ich mich auf meine Familie, die leider etwas lange auf sich warten ließ. Aber nach fünf Jahren kam dann die zweite Tochter, R. Als aber die Mutter auf Anraten des Arztes der ersten Tochter mitteilte, daß sie nun keine Schwesterchen oder Brüderchen mehr erhalte, weinte sie bitterlich. Wir freuten uns aber an den beiden Töchterchen, die wir hatten und die uns viel Freude bereiteten. B. wurde von der Schule etwas stark in Anspruch genommen. Die jüngere, R., meisterte die Schule leichter, aber es schlossen beide mit der dritten Sekundarschul-Klasse ab. B. lernte Köchin und R. Damenschneiderin. Einige Jahre später bestand R. die Meisterprüfung. Beide machten ein Welschland-Jahr und R. noch ein London-Jahr.

Noch eine interessante Begebenheit aus der Vorschulzeit unserer R., als wir noch Hühner hatten: Plötzlich bemerkte ich, daß eine von den Junghennen einen immer größeren Kopf erhielt. Da ich im Militärdienst den Magnetopathen Sch. kennenlernte, faßte ich den Entschluß, die Junghenne zu hypnotisieren und in diesem Zustand zu operieren. Meiner Frau B. sagte ich, sie solle Nadel und Faden bereitmachen und das Huhn genau überwachen, im Falle etwas schief gehe. Ich hielt mein Rasiermesser bereit, und die Operation konnte beginnen. Zuerst schnitt ich die äußere Haut auf und dann die innere, also die Kropfhaut, in jedem Moment mußte ich bereit sein, das Huhn zu halten. Der Kropf war ganz mit langen Grashalmen ausgefüllt, die ich alle sofort ausräumte. Dann nähte ich beide Häute wieder zusammen. Die Junghenne ließ die Operation ohne weiteres über sich ergehen und war so zahm, daß sie sich nachher von der kleinen R. umhertragen ließ und der Mutter in die Stube gebracht werden konnte. Aber ganz gesund wurde die Henne doch nicht mehr, obwohl die Nähte nach einigen Tagen verwachsen waren. Nach einigen Wochen füllte sich ihr Kropf wieder, und ich vermutete, daß sich in ihrem Organismus etwas nicht in Ordnung befand. Sie fing auch nicht an, Eier zu legen.

Ich erstellte auch eine verstellbare Klopfstange hinter dem Haus. Zum Turnen konnte diese der Größe der Kinder angepaßt werden. Somit war diese für unsere eigenen Kinder und später für die Großkinder eine große Freude zum Benützen.

Von der Telefonverwaltung kaufte ich das letzte Motorrad und machte mit den Kindern abwechselnd eine Ausfahrt, da sie das Bahnfahren nicht gut vertrugen. Bald kam der Drang nach den Bergen. Zuerst kam das Seegüetli im Toggenburg an die Reihe. Wir machten dort zweimal Ferien und genossen reichlich Heidelbeeren aus dem Wäldchen beim Schwendiseeli.

Im übrigen war der Säntis mit näherer und weiterer Umgebung weitgehend unser Ziel von unzähligen unserer Wanderungen. Hoher Kasten, Staubern, Rotsteinpass, Ebenalp, Schäfler, aber auch dem Altmann tat ich noch nach der Pensionierung etwelche Ehre an und zwar noch fünfmal. Einmal, als ich ganz allein ihn bestieg, kreiste mich ein großer Schwarm Dohlen ein, sie hatten im Sinn, eine Zwischenmahlzeit mit mir zu teilen. Nach deren Beendigung verließen sie mich wieder geordnet und gruppenweise.

Damit nicht nur eines mit dem Motorrad mitfahren konnte, kaufte ich ein kleines, altes Auto mit der Marke Ford. Dem Motor mußte ich zuerst eine Revision angedeihen lassen. Die Garage hinter dem Einfamilienhaus hatte ich vorher schon gebaut, und zwar selber, aus Holz und inwendig mit Gipsbrettern ausgekleidet. Eine Baubewilligung bekam ich nur provisorisch, da die Garage auf zwei Seiten zu nahe an den Grenzen und auf einer Seite zu nahe am Haus war. Mein Nachbar sagte, wenn ich keine Hartbedachung mache, brauche ich auch keine Baubewilligung. Die Hauptsache war, daß ich eine Garage hatte.

Auf der hinteren Seite des Hauses hatten wir einen großen Apfel- und einen Birnbaum, die uns jedes Jahr reichlich mit Früchten bescherten. Ja, sogar zwei Zwetschgen- und ein Quittenbaum brachten uns jedes Jahr ständig Früchte. An der Südwand des Hauses gedieh ein Pfirsich-Spalier, das ebenfalls wunderbare Früchte spendete.

Meine ersten Großkinder meiner Tochter B., B. und R., bestiegen wieder einmal mit mir den Säntis über die Tierwies. Ein Stück weiter oben benützten wir den alten Weg, dessen Route etwas höher verläuft. In der Nähe befindet sich ein großer Felsblock, der den beiden etwelchen Eindruck machte, besonders, als ich ihnen sagte, daß wir einmal zu viert, Großmutter und ich, sowie meine Schwester A. und ein Arbeitskollege, vor dem Regen Schutz suchten, denn unter diesem Felsblock hatten alle Platz. In der Bergwirtschaft Tierwies hätte es nicht einmal Platz zum Sitzen gehabt, geschweige denn zum Liegen gegeben, darum zogen wir es vor, weiterzumarschieren, bis es dann bei diesem Felsen stark zu regnen anfing. Da es auch kalt war, waren wir sehr froh um diesen Schutz, und so blieben wir wenigstens trocken. Im übrigen blieben wir auf unseren Bergtouren immer trocken. Einmal hat uns auch der Wirt im Rotsteinpaß gewarnt vor einem Platzregen. Bei immer noch schönstem Wetter waren wir im Begriff, gegen den Säntis fortzuwandern. Der Wirt empfahl uns, heute zeitlich unter Dach zu gehen. Wir folgten seinem Rat und erreichten gerade die Meglisalp, als ein starkes Hagelwetter niederging.

Von 1968 an erstieg ich den Altmann noch fünfmal und den Säntis noch zehnmal. Als ich den Säntis das neunte Mal erreichte, mußte ich zum Arzt zur Kontrolle. Er fragtre mich auch, ob ich noch in die Berge gehe. Ich bejahte es ihm und sagte, ich werde noch jedes Jahr einmal auf den Säntis steigen. Nach längerem Untersuch beordnete er mir, daß ich nur noch einmal auf den Säntis steigen dürfe. Weil es ein wunderschöner Herbst war, ging ich in den nächsten Tagen noch einmal, also das zehnte Mal innert zehn Jahren und zum Schluß im 1977. Damit war auch meine Bergkarriere abgeschlossen. Meine Kinder und Großkinder brauchen nun den Vater oder Großvater nicht mehr zur Begleitung in die geliebten Berge.

Am 31. März 1965 wurde ich pensioniert. Ich hatte schon im Vorjahr den Entschluß gefaßt, das Einfamilienhaus abzubrechen und an dessen Stelle ein neues Mehrfamilienhaus bauen zu lassen, mit total acht Wohnungen. Folgende Begründungen sollen meinen Entschluß erläutern: Ständig gab es viel Arbeit im und um das Haus, obwohl wir schon längere Zeit keine Mieter mehr hatten und die Kinder auch ausgezogen waren. Wir wollten nun in alten Tagen den großen Garten nicht mehr bepflanzen und keine Mieter mehr in der Wohnung haben. Daß die Blumen jedes Jahr wieder neu gediehen und das Unkraut und die Schnecken nicht zu üppig wuchsen, dafür sorgte meine liebe Frau in vielen Arbeitsstunden.

Da ich mich 1965 noch recht wohl fühlte, glaubte ich, die anfallende Arbeit im neuen Acht-Familienhaus noch gut bewältigen zu können. Den großen Garten für Gemüse brauchten wir nicht mehr. Die schönste Wohnung im Haus rechneten wir für uns. Damit wir auch in älteren Jahren nicht zu viele Treppen steigen mußten, ließ ich auch einen Lift einbauen. Es kam aber nicht ganz nach meinem Plan. Im Herbst 1965 bezogen wir das neue Haus, alle Wohnungen waren vermietet und alle Mieter auch eingezogen, deren sieben. Aber schon bald, im besonderen nach sieben Jahren, zeigten sich bei B. krankhafte Erscheinungen, die stets etwas zunahmen, so daß B. am 6. Februar 1972 ins Spital mußte. «Ich bin ja gar nicht krank» gab B. einmal lachend zur Antwort, als E.P. ihr gute Besserung wünschte. Gestützt auf diese Antwort glaubte ich, daß B. keine Schmerzen haben müßte. Am 5. Juni 1972 war es dann soweit, wir haben unsere liebe B. bestattet. Darnach habe ich die schöne Vier-Zimmerwohnung verlassen und eine Zwei-Zimmerwohnung im Parterre bezogen. Den Haushalt habe ich zwei Jahre lang selber besorgt. Dann habe ich Tante A., eine Schwägerin gefragt, ob sie zu mir kommen wolle.

Nicht mehr lange, nachdem ich das letzte Mal auf den Säntis gestiegen war, fühlte ich meine Kräfte schwinden, und ich muß mich jetzt mit kürzeren Spaziergängen zufrieden geben. Letzten Frühling war ich 80 Jahre alt, und ich bin froh, daß A., meine Schwägerin, bei mir ist. Obwohl sie noch zwei Jahre älter ist als ich, macht sie den Haushalt sehr gut und sorgt für mich. Ich trage den Proviant zu, und so hoffen wir, daß wir noch ein paar Jahre beisammen sein können. Im Frühling 1981 sind es dann sieben Jahre, seit meine Schwägerin A. bei mir den Haushalt besorgt und ich danke ihr herzlich dafür. Daß meine Tochter R. mit Familie in Winterthur wohnt, bin ich sehr froh, da sie mir die Buchhaltung besorgt, was mich von etwelcher Mühe befreit.

Zum Schluß will ich noch erwähnen, daß die Zahl meiner Nachkommen auf zwei Töchter, sechs Großkinder und drei Urgroßkinder angewachsen ist.

Jakob Schmid

[Diese Autobiographie ist um die Beschreibung von Reisen nach Italien, Holland und London (zur Tochter R.) gekürzt. R.S./R.B.]

Maienrösli 7
weiblich, * 1900

Aus dem Leben einer 80-jährigen Frau

Bin im Mai 1900 in J. geboren, wo ich als Kleinkind eine glückliche Jugend verbrachte. Wir bewohnten ein kleines Einfamilienhaus, das circa 60 m von der Landstraße entfernt war. Wenn ein Auto nahte, hörte man es schon von weitem. Meine zwei älteren Schwestern eilten an die Straße, um das Vehikel in der Nähe bestaunen zu können. «Dampfmaschese», wie sie es nannten. Ich war noch zu klein, um mitspringen zu können. Mein Vater arbeitete in einem großen Geschäft. Wir sahen ihn fast nur Samstag und Sonntag. Am Morgen um fünf Uhr mußte er schon das Haus verlassen, denn er hatte einen weiten Weg zur Arbeit, damals kannte man noch keine 48-Stundenwoche, auch keine Ferien. An Sonntagen spielte er zu Hause Violine. Im Gesangverein war er Dirigent. Auch sang er oft mit uns Kindern zu Hause. Mein Vater besaß noch ein sogenanntes Hochrad. Vorn ein großes Rad und hinten ein kleines. An schönen Abenden kamen von Rapperswil her sogenannte Zweiräderkutschen mit einem schönen Pferd vorgespannt, Einspänner nannte man sie. An schönen Sonntagen spazierten wir oft nach Rapperswil. Von der Burg aus schauten wir zu, wie die Autos den Seedamm passierten, denn dieser durfte erst ab fünf Uhr abends befahren werden.

Freund ich bin zufrieden, geh es wie es will,
Unter meinem Dache leb' ich froh und still.»
Das war mein Lieblingslied, das wir öfters mit Vater gesungen hatten.

Schule

Da ich klein und sehr zart war, schickten mich meine Eltern erst mit sieben Jahren in die Schule. Bei den rohen Bänken mußte man aufpassen, daß man keinen Holzsplitter einfing. Schiefertafel und Griffel waren zerbrechlich, besonders letztere, mit diesen mußte man sehr sorgfältig umgehen, da sie leicht zerbrachen. Für zwei Rappen kaufte man im Lädeli zwei Griffel. Vor dem Schulhaus befand sich eine ausgedehnte Steinplatte, wo wir jeweils die Griffel spitzten. Der Lehrer war ein alter Junggeselle und etwas nervös. Wenn er guter Laune war, schenkte er jedem Kind einen Griffel, das war dann schon ein Geschenk. Einmal hatte

«Maienrösli» (rechts mit Zöpfen) und ihre Familie, um 1910

ein Knabe im Übermut etwas angestellt, als er am anderen Tag in die Schule kam, hatte er vorsichtshalber den ganzen Hosenboden mit Zeitungen ausgepolstert, um die Hiebe aufzuhalten. Ohrfeigen und Tatzen waren an der Tagesordnung. Schreibhefte, Bleistifte, Gummi und dergleichen mußten vom Schüler bezahlt werden. Als Kinder neckten wir einander: Hier hast du fünf Rappen, hol mir beim Bäcker Ibidumm-Zeltli; oder ein anderes Mal: Hol mir für zehn Rappen einen Bistenaff-Stengel. Es ist schon vorgekommen, daß ein Kind es nicht merkte, und der Bäcker lachte dazu. Eine Episode ist mir noch gut in Erinnerung. Ein kleines Italienerkind kam in unsere Schule. Täglich verlangte der Lehrer, daß es «Eichhörnchen» aussprechen müsse, da aber der Italiener in seinem Sprachschatz weder das H noch das Ch kennt, war es für das arme Kind ganz unmöglich, so auszusprechen, wie der Lehrer es verlangte, und jedesmal gab es Schläge (Sadist). Das Kind tat mir wirklich leid. Die Eltern haben es dann von der Schule genommen. Ich habe nie mehr etwas von ihm gehört.

Zerstörte Familien-Idylle

1910: Nach kurzer Krankheit, erst 44 Jahre alt, starb plötzlich mein guter Vater. Nun folgte eine böse Zeit, waren wir doch sieben Kinder und hatten den Ernährer verloren. Meine Mutter, eine sehr gute Frau, erst von einer Lungenentzündung genesen, wäre nie in der Lage gewesen, einem Verdienst nachzugehen. Sie besorgte das Haus und einen großen Nutzgarten, der sich um das Haus herum befand. Damals kannte man noch keine Witwenrente, noch Kinder-Zulagen. Von keiner Seite nicht die geringste Unterstützung. Wie gut war es nun, daß etwas Erspartes da war und das, was meine Mutter in die Ehe mitgebracht hatte, vorhanden war. Meine ältere Schwester ging ab sofort in die Fabrik, dort verdiente sie in 14 Tagen 18 bis 20 Franken, ja, in 14 Tagen. Ihre Zwillingsschwester kam gerade aus der Lehre und mußte noch ein Jahr zur Ausbildung fort. Nach einem Jahr kam sie retour und etablierte sich als Damenschneiderin. Oft arbeitete sie bis nachts zwei Uhr; und das bei Petroleumlicht, das Glätteisen wurde noch mit Kohle geheizt. Auf dem Lande warteten die Kundinnen oft sehr lange mit der Begleichung der Rechnung. Als Schulkind mußte ich oft bei Säumigen vorsprechen, die Rechnung präsentieren, und erhielt als Akontozahlung jeweils fünf Franken. Notgedrungen mußte immer wieder auf die Ersparnisse zurückgegriffen werden: das Geld, das für unsere Lehre oder Ausbildung bestimmt war. In den Ferien sammelten wir Kinder Holz und suchten Beeren. Eine Ferienkolonie gab es nicht. Eine Schulreise gab es in den acht Schuljahren nur zweimal. Ja, als Kinder wurden wir wahrhaftig nicht verwöhnt. Beifügen möchte ich noch, wir hatten eine sehr gute Mutter, ein schönes Familienleben, es wurde oft musiziert und gesungen.

Wo Gesang, da laß Dich nieder,
Böse Menschen haben keine Lieder.

1914 Erster Weltkrieg

Wieder eine sorgenvolle Zeit. Im Laufe des Krieges wurden mit der Zeit fast alle Lebensmittel rationiert. Auf dem Lande kam es oft vor, daß auch mit der Lebensmittelkarte die Ware nicht vorhanden war. Eine Zeitlang war Wechselgeld so knapp, daß man Mühe hatte, wenn man mit Noten bezahlen wollte. Einst schickte mich meine Mutter mit 50 Franken in den Konsum (heute Coop) mit dem Auftrag, die Note zu deponieren, bis wir für den Betrag Ware bezogen hatten. In jener Zeit gab es für Fr. 50.— noch eine ganze Menge. Ging man mit 5 Franken in den Laden, bekam man für dies Geld fast einen Korb voll Lebensmittel. Kaufte man Salz oder Eier, mußte man den Papiersack mitbringen. Besonders mit Petroleum mußte man sehr sparsam umgehen, denn zu jener Zeit gab es an vielen Orten kein elektrisches Licht, sondern Petroleumlampen. Alles geht vorüber.

1918 Generalstreik

Ich erinnere mich, wie mein älterer Bruder, vor kurzem aus der Rekrutenschule entlassen, wieder eingezogen wurde und am späten Abend, es war schon dunkel, auf einen Lastwagen kletterte, der mit Blachen bespannt war.

Fort war der Wagen. Wir waren alle recht traurig, ging es doch einer ungewissen Zukunft entgegen. Glücklicherweise ist dann alles noch gut abgelaufen. Viele Jahre später, wenn mein Bruder mich in Winterthur besuchte und wir an der Hauptpost vorübergingen, erzählte er mir, wie er anno 18 dort Wache stand und alle Leute so nett waren, ihm Schokolade, Zigaretten und Kuchen brachten.

Bubikopf und farbige Strümpfe

In Locarno sah ich zum erstenmal farbige Strümpfe. Wir sagten zueinander, sieh, das schöne blaue Jackenkleid und dazu die gräßlichen farbigen Strümpfe. In jener Zeit kam auch der Bubikopf auf, wie man ihn dazumal nannte. Nicht selten gab es in den Familien eine Tragödie, wenn Eltern oder Ehemann von den kurzen Haaren enttäuscht waren. Wieviel hat sich doch geändert, aber auch im positiven Sinne. Trotz Schicksalschlägen: es war eine schöne Zeit. Ich bin über 80 Jahre alt, besorge den Haushalt und rings ums Haus einen großen Blumen- und Gemüsegarten. Ich danke Gott jeden Tag, wenn ich am Morgen gesund aufstehen und die Arbeit selbst machen kann.

Lina Gallmann

Margritli
*männlich, * 1900, Ziehpresse-Stanzer*

Bin am 3. Juli 1900 geboren als drittes Kind meiner Eltern. Das erste und letzte nach mir waren wenige Wochen nach ihrer Geburt gestorben. Als ich zweijährig war, starb auch die Mutter. Doch ich mag mich nicht an sie erinnern. Hernach verheiratete sich der Vater wieder. So verlebten wir drei unsere ersten Jugendjahre glücklich miteinander, oft auch das Gegenteil.

Vater kam von Wald (Zürich) nach Rikon im Tössthal, wo er in der dortigen Metallwarenfabrik Arbeit fand. Er war Kupferschmied und war sehr geschätzt seiner Tüchtigkeit wegen, doch leider war er sehr alkoholabhängig.

Es zeigte sich Gelegenheit, daß er ein kleines landwirtschaftliches Heimwesen kaufen konnte, doch sein unsolides Leben brachte es mit sich, daß der Kauf auf den Namen der Mutter kanzleit werden mußte. Er hatte ein eigenes Geschäft, mit dem machte er in kurzer Zeit Konkurs. In diesen Jahren war eben das «Blaue machen» noch weit verbreitet. Es waren immer die gleichen, die sich einander anschlossen. So ging es durch all unsere Jugendjahre (bis 1925). Meistens erst nach Wirtshausschluß fand dann Vater auch den Heimweg. Statt sich ruhig ins Bett zu legen, wurde oft stundenlang lärmentiert, bis alles erwachte. Am

Morgen drauf blieb er oft bis gegen Mittag im Bett. Es kam auch vielmals vor, statt den Arbeitsplatz aufzusuchen, erhielt das Wirtshaus wieder den Vorrang. Vater war sehr beliebt im Wirtshaus. Er bezahlte meistens allen. So blieb der Mutter nur wenig übrig vom Zahltag. Zwei Zimmerherren brachten der Mutter noch finanzielle Hilfe, um nicht noch Schulden zu machen.

Der Vater war Bauernsohn. Als wir dann zur Schule mußten, kaufte Vater einige Ziegen, die von uns besorgt werden mußten.

In den ersten Jahren unserer Jugendzeit war der Vater noch zuverlässiger. Doch je älter wir wurden, vernachlässigte er seine Pflichten. Er versuchte es auch im Blauen Kreuz, konnte aber nicht halten.

Es wurde eine Kuh und ein Rindli gekauft, mit dem Vorsatz, ein besseres Leben zu beginnen. Doch der Schein trügt, und Vater war bald wieder im alten Fahrwasser. So lastete noch mehr auf uns Knaben. Um das Melken zu erlernen, waren wir noch zu schwach. Mutter wartete vielmal mit großer Geduld auf Vater, aber vergebens, so daß sie oft in der Nacht Nachbarn holen mußte zum Melken.

So ging es weiter, Wirtshaushandel mit Land und Wald war sein Hobby. Wenn die Abzahlungen durch die Mutter erledigt waren, meistens wurde wieder verkauft ohne Wissen der Mutter, der Erlös blieb zum größten Teil im Wirtshaus hängen.

Auch wenn in die Metzg Vieh verkauft wurde, kam Vater auch nicht zu kurz. So vergingen die Jahre, und unser Schulaustritt stand bevor. Unsere Schulzeugnisse erlaubten auch eine Berufslehre, doch uns blieb nur Handlanger sein bevor. Die Heimarbeit lastete immer mehr auf uns Knaben.

So fand ich im gleichen Geschäft wie Vater Arbeit. Man hat uns immer zum Vorwurf gemacht: Handlanger verdienen heute bald gleichviel wie gelernte. 1915: der Stundenlohn war 18 Rappen, sehr bescheiden, und vom Zahltag blieb bescheiden wenig als Sackgeld. Bedingt durch Vaters Benehmen war die Mutter sehr streng mit uns. Hunger mußten wir nicht haben, eigene Milch hatten wir genug, Kartoffeln auch eigene, Hafergrütze und Mais wurde beim halben Zentner gekauft, um möglichst billig hauszuhalten. Fleisch war spärlich.

Wäre auch sehr gerne mit meinen Schulkameraden in den Turnverein oder Armbrustschützenverein, aber die Zeit erlaubte es mir nicht. Es vergingen einige Jahre als Fabrikhandlanger, zuletzt mit einem Stundenlohn von circa 45 Rappen.

Die Arbeit in der Landwirtschaft gefiel mir soweit gut, so suchte ich mir eine Stelle. Aber, oh weh, Sommer und Winter nur vier Monate. Es war eine schlechte Arbeitseinteilung und eine sehr unregelmäßige Essenszeit. Frühstück nach dem Melken, Znüni 10 - 10½ Uhr, Mittagessen 13 - 13½ Uhr, Nachtessen nach Feierabend. Das wollte mein Magen nicht mitmachen, nach den zu Hause geregelten Mahlzeiten.

Nun fand ich zu Hause wieder reichlich Arbeit, als dann Vater nachträglich seine Stelle kündigte und auch zu Hause war. Er hatte eine kleine Werkstatt, arbeitete auf eigene Rechnung: Neuanfertigung von Kupfergeschirr, Altes flicken und verzinnen. Doch war sein Arbeiten lückenhaft wie zuvor.

Vater und ich zu Hause mit dem kleinen Viehbestand wäre ein zu kleines Einkommen, und so entschloß ich mich, wieder Arbeit zu suchen in der Fabrik. Man kannte noch keine Konjunktur, und die Löhne waren immer noch bescheiden: mit 23 Jahren 75 Rappen Stundenlohn. Mein Arbeitsplatz wurde einem Saufkollegen von Vater zugeteilt, an der großen Blechziehpresse, 100 Tonnen Druck.

Die Arbeit gefiel mit gut und war sehr vielseitig. Doch dieser Vorgesetzte war im gleichen Fahrwasser wie Vater. Er war beim Blaue machen auch dabei. Doch in der Katerstimmung war nicht gut Chriesiesse mit ihm. Heute ist schon lange Alkoholverbot und eine solche Behandlung außer Kurs. Es war mein Bestreben, bald das Können an der Maschine selbst in den Griff zu bekommen, und es war gut so. Nach gut einem Jahr war mein Vorgesetzter gestorben. Hatte aber keinen Vorgesetzten, der mir unter die Arme helfen konnte. Doch Gott hat mir Können und Gelingen geschenkt. Ich war dankbar. Den verdienten Lohn all die Jahre habe ich aber nie erhalten.

So entschloß ich mich, mit einem Nachbarn eine Aluminium-Gießerei aufzubauen, doch die zwei Mitbeteiligten hinterlistigten mich schon am Anfang. Nach Eröffnung kündigte ich meine Stelle, doch da platzte eine Bombe. Mußte dem Prinzipal versprechen, eine ¼-jährige Kündigung anzunehmen, um einen Nachfolger anzulernen. Doch dem Auserwählten gefiel diese Arbeit nicht. Er erklärte dem Prinzipal: gebt D. nur mehr Lohn, dann bleibt er schon.

Enttäuscht über den schlechten Geschäftsgang meiner Mitbeteiligten entschloß ich mich, die Kündigung rückgängig zu machen. Grundbedingung: ein besseres Lohnverhältnis. Wobei ich jedoch zu nachgiebig war. Das Unterdrücktsein von zu Hause hat sich nachteilig ausgewirkt. Bin dann bis zu meiner Pensionierung 1965 geblieben, darüber hinaus noch zwei Jahre halbtags, leichtere Arbeit.

Das Geschäft machte auch Krisenjahre durch in der Fabrik, das wir Arbeiter zu spüren bekamen mit einer 10prozentigen Lohnreduktion. Doch heute floriert das Geschäft, die Kundschaft erstreckt sich über Europa bis Afrika, Kapstadt und größere Umgebung, Japan und so fort.

Noch nebenbei: Vaters Trinker-Ende war 10. August 1925. Als mein Bruder und ich älter wurden, konnten wir nicht mehr weiter zusehen mit dem Geldverprassen. Wir mußten immer unsern ganzen Lohn abgeben und erhielten nur ein kleines Taschengeld. So entschlossen wir uns mit Mutter, Vater zu bevormunden. An diesem 10. August sollte Vater vor den Gemeinderat. Doch das ließ sich Vater nicht bieten. Er schmiedete einen Racheakt. Schickte ans Pfarramt eine offene Postkarte: es gebe diese Nacht ein Massengrab. Doch Gott ließ es nicht zu. Mutter erhielt einen leichten Halsstreifschuß, Bruder und ich waren auf etwas vorbereitet, und so konnten wir ihn überwältigen. Es brachte Vater drei Jahre Zuchthaus. Für sein gutes Verhalten wurde ihm ein halbes Jahr geschenkt. Wenn er nüchtern war all die Jahre, war er gut. Er hatte einen festen Entschluß gefaßt, ein neues, gottgefälliges Leben zu führen. Er schloß sich sofort dem Blauen Kreuz an, mit ihm auch wir alle, dem er bis zu seinem Tode, 2. Dezember 1942, treu blieb.

Nach seiner Entlassung in Regensdorf (Frühling 1928) wollte er sich der praktischen Blaukreuz-Arbeit widmen. Das Süßmosten war sein Plan. Er kaufte einen Kupferwaschherd und die nötigen Zutaten. Chiantiflaschen wurden angebohrt, Filter in Auftrag gegeben und Korkzapfen und Talkum zum Abdichten bereitgestellt. Und nun konnte es losgehen. Der Most wurde im Kessi auf circa 75 Grad erhitzt und in die vorgewärmten kleinen und großen Flaschen gefüllt, ja auch in Fässer bis 600 Liter. Der mit Holz erhitzte Saft gab wesentlich mehr Arbeit als nachher mit Tauchsieder. Nach Jahren treuen Durchhaltens brachte er es auf 40'000 Liter Süßmost in einem Herbst. Er zog von Ortschaft zu Ortschaft in der näheren Umgebung. Mit dem Älterwerden legte er diese Arbeit in junge Hände. So wollte er von seinem verpfuschten Leben noch möglichst viel gutmachen. In der Süßmostzeit sterilisierte er oft fast Tag und Nacht.

Da in diesen Jahren die SBB-Reisen aufkamen, befaßte er sich auch damit. Im folgenden Jahr machte er mit der Mutter Grimsel- und Furkafahrt. Erst jetzt sah er sein ganz verpfuschtes Leben ein. Im folgenden Jahr kam der Bruder dran mit Vater: Genua und Portofino und das Jahr drauf ich: Weltausstellung Brüssel. Möchte damit nur noch seine gute Seite erwähnen.

Radrain
männlich, *1900, Rangiermeister SBB

Ich bin am 5.8.1900 als fünftes von acht Geschwistern im Haufgarten (Gemeinde Gossau) als Bauernsohn geboren. Mein Vater, geboren 1871 von Ennenda, Glarus, war seinerzeit Knecht auf dem Gutsbetrieb Pfannenstiel (Bezirk Meilen). Meine Mutter, geboren 1874, war Bauerntochter eines großen Gutsbetriebes in Toggwil (Bezirk Meilen). Sie heirateten gegen Ende 1894. Ende März 1895 gebar meine Mutter ihren ersten Sohn in ihrem Elternhaus. Beide Eltern waren noch jung und mit wenig Erspartem, und doch drängten sie auf einen eigenen Hausstand. Mit geborgtem Geld von Verwandten übernahmen sie ein landwirtschaftliches Heimwesen im Haufgarten. In den ersten Jahren soll der Gewerb floriert haben. 1896 gebar meine Mutter den zweiten Sohn, 1898 ihren dritten Sohn, 1899 ihre erste Tochter, und 1900 habe ich das Licht der Welt erblickt. Fünf Kinder in fünf Jahren war viel für meine Mutter, und der Vater soll sich in Händel mit Juden eingelassen haben, die ihm später auch das Heimwesen abgeluchst haben. Dies wurde mir gesagt von meinem älteren Bruder nach vielen, vielen Jahren...

Das Familienleben war damit gestört. Das führte dazu, daß der Vater auswärts arbeiten ging und nur spärlich sorgte für die Familie. Die Mutter sah sich gezwungen, Heimarbeit zu verrichten und besorgte sich eine Seidenwindmaschine. Das ist ein Karussell, das mit den Füßen getreten werden mußte und mit mindestens 12 Haspeln versehen war, darauf die gestülpte Seide auf Spulen gerollt wurden. Das Ferggen der Spulen in die Seidenweberei Hinwil war sehr umständlich und zeitraubend. Deswegen bezog meine Mutter eine Wohnung im Betzholz in der Nähe von Hinwil. Das war die Zeit, wo meine zwei ältesten Brüder als 7- und 8-jährige Bürschchen von den einstigen Bürgen auf ihre Bauernhöfe in Toggwil und Wetzwil verlangt wurden zum Abverdienen. Seit dieser Zeit im Betzholz im Jahr 1903 mag ich mich an mein persönliches Dasein auf Erden erinnern! Da wurde uns auch noch ein Schwesterchen geboren. Eines Tages, als ich vom Spielen mittags heimkam, lag es wimmernd in Tüchern eingewickelt in der Sofaecke. Der Weiler Betzholz bestand damals aus vier bis fünf Bauernhöfen und einer Käserei, wo wir uns jeweils Chässchwänz erbettelten.

1905 siedelten wir nach Egg am Pfannenstiel, wo sich auch eine Seidenweberei befand. An diese Züglete mag ich mich noch gut erinnern. Dies geschah mit Roß und Wagen von unserm Onkel in Toggwil. In Egg fanden wir gute Aufnahme. Dort fand ich auch meinen besten Freund in meinem Leben; wir beide sind im Löwen geboren und nur zwei Tage voneinander. Er wohnte an einer Anhöhe von Egg im Gehöft Radrain (Kennwort). Wir besuchten die Primar- und Sekundarschule immer zusammen in Egg.

Für mich und meine um ein Jahr ältere Schwester waren die ersten drei Primarschuljahre ein Schreck. Wir hatten einen jähzornigen Lehrer mit Namen Sch., ein schmächtiger Bulle, circa 45 Jahre alt, verheiratet ohne Kinder. Er schlug uns Schüler im Zorn mit Lineal und Fäusten chnütsch und blau. Wenn dann wieder so eine Prügelei, die nie ohne Geschrei vor sich ging, stattgefunden hatte, stand seine Frau mit einem Apfel oder sonst etwas beim Ausgang ihrer Wohnung und übergab es den Opfern, denn sie war immer im Bild, wer dran glauben mußte. Oftmals waren meine Schwester und ich unter den Opfern. Einmal war's dann genug, nachdem der Sadist meine Schwester mit Fäusten traktiert hatte, ging meine Mutter mit ihr zum Schulvorsteher; das bewirkte die baldige Versetzung des Bullen nach Ober-Wetzikon. Schüler und Eltern atmeten auf.

Von der 4. Klasse an hatte ich einen Lehrer L., er war verheiratet, hatte selber vier Kinder und war wie ein Vater zu uns Schülern. Das Lernen machte wieder Freude.

In den Jahren 1908 und 1911 hat unsere Mutter zwei Söhne geboren, und so waren wir unser acht Geschwister. Zum Lebensunterhalt mußten auch wir Kinder in früher Jugend beitragen. Am Abend nach der Schule! Zeitungen vertragen, dazumal: Bote von Uster und Tagesanzeiger. An Samstagen mit Patisserie hausieren gehen. Damals gab's noch Fünfer- und Zehner-Stückli, die man am liebsten selber gegessen hätte. Unsere Kundschaft hatten wir weit außerhalb dem Dorf Egg. Richtige Ferien kannten wir nicht. Wenn Schulferien waren, war mein Domizil Toggwil beim Onkel, da hieß es arbeiten im Feld und Stall. Weil mein Bruder seit Jahren hier war, fiel es mir leichter, dorthin zu gehen. Das erste Halbjahr der sechsten Klasse verlangte der Onkel, daß ich dort bleibe und in Bergmeilen zur Schule gehe. Meine Mutter konnte diesem Begehren nicht viel entgegenhalten, kam sie sich wahrscheinlich vom früher gewährten Darlehen immer noch schuldbewußt vor bei ihrem Bruder. Das zweite Halbjahr der sechsten Klasse konnte ich dann daheim in Egg die Schule besuchen und so mich besser auf die Sekundarschule vorbereiten.

Meine Sekundarschulzeit fiel in die Zeit des Ersten Weltkrieges. Unser Lehrer, als hoher Unteroffizier, mußte einrücken, zuvor hielt er eine Abschiedsrede, die uns alle zum Weinen brachte, und wir glaubten, ihn nie wieder zu sehen. Aber hin und wieder erhielt er Urlaub und war sehr streng in der Schule, man spürte dann seinen Militärgeist. In der Zwischenzeit hatten wir verschiedene Verweser und Verweserinnen. Einer davon blieb uns allen besonders in Erinnerung. Er hat unserer Klasse aus irgend einem Grund in ungerechter Weise eine Strafe auferlegt. Als er dies nachher einsah, verteilte er uns am Nachmittag Züritirggel und entschuldigte sich. Klar, daß er bei uns Schülern den Kosenamen Tirggelmandli erhielt und jetzt bei jeder Klassenzusammenkunft immer wieder zur Sprache kommt.

Das Ende des zweiten Sekundarschuljahres rückte näher, und mein Kollege und ich hatten immer den Wunsch gehegt, eine Berufslehre in der Metallbranche am gleichen Ort absolvieren zu können. Von einem Berufsberater wußte man damals noch nichts. Unser Wunsch blieb unerfüllt. Mein Freund konnte in Ober-Meilen bei Häni eine Lehre als Eisendreher antreten und ich in der Maschinenfabrik Wunderli in Uster als Maschinenschlosser.

Ich hatte damals Fr. 50.— auf dem Sparbuch, damit konnte ich mir ein Occasionsvelo kaufen, mit dem ich täglich nach Uster zur Arbeit fuhr. Es tobte ja immer noch der Krieg, und die Mahlzeiten waren schmal bemessen. Heute kaum zu glauben, wieviel Stundenlohn damals ein Lehrling ausbezahlt erhielt: Im ersten Lehrjahr 10 Rappen, im zweiten Lehrjahr 15 Rappen, und im dritten Lehrjahr 20 Rappen. Die 48-Stundenwoche kannte man noch nicht in der Schweiz. An Samstagen wurde bis 16.00 Uhr gearbeitet. Mit diesem Lohn konnte man sich nicht viel Extras leisten, und doch war man zufriedener als die heutige Jugend. Im Jahr 1916 zügelten wir nach Nieder-Uster, das war eine wesentliche Erleichterung für mich. In Uster wurde ich auch konfirmiert. Unser Hausmeister hatte vier Töchter und einen Sohn. Zu denen gesellte sich ein Mädchen, das sich interessierte, was für neue Hausleute hier eingezogen wären. Eine gegenseitige Zuneigung war sichtlich erkennbar, und das damalige interessierte Mädchen führte ich 1925 zum Traualtar.

Ich hatte also 1916 noch zwei Lehrjahre zu absolvieren. Die Gewerbeschule war obligatorisch, nur Theorie, kein Praktikum und nur abends von 19.00 bis 20.00 Uhr. In der Freizeit lernte ich Handörgeli spielen und ein Kollege von mir Klarinette, so verbrachten wir schöne Stunden zusammen ohne viel Geld. Ich war Mitbegründer des Arbeiterturnvereins Uster. Das erste Arbeiterturnfest besuchten wir in Wädenswil. Mit Sektionskranz und der Oberturner mit Einzelkranz kehrten wir triumphierend nach Uster zurück.

Den Generalstreik 1918 erlebte ich in Uster, und es war Grippezeit, die

«Radrain» im dritten Lehrjahr bei Wunderli, Uster

«Radrain» im Arbeiterturnverein Uster

manches junge Leben dahinraffte. Nach der Lehre arbeitete ich noch einige Monate bei der Lehrfirma, nachdem ich die Abschlußprüfung in der Metalli in Winterthur mit Erfolg abgeschlossen hatte. Der damals ausbezahlte Stundenlohn von 66 Rappen war beachtlich. Später arbeitete ich in der Firma Honegger, Unterwetzikon als Werkzeugmacher. Die Strecke von Niederuster nach Unterwetzikon legte ich täglich per Velo zurück. Dann wechselte ich für ein halbes Jahr in die Traktorenfabrik Hinwil. 1920 fand ich Arbeit in Schaffhausen bei der Firma Rauschenbach. Dort konnte ich teilweise Akkord schaffen und ordentlich Geld verdienen. Dort in Schaffhausen verlor ich einen guten und lieben Arbeitskollegen (J.B.), der mit dem dortigen Pontonierverein anläßlich einer Übung auf dem Rhein verunglückte. Vom 25. Mai bis 30. Juli 1921 absolvierte ich die Rekrutenschule in Bellinzona und wurde dem Füsilier-Bataillon I/71 zugeteilt. Hernach arbeitete ich wieder in der Firma Wunderli in Uster. Vom 4. bis 16. September 1922 absolvierte ich den Wiederholungskurs in Affoltern am Albis. Damals gab's noch keinen Ersatz für Lohnausfall (EO). Ab anfangs Oktober 1922 arbeitete ich in Belfort und Paris. Viel war nicht zu verdienen in Paris, denn ein Streik löste den andern ab, und gewöhnlich erhielt man bei Wiederaufnahme der Arbeit einige Cents weniger als vor dem Streik, und als Streikbrecher zu arbeiten lag mir nicht. Der Franzose ist nach drei bis vier Wochen Streiks am Ende mit seinem Geld und ist froh, die Arbeit wieder aufnehmen zu können. Die Arbeitgeber sind hierin bestens im Bild.

Im Sommer 1923 ließ ich meinen Freund Radrain kommen nach Paris, der noch immer bei seiner Lehrfirma in Ober-Meilen arbeitete. Logis hatten wir im gleichen Hotel, und Arbeit fand er auch in seinem Beruf. Die Weihnachtstage verbrachten wir bei unsern Familien in der Schweiz. Beide trafen auch mit ihrer früheren Freundin zusammen, die aber eine nochmalige Rückkehr nach Paris nicht verhindern konnten.

Ende Februar 1924 wurden wieder Streiks proklamiert. Mein Freund und ich beschlossen, endgültig heimzukehren, obschon wir wußten, daß es nicht leicht sein werde, Arbeit zu finden in der Schweiz. Doch wir hatten beide Glück. Mein Freund fand Arbeit bei BBC in Baden und ich in der Maschinenfabrik an der Sihl. Kost und Logis bot mir meine Schwester, die ein Spezereilädeli führte an der Kurzgasse in Zürich. Weil auch in der Schweiz Krise herrschte und der Lohn in der Fabrik nicht so ausfiel, wie ich mir das vorgenommen hatte, tendierte ich auf eine feste Anstellung und meldete mich zum Rangierdienst in Winterthur. Zum Zugspersonal hatte ich weniger Chance, da im Dienstbüchlein meine Körperlänge 157 cm beinhaltet, also gerade das Maß für Diensttauglichkeit. Am 16. Juni 1924 war's dann soweit. Herr Bahnhofinspektor H.

fragte mich: «Je, hend si keii Angst?» Ich wußte Bescheid: ein Bruder versieht seit 1919 diesen Dienst, und ich weiß, was für Gefahren dieser Dienst mit sich bringt.

Mein Bruder hat in der Zwischenzeit unsere Mutter von Nieder-Uster zu sich genommen, die ihm den Haushalt besorgte. Bei ihnen konnte auch ich logieren, und der erste Schritt für die Zukunft war getan. Leichteren Herzens konnte ich meiner schon in früher Jugend Auserwählten in Nieder-Uster meine vorläufige Anstellung mitteilen. Die Verlobung verlegten wir auf Weihnachten 1924. Die Hochzeit feierten wir am 5. Oktober 1925 in einfachem Rahmen, denn der Monatslohn betrug Fr. 241.50 und wurde in zwei Raten ausbezahlt; Mitte des Monats Fr. 150.— Vorschuß und Ende des Monats Fr. 91.50. Der monatliche Mietzins betrug Fr. 83.50 in Veltheim für eine Dreizimmerwohnung. Im Herbst 1926 konnten wir dann eine Dreizimmerwohnung mieten für Fr. 50.— in Töss. Auf 1. Juli 1927 kam die Beförderung zum Rangierarbeiter 2. Klasse und auf 1. Januar 1928 zum Rangierarbeiter 1. Klasse mit einer Jahresbesoldung von Fr. 3'534.—. In den dreißiger Jahren war allgemeiner Lohnabbau für das Bundespersonal.

Meine Frau und ich kannten das Sparen von Jugend auf, und so war es uns möglich, 1937 ein Haus zu kaufen in Veltheim. 1941 wurde ich zum Rangiervorarbeiter befördert mit einer Besoldung von Fr. 4'444.— und auf 1. September 1945 zum Rangiermeister mit einer Besoldung von Fr. 5'026.—. Der Zweite Weltkrieg 1939 bis 1945 brachte dem Rangierdienst eine unvorstellbare Mehrbelastung. Neue Fahrpläne wurden in kurzen Abständen ausgegeben, täglich neue Zugsformationen wurden angeordnet und dazu die Verdunkelung. In den Nächten kamen Extrazüge von Italien und Deutschland, vollgestopft mit Menschen, die für den Nachschub oder in der Landwirtschaft eingesetzt wurden. In ganz kritischen Zeiten wurde die 6-Stundenschichtarbeit angeordnet und in der Freizeit die Alarmbereitschaft dazu. Einmal kam es vor, daß ich in der gleichen Nacht dreimal antreten mußte. Allemal nach Endalarm, und wenn ich mich zu Hause zur Ruhe legen wollte, ertönte die Sirene. Das waren schlimme Zeiten und zerrten an Gliedern und Nerven. Das war auch der Grund, daß viele von unserer Kategorie um vorzeitige Pensionierung nachsuchen mußten. So erging es auch mir. Nach 13-monatiger ambulanter Behandlung im Kantonsspital und Poliklinik Zürich wurde ich mit gut 30 Dienstjahren pensioniert, was für mich 5 Prozent Pensionsverlust bedeutete, aber für meine angeschlagene Gesundheit viel mehr wert war.

Ende 1956 verkauften wir das Haus in Veltheim und bezogen ein Einfamilienhaus in Hettlingen, wo wir gute Aufnahme fanden. Ich wurde in verschiedene Ämter und Kommissionen gewählt. 12 Jahre amtete ich als Friedensrichter und 19 Jahre als Amtsvormund. Jetzt stehe ich im vorgerückten Alter der Alterskommission zu Diensten. Die sechziger Jahre brachten mir viel Leid. Ich verlor durch Tod vier Geschwister. Die siebziger Jahre brachten mir viel Schmerz und Leid: Leid durch den Tod meiner zweiten Schwester, Schmerz durch die an mir vollzogenen zwei Operationen, und wiederum Leid durch den Verlust meiner lieben Frau, die an Weihnachten 1973 im Abendgottesdienst in der Kirche Hettlingen an einem Herzschlag verschied. Seit dem Tode meiner Frau besorge ich den Haushalt alleine und dies Dank der guten Beziehungen zur gesamten Nachbarschaft.

Walter
*männlich, *1901, Landwirt*

Meine Jugendzeit

Am 20. Mai 1901 wurde ich in Wülflingen geboren. Mit einem zwei Jahre älteren und einem vier Jahre jüngeren Bruder wuchs ich auf. Meine Eltern betrieben ein Coiffeurgeschäft. Die Schulferien verbrachte ich bei Verwandten auf einem Bauernhof in Dollhausen. Die Arbeiten auf diesem Hof gefielen mir so gut, daß ich mich entschloß, Bauer zu werden. Am Ende der zweiten Sekundarklasse erklärte ich dem Lehrer, daß ich die dritte Klasse nicht mehr mitmachen wollte, das sei für einen Bauern nicht nötig. Der Lehrer hatte Bedenken, daß die spätere Übernahme eines Betriebes eine große finanzielle Belastung sei. Er riet mir, die dritte Klasse noch mitzumachen und mich dann für einen Beruf mit einem sicheren Einkommen zu entscheiden, er wolle vorerst noch mit meinen Eltern darüber reden. Die Aussprache hat ergeben, daß meine Eltern nicht dagegen waren und mir eine spätere Anzahlung von 10'000.— Franken zusicherten.

Nach dem Examen kam ich zu einem angesehenen Landwirt in die Lehre. Es wurde ein Lohn von fünf Franken pro Woche vereinbart. Es war sehr streng. Am Morgen mußte ich um fünf Uhr aufstehen und mit dem Knecht, mit dem ich das Zimmer teilte, in den Stall. Meine Arbeit war misten und Vieh putzen. Ich hätte so gerne melken und mähen gelernt, aber das besorgte der Knecht. Wie im Stall, so war ich auch bei den Feldarbeiten sein Handlanger. Der Meister war viel abwesend. Er war in vielen Ämtern und zeitweise im Militärdienst (Wachtmeister bei der Kavallerie). Es war Kriegsjahr 1916. Am 15. Oktober erhielt ich den ersten Lohn, und es wurde mir erklärt, daß die Bauern ihre Einnahmen erst im Herbst hätten. Daß aber jeden Monat die abgelieferte Milch ausbezahlt wurde, wurde mir verschwiegen. Zudem habe ich doch auch gesehen, daß während meiner Abwesenheit ein fettes Rind, ein Muni und zwei Schweine zu sehr hohen Preisen verkauft wurden.

Daß die Löhne nicht wie die Viehpreise in die Höhe geschnellt waren, wußte ich. Daß mir aber auch am Lohn für die Probezeit ein Monat nicht ausbezahlt wurde, das war mir zu bunt, und ich übergab dem Meister noch am gleichen Tag die schriftliche Kündigung.

Vom November bis April arbeitete ich als Bürolaufbub in der Lokomotivfabrik Winterthur. Sobald das schöne Frühlingswetter kam, konnte ich nicht mehr in den vier Wänden bleiben. Ich suchte mir eine Stelle auf dem Land und kam in eine Familie in Waltenstein. Es waren die Meistersleute, in den dreißiger Jahren, eine Großmutter und vier Kinder, drei- bis siebenjährig. Hier gefiel es mir sehr gut, und ich war wie daheim. Schon vom ersten Tag an konnte ich eine Kuh melken, später zwei und mehrere. Im Mai, als das Eingrasen begann, bekam ich eine Sense und konnte mit dem Meister Gras mähen und erst, wenn genügend am Boden lag, aufladen und rechen.

So ging das Jahr 1917 zu Ende ohne jede Störung. Jede Woche mußte ich in den Konfirmandenunterricht nach Schlatt. Es waren noch zwei gleichaltrige Knaben und ein Mädchen aus Waltenstein. Wir wählten die Abkürzung durch die steile Hohlgasse und dann durch die schönen Weiden, wo der Weg oben bei der Reuteren in die Staatsstraße einmündet. Dieser Weg war eine einzigartige Naturschönheit. Auf diesem Wegstück spielten sich eine Anzahl lustige Szenen ab, die man auf einem Film hätte festhalten sollen. Wenn man sich später wieder einmal begegnete, kamen jedesmal diese Begebenheiten zur Sprache und endeten mit einem fröhlichen Lachen.

Ein schwarzer Nachmittag

Es war im Juli 1918 ein sehr heißer Tag. Die Meistersleute fuhren mit den Kindern zu Verwandten nach Seen. Ich mußte zuerst die Scheune aufräumen, die Decke und Wände von Spinnen und Staub befreien und allen Unrat zusammenwischen und auf den Mist werfen. Nachher mußte ich in den Großacker und das letzte Stück Runkelrüben vom Unkraut befreien und hacken. Als ich mit dem Besen die Hauswand abwischte, fiel eine Weste des Meisters von der Wand auf den Boden, die mir fast zum Verhängnis wurde.

Wenn die Waldbauern von Oberschlatt ihr Brennholz in die Stadt führten, mußten sie von Waltenstein bis hinauf zum Schulhaus Vorspann haben. Meistens schirrte der Meister das Pferd und spannte es vor das Fuhrwerk und verlangte für diese Arbeit einen Franken. Wenn er nicht zu Hause war, mußte ich dieses tun. Im frühen Frühling mußte ich einmal vorspannen, und als der Meister wieder daheim war, gab ich ihm den Franken, den er sogleich in die Westentasche schob. Sofort schaute ich nach — und wirklich, der Franken war noch drin. Mit diesem Nachschauen war auch schon die Versuchung da. Ich sagte mir: Der Meister weiß doch nicht mehr, daß in dieser Weste, die schon ein halbes Jahr in der Scheune hing, noch Geld ist. Der Franken hätte ebensogut herausfallen können und unbemerkt mit dem Staub und Morast zusammengewischt und auf den Mist geworfen werden. Vor ein paar Wochen hatte ich Schuhe kaufen müssen. Diese kosteten bereits 50 Franken. Ich verdiente in der Woche sechs Franken, somit mußte ich dafür acht Wochen arbeiten. Da läßt sich so ein kleiner Diebstahl schon verantworten. Bevor ich die Hacke auf die Schulter nahm, wechselte der Franken die Taschen.

Rasch lief ich durch den Hofplatz auf die Landstraße. Es war mir, als rief mich jemand: «Kehr um!», ich sah aber niemand. Am Brunnen bei der Straße stand die Nachbarin und wusch etwas aus. Ich grüßte sie und mußte feststellen, daß sie mich so lange anschaute. Ob sich in meinem Gesicht etwas verändert hat? Dann schritt ich der Straße entlang hinauf, dem Schulhaus entgegen. Auf der linken Straßenseite war ein Abhang. Unten im Tal schlängelte sich der Bach zwischen Äckern, Schilf und Streuwiesen hindurch. Das war immer ein schöner Anblick. Rechts dem Bord entlang standen hohe Nußbäume, und auf halbem Weg stand das Spritzenhaus mit einem Nußbaum davor. Heute sah ich nur den Stamm dieses Baumes, sonst nichts. Vor einigen Jahren hatten die Waltensteiner Bauern einen Dieb am Stehlen ertappt und ihn bis zur Ankunft der Polizei an diesen Baumstamm gebunden. Ja, ich hätte ebensogut dorthin gehört!

Oben vor dem Schulhaus stand die Mutter meines Freundes im Garten. Auch sie schaute mich so lange an wie die Nachbarin. Bei der Arbeit plagte mich der gestohlene Franken immer mehr. In Gedanken hörte ich den Pfarrer im Unterricht, wie er uns einprägte: «Einmal ist nicht keinmal, einmal ist vielmal.» Und auch der Sekundarlehrer tauchte auf, wie er uns damals immer wieder sagte: «Wer im Kleinen nicht treu ist, ist auch im Großen nicht treu.» Dann mußte ich das Sprüchlein vor mir hersagen, das mich meine Mutter als kleines Büblein gelehrt hatte:

Üb immer Treu und Redlichkeit, bis an dein kühles Grab,
Und weiche keinen Finger breit von Gottes Wegen ab.
Dann wird die Sichel und der Pflug in deiner Hand so leicht,
Dann singest du beim Wasserkrug, als wär dir Wein gereicht.

Ich nahm mir vor, den Franken, noch bevor die Meistersleute heimkämen, in die Westentasche zurückzulegen, und arbeitete so schnell ich nur konnte, um rechtzeitig fertig zu werden. Am Anfang schien die Sonne sehr heiß, aber bald wurde sie durch eine Wolke verdeckt, und in der Ferne hörte man Donnern. Ich schuftete drauf los, denn das letzte Stück mußte fertig sein. Ich war naß vor Schweiß, als ich es geschafft hatte. Das Gewitter kam rasch näher. Noch nie habe ich mich vor einem Gewitter gefürchtet, aber diesmal sehr. Ich dachte mir, wenn ich vom Blitz getroffen würde, so würden sie mir die Hosen ausziehen und meinen Eltern zurückgeben. Wie würden sie sich grämen, wenn ein gestohlener Franken zum Vorschein käme? Ich eilte so schnell ich nur konnte. Als ich oben beim Schulhaus war, entlud sich das Gewitter. Mein Freund, der neben dem Schulhaus wohnte, rief mir: «Komm, stand da unter das Vordach, du wirst ja dräcknass!» Ich gab ihm keine Antwort und rannte so schnell ich konnte, um den Franken loszuwerden. Glücklicherweise kam ich trotz den vielen Blitzschlägen unversehrt heim und schob mit großer Erleichterung den Franken in die Westentasche an der Scheunenwand.

Einen Monat später mußte mein jüngerer Bruder infolge Knochentuberkulose in ein Sanatorium nach Leysin. Damit er so weit weg nicht so verlassen war, fanden die Eltern, ich könnte in seiner Nähe eine Stelle annehmen. Nun reiste ich am 3. August nach Aigle und arbeitete bei einem Bauern, der zugleich Viehhändler war. An jedem schönen Sonntagnachmittag marschierte ich nach Leysin hinauf. Ende November bekam ich die Grippe. Nach einigen Tagen Bettruhe konnte ich den Stall wieder besorgen. Ich war immer sehr müde und hatte viel Kopfweh. Als es mir eines Morgens beim Melken so heiß wurde, packte ich den Koffer und fuhr mit dem nächsten Zug nach Hause. Um zehn Uhr nachts erreichte ich mit einem starken Schüttelfrost das Elternhaus. Wieder mußte ich im Bett bleiben, aber diesmal bedeutend länger.

Kurz vor Weihnachten mußte ich zur Aushilfe zu Verwandten, die ebenfalls an der Grippe erkrankt waren und deren Hauptkraft eine starke Lungenentzündung hatte. Als alle wieder gesund waren, fragte mich eine Cousine aus Waltenstein, ob ich nicht zu ihnen kommen würde. Sie hatten nebst dem Bauernhof noch eine Fuhrhalterei und zur Zeit keinen Knecht. Ich sagte zu und blieb dort bis im November 1920, denn ich wollte eine Landwirtschaftliche Winterschule besuchen. Es mußte nicht sein. Zur gleichen Zeit, da ich hätte eintreten sollen, wurde mein jüngerer Bruder in Leysin als unheilbar und am Sterben nahe entlassen. Da rieten mir meine Eltern, in der Nähe eine Stelle anzunehmen, damit ich, solange er noch lebte, jeden Sonntag heimkommen könnte. Nun nahm ich in einer Mühle in Embrach eine Stelle als Fuhrmann an. Dabei konnte ich jeden Sonntag entweder mit dem Zug oder mit dem Velo heimfahren. Durch die aufopfernde Pflege meiner Eltern genas der Bruder langsam (nach Jahren) wieder, ohne Arzt, blieb aber invalid. Zwei Jahre blieb ich an dieser Stelle, und es war alles in bester Ordnung, nur im heißen Sommer 1921 passierte mir ein kleines Mißgeschick.

Jede Woche mußte ich ein- bis zweimal mit dem Pferdegespann mit Mehl nach Zürich fahren. Es war ein heißer Tag, und als ich von Oerlikon zum Milchbuck hinauffuhr, fing das hintere rechte Rad an zu knarren. Oben auf der Höhe dachte ich: Noch zwanzig Minuten, dann bin ich in Stampfenbach, wo ich das Mehl abladen mußte — gut, daß es diesmal nicht so weit in die Stadt hineinging. Kurz darauf kam eine Baustelle, wo ich über die Tramgeleise ausweichen mußte. Während der Wagen noch auf den Geleisen stand, veränderte sich das Knarren in ein Ächzen. Sofort hielt ich die Pferde zurück und schaute rückwärts, wie sich das schöne dreieckige Fuder auf die Seite senkte. Die Säcke hafteten so gut aneinander, daß keiner heruntergefallen war. Schnell breitete ich die Wagendecke auf dem Trottoir aus und legte Sack um Sack darauf. Trotzdem ich so schnell wie nur möglich machte, mußten einige Tramwagen vor dem Fuhrwerk warten. Die einen der Trämler schimpften, und die hinteren stampften auf die Fußglocken, aber es nützte ihnen nichts. Hätten sie mir geholfen, so wäre es schneller gegangen, aber ich nahm es ihnen nicht übel, denn sie trugen so schöne blaue Uniformen, die halt weiß geworden wären. Als der Wagen leer war, schleppte ich ihn hinter einen nahegelegenen Schuppen, ging mit den Pferden zurück nach Oerlikon und entlehnte in einer Fuhrhalterei einen Wagen.

Zwei Jahre blieb ich an dieser Stelle, dann zog es mich wieder in die Landwirtschaft. Ich fand eine passende Stelle im Kappelhof bei Kronbühl. Es war eine Anstalt für heruntergekommene Männer (Stadtbürger), ein Pfrundheim und ein großer Braunvieh-Zuchtbetrieb. Alles gehörte der Stadt St. Gallen. Im zweiten Jahr wurden mir die jüngeren Anstaltsinsassen zur Arbeit und Betreuung zugeteilt. Im folgenden Jahr verlobte ich mich mit der Hausbeamtin, einer Bauerntochter von Schwamendingen, die ich Jahre darauf heiratete und mit ihr das jetzige Heimwesen in Eschlikon-Dinhard übernahm.

Hallauerin
weiblich, *1901, Hausfrau

Meine Wiege stand im Klettgauerdorf Hallau. Geburtsjahr 1901. Wir waren sieben Geschwister. Ich davon das Drittälteste. Sechs Mädchen, ein Knabe. Mein Vater war Stadtzürcher Bürger, von Beruf Gärtner. Meine Mutter eine echte Hallauerin. Fleißig und exakt in all ihrem Tun.

Nach heutigen Begriffen hatten wir eine bescheidene Gärtnerei. Aber sie gab der großen Familie Brot. Meine Erinnerungen gehen zurück bis in den Kindergarten, damals hieß es «Gvätterlischuel». Wenn man im Frühlingsschuljahr das zweite Lebensjahr hinter sich hatte, konnte man den Kindergarten besuchen an der Hand von der Mutter, die hatte ein Kissen unter dem Arm, denn am Nachmittag mußte man sich hinlegen und schlafen. Während wir im Kindergarten von der kleinen rundlichen Schwester B. betreut wurden, hatte Mutter ihren Arbeitsplatz in den Reben auf dem Acker oder Garten. Auch der Haushalt, so einfach er damals noch war, mußte besorgt sein.

Dann kam die Schulzeit. Wir waren etwa 40 Schüler in einer Klasse, je zur Hälfte Knaben und Mädchen. Die Lehrer sind mir auch noch in guter Erinnerung. Es waren fast alle verantwortungsbewußte Erzieher. Vor Beginn des Unterrichts haben wir noch einen Liedervers singen müßen. Oder dann wieder gebetet: Mit Gott fang an, mit Gott hör auf, das ist der schönste Lebenslauf. Am Montag morgen das Unservater. Ein Lehrer ist mir sehr gut im Gedächtnis, wie er liebevoll und verständnisvoll sich der weniger begabten und schwachen Schüler annahm. Wie er sich zu ihnen in die Schulbank setzte. Nachmittags drei Uhr war der Unterricht fertig, da mußte man fast ausnahmslos zu der Mutter in die Reben oder aufs Feld. Irgendwo hatte es immer wieder eine Arbeit. Die Mutter war auch auf dem Taglohn, und da war ich natürlich auch dabei. In der siebten und achten Klasse mußten wir nur an zwei Vormittagen in die Schule im Sommer. Im Winter ganztags.

Gefragt, ob man in die Sekundarschule möchte, wurde man natürlich nicht. Da kam ich schon in die Fremde. Meine Patin wohnte ganz in unserer Nähe, hatte vier oder fünf kleine Buben, und so mußte ich in der siebten Klasse im Sommer auf diese achtgeben, mich mit Windeln beschäftigen, Gemüse rüsten und was weiß ich noch alles. Lohn für das Sommerhalbjahr: Ein paar hohe schwarze Schuhe, die hart wurden wie ein Stein bei Nässe. Im Winter war ich wieder daheim und das achte Schuljahr war ebenso.

Es folgten zwei Jahre der Arbeit zu Hause im Garten in den Reben oder auf dem Friedhof. Der Vater war noch Friedhofgärtner. Auch wurde man oft von Nachbarn um Hilfe gebeten. Nur geringen Lohn oder sogar gratis. Man dachte sich nichts dabei. Vielleicht bestand der Lohn auch in Natura. Im Herbst zum Beispiel bei der Traubenlese.

Ein halbes Jahr vor der Konfirmation begann mein Wanderleben. Eine Pfarrer-Familie in Basel mit sechs Kindern brauchte eine Hilfe. Ich bin nicht lange gefragt worden. Man sagte einfach zu. So fand mein Konfirmandenunterricht in Basel statt. Ebenso die Konfirmation, bei der die Mutter und die Gotte beiwohnen durften. Die Baslerzeit war schön und sorglos, wenn ich zurückdenke. Jeden Tag mußte ich mit dem Kinderwagen und den größeren Kindern einen Spaziergang machen. Meist in einen Stadtpark. Die Luft war damals noch kaum von einem Auto verpestet. Die Staubbekämpfung wurde mit Pferdefuhrwerk mit großem Wasserwagen betrieben. Mein Anfangslohn pro Monat betrug Franken 15.— im Jahre 1917. Nach 3½ Jahren Ende der Baslerzeit Franken 40.—. Ein paar Halbschuhe kosteten 1917 Franken 30.—.

Dann rief die Mutter wieder um Hilfe, denn auch meine älteren Schwestern waren irgendwo auf einem Posten. Ich half, wo man mich brauchte, Reben, Kartoffelacker, auch auf dem Taglohn. Im Winter konnte ich Nähkurse besuchen und mich mit Handarbeiten, Stricken, Häkeln, Sticken beschäftigen. Die Mutter hatte da eine aufgeschlossene Gesinnung. Dies kommt mir heute noch sehr zugut, da ich meine freie Zeit jetzt mit einer Handarbeit oder Stricken verbringen darf, was meinen Lebensabend sehr bereichert.

Im Herbst 1922 kam ein Ruf durch eine Kameradin im Singchor aus dem Kanton Zürich. Diese stand bei dieser Familie im Dienst in Zürich, und diese war in eine kleine Landgemeinde gezogen als Pfarrer nach Dättlikon. Mit der Zusage führte mein Weg in ein kleines Dorf am Fuße des Irchels, der mir zur bleibenden Heimat werden sollte. Es war ein altes Pfarrehepaar in einem großen Pfarrhause. Die Kinder waren ausgeflogen und nur dann und wann zu Hause, und mir war traurig langweilig nach dem Betrieb im Elternhaus mit den Geschwistern und dem geliebten Garten. Das Heimweh ging vorüber und mit der Frau Pfarrer verband mich ein schönes Zusammensein.

Es waren viereinhalb Jahre im Dienstverhältnis vergangen, und ich verspürte wieder einen Zug nach Hause, da kam wie ein Blitz aus heiterm Himmel ein Heiratsantrag von meinem zukünftigen Mann. Ein schwerwiegender Entschluß. Denn da war noch ein Schwiegervater, ein Schwager und eine Schwägerin. Und doch habe ich zugesagt. Der Großvater starb nach 5/4 Jahren, nachdem er noch mit viel Freude seine Enkelin begrüßen konnte. Da waren noch vier Steine, die einander abschleifen mußten. Die Arbeit half über manches hinweg. Auch die Kinder, es kamen noch drei weitere. Besonders die Schwägerin war ihnen sehr zugetan und umgab sie mit mütterlicher Zärtlichkeit.

Mein Mann war 36 Jahre alt, als er sich verehelichte. Und da er eher schwermütig veranlagt war und dazu ein Pessimist, war das Leben an seiner Seite nicht immer leicht. Ich möchte aber doch auch seine guten Seiten erwähnen, denn ich habe trotz allem manche schöne Erinnerung an unsere fast 40-jährige Ehe. Sie wurde vor 11 Jahren durch den Tod meines Ehegefährten geschieden, und nun darf ich mich noch im Haus und in den Reben meines Sohnes und seiner Familie betätigen, soweit meine Kräfte reichen, und darüber schreiben: Der Herr hat alles wohlgemacht. Ihm sei Lob und Ehre.

Lydia Steiner-Rütschi

Worterklärungen

abe: hinunter - *Abe:* Toilette - *Abwart:* Hausmeister - *Älplerchilbi:* Volksfest beim Alpabtrieb im Herbst - *AHV:* Eidgenössische Alters- und Hinterbliebenenversicherung - *Ämtlimandli:* Mann mit vielen Ämtern - *Anken:* Butter *Babe:* Puppe - *Beigli:* kleine Beige, Stoß, Stapel - *Beiz:* Wirtshaus - *Benne:* (Mist-)Karren - *Bienst:* Biestmilch (erste Kuhmilch nach dem Kalben) - *BIGA:* Bundesamt für Industrie, Gewerbe und Arbeit - *Birli:* kleine Birnen - *Bobinen:* (Garn-)Spulen - *Bölle:* Zwiebel - *breichen:* durch Zufall bringen - *Brügi:* oberer Stock in einer Scheune - *Büez:* Arbeit (abschätzend) - *Bürdeli:* gebündeltes Brennholz - *Büscheli:* kleines Bündel *Camion:* Lastwagen - *Cervelat:* einfache Wurstsorte - *Chargébrief:* eingeschriebener Brief - *cheibe:* verdammt(er) *Chindzgi:* Kindergarten - *Chlürli:* Murmeln - *chnütsch und blau:* grün und blau (geschlagen) - *chöschtlich:* köstlich *Chriesi:* Kirschen - *Chriesisack:* Sack mit Kirschkernen zum Bettanwärmen *Chrot:* Kröte (Kosewort für Mädchen) *«Chumm cho ässe»:* komm essen! *chunt:* kommt *Dachkennel:* Dachrinne - *det:* dort *Dezi:* 1/10 Liter *Eintrüllerei:* Eintrichterung - *Emd:* Öhmd (zweiter Grasschnitt) - *ennet:* jenseits *Fergger:* Geschäftsvermittler, Spediteur - *ferggen:* abfertigen, fortschaffen *Flarzhaus:* Reihenhaus für Arbeiter *Fülli:* Füllung - *Fünfliber:* Fünffrankenstück *Gätsi, Gätzi:* Schöpfkelle - *Gelte:* Becken - *Gespanen:* Spielkameraden *gewifelt:* geflickt - *glatt:* lustig - *Glünggi:* hinterhältiger Mensch - *Göppel:* alte Maschine - *Götti:* Pate - *Gotte:* Patin *Grosi:* Oma - *Gstell:* Regal - *Güggelifriedhof:* (Brathähnchen-Friedhof) dicker Bauch - *Guetzli, Guezli, Guetsli:* süsses Gebäck - *Gufen:* Stecknadeln

Gülle: Jauche - *Güterzusammenlegung:* Flurbereinigung - *Gvätti:* Kindergarten *Gwunder:* Neugierde - *Gymi:* Gymnasium *Hagle:* Kerle - *Handörgeli:* Handharmonika - *hässig:* schlecht gelaunt, mürrisch - *heben:* halten - *Heimet:* Anwesen *Heimwesen:* Anwesen - *Helsete:* Geschenk von Paten zu Weihnachten oder Neujahr - *Helsigbüchlein:* Buchgeschenk zum Schulsylvester (letzter Schultag im alten Jahr) - *Helsweggen:* Gabe zum Jahresende von/an Gotte und Götti *Heuet:* Heuernte - *Höger:* Hügel *Isferie:* Schulfrei bei grosser Kälte *Jassen:* Kartenspielen - *Jucharten:* Feldmass = 36 a - *Jumpfer:* Fräulein *Kacheli:* Trinkgefäß - *Käpsli:* Knallpatronen - *Kessi:* großser Kessel - *Krampf:* strenge Arbeit - *Kuust:* Ofenbank *Landi:* Landesausstellung von 1939 *Lehrplätz:* wichtige Erfahrung - *Lismete:* Strickarbeit *Manöggel:* Kerl(chen) - *Maturität:* Abitur - *Melioration:* Bodenverbesserung - *Metzgete:* Schlachtfest - *motten:* glühen - *Muni:* Stier - *Münz:* Kleingeld *Müsterli:* Geschichtchen *Nädling:* Faden - *Nauen:* Kahn - *Nidel:* Rahm, Sahne - *Nielen:* Waldreben *Occasion:* Gelegenheitskauf *Pfadi:* Pfadfinder - *plangen:* verlangen, sich sehnen nach - *Plausch:* Vergnügen - *pressant:* eilig - *posten:* einkaufen - *Pünt:* Pflanzgarten *Rank:* Kurve - *Ribel:* Haarknoten *Riegelbau:* Fachwerkbau - *Rife:* Schorf auf der Wunde - *Rösti:* Bratkartoffeln Schweizer Art - *Rüebli:* Karotten *SAC:* Schweizer Alpenclub - *Saaltochter:* Serviererin - *Sackgeld:* Taschengeld *SBB:* Schweizerische Bundesbahnen *Schäubli:* Getreide-(Roggen-)stroh zum Binden der Weinreben - *Schlegel:* Flasche - *schlife:* auf dem Eise schlittern *Schoggi:* Schokolade - *Schopf:* Schuppen - *Schranz:* Riss - *Schüblig, Schüb-*

ling: (geräucherte) Wurst zum kalt oder warm essen - *schüli:* sehr - *schupfe:* stoßen - *Schwümbi:* Schwimmbad - *Seich:* (Harn) Stumpfsinn - *Seiligumpe:* Seilchenspringen - *Seki:* Sekundarschule *selbander:* zu zweit - *Sorg ha:* vorsichtig sein - *Spatz* (Suppe mit): Gulasch-Eintopf - *spetten:* aushelfen (stundenweise) im Haushalt - *Speuz:* Speichel - *Spiesen:* Holzsplitter (im Fleisch) - *Stande:* Zuber *stege(n), gestegt:* steif machen, gestärkt - *strub:* ereignisvoll, stürmisch *Tagwache:* Zeit des Aufstehens - *Tirggel:* Honiggebäck, Zürcher Spezialität *Töffli:* Moped, kleines Motorrad - *Tolggen in meinem Reinheft:* (Tolggen = Tintenfleck) Flecken auf der Weste - *Tranksame:* Getränke - *Tüfelschileli:* Teufelskirchlein - *türschletzend:* Türe laut zuschlagend

übercho: bekommen - *urchig:* urwüchsig, echt *vertragen:* austragen - *VOLG:* Verband Ostschweizer. Landwirtschaftl. Genossenschaften - *VPOD:* Verband des Personals öffentlicher Dienste *Wähe, Wähen:* Teigboden mit süßem oder salzigem Belag - *währschaft:* kräftig, echt - *Weggli:* Wecken, Brötchen *Winde:* Dachboden - *Wümmet:* Weinlese *Zins:* Miete - *Z'metz:* Schlachtplatte *Z'mittag:* Mittagessen - *Z'morge:* erstes Frühstück - *Z'nüni:* Zwischenmahlzeit am Vormittag (ca. 9 Uhr) - *Zaine, Zeinen:* (Wäsche)korb, Obstkörbe - *Zeltli:* Bonbon - *Züglete:* Wohnungsumzug *Zyschtig-Stubete:* gesellige Zusammenkunft am Dienstag

Sachregister